Maren Hartmann · Andreas Hepp (Hrsg.)

Die Mediatisierung der Alltagswelt

Medien – Kultur – Kommunikation

Herausgegeben von
Andreas Hepp
Friedrich Krotz
Waldemar Vogelgesang

Kulturen sind heute nicht mehr jenseits von Medien vorstellbar: Ob wir an unsere eigene Kultur oder ‚fremde' Kulturen denken, diese sind umfassend mit Prozessen der Medienkommunikation durchdrungen. Doch welchem Wandel sind Kulturen damit ausgesetzt? In welcher Beziehung stehen verschiedene Medien wie Film, Fernsehen, das Internet oder die Mobilkommunikation zu unterschiedlichen kulturellen Formen? Wie verändert sich Alltag unter dem Einfluss einer zunehmend globalisierten Medienkommunikation? Welche Medienkompetenzen sind notwendig, um sich in Gesellschaften zurecht zu finden, die von Medien durchdrungen sind? Es sind solche auf medialen und kulturellen Wandel und damit verbundene Herausforderungen und Konflikte bezogene Fragen, mit denen sich die Bände der Reihe „Medien – Kultur – Kommunikation" auseinander setzen wollen. Dieses Themenfeld überschreitet dabei die Grenzen verschiedener sozial- und kulturwissenschaftlicher Disziplinen wie der Kommunikations- und Medienwissenschaft, der Soziologie, der Politikwissenschaft, der Anthropologie und der Sprach- und Literaturwissenschaften. Die verschiedenen Bände der Reihe zielen darauf, ausgehend von unterschiedlichen theoretischen und empirischen Zugängen das komplexe Interdependenzverhältnis von Medien, Kultur und Kommunikation in einer breiten sozialwissenschaftlichen Perspektive zu fassen. Dabei soll die Reihe sowohl aktuelle Forschungen als auch Überblicksdarstellungen in diesem Bereich zugänglich machen.

Maren Hartmann
Andreas Hepp (Hrsg.)

Die Mediatisierung der Alltagswelt

VS VERLAG FÜR SOZIALWISSENSCHAFTEN

Bibliografische Information der Deutschen Nationalbibliothek
Die Deutsche Nationalbibliothek verzeichnet diese Publikation in der
Deutschen Nationalbibliografie; detaillierte bibliografische Daten sind im Internet über
<http://dnb.d-nb.de> abrufbar.

1. Auflage 2010

Alle Rechte vorbehalten
© VS Verlag für Sozialwissenschaften | GWV Fachverlage GmbH, Wiesbaden 2010

Lektorat: Barbara Emig-Roller

VS Verlag für Sozialwissenschaften ist Teil der Fachverlagsgruppe
Springer Science+Business Media.
www.vs-verlag.de

Das Werk einschließlich aller seiner Teile ist urheberrechtlich geschützt. Jede Verwertung außerhalb der engen Grenzen des Urheberrechtsgesetzes ist ohne Zustimmung des Verlags unzulässig und strafbar. Das gilt insbesondere für Vervielfältigungen, Übersetzungen, Mikroverfilmungen und die Einspeicherung und Verarbeitung in elektronischen Systemen.

Die Wiedergabe von Gebrauchsnamen, Handelsnamen, Warenbezeichnungen usw. in diesem Werk berechtigt auch ohne besondere Kennzeichnung nicht zu der Annahme, dass solche Namen im Sinne der Warenzeichen- und Markenschutz-Gesetzgebung als frei zu betrachten wären und daher von jedermann benutzt werden dürften.

Umschlaggestaltung: KünkelLopka Medienentwicklung, Heidelberg
Druck und buchbinderische Verarbeitung: Rosch-Buch, Scheßlitz
Gedruckt auf säurefreiem und chlorfrei gebleichtem Papier
Printed in Germany

ISBN 978-3-531-17042-8

Inhalt

I. Einleitung und Zueignung

Andreas Hepp & Maren Hartmann
Mediatisierung als Metaprozess: Der analytische Zugang von Friedrich
Krotz zur Mediatisierung der Alltagswelt 9

II. Zugänge zur Mediatisierung

Udo Göttlich
Der Alltag der Mediatisierung: Eine Skizze zu den praxistheoretischen
Herausforderungen der Mediatisierung des kommunikativen Handelns 23

Maren Hartmann
Mediatisierung als Mediation:
Vom Normativen und Diskursiven 35

Uwe Hasebrink & Hanna Domeyer
Zum Wandel von Informationsrepertoires in konvergierenden
Medienumgebungen 49

Andreas Hepp
Mediatisierung und Kulturwandel:
Kulturelle Kontextfelder und die Prägkräfte der Medien 65

Knut Hickethier
Mediatisierung und Medialisierung der Kultur 85

Joachim R. Höflich
„Gott – es klingelt!"
Studien zur Mediatisierung des öffentlichen Raums: Das Mobiltelefon 97

Angela Keppler
Variationen des Selbstverständnisses:
Das Fernsehen als Schauplatz der Formung sozialer Identität 111

Gerhard Kleining
„Vertrauen" in den Medien und im Alltag 127

Swantje Lingenberg
Mediatisierung und transkulturelle Öffentlichkeiten: Die Aneignung
des Politischen im Kontext multi-lokaler und mobiler Lebenswelten 147

Klaus Neumann-Braun unter Mitarbeit von Dominic Wirz
Fremde Freunde im Netz? Selbstpräsentation und Beziehungswahl auf
Social Network Sites – ein Vergleich von Facebook.com und Festzeit.ch 163

Irene Neverla
Medien als soziale Zeitgeber im Alltag:
Ein Beitrag zur kultursoziologischen Wirkungsforschung 183

Ingrid Paus-Hasebrink
Lebens-Herausforderungen: Medienumgang und Lebensaufgaben.
Was muss kommunikationswissenschaftliche Forschung leisten? 195

Patrick Rössler
Mediatisierung von Alltag im NS-Deutschland: Herbert Bayers
Bildsprache für die Propagandaausstellungen des Reiches 211

Iren Schulz
Mediatisierung und der Wandel von Sozialisation: Die Bedeutung des
Mobiltelefons für Beziehungen, Identität und Alltag im Jugendalter 231

Helga Theunert & Bernd Schorb
Sozialisation, Medienaneignung und Medienkompetenz in der
mediatisierten Gesellschaft 243

Tanja Thomas
Intellektuelle und Kritik in Medienkulturen 255

Dieter Wiedemann
Überlegungen zu Konsequenzen der Alltagsmediatisierung für die
künstlerische Ausbildung an einer Filmhochschule 273

Carsten Winter
Mediatisierung und Medienentwicklungsforschung: Perspektiven für
eine gesellschaftswissenschaftliche Medienkommunikationswissenschaft ... 281

III. Anhang

Friedrich Krotz: Bibliographie 299

Über die Autorinnen und Autoren 313

Stichwortverzeichnis 319

I.
Einleitung und Zueignung

Mediatisierung als Metaprozess: Der analytische Zugang von Friedrich Krotz zur Mediatisierung der Alltagswelt

Andreas Hepp & Maren Hartmann

1. Medien, Gesellschaft und Wandel: Zur Mediatisierung als Metaprozess

In der internationalen kommunikations- und medienwissenschaftlichen Diskussion wurde das Konzept der Mediatisierung in den letzten Jahren zu einem zentralen wissenschaftlichen Ansatz. Als Beleg für diese Feststellung kann man auf zwei Veröffentlichungen verweisen. Erstens ist dies der Band „Mediatization: Concepts, Changes, Consequences", der von Knut Lundby (2009) herausgegeben wurde. In seiner Einleitung in dieses Buch bezeichnet dieser Mediatisierung als dasjenige Konzept, mit dem die Rolle der Medienkommunikation im gesellschaftlichen Wandel erforscht wird. Mediatisierung wird dabei als ein Ansatz vorgestellt, der hilft, dieses Wechselverhältnis von medialem und gesellschaftlichem Wandel insgesamt zu reflektieren. Direkt auf Friedrich Krotz (2008e: 24) Bezug nehmend spricht Lundby (2009: 5) davon, dass Mediatisierung einer der „Metaprozesse der Prägung der Moderne" ist – neben dem der Individualisierung, Kommerzialisierung und Globalisierung. Mit dieser Überlegung wird Friedrich Krotz auch von einer Vielzahl anderer Autoren dieses Bandes zitiert.

Die zweite Publikation, auf die man verweisen kann, ist Sonia Livingstones (2009) „presidential note" als Präsidentin der International Communication Association (ICA) im Jahr 2008, die als Aufsatz unter dem Titel „On the Mediation of Everything" veröffentlicht wurde. Ausgangspunkt des Artikels ist die Frage, wie die Kommunikations- und Medienwissenschaft damit umgehen sollte, dass „Informations- und Kommunikationstechnologien gegenwärtig jede Dimension von Gesellschaft vermitteln" (Livingstone 2009: 1f.). Sich damit auseinandersetzend, diskutiert Livingstone u.a. das Konzept der Mediatisierung und verweist dabei einmal mehr auf die Arbeiten von Friedrich Krotz. Wiederum ist für sie insbesondere dessen Überlegung, dass Mediatisierung ein Metaprozess des sozialen Wandels ist, richtungweisend (Livingstone 2009: 8).

Greift man diese beiden Publikationen auf, so ist zwar die Erforschung von Mediatisierung eine generelle Diskussion in der Kommunikations- und Medienwissenschaft (siehe beispielsweise auch Couldry 2008; Hjarvard 2004; Mazzoleni 2008; Schulz 2004). Mit seiner Theoretisierung von *Mediatisierung als einem Metaprozess* hat Friedrich Krotz gleichwohl einen originären und nachhaltig einflussreichen Beitrag zu dieser Diskussion beigesteuert, der umfassende Potenziale für die empirische Beschreibung des „mediation of everything" (Livingstone 2009) bietet. Worin ist der Kern seiner Zugangsweise zu sehen? Friedrich Krotz hat seinen Zugang zu Mediatisierung in verschiedensten Publikationen der letzten 20 Jahre entwickelt (siehe dazu sein Schriftenverzeichnis am Ende dieser Festschrift). In seinem Verständnis von Mediatisierung fließen zumindest drei Theoriediskurse zusammen, die Friedrich Krotz umfassend und kritisch durch verschiedene Publikationen aufgearbeitet hat. Dies ist erstens ein Verständnis von (Medien-)Kommunikation als symbolischem Handeln, das insbesondere im symbolischen Interaktionismus entwickelt wurde (Krotz 1996, 2001a, 2008c). Zweitens betrifft dies den Ansatz der Mediumstheorie als eine Langfristperspektive der Betrachtung von Medien- und Gesellschaftswandel (Krotz 1997, 2001c, 2008d). Drittens muss der Ansatz der Cultural Studies als ein kritischer Zugang der Beschreibung der Wechselbeziehung von Kultur, Medien und Macht genannt werden (Krotz 1992, 2008b, 2009). Solche Theoriezugänge versteht Friedrich Krotz aber nie als feststehende Aussagesysteme, sondern als Perspektiven, die bestimmte empirische Fragestellungen im Rahmen einer theoriefindenden Forschung ermöglichen, beim „Neue Theorien entwickeln" (Krotz 2005), wie er es selbst im Titel eines seiner Bücher formuliert.

Die Basis seines Ansatzes der Mediatisierung als eines Metaprozesses des sozialen Wandels legt Friedrich Krotz dann mit seiner Habilitationsschrift vor, deren Kernteil unter dem Titel „Die Mediatisierung des kommunikativen Handelns" (Krotz 2001b) publiziert wurde. Im einleitenden Teil dieses Buchs formuliert Krotz auf empirischer Basis die Ausgangsthese, die ihn zur Entwicklung seines Konzepts der Mediatisierung angeregt hat. So schreibt er:

> „Ausgangsthese [...] ist in der damit festgelegten Terminologie, *dass sich im Rahmen der gesellschaftlichen Entwicklung Kommunikation durch immer neue Medien immer weiter in verschiedene Formen ausdifferenziert. Genauer sind nicht die Medien dabei der aktive Teil, sondern die Menschen in ihrem Umgang mit den Medien*: Sie konstituieren diese Veränderungen, insofern sie immer mehr Medien für immer neue Aktionen und Prozesse in ihren Alltag einbeziehen – für sie sind die immer neuen Medien mit immer neuen kommunikativen Möglichkeiten ein Potenzial, das sie realisieren oder auch nicht." (Krotz 2001b: 19; Herv. i.O.)

Dieses Zitat ist in einem doppelten Sinne kennzeichnend für die analytische Position von Friedrich Krotz. Erstens markiert es deutlich, dass es ihm in seinem Konzept der Mediatisierung nicht um eine Theorie um der Theorie willen geht, sondern darum, empirische Phänomene und Probleme theoretisierend zu fassen. Zweitens macht es deutlich, dass im Zentrum seiner Bemühungen dabei der Mensch steht – nicht nur im Sinne des symbolischen Interaktionismus als kommunikativ Handelnder, sondern durchaus mit normativen Implikationen als Bezugspunkt der Zivilgesellschaft.

Rückt man eine solche Perspektive ins Zentrum der Betrachtung, fallen mit der Verbreitung von Medien bzw. Medienkommunikation umfassende mediale Entgrenzungen entlang von wenigstens drei Dimensionen auf. So formuliert Friedrich Krotz in einem fast schon klassischen Zitat folgenden dreifachen Grundbefund einer entgrenzenden Mediatisierung:

> „Zeitlich stehen alle Medien insgesamt, aber auch jedes einzelne in immer größerer Anzahl zu allen Zeitpunkten zur Verfügung und bieten immer dauerhafter Inhalte an. Räumlich finden sich Medien an immer mehr Orten und sie verbinden zu immer mehr Orten – potenziell oder tatsächlich. Und schließlich sozial und in ihrem Sinnbezug entgrenzen sich Medien, weil sie allein oder in Kombination in immer mehr Situationen und Kontexten, mit immer mehr Absichten und Motiven verwendet werden, und zwar sowohl kommunikator- als auch rezeptionsseitig." (Krotz 2001b: 22)

Es geht Friedrich Krotz bei einer Betrachtung der Mediatisierung also nicht um Einzelmedienstudien in dem Sinne, wie beispielsweise *das* Fernsehen oder *das* Mobiltelefon einen Einfluss auf Kultur und Gesellschaft ausüben. Vielmehr geht es um eine Betrachtung des Wechselverhältnisses von Medien- bzw. Kommunikationswandel einerseits und Gesellschafts- bzw. Kulturwandel andererseits in ihrer Gesamtheit. Hier wirken verschiedene Medien in einer zunehmenden Intensität zusammen, weswegen mediale und nicht-mediale Aspekte des sozialen Wandels nicht einfach linear sind.

Hierbei legt Friedrich Krotz einen engen und weiten Medienbegriff zugleich zugrunde: eng deswegen, weil er mit dem Ausdruck „Medien" ausschließlich Kommunikationsmedien fasst, also Medien als technische Instrumente menschlicher Kommunikation einschließlich aller damit verbundenen Formen von Institutionalisierung und (symbolischen) Handlungspraktiken. Ein solcher Mediumsbegriff schließt beispielsweise ein Verständnis von Geld als Medium oder auch anderen Artefakten wie dem Teleskop als „Medien" aus. Weit ist der Begriff aber insofern, als die technischen Kommunikationsmedien, die Friedrich Krotz im Blick hat, sehr unterschiedlich sein können. Neben traditionellen Massenmedien wie Fernsehen und Radio denkt er konkret nicht nur an das Internet als ein mediales Meta-Netz (Krotz 2003) oder Computerspiele (Krotz 2008a), sondern ebenso an neuere Entwicklungen wie den Roboter als ein interaktives Medium (Krotz 2007: 130–149). All dies kumuliert in Friedrich Krotz' Begriff von Mediatisierung als einem Metaprozess:

> *„Menschliche Geschichte kann [...] als Entwicklung gesehen werden, in deren Verlauf immer neue Kommunikationsmedien entwickelt wurden und auf unterschiedliche Weise Verwendung fanden und finden. In der Konsequenz entwickelten sich immer mehr und immer komplexere Kommunikationsformen, und Kommunikation findet immer häufiger und immer länger, in immer mehr Lebensbereichen und bezogen auf immer mehr Themen in Bezug auf Medien statt.* (Auch) *dadurch verändern sich Alltag, Gesellschaft und Kultur, ebenso wie dieser nicht mediengenerierte, sondern medienbezogene Wandel für Ökonomie und Arbeit, für die Art der persönlichen Erfahrungen, für Identität, Weltsicht und soziale Beziehungen der Menschen von Bedeutung ist.*

> Dieser Prozess, der heute in der Durchsetzung der digitalisierten Kommunikation kumuliert, aber mit dem Internet längst nicht zu Ende ist, soll einschließlich seiner sozialen und kulturellen Folgen als Prozess der Mediatisierung bezeichnet werden. Er wird hier als *Metaprozess sozialen Wandels* verstanden. Damit ist gemeint, dass es sich um eine aus vielen Quellen gespeiste Entwicklung handelt, an der sich der soziale Wandel der Gesellschaft insgesamt konzipieren, beschreiben und verstehen lässt [...]." (Krotz 2007: 33; Herv. i.O.)

Friedrich Krotz führt den Begriff des „Metaprozesses" ein, um seinen spezifischen Zugang auf Mediatisierung zu fassen (siehe ebenfalls Krotz 2006, 2008e). Den Begriff des Metaprozesses setzt er zuerst einmal gegen den einer engen, empirischen Prozesskategorie. „Prozess" bezeichnet in der Krotzschen Verwendungsweise also keinen Vorgang (in diesem Fall des Wandels) mit einem klar definierten Ausgangs- und Endpunkt, der sich standardisiert untersuchen lässt, wie beispielsweise die „Diffussion" (Rogers 1983) von Medientechnologien. Metaprozesse sind vielmehr begrifflich-konzeptionelle „Konstrukte, die spezifische, beobachtbare und als Entität gedachte Phänomene über eine Zeit hinweg beschreiben und theoretisch erfassen" (Krotz 2006: 29). Es handelt sich dabei um Langzeitentwicklungen, die nicht auf ein bestimmtes Gebiet bzw. einen bestimmten sozialen Bereich beschränkt sind und deren Anfangs- und Endpunkt wie auch deren Richtung kaum definierbar erscheinen. Mit anderen Worten ist ein Metaprozess – ganz im Sinne des von Friedrich Krotz ebenfalls verwendeten Begriffs der „Metatheorie" (Krotz 2005: 70) – ein Erklärungs- und Strukturierungszusammenhang mit punktueller Empirie. Ein Metaprozess ist gewissermaßen eine Metatheorie des Wandels, die es uns ermöglicht, einzelne empirische Phänomene in einen umfassenden Erklärungszusammenhang zu stellen. Dies heißt aber nicht, dass solche Metatheorien „un-empirisch" wären oder sein sollten. Vielmehr entwickeln Metatheorien „große Zusammenhänge, die in einzelnen Teilen auf konkreter Empirie beruhen [...], aber insgesamt auf das Ganze zielen und als theoretisches Bezugsmuster für konkrete Forschungen benutzt werden können" (Krotz 2005: 73).

Ausgehend von diesem Konzept des Metaprozesses ordnet Friedrich Krotz Mediatisierung in den Gesamtzusammenhang von drei weiteren Metaprozessen ein, nämlich – neben dem der Mediatisierung – den der Individualisierung, Globalisierung und Kommerzialisierung. In allen vier Fällen handelt es sich dabei um keine Prozesse in dem Sinne, dass sie anhand einer einzelnen empirischen Untersuchung beleg- oder widerlegbar wären. Hingegen ermöglichen alle vier als auf Metaebene theoretisierende Konstrukte, den langfristigen sozialen Wandel analytisch zu konzeptionalisieren und verschiedene einzelne empirische Studien sinnvoll in einen solchen Erklärungszusammenhang einzubeziehen. Bemerkenswert ist die Argumentation von Friedrich Krotz, dass es die Kommerzialisierung ist, die die „Basisentwicklung" (Krotz 2006: 36) darstellt, „aus der die anderen drei resultieren" (ebd.). Mit Basisentwicklung meint er, dass die

Ökonomie den Menschen einen kontinuierlichen und ständigen Grund gibt, auf bestimmte Art und Weise zu handeln – was beispielsweise Medien nicht tun. Auf „Basis" der Kommerzialisierung verstärken sich dann die anderen drei Metaprozesse wechselseitig. In den Worten von Friedrich Krotz:

> „Individualisierung und Globalisierung produzieren beide mehr mediatisierte Kommunikation, da Menschen zunehmend mediatisierte Information und Kommunikation benötigen, um informiert und integriert und mit anderen Menschen verbunden zu sein. Dementsprechend kann man sagen, dass beide Metaprozesse die Mediatisierung unterstützen und vorantreiben. Das bedeutet sogar, dass Mediatisierung eine Bedingung für Individualisierung und Globalisierung ist, insofern es erst die Medien ermöglichen, dass man in einer Kultur lebt und in einer anderen Kultur mit Waren handelt, dass man im sozialen Umfeld fehlende Face-to-Face-Relationen durch mediatisierte ausgleicht, indem man ihnen neue Formgestaltung gibt oder indem man ein Teil des Marktes wird. Andererseits definieren Globalisierung und Individualisierung aber auch Bedingungen, dass Mediatisierung in Gang kommt, insofern sie zunehmend Mediatisierung brauchen. Das heißt, diese Metaprozesse sind miteinander verbunden und hängen zusammen, aber sie können sehr unterschiedliche Auswirkungen haben." (Krotz 2006: 35)

Ohne an dieser Stelle weiter ins Detail gehen zu können, wie Friedrich Krotz seine Beschreibung des Metaprozesses der Mediatisierung durch eine Vielzahl eigener empirischer Studien stützt (siehe Krotz 2007), machen solche Zitate deutlich, in welchem Maße das Verständnis von Mediatisierung als eines Metaprozesses Perspektiven für Forschung eröffnet: Es bietet die Chance, den aktuellen wie auch historischen Medienwandel in einem umfassenden Gesamtzusammenhang zu beforschen und dabei nicht den Fehler zu begehen, „die Medien" unhinterfragt als Zentrum eines jeden Wandels zu konstruieren (zur Kritik solcher Perspektiven siehe Couldry 2003).

Das Potenzial eines solchen Entwurfs zeigt aktuell das von der Deutschen Forschungsgemeinschaft (DFG) geförderte Schwerpunktprogramm „Mediatisierte Welten: Kommunikation im medialen und gesellschaftlichen Wandel", das im Jahr 2009 eingerichtet wurde und von Friedrich Krotz koordiniert wird (http://www.mediatisiertewelten.de/). Als „mediatisierte Welten" werden Handlungsfelder und Sozialwelten bezeichnet, in denen gesellschaftliches Handeln und kulturelle Sinnkonstruktion untrennbar mit Medien verbunden sind. Von „mediatisierten Welten" zu sprechen soll ausdrücken, dass Mediatisierung nicht nur einseitige Wirkungen oder reziproke Effekte der Medien auf Personen(-gruppen) meint, sondern dass sich die Strukturen, Abläufe und Prozesse von Öffentlichkeit, Politik und (Arbeits-)Organisationen, von Alltag und Identität, sozialen Beziehungen, Erwerbsarbeit und Konsum sowie gesellschaftlichen Institutionen und Geschlechterverhältnissen zusammen mit den Medien und der darauf bezogenen Kommunikation wandeln. In dieser Perspektive können Gesellschaft und Kultur als Ganzes wie in ihren relevanten Teilen heute nur noch im Zusammenhang mit Medien theoretisiert und verstanden werden. Dieses Schwerpunktprogramm zeigt einmal mehr das Forschungspotenzial des Mediatisierungsansatzes in der Fassung von Friedrich Krotz. Die breite Anschlussfähigkeit dieses Entwurfs ist nicht zuletzt in der wissenschaftlichen Biografie von Friedrich Krotz begründet.

2. Grenzgänge zur Kommunikations- und Medienwissenschaft: Der wissenschaftliche Werdegang von Friedrich Krotz

Betrachtet man den Lebenslauf von Friedrich Krotz, fällt auf, dass seine wissenschaftliche Laufbahn nicht den üblichen „Standardverlauf" genommen hat – ein Umstand, der mithilft, die Breite seines Ansatzes zu erklären. Friedrich Krotz wurde am 9. Januar 1950 in Barcelona geboren, wo seine Eltern sich kennenlernten und für rund 20 Jahre lebten. Während sein vier Jahre älterer Bruder sich für ein Leben im spanischsprachigen Raum entschieden hat und nach einer weiteren Station in Venezuela mittlerweile Professor für Cultural Anthropology an der Universidad Autónoma Metropolitana, Iztapalapa, in Mexiko ist, verlief Friedrich Krotz' akademische Laufbahn im deutschsprachigen Raum. So studierte er von 1968 bis 1974 an der Universität Karlsruhe (TH) Mathematik, Physik und Wirtschaftsmathematik, ein Studium, das er bei Wolfgang Leopoldt als Diplom-Mathematiker abschloss. Die Mathematik prägt auch seine ersten beruflichen Stationen. Friedrich Krotz arbeitete von 1974 bis 1979 als wissenschaftlicher Mitarbeiter bei Horst-Günter Zimmer am Fachbereich Mathematik der Universität des Saarlandes in Saarbrücken, und auch Friedrich Krotz' erste Veröffentlichungen sind zu mathematischen Themen. Im Fokus seines damaligen Interesses standen Nonstandard-Methoden in der Logik, d.h. Begründungsverfahren jenseits der allgemein bekannten logischen Schließung. Zu den Publikationen der frühen Zeit gehört ein sehr kontrovers diskutierter Aufsatz mit dem Titel „Plädoyer für die Abschaffung des Mathematikunterrichts", in dem er das im Mathematikunterricht festgeschriebene Herrschaftsverhältnis zwischen Lehrendem und Schülerinnen und Schülern kritisiert. Außerdem war er Mitbegründer einer alternativen Zeitung in Saarbrücken: der „Stadtzeitung". Dies verweist bereits darauf, dass Friedrich Krotz in der Zeit umfassend sozial und politisch engagiert war.

Einer der Hauptgründe für die wissenschaftliche Umorientierung und die Aufnahme des Zweitstudiums der Sozialwissenschaft von 1978 bis 1983 an der Universität Hamburg war genau dieses Engagiert-Sein: Da Friedrich Krotz sein Engagement mit seinem Beruf vereinbaren wollte, entschied er sich für Soziologie als Zweitstudium. Über die Soziologie liefen seine mathematischen mit seinen kommunikations- und medienwissenschaftlichen Interessen erstmals zusammen. Die Diplomarbeit, mit der er 1983 bei Gerhard Kleining als Diplom-Soziologe abschloss, trägt den Titel „Über das mathematische Paradigma in

Soziologie und Sozialforschung. Eine Untersuchung anhand der Schriften von Paul F. Lazarsfeld und seinen Mitarbeitern". Auch wenn er selbst es damals wohl kaum absehen konnte, finden sich über diese Arbeit klare Bezüge zu dem Fach, das später bei allen produktiven Grenzgängen seine wissenschaftliche Heimat werden sollte.

Zuvor war die Laufbahn von Friedrich Krotz aber stärker soziologisch geprägt: Nach dem Abschluss seines Studiums an der Universität Hamburg war er auf verschiedene Weise freiberuflich tätig in Verlagen, der Marktforschung sowie der medizinischen Soziologie bzw. allgemeinen Soziologie an der Universität Hamburg – er lebte von „irgendwelchen wissenschaftlichen Hilfsarbeiten", wie er es selbst im Rückblick formuliert. Daran schloss sich von 1984 bis 1986 die Tätigkeit als wissenschaftlicher Mitarbeiter in einem von der DFG geförderten und von Peter Grottian geleiteten Projekt „Neue Subsidiaritätspolitik" am Zentralinstitut für Staats- und Verwaltungsforschung der Freien Universität Berlin an, das sich mit Formen der unbezahlten Arbeit befasst. Parallel wurde Friedrich Krotz Vater und war bemüht, diese Rolle mit der des Wissenschaftlers zu vereinbaren. Dies erklärt sein Bemühen, nach Abschluss des Projekts eine Arbeitsstelle in Hamburg zu finden, wo er mit seiner als analytischer Kinder- und Jugendpsychotherapeutin tätigen Frau Petra Rupp und seinen beiden Söhnen Janosch und Nicolas lebte. Das gelang: In der Zeit zwischen 1986 und 1989 war Friedrich Krotz dann wissenschaftlicher Mitarbeiter und Dozent für die Fachgebiete Wirtschafts- und Verwaltungsinformatik bzw. Statistik und Soziologie an der Fachhochschule für öffentliche Verwaltung, Fachbereich allgemeine Verwaltung in Hamburg. Abgeschlossen wurde diese Phase des wissenschaftlichen Werdegangs von Friedrich Krotz mit seiner Promotion im Jahr 1989 bei Kleining (Universität Hamburg) mit einer Arbeit zu dem Thema „EDV-gestützte qualitative Analyse von Lebensweltmodellen". Geprägt durch die Beteiligung an verschiedenen sozialwissenschaftlichen Projekten und den Zugang Kleinings zur „entdeckenden Sozialforschung" (Kleining 1995), macht die Arbeit die Öffnung zur theoriefindenden Forschung manifest.

Die intellektuelle Offenheit des Hans-Bredow-Instituts in Hamburg ermöglichte es Friedrich Krotz, nach unterschiedlichen Grenzgängen eine Heimat in der Kommunikations- und Medienwissenschaft zu finden: In dem Zeitraum von 1989 bis 2001 war er als wissenschaftlicher Referent am Hans-Bredow-Institut für Rundfunk und Fernsehen (heute: für Medienforschung) tätig, dessen Direktorium in dieser Zeit aus Wolfgang Hoffmann-Riem (bis 1995 sowie 1998 bis Dezember 1999), Otfried Jarren (1995 bis Juli 2001) und Uwe Hasebrink (ab 1998) bestand. Wolfgang Hoffmann-Riem hat die Jahre, in denen Friedrich Krotz am Hans-Bredow-Institut war, als die „Zeit des Umbruchs" bezeichnet: Fragen der Rundfunkordnung sind mit der Diskussion um das „duale System"

Gegenstand des politischen Interesses und (durchaus politisch orientierter) wissenschaftlicher Gutachtertätigkeiten. Das Institut selbst erweitert sein Profil in Richtung Medienpsychologie und Mediensoziologie, ist gleichzeitig aber auf seine wissenschaftliche Unabhängigkeit bedacht – es „plädiert [...] nachdrücklich für mehr unabhängige Forschung und kritisiert die Instrumentalisierung der Forschung für die Politik und die Medienunternehmen" (Hoffmann-Riem). Friedrich Krotz stand mit seiner ganzen Person und seinem wissenschaftlichen Arbeiten wie kaum ein anderer für eine solche Position.

Für Friedrich Krotz waren die „Jahre im Bredow" hochgradig produktiv, was nicht zuletzt an der dortigen Arbeitssituation lag und der Möglichkeit, sie mit seiner Familie in Einklang zu bringen. Zwar war er wie auch die anderen wissenschaftlichen Referenten mit der Aufgabe konfrontiert, sich für Projekte Geldgeber suchen zu müssen, was neben der DFG vor allem die VW-Stiftung, die Landesmedienanstalten, öffentliche Geldgeber wie die Rundfunkanstalten oder die EU sowie private Geldgeber wie die Freiwillige Selbstkontrolle Fernsehen (FSF) waren. Ebenfalls bestand die Grundausstattung in einer eher beschränkten Infrastruktur, und die meisten Projekte wurden mit studentischen Hilfskräften bzw. wenig zusätzlichem Personal realisiert. Gleichzeitig herrschte aber eine wissenschaftlich hoch anregende Atmosphäre vor, die sich insbesondere in den drei Referenten des Instituts manifestierte: neben Friedrich Krotz Uwe Hasebrink und Ralph Weiß. Es war die Zeit, in der die „Bredow-Panels" bei der Jahrestagung der Deutschen Gesellschaft für Publizistik- und Kommunikationswissenschaft (DGPuK) zu den theoretischen wie empirischen Highlights gehörten. Die DGPuK wurde in diesen Jahren für Friedrich Krotz zunehmend ein Aktionsraum: Konservativen Tendenzen wie einer theoretischen und methodischen Engführung der Kommunikations- und Medienwissenschaft stets skeptisch gegenüberstehend, engagierte sich Friedrich Krotz für den Aufbau der Fachgruppe Soziologie der Medienkommunikation in der DGPuK sowie für die Internationalisierung der Fachgesellschaft. Die Fachgruppe Soziologie der Medienkommunikation wurde dank des Engagements von Friedrich Krotz eine Heimat für kritische und theoretisch breit orientierte Ansätze in der deutschen Kommunikations- und Medienwissenschaft, u.a. die Cultural Studies.

Als Abschluss dieser Phase seines Werdegangs lässt sich die Habilitation an der Universität Hamburg mit der Schrift „Die Mediatisierung des kommunikativen Handelns" ansehen. Unter der Kommissionsleitung von Irene Neverla wurde Friedrich Krotz die venia legendi „Journalistik/Kommunikationswissenschaft" verliehen. Parallel hierzu bzw. in Folge schlossen sich verschiedene Professurenvertretungen an: im Bereich Medienwissenschaft der Friedrich-Schiller-Universität Jena (1999/2000), am Ausbildungsgang „Europäische Medienwissenschaft" der Universität Potsdam – in Kooperation mit der Hochschule für

Film und Fernsehen und der Fachhochschule Potsdam – (2000/2001) und am Lehrstuhl Mediennutzung des Instituts für Medienforschung und Publizistik der Universität Zürich (2001). Bei der Entscheidung, seine wissenschaftliche Laufbahn weiter als Professor im Fach Kommunikations- und Medienwissenschaft zu betreiben, spielte eine Rolle, dass seine Kinder nun in einem Alter waren, das ihm beruflich eine größere Flexibilität gestattete.

Im Jahr 2001 nahm Friedrich Krotz dann einen Ruf auf eine C3-Professur für Kommunikationssoziologie und -psychologie am Institut für Kommunikationswissenschaft, Abteilung Medienwissenschaft der Westfälischen Wilhelms-Universität Münster an. In diese Zeit fiel ebenfalls der von Friedrich Krotz mit großem Engagement betriebene Aufbau der Antragsgruppe für einen DFG-Sonderforschungsbereich in Form eines Transregio zum Thema „Kulturelle und soziale Veränderungen im Kontext des Wandels der Medien", an dem neben seiner damaligen Heimatuniversität Münster und dem Hans-Bredow-Institut bzw. der Universität Hamburg die Universitäten Erfurt und Ilmenau beteiligt waren. Zwar scheiterte dieser Antrag 2005, legte aber den Grundstein für das nun erfolgreiche DFG-Schwerpunktprogramm „Mediatisierte Welten". Im Jahr 2003 wechselte Friedrich Krotz als Nachfolger von Peter Glotz auf die C4-Professur Kommunikationstheorie/Soziale Kommunikation an die Universität Erfurt. Neben einem weiteren Schritt auf der „Karriereleiter" als Professor spielte für den Wechsel an die Universität Erfurt die dortige große theoretische Offenheit und Orientierung auf Fragen des aktuellen Medienwandels an der Kommunikationswissenschaft eine Rolle.

Aber nicht nur bei seinem aktuellen Arbeitgeber ist das Engagement von Friedrich Krotz breit gefächert: Durch seine Beteiligung an der Selbstverständniskommission und später dem Selbstverständnisausschuss der DGPuK stieß er eine breite Diskussion um das Fachverständnis der Kommunikations- und Medienwissenschaft mit an, was zu deren deutlicher (auch internationaler) Öffnung beitrug. Seit 2002 ist er Vorsitzender der Sektion „Mediated Communication, Public Opinion and Society" der International Association of Media and Communication Research (IAMCR), zusammen mit Hillel Nossek aus Israel. Er ist seit 2004 und zum zweiten Mal bis 2011 als einer der beiden Vertreter der Kommunikationswissenschaft in den Fachkolleg Sozialwissenschaften der DFG gewählt. Seit 2008 ist Friedrich Krotz „responsible editor" der internationalen, von Alphons Silbermann gegründeten Zeitschrift „Communications: The European Journal of Communication Research". Darüber hinaus ist er in vielen weiteren Gremien tätig, unter anderem als Vorsitzender der wissenschaftlichen Begleitkommission zum Bund-Länder-finanzierten Modellstudiengang „Europäische Medienwissenschaft" (BA/MA) in Potsdam, bei verschiedenen Redaktionsbeiräten von Fachzeitschriften sowie im Trägerverein des Instituts Jugend,

Film, Fernsehen in München. Und wiederum nicht zu vergessen: sein Engagement als Koordinator des 2009 eingerichteten DFG-Schwerpunktprogramms „Mediatisierte Welten".

3. Der Versuch, etwas zurückzugeben: Über dieses Buch

Friedrich Krotz beendet ein persönliches, bisher nicht veröffentlichtes Interview mit dem folgenden Satz: „Ich habe der Gesellschaft den Teil, den sie mir gegeben hat, noch nicht zurückgegeben." Wir denken, dass man diesem mit einigen Argumenten widersprechen kann: Zumindest dem *wissenschaftlichen* Teil der Gesellschaft hat Friedrich Krotz als sehr breit interessierter und intensiv forschender kommunikations- und medienwissenschaftlicher „Generalist" sehr viel zurückgegeben und macht dies auch weiterhin. Das vorliegende Buch ist der Versuch, sich bei Friedrich Krotz wenigstens symbolisch zu revanchieren. Wir hoffen, dass die thematische Breite der Aufsätze zeigt, in welchem Maße das Konzept der Mediatisierung als Metaprozess des sozialen Wandels anschlussfähig und wegweisend ist – nicht nur für die Kommunikations- und Medienwissenschaft, sondern auch über ihre Grenzen hinaus. In diesem Sinne wollen wir diese Festschrift Friedrich Krotz widmen.

Wie andere Bücher wäre dieses nicht ohne die Unterstützung verschiedener Menschen entstanden, denen wir danken möchten. Dies ist zuerst einmal Barbara Emig-Roller vom VS Verlag, die die Redaktion dieses Bandes wie immer perfekt begleitete und dafür sorgte, dass niemand zu früh von ihm erfuhr. Das Literaturverzeichnis der Schriften von Friedrich Krotz komplettierte und korrigierte Cindy Roitsch. Korrekturen, die Vereinheitlichung der Zitation, Satz und Index übernahm Dirk Reinhardt. Die Organisation im Hintergrund erledigte geräuschlos Heide Pawlik. Und bei allen „heimlichen Absprachen" stand Petra Rupp zur Verfügung. Mit dem richtigen Foto zur rechten Zeit half Janosch Krotz. Ihnen allen danken wir sehr herzlich im Namen der an dieser Festschrift beteiligten Autorinnen und Autoren.

Literatur

Couldry, Nick (2008): Mediatization or mediation? Alternative understandings of the emergent space of digital storytelling. In: New Media & Society 10, 3, S. 373.
Couldry, Nick (2003): Media Rituals. A Critical Approach. London u.a.: Routledge.
Hjarvard, Stig (2004): From Bricks to Bytes: The Mediatization of a Global Toy Industry. In: Bondebjerg, Ib/Golding, Peter (Hrsg.): European Culture and the Media. Bristol: Intellect, S. 43–63.
Kleining, Gerhard (1995): Lehrbuch Entdeckende Sozialforschung, Bd. 1, Von der Hermeneutik zur qualitativen Heuristik. Weinheim: Beltz.
Krotz, Friedrich (1992): Kommunikation als Teilhabe. Der „Cultural Studies Approach". In: Rundfunk und Fernsehen 40, 3, S. 421–431.

Krotz, Friedrich (1996): Der Beitrag des Symbolischen Interaktionismus für die Kommunikationsforschung. In: Hasebrink, Uwe/Krotz, Friedrich (Hrsg.): Die Fernsehzuschauer als Regisseure. Individuelle Muster der Fernsehnutzung. Baden-Baden: Nomos, S. 52–75.

Krotz, Friedrich (1997): Marshall McLuhan revisited. Hamburg: Unveröffentlichtes Manuskript.

Krotz, Friedrich (2001a): Der Symbolische Interaktionismus und die Medien: Zum hoffnungsvollen Stand einer schwierigen Beziehung. In: Rössler, Patrick/Hasebrink, Uwe/Jäckel, Michael (Hrsg.): Theoretische Perspektiven der Rezeptionsforschung. München: Reinhard Fischer, S. 73–95.

Krotz, Friedrich (2001b): Die Mediatisierung kommunikativen Handelns. Der Wandel von Alltag und sozialen Beziehungen, Kultur und Gesellschaft durch die Medien. Opladen: Westdeutscher Verlag.

Krotz, Friedrich (2001c): Marshall McLuhan Revisited. Der Theoretiker des Fernsehens und die Mediengesellschaft. In: Medien & Kommunikationswissenschaft 49, S. 62–81.

Krotz, Friedrich (2003): Kommunikation im Zeitalter des Internets. In: Höflich, Joachim R./Gebhardt, Julian (Hrsg.): Vermittlungskulturen im Wandel. Brief, E-Mail, SMS. Frankfurt a.M.: Peter Lang, S. 21–38.

Krotz, Friedrich (2005): Neue Theorien entwickeln. Eine Einführung in die Grounded Theory, die Heuristische Sozialforschung und die Ethnographie anhand von Beispielen aus der Kommunikationsforschung. Köln: Halem.

Krotz, Friedrich (2006): Konnektivität der Medien: Konzepte, Bedingungen und Konsequenzen. In: Hepp, Andreas/Krotz, Friedrich/Moores, Shaun/Winter, Carsten (Hrsg.): Konnektivität, Netzwerk und Fluss. Konzepte gegenwärtiger Medien-, Kommunikations- und Kulturtheorie. Wiesbaden: VS, S. 21–42.

Krotz, Friedrich (2007): Mediatisierung: Fallstudien zum Wandel von Kommunikation. Wiesbaden: VS.

Krotz, Friedrich (2008a): Computerspiele als neuer Kommunikationstypus. Interaktive Kommunikation als Zugang zu komplexen Welten. In: Quandt, Thorsten/Wimmer, Jeffrey/Wolling, Jens (Hrsg.): Die Computerspieler. Studien zur Nutzung von Computergames. Wiesbaden: VS, S. 25–40.

Krotz, Friedrich (2008b): Gesellschaftliches Subjekt und kommunikative Identität: Zum Menschenbild der Cultural Studies. In: Hepp, Andreas/Winter, Rainer (Hrsg.): Kultur – Medien – Macht. Cultural Studies und Medienanalyse. 4. Auflage. Wiesbaden: VS, S. 125–138.

Krotz, Friedrich (2008c): Handlungstheorien und Symbolischer Interaktionismus als Grundlage kommunikationswissenschaftlicher Forschung. In: Winter, Carsten/Hepp, Andreas/Krotz, Friedrich (Hrsg.): Theorien der Kommunikations- und Medienwissenschaft. Grundlegende Diskussionen, Forschungsfelder und Theorieentwicklungen. Wiesbaden: VS, S. 29–47.

Krotz, Friedrich (2008d): Marshall McLuhan. In: Sander, Uwe/von Gross, Friederike/Hugger, Kai-Uwe (Hrsg.): Handbuch Medienpädagogik. Wiesbaden: VS, S. 257–262.

Krotz, Friedrich (2008e): Media Connectivity. Concepts, Conditions, and Consequences. In: Hepp, Andreas/Krotz, Friedrich/Moores, Shaun/Winter, Carsten (Hrsg.): Network, Connectivity and Flow. Conceptualising Contemporary Communications. New York u.a.: Hampton Press, S. 13–31.

Krotz, Friedrich (2009): Stuart Hall: Encoding/Decoding und Identität. In: Hepp, Andreas/Krotz, Friedrich/Thomas, Tanja (Hrsg.): Schlüsselwerke der Cultural Studies. Wiesbaden: VS, S. 210–223.

Livingstone, Sonia M. (2009): On the Mediation of Everything. In: Journal of Communication 59, 1, S. 1–18.

Lundby, Knut (Hrsg.) (2009): Mediatization: Concept, Changes, Consequences. New York: Peter Lang.

Mazzoleni, Gianpietro (2008): Mediatization of Society. In: Donsbach, Wolfgang (Hrsg.): The International Encyclopedia of Communication, Vol. VII, S. 3052–3055.

Rogers, Everett M. (1983): Diffusion of Innovations. New York, London: Free Press.
Schulz, Winfried (2004): Reconstructing Mediatization as an Analytical Concept. In: European Journal of Communication 19, 1, S. 87–101.

II.

Zugänge zur Mediatisierung

Der Alltag der Mediatisierung:
Eine Skizze zu den praxistheoretischen Herausforderungen der Mediatisierung des kommunikativen Handelns

Udo Göttlich

1. Einleitung

Der Einfluss der Medien auf den Alltag ist in den letzten Jahren mit unterschiedlichen Zugängen verfolgt worden. Das von Friedrich Krotz entwickelte und vertretene Konzept der Mediatisierung beinhaltet eine spezifische handlungstheoretische Konzeption, die an Positionen des symbolischen Interaktionismus anschließt und Mediatisierung als Metaprozess behandelt, der Alltag und Kommunikation gleichermaßen durchdringt und betrifft. Mit Mediatisierung sind sieben eng miteinander verbundene Prozesse angesprochen: Ausgehend von der a) Allgegenwart der Medien zielt das Konzept b) auf die Folgen der Veralltäglichung medienvermittelter interpersonaler Kommunikation, die sich ergeben durch c) unterschiedliche Formen des Eindringens der Medien in den Alltag sowie d) durch die damit verbundenen Vermischungen kommunikativer Formen, die gerahmt werden e) von der immer stärkeren Alltagsbezogenheit medialer Inhalte und der f) gestiegenen Orientierungsfunktion der Medien, die spezifische g) Konsequenzen für Alltag und Identität sowie die Kultur und Gesellschaft mit sich bringt (vgl. Krotz 2001: 34f.). Die Ausprägung dieser miteinander verbundenen Prozesse dürfte im „Alltag der Mediatisierung" bei unterschiedlichen Sozial- wie Altersgruppen aber auch in verschiedenen Kulturen sowie im historischen Prozess erheblich variieren und stellt die Medien- und Kommunikationswissenschaft daher vor ein Bündel neuer Fragen und Probleme, die bis hinein in die Theoriebildung reichen.

Einen Aspekt dieser theoretischen Herausforderungen möchte ich in diesem Beitrag mit Blick auf aktuelle praxistheoretische Entwicklungen in den Sozial- und Kulturwissenschaften verfolgen, die sich für eine spezifische Nutzbarmachung im Rahmen des durch das Mediatisierungskonzept eröffneten multiperspektivischen und interdisziplinären Rahmens anbieten. Dazu werde ich von zwei historischen Schilderungen ausgehend – die prototypisch erste Facetten der Mediatisierung des Alltags am Beispiel der frühen Telefonkommunikation thematisieren – die Verbindungspunkte diskutieren, die zu einer praxistheoretischen Reflexion und Behandlung in der Analyse und Erforschung von aktuellen

Mediatisierungsprozessen führen. Die folgenden Ausführungen verstehen sich als Skizze für weitergehende praxistheoretische Diskussion zur Rolle und Stellung von Mediatisierungsprozessen und sind keineswegs abgeschlossen.

2. Mediatisierung in historischer Perspektive

Auch wenn das Mediatisierungskonzept neueren Datums ist, so ist der Alltag der Mediatisierung keineswegs jüngeren Datums, sondern findet seine historischen Vorläufer in einer Reihe medientechnischer Entwicklungen und Anwendungen, die als Voraussetzung der mit dem Konzept der Mediatisierung beschriebenen – wesentlich auf den Medienwandel seit den 1980er Jahren bezogenen – Entwicklungen angesehen werden müssen. Zu den der „Mediatisierung" vorausliegenden Entwicklungsschritten gibt es eine Fülle an Einzeldarstellungen und Betrachtungen, von denen die wenigsten den heraufziehenden Alltag der Mediatisierung wohl auf so eindrucksvolle Weise eingefangen haben wie Walter Benjamin in seiner Erinnerung an den Einzug des Telefons in sein Elternhaus in der „Berliner Kindheit um neunzehnhundert" (Benjamin 2006):

> „Es mag am Bau der Apparate oder der Erinnerung liegen – gewiss ist, daß im Nachhall die Geräusche der ersten Telefongespräche mir anders in den Ohren liegen als die heutigen. Es waren Nachgeräusche. Keine Muse vermeldet sie. Die Nacht, aus der sie kamen, war die gleiche, die jeder wahren Geburt vorhergeht. Und eine neugeborne war die Stimme, die in den Apparaten schlummerte. [...] In diesen Zeiten hing das Telefon entstellt und ausgestoßen zwischen der Truhe für die schmutzige Wäsche und dem Gasometer in einem Winkel des Hinterkorridors, von wo sein Läuten die Schrecken der berliner Wohnung vervielfachte. Wenn ich dann, meiner Sinne mit Mühe mächtig, nach langem Tasten durch den finstern Schlauch, anlangte, um den Aufruhr abzustellen, die beiden Hörer, welche das Gewicht von Hanteln hatten, abriß und den Kopf dazwischen preßte, war ich gnadenlos der Stimme ausgeliefert, die da sprach. Nichts war, was die Gewalt, mit der sie auf mich eindrang, milderte. Ohnmächtig litt ich, daß sie mir die Besinnung auf meine Zeit, meinen Vorsatz und meine Pflicht zunichte machte; und wie das Medium der Stimme, die von drüben seiner sich bemächtigt, folgt, ergab ich mich dem ersten Vorschlag, der durch das Telefon an mich erging." (ebd., 18)

In einer Zeit vor der Nutzung der heute ebenfalls bereits klassischen Verbreitungsmedien Radio und Fernsehen war es das Telefon, an dem sich für einen größeren, vor allem der Oberschicht entstammenden Personenkreis erstmals die Bedeutung technisierter Kommunikation im und für den Alltag darstellte. Die historische Perspektive in Benjamins Schilderung belegt vor allem, wie es zur Herausbildung neuer Raum- und Zeitverhältnisse und damit einhergehender Praxisformen, d.h. veränderter Formen kommunikativer Praktiken im Alltag gekommen ist, die als kulturelle und gesellschaftliche Vorläufer auch eine Voraussetzung für die seitdem stattgefundenen weiteren Mediatisierungsprozesse bilden. In raumbezogener Hinsicht ist an Benjamins Schilderung auffällig, dass sich das Telefon keineswegs als selbstverständliches Familienmitglied angebo-

Der Alltag der Mediatisierung

ten hatte, das ungehinderten Zugang zu den Privaträumen der Familie erlangte, wie wenig später bereits das Radio und seit den sechziger Jahren das Fernsehen. Der dunkle und sicher auch kühle Flur markiert vielmehr noch ein Draußen, wie die Verwendung von Telefonen zur privaten Kommunikation überhaupt noch ungewohnt war und auch etwas Ungewöhnliches hatte. Auch dürften in der Zeit von Benjamins Schilderung Kinder als Adressaten von Anrufen nur selten ins Spiel gekommen sein, sodass die geschilderte Verwendung zur Kommunikation mit Schulfreunden vielleicht sogar eine eigene Spielart des Benjaminschen Freundeskreises war. Schließlich überwogen in der Vorstellung von Zeitgenossen noch die militärische bzw. dienstliche oder geschäftliche Verwendung des Artefakts, d.h. der Empfang und die Mitteilung von Orders, die private Kommunikation nicht vorsah.

Der Hausflur als Aufbewahrungsort des Telefons verweist dadurch zugleich auf eine noch nicht festgelegte Nutzungssituation, die sich für private Zwecke wohl erst allmählich durchsetzte, womit darauf verwiesen wird, dass der Alltag der Mediatisierung immer auch eine Prozessdimension in sich trägt. Dadurch ist eine auf diesen Alltag zielende Analyse der Mediatisierung immer historische Momentaufnahme, die in den bislang bekannten theoretischen Konzepten struktur- oder handlungstheoretisch kontextualisiert sein will, wenn es um die Beantwortung der Frage nach der Rolle und Stellung der Medien im Alltag geht. Eine praxistheoretische Behandlung schlägt jedoch einen anderen Weg ein, indem sie an die Stelle der Struktur- oder Handlungstheorie eine auf die Analyse von Performativität gerichtete Perspektive verfolgt, die sich u.a. auf Netzwerke von Körpern und Artefakten richtet.

Eine spezifische Illustration dieser Perspektive bietet in Benjamins Beispiel die Betonung der körperlosen Stimme als Bestandteil der neuen Kommunikationssituation, die, für den Jungen scheinbar nicht fassbar, doch Konsequenzen in und für seinen Alltag hat. Gerade vor dem praxistheoretischen Hintergrund ist interessant, dass Benjamin die Geräusche des Apparats und die Bedeutung der Stimme als besonders herausstellt, die für den Jungen zusammen mit dem Aufbewahrungsort des Telefons eine weitere beängstigende Komponente zu den übrigen Schrecken des Hauses hinzugefügt hatte. Gesteigert wurde diese noch durch die Herausforderung, die Schwere der Apparatur als Kind überhaupt zu beherrschen.

Die Besonderheit der in der kurzen Passage aufscheinenden performativen Dimension für die praxistheoretische Analyse erweist sich vor allem dann, wenn man Benjamins Kindheitserfahrung mit einer weiteren Betrachtung der Telefonkommunikation aus jener Zeit vergleicht, die ebenfalls ihre ganze Kraft aus der Verarbeitung der alltäglichen Praxis zieht und wie Benjamin dadurch vermittelt bereits auf die Rolle und Stellung des *performative* bzw. *practice turn* für die

Analyse und das Verständnis der Mediatisierung des Alltags verweist. In Marcel Prousts „Auf der Suche nach der verlorenen Zeit" findet sich folgende aufschlussreiche Stelle zur Praxis der frühen Telefonkommunikation, die in der technischen Verwendung nur eine kurze Zeit währte und heute vollkommen aus der Anwendung verdrängt ist. Zu Prousts Zeit aber war diese Praxis unmittelbarer und unverzichtbarer Bestandteil für das Zustandekommen der Kommunikation und hat für den Autor einen nicht unwesentlichen Beitrag zur Wirkung und Erfahrung der Telefonkommunikation beigetragen, die Telefonvermittlung:

> „Wir brauchen, damit sich dies Wunder vollzieht, unsere Lippen nur der magischen Membrane zu nähern und – ich gebe zu, daß es manchmal etwas lange dauert – die immer wachen, klugen Jungfrauen zu rufen, deren Stimme wir täglich hören, ohne ihr Antlitz zu kennen und die gleichsam unsere Schutzengel auf jenen Pfaden in schwindelnder Finsternis sind, deren Eingangstor sie eifersüchtig bewachen; jene Allmächtigen, die bewirken, daß Abwesende plötzlich neben uns stehen, freilich, ohne daß wir sie sehen dürfen; die Danaiden, die nicht zu Erschauenden, die die Urnen des Klanges unaufhörlich leeren, füllen, einander reichen; die ironischen Furien, die in dem Augenblick, da wir einer Freundin ein Geheimnis zuflüstern, in der Hoffnung, daß niemand es erlauscht, uns grausam ihr ‚Hier Amt' entgegenhalten; die ewig gereizten Dienerinnen des Mysteriums, die so leicht gekränkten Priesterinnen des Unsichtbaren, die Fräuleins vom Amt!
> Sobald aber unser Ruf ergangen ist, erhebt sich in dem von Erscheinungen durchwogten Dunkel, dem unsere Ohren sich öffnen, ein leichtes Raunen – ein abstraktes Geräusch – das des überwundenen Raumes – und die Stimme des teuren Wesens erklingt an unserm Ohr." (Proust 1979: 1422f.)

Vergleichbar mit der Schilderung Benjamins verdeutlicht auch Prousts Bericht, dass es sich bei dem Kommunikationsakt mit dem Telefon um eine neuartige Praxis handelt, die mit An- und Abwesenheit von Körperlichkeit und Stimme und den damit verbundenen Imaginationen vom Wesen und der Erscheinung des Gegenüber aufs engste zusammenhängt. Mit dieser Schwerpunktsetzung verdeutlichen beide Beispiele, dass es nicht allein um den Austausch von Botschaften geht, sondern dieser Moment eines viel weiter reichenden Zusammenhangs ist, dessen Zweck zwar der Austausch von Botschaften sein mag, deren Empfang und Aussendung aber einen umfassenderen alltäglichen Praxiszusammenhang darstellt, der Konsequenzen für das gesellschaftliche und kulturelle Leben mit sich bringt. Das Interessante an den beiden Schilderungen für die vorliegende Erörterung liegt darin, dass sie noch jenseits jeder medienwissenschaftlichen Beschäftigung mit der technisierten Kommunikation bereits den Blick auf eine Dimension öffnen, die das Problem der Praxis im Umgang mit einer neuen Medientechnik – durchaus noch unbeeinflusst durch die Erfahrung anderer technischer Medien – zum Ausdruck bringt. Für die praxistheoretische Analyse ist ein Sensorium für solche Situationen nützlich, gerade da wir in der üblichen wissenschaftlichen Arbeit kaum auf solche selbstreflexiven Geschichten treffen, derer wir uns als Quellen bedienen können. Viel öfter haben wir es mit Nutzungszahlen oder Haushaltsreichweiten zu tun, wobei wir allein für die Gegenwart zusätzlich mit teilnehmender Beobachtung unsere weiteren Schlüsse über die Alltagspraktiken im Rahmen von Habitualisierungen und Routinisierungen ziehen können. Die Beispiele verdeutlichen, dass die Aspekte und Momente von Praxis in der historischen „Vorläufersituation" technikbasierter Kommunikation offenbar nicht nur offener zutage lagen, sondern in wissenschaftlicher Perspektive überhaupt erst wiederzuentdecken sind, wofür der *performative* bzw. *practice turn* eine Möglichkeit bietet.

3. Der praxeological turn und seine Bedeutung für das Mediatisierungskonzept

Der Alltag der Mediatisierung berührt – wie an den behandelten Beispielen unschwer zu erkennen ist und worauf das Mediatisierungskonzept in seinen Analysen abzielt – zunächst im Wesentlichen zwei Dimensionen: diejenige der Nutzung und Aneignung, also der Habitualisierung und Einbindung von Artefakten in alltägliche Handlungsweisen sowie diejenige des kommunikativen Handelns bzw. der Kommunikation mit und durch technische Medien. Eine weitere Dimension betrifft die inhaltliche Seite der Medien, auf die die beiden Beispiele aber nicht weiter eingegangen sind, da sie nicht von Verbreitungsmedien handeln. Mit Blick auf diese Dimensionen geht es in der weiteren Auseinandersetzung mit den auch in den Beispielen berührten praxistheoretischen Fragen im Rahmen des Mediatisierungskonzepts aber nicht nur um die Analyse des unbemerkten Einwanderns neuer Praktiken und Routinen in alltägliche Verrichtungen, die untrennbar von Technik und Medien sind. Wenn man Mediatisierung als entscheidenden Aspekt des Alltags versteht, dann gilt es vielmehr zu betonen, dass der Alltag der Mediennutzung nicht den Charakter einer mehr oder weniger autonomen Sonderstruktur besitzt, sondern den eines integralen Bestandteils der Struktur der Gesellschaft und mit ihr der gesamtgesellschaftlichen Machtstrukturen hat, die sich in der Praxis fortsetzen und in deren Performativität äußern. Die zitierten Beispiele verdeutlichen hierzu, dass der Mediatisierung des Alltags und der Kommunikation der Alltag der Mediatisierung auf spezifische Art und Weise korrespondiert, wobei Letzterer den eigentlichen Gegenstand unserer Analysen darstellt, für dessen Erfassung es auf das theoretische Praxiskonzept ankommt, mit dem wir uns der Besonderheit der geschilderten kommunikativen Situationen überhaupt erst annähern können.

Andreas Reckwitz, der sich in besonderer Weise den Praxistheorien zugewandt hat, fasst die Besonderheiten dieses Zugangs in Form eines konzeptuellen Idealtypus folgendermaßen zusammen: „Statt zu fragen, welches Wissen eine Gruppe von Personen, d.h. eine Addition von Individuen ‚besitzt', lautet die

Frage, welches Wissen in einer bestimmten sozialen Praktik zum Einsatz kommt […]. Dass eine wissensbasierte Praktik ‚sozial' ist, heißt aus Sicht der Praxistheorie dabei keineswegs, dass sie eine im klassischen Sinne ‚intersubjektive' oder ‚interaktive' Struktur besitzen müsste […]. Vielmehr besitzen Praktiken regelmäßig neben oder statt einer intersubjektiven eine ‚interobjektive' Struktur, d.h. sie sind routinisierte Aktivitäten eines menschlichen Subjekts im Umgang mit Objekten statt mit anderen Subjekten." (Reckwitz 2003: 292) Zu den weiteren entscheidenden Kennzeichen dieser Perspektive gehört es damit, dass das „Soziale" nicht in der „Intersubjektivität" und nicht in der „Normgeleitetheit", auch nicht in der Kommunikation zu suchen ist, sondern in der „Kollektivität von Verhaltensweisen", die durch ein spezifisches „praktisches Können" zusammengehalten werden (vgl. ebd.: 289), das von seiner Form her das wissenschaftliche Interesse weckt, da genau dieses Können vielfach unthematisiert bleibt.

In der praxistheoretischen Vorstellung stützen sich „soziale Praktiken" damit auf unterschiedliche Repertoires des Könnens, die sich in Performances und Routinen zeigen. Praktiken werden vorgestellt als Anwendungen von bereits bestehenden Möglichkeiten. Sie beginnen nie von Grund auf neu, sondern stellen sich dar als wiederholte Aneignungen oder Realisierungen von bereits Vorhandenem. Sie sind in diesem Rahmen aber gleichwohl produktiv und nicht allein repetitiv zu denken: Sie sind neuartige „Fortsetzungen von Eingelebtem", mitunter „andersartige Hervorbringungen von Vertrautem" (vgl. Hörning 2004: 33).

Nach Hörning und Reuter (2004) liegt eine Aufgabe darin, die in Praktiken zum Ausdruck kommenden kulturellen Sinnbezüge herauszuarbeiten, die bewirken, dass Praktiken durch ihre Ausführung, also das *doing*, als unmittelbar verständlich und vorhersehbar wahrgenommen werden (vgl. ebd.: 13). In dieser – auch als „Doing-Culture-Ansatz" benannten – Perspektive betrachtet bewegen wir uns bei der Analyse des Alltags der Mediatisierung immer schon im „Dickicht der pragmatischen Verwendungsweisen von Kultur" (Hörning/Reuter 2004: 10), wodurch wir in der Forschung auf die Erfassung des praktischen Vollzugs von Kultur verwiesen sind, da es „die praktischen Verhältnisse des sozialen Lebens [selber sind, die, U.G.] Kultur erst zu ihrer Wirkung gelangen lassen" (Hörning 2004: 20).

Nun lässt sich im Rahmen der zahlreichen *turns*, die die Sozial- und Kulturwissenschaften seit beinahe 40 Jahren wie selbstverständlich begleiten oder durchziehen, zwar eine andauernde Arbeit an der Frage der Kultur und des Sozialen als Praxis feststellen, die in dem aktuellen „praxeological turn" einmündete (Hirschauer 2004: 89). Dennoch ist die Besonderheit dieser Perspektive erst in letzter Zeit verstärkt in den Fokus der sozial- und kulturwissenschaftlichen Auseinandersetzung getreten. Das wissenschaftliche Interesse am praktischen

Vollzug von Kultur und Kultur als Praxis ist damit längst nicht mehr auf die Soziologie beschränkt. Vielmehr erweitert sich der Bezugsrahmen zur Ethnologie, der Volkskunde oder den Cultural Studies, der – wie auch in diesem Beitrag mit Blick auf die Medien- und Kommunikationswissenschaft gezeigt wird – zu einer andauernden Verortung von Strömungen und ihrer forschungspraktischen Relevanz auffordert. Für die Analyse des Alltags der Mediatisierung möchte ich in dieser Skizze daher folgende Verbindungspunkte herausstellen, an die mit weiteren Überlegungen und Analysen im Rahmen von Anwendungen des Mediatisierungskonzepts angeschlossen werden kann.

4. Zur Analyse des Alltags der Mediatisierung

Wenn es in praxistheoretischer Perspektive die kulturelle Formiertheit des Mediums selber ist, in der die pragmatischen Möglichkeiten der Zuwendung und Aneignung eingeschrieben sind, dann bedarf es eines die Konsequenzen des Mediatisierungskonzepts aufnehmenden Medienbegriffs, um sich den anhand der Beispiele exemplarisch diskutierten Situationen analytisch weiter annähern zu können. Für die Behandlung der mit dem „Alltag der Mediatisierung" einhergehenden bzw. sich ergebenden praxistheoretischen Fragen schlage ich daher vor, *Medien als Durchgangspunkte sozialer Praktiken* (vgl. Göttlich 1996: 253) aufzufassen und zu überlegen, welche medien- und kommunikationssoziologischen Fragen durch eine solche Perspektive prägnanter herausgearbeitet werden können, als es z.B. mit den auf den rationalen Akteur setzenden Handlungs- und Kommunikationstheorien oder den an traditionelle Medienbegriffe anschließenden Beschreibungen des Medienwandels in strukturtheoretischer Hinsicht möglich ist.

In praxistheoretischer Perspektive betont die Formel der „*Medien als Durchgangspunkte*" zunächst den auch im Mediatisierungskonzept betonten Sachverhalt, dass gerade die Medien immer mehr zu *Umwelten* unterschiedlicher sozialer und kultureller Praktiken werden, die nicht nur in einer Entgrenzung von Medien mit der Folge einer immer weiteren Durchdringung des Alltags münden, sondern gerade auch zum Entstehen neuer Handlungs-, Ausdrucks- und Verhaltensweisen, kurz von Praxisformen beitragen, deren kulturelle und soziale Bedeutung und Rolle genauer zu (er-)klären ist. Dieser Medienbegriff bedeutet, dass Medien keine bloßen Objekte oder gar Artefakte sind, an denen und mit denen sich soziale Praxis vollzieht oder über diese vermittelt ist. Medien sind vielmehr selbst bereits Ausdruck praktischen Bewusstseins und formieren gerade dadurch, praxistheoretisch gesprochen, als *Durchgangspunkte* der Entstehung sozialer und kultureller Praktiken und nicht lediglich als Kreuzungspunkte im Sinne von Techniken für die Vermittlung von Kommunikation.

Den Hintergrund für diese Überlegung bildet die praxistheoretische Beobachtung, dass die „Verfügbarkeit und der Gebrauch bestimmter Artefakte – man denke etwa an Kommunikationsmedien – die Entstehung und Reproduktion bestimmter sozialer Praktiken [ermöglicht, U.G.], die es ohne die Artefakte gar nicht gäbe" (Reckwitz 2004: 45). Der praxistheoretische Schluss daraus lautet, dass die einmal entstandenen „Netzwerke von Körpern und Artefakten in Praktiken [...] ihre relative Repetitivität nicht nur über die sozialisierten Körper, sondern über die Stabilität der Dinge [gewinnen, U.G.]" (ebd.). Gerade in der Darstellung dieses Zusammenhangs liegt der Wert der ausgewählten Beispiele für die vorliegende Erörterung. Wie sich an den Beispielen bzw. in deren Interpretation zeigte, geht es darum herausarbeiten zu können, dass die spezifischen „Eigenschaften" der unterschiedlichen Medien im Zusammenhang zu sehen sind mit den besonderen Umständen, die in und durch die Praktiken der Akteure gestützt und ausgebildet werden. Für die Analyse des Alltags der Mediatisierung ergeben sich an dieser Stelle *drei* aufeinander aufbauende Aspekte:

1. Die praxistheoretische Vorstellung von *Medien als Durchgangspunkten sozialer Praktiken* besagt zunächst, dass Medien nicht mehr anhand ihrer in den einschlägigen Medienbegriffen erfassten funktionalen Leistungsmerkmale oder ihren Operationen bis hin zur Erweiterung menschlicher Organfunktionen bestimmbar sind, sondern Praxiszusammenhänge als Netzwerke von Körpern und Artefakten bilden, die selbst Orte der Produktion und Reproduktion des Sozialen und Kulturellen sind. Zu denken ist hier etwa an die spezifischen Nutzungsweisen des Fernsehens, für die etwa Günter Anders die typische Form der „juxtaposition" herausgestrichen hat.

In dieser Hinsicht stellt z.B. für die Cultural Studies die Frage nach der Produktion und Reproduktion von Kultur im Konzert der Praxistheorien kein grundsätzlich neues Problem dar, weshalb man mit der Vorstellung von Medien als Durchgangspunkten sozialer Praktiken bei diesem ersten Punkt auch unmittelbar an ihre medientheoretischen Überlegungen anschließen kann. Im Theoriemodell von Raymond Williams über den Zusammenhang von „Technology and Cultural Form" (vgl. 1974) zeigt sich, dass das Spektrum der für die kulturelle und gesellschaftliche Produktion und Reproduktion maßgeblichen „Praxisfelder" zwar über institutionelle, organisatorische und technologische (strukturale) sowie individuelle (handlungsbezogene) Prozesse miteinander vermittelt ist. Medien lassen sich aber weder mit der einen noch mit der anderen Perspektive in ihrer Rolle und Stellung vollkommen erschließen. Erst aus den in spezifischer Relation stehenden Prozessen – der Trias von Technik, sozialen Institutionen und Kommunikation, basierend auf der materiellen Organisation von Zeichensystemen – ergibt sich ein spezifischer, für die gesellschaftliche Kommunikationsweise maßgeblicher Praxiszusammenhang, der in unterschiedlichen Aneignungs-

Der Alltag der Mediatisierung

und Handlungsweisen, kurz medienkulturspezifischen Praktiken aufgeht. Aus praxistheoretischer Sicht handelt es sich um das Problem der Materialität sozialer Praktiken sowie um die Kulturbedingtheit und -bedeutung sozialer Phänomene (vgl. Raabe 2008: 368).

2. Die Rolle von Medien besteht – was die gewählten Beispiele ebenfalls verdeutlichen – nicht in der Übermittlung oder Bereitstellung eines Konglomerats von Texten, Zeichen oder Symbolen, sondern in der Erzeugung von kulturellen – d.h. performativen – Praktiken, die als „know how"-abhängige und von einem „praktischen Verstehen zusammengehaltene Verhaltensroutinen" begriffen werden, deren Wissen als in den Körpern der handelnden Subjekte „inkorporiert" gesehen wird, die sich regelmäßig „als Form von routinisierten Beziehungen zwischen Subjekten und von ihnen verwendete Artefakte" zeigen und „kulturelle Dynamiken" entfalten (vgl. Reckwitz 2003: 289), deren Folgen die Medien- und Kommunikationswissenschaft jenseits der eingespielten Kommunikationsmodelle in besonderer Weise interessieren sollten.

Diese Verschränkungen oder Dynamiken finden sich aber nicht allein im Verhältnis des Artefakts zum individuellen Nutzer. Wie Praxistheorien verdeutlicht haben, konstituieren Technologien auch *„Interaktionsmuster*, die ihren spezifischen Gelegenheitsstrukturen entsprechen" (vgl. Hirschauer 2004: 79). Aus praxistheoretischer Sicht handelt es sich um Fragen zum körpergebundenen und raum-zeit-bindenden Vollzug von Handlungen (vgl. Raabe 2008: 368), die auch mit der imaginativen Wirkung von Stimmen zusammenhängen, worauf die Beispiele ihr Gewicht legten.

3. Vor dem Hintergrund dieser beiden Aspekte gilt es, die mit je konkreten Medien zusammenhängenden Praktiken als Netzwerke von Körpern und Artefakten zu analysieren und zu thematisieren, die sich im Spannungsfeld von Habitualisierung und Routinisierung auf der einen und Reflexivität und Kreativität auf der anderen Seite bewegen. In praxistheoretischen Zugängen treten mit dieser Perspektive nicht nur die mit einer Mediennutzung verbundenen wissensabhängigen Reservoirs, die sich im routinisierten oder ritualisierten Umgang mit Medien zeigen, in den Blickpunkt. Zentraler werden auch die produktiven und kreativen Handlungsweisen, die mit neuen Medien verbunden sind und als Reaktion auf deren Unbestimmtheit gedeutet werden können. Aus praxistheoretischer Sicht handelt es sich um Fragen der Beharrungskraft von Praktiken, d.h. um das Verhältnis von Repetitivität vs. Kreativität am Beispiel des Miteinander-Tuns in Praktiken (vgl. Raabe 2008: 369).

Bei der Betrachtung von Medien als Durchgangspunkten sozialer Praktiken geht es also nicht nur um Fragen zur Stabilität sozialer Praktiken, auch wenn in Praxistheorien die Sichtweise auf die stabilitätserzeugenden Routinen und Habitualisierungen überwiegt, was jedoch keine Ausschließlichkeit bedeuten kann.

Der Wandel und die Entwicklung von Aneignungs- und Rezeptionsformen zeigt darüber hinaus auch, dass die Praxistheorien handlungstheoretisch noch keineswegs als abgeschlossen betrachtet werden können, sondern ihrerseits einer weiteren handlungstheoretischen Begründung bedürfen, wenn man an die Problematik der Intentionalität von Handlungen und der Bewältigung von Unsicherheit und der Kreativität des Handelns denkt. (Diese Fragestellung habe ich bislang vor allem für die Rezeptionsforschung verfolgt, vgl. Göttlich 2006.)

Die Vorstellung von Medien als Durchgangspunkten und eben nicht Kreuzungspunkten sozialer Praktiken erlaubt an dieser Stelle die Thematisierung der Frage, was an den durch Medien formierten kulturellen Zusammenhängen die Routinisierbarkeit und was die Dynamik bzw. damit einhergehende Unberechenbarkeit ausmacht und wie beides in kulturellen Praktiken wiederum stabilisiert wird. Die Vorzüge der Praxistheorie zeigen sich gerade mit Blick auf solche Fragestellungen. Denn anstatt „[...] allgemein ‚die' Routinisiertheit oder ‚die' Unberechenbarkeit von Praktiken vorauszusetzen, ist zu rekonstruieren, wie sich historisch-lokal spezifische Komplexe von Praktiken durch sehr spezifische Mittel auf ein hohes Maß an Routinisiertheit oder auf ein hohes Maß an Unberechenbarkeit festlegen lassen" (Reckwitz 2004: 52).

Letzteres ist mit Blick auf die noch unabsehbaren Folgen von Mediatisierungsprozessen als offene Frage nicht von der Hand zu weisen. Konkret geht es damit um die Erforschung symbolischer Bedeutungs- sowie performativer Kommunikationsprozesse, die mit Blick auf die ihre Form prägenden sozialen und kulturellen Kontexte erklärt werden sollen. In der konkreten Anwendung der praxistheoretischen Perspektive auf die Mediennutzung und Medienrezeption liegt die Bedeutung von Performativität darin, die spezifischen kulturellen Formen, die in einer Medienkultur zum Repertoire des Medienumgangs gehören, als typische kulturelle Handlungsformen mit einer eigenen Bedeutungsstruktur analysieren zu können, und zwar sowohl auf der Angebots- als auch der Rezeptionsseite. Das bedeutet vor allem: Sollen Gebrauchs- und Nutzungsweisen von Medien als Ausdruck spezifischer Alltagspraktiken verstanden werden, muss die Analyse über das Ensemble interaktionistisch gedachter Formen der Medienwahrnehmung hinausgeführt und das Spannungsverhältnis von Habitualisierung und Routinisierung auf der einen und Reflexivität und Kreativität sowie Unberechenbarkeit interpretativer Unbestimmtheiten auf der anderen Seite genauer in den Blick genommen werden.

Dies gilt umso mehr, da die kulturellen Praktiken die „Eingeborenen in der großen Population von Aktivitäten" (Hirschauer 2004: 89) sind, deren jeweiliger Form und Rolle man sich methodisch mit unterschiedlichem Rüstzeug annähern muss. Erschwerend kommt hinzu, dass die in den historischen Beispielen angesprochenen Zusammenhänge im Alltag der Mediatisierung kaum offen zutage

Der Alltag der Mediatisierung

liegen, wenn sich die Nutzung eines Gerätes habitualisiert und routinisiert hat. Demgegenüber kommt in den zitierten historischen Beispielen das Moment der Eingewöhnung einer Praxis noch unvermittelter zum Tragen. Aber bereits die selbstverständliche Nutzung der Fernbedienung beim Fernsehen z.B. hat die Erinnerung an den frühen Fernsehgebrauch längst überholt, obwohl dieser Umbruch einen grundsätzlichen Wandel in der Freizeitgestaltung und der kulturellen Kommunikation bedeutete, an den sich weitere Mediatisierungsprozesse angeschlossen haben. Für solche Zusammenhänge erweist sich die Frage nach dem Produzieren von Kultur für die Medien- und Kommunikationssoziologie noch weitestgehend als unbehandelt und die kulturellen Formen durchweg als noch nicht näher beschrieben, wobei das Konzept der Mediatisierung den Vorzug hat, die unterschiedlich miteinander verknüpften Dimensionen multiperspektivisch in den Blick nehmen zu können. Aus der Perspektive, die Medien als Durchgangspunkte sozialer Praktiken behandelt, bedeutet das, sich dem Handeln vor als auch auf dem Bildschirm, dem Handeln mit oder in den Medien auf eine Art anzunähern, die das Spannungsverhältnis von Routine und Unbestimmtheit für das Praktizieren von Kultur in den Blick nimmt. Gerade an der Möglichkeit, diesen Zusammenhang praxistheoretisch zu thematisieren, zeigt sich, warum das Konzept der Mediatisierung keineswegs als Metapher, sondern als theoretischer Bezugspunkt für die Integration und Verbindung unterschiedlicher Perspektiven angelegt ist und daher auch mit dieser Ausrichtung angewandt und für die Forschung genutzt werden sollte.

Literatur

Benjamin, Walter (2006): Berliner Kindheit um neunzehnhundert. Frankfurt a.M.: Suhrkamp.
Göttlich, Udo (1996): Kritik der Medien. Reflexionsstufen kritisch-materialistischer Medientheorien am Beispiel von Leo Löwenthal und Raymond Williams. Opladen: Westdeutscher Verlag.
Göttlich, Udo (2004): Kreativität in der Medienrezeption? Zur Praxis der Medienaneignung zwischen Routine und Widerstand. In: Hörning, Karl H./Reuter, Julia (Hrsg.): Doing Culture. Neue Positionen von Kultur und sozialer Praxis. Bielefeld: transcript, S. 169–183.
Göttlich, Udo (2006): Die Kreativität des Handelns in der Medienaneignung. Zur handlungstheoretischen Kritik der Wirkungs- und Rezeptionsforschung. Konstanz: UVK.
Göttlich, Udo (2008): Zur Kreativität des Handelns in der Medienaneignung. Handlungs- und praxistheoretische Aspekte der Rezeptionsanalyse. In: Winter, Carsten/Hepp, Andreas/Krotz, Friedrich (Hrsg.): Theorien der Kommunikationswissenschaft. Wiesbaden: VS, S. 383–399.
Hirschauer, Stefan (2004): Praktiken und ihre Körper. Über materielle Partizipanden des Tuns. In: Hörning, Karl H./Reuter, Julia (Hrsg.): Doing Culture. Neue Positionen von Kultur und sozialer Praxis. Bielefeld: transcript, S. 73–91.
Hörning, Karl H. (2004): Soziale Praxis zwischen Beharrung und Neuschöpfung. Ein Erkenntnis- und Theorieproblem. In: Ders./Reuter, Julia (Hrsg.): Doing Culture. Neue Positionen von Kultur und sozialer Praxis. Bielefeld: transcript, S. 19–39.
Hörning, Karl H./Reuter, Julia (Hrsg.) (2004): Doing Culture. Neue Positionen von Kultur und sozialer Praxis. Bielefeld: transcript.

Krotz, Friedrich (2001): Die Mediatisierung kommunikativen Handelns. Der Wandel von Alltag und sozialen Beziehungen, Kultur und Gesellschaft durch die Medien. Wiesbaden: Westdeutscher Verlag.
Proust, Marcel (1979): Auf der Suche nach der verlorenen Zeit. Die Welt des Guermantes I, Bd. 4. Frankfurt a.M.: Suhrkamp.
Raabe, Johannes (2008): Kommunikation und soziale Praxis: Chancen einer praxistheoretischen Perspektive für Kommunikationstheorie und –forschung. In: Winter, Carsten/Hepp, Andreas/Krotz, Friedrich (Hrsg.): Theorien der Kommunikationswissenschaft. Wiesbaden: VS, S. 363–381.
Reckwitz, Andreas (2003): Grundelemente einer Theorie sozialer Praktiken. Eine sozialtheoretische Perspektive. In: Zeitschrift für Soziologie 32, 4, S. 282–301.
Reckwitz, Andreas (2004): Die Reproduktion und die Subversion sozialer Praktiken. Zugleich ein Kommentar zu Pierre Bourdieu und Judith Butler. In: Hörning, Karl H./Reuter, Julia (Hrsg.): Doing Culture. Neue Positionen von Kultur und sozialer Praxis. Bielefeld: transcript, S. 40–54.
Williams, Raymond (1974): Television, Technology and Cultural Form. London: Fontana/Collins.

Mediatisierung als Mediation:
Vom Normativen und Diskursiven

Maren Hartmann

Der folgende Beitrag widmet sich einer Art ‚Gegenpol' zum Mediatisierungskonzept, wie Friedrich Krotz es in zahlreichen Publikationen entwickelt hat: der Mediation.[1] Dieser Gegenpol ist hier allerdings nicht als eine Alternative gedacht, sondern eher im Sinne einer sinnvollen Ergänzung (vgl. auch Couldry 2008, Livingstone 2009). Mediation betont im Endeffekt die Bedeutung des Mediatisierungs-Ansatzes, kritisiert allerdings Tendenzen der Verengung auf eine Medienlogik (siehe auch Hepp in diesem Band) und verweist auf mögliche Erweiterungen, insbesondere in Hinblick auf den Alltag und die darin stattfindende Domestizierung von Medientechnologien.

Im Folgenden wird zunächst kurz auf den Mediatisierungsansatz eingegangen. Dieser wird anschließend mit dem Domestizierungsansatz gekoppelt, bevor beide wiederum mit dem Mediationsansatz abgeglichen werden. Zugleich wird gezeigt, inwiefern diese Ansätze sich ergänzen. Mediation wird dabei etwas basal definiert und darin als eine Voraussetzung für Mediatisierung im Alltag gesehen, eine unumgehbare Notwendigkeit – dies wiederum ergibt ein normatives Gegengewicht zu einer Mediatisierung, die scheinbar unaufhaltsam und mit einer gewissen Eigenlogik behaftet ist.

1. Mediatisierung – Ein kurzer Überblick

Die Frage der Mediatisierung – wie auch in vielen Teilen dieses Buches zu sehen – ist ein weitreichend diskutierter Ansatz mit großem Potenzial.[2] Friedrich Krotz beschreibt das Ganze als einen Metaprozess (Krotz 2007: 25–30), d.h. der Ansatz stellt eine Metatheorie zur Verfügung. Als solche bietet sie vor allem einen Diskurs- und Interpretationsrahmen zur Einordnung von empirischen Daten. Der dahinterstehende Anspruch ist, eine theoretische Fundierung bereitzustellen, welche hilft, die derzeitigen Prozesse des sozialen und medialen Wandels adäquat zu beschreiben, aber auch zu erklären.

---

1 Zum Begriff der Mediation siehe Fußnote 10.
2 Dabei trägt es auch ein Potenzial zur konfliktären Auseinandersetzung mit sich – siehe z.B. die Debatten zum Begriff Mediatisierung vs. Medialisierung (Lundby 2009: 3f.; Meyen 2009).

Krotz beginnt seine Diskussion mit einer Differenzierung zwischen drei Arten der medienbezogenen Kommunikation: a) Kommunikation mit Medien (standardisierte Inhalte), b) Kommunikation mit anderen Menschen via Medien und c) interaktive Kommunikation (z.B. mit Robotern) (Krotz 2007: 17).[3] Der Ursprung dieser Differenzierung ist die Annahme, dass direkte interpersonale Kommunikation (face-to-face) die Basisform aller Kommunikation darstellt und somit alle anderen Kommunikationsformen Modifikationen dieser sind (ohne dass dies eine Wertung enthält).

Prinzipiell besagt der Mediatisierungsansatz (in der Interpretation von Krotz 2007, 2001), dass Kommunikationsmedien Kommunikationspotenziale bereitstellen, welche – über ihre Inhalte hinaus – die menschliche Kommunikation strukturell prägen. Medien helfen dabei dem Einzelnen, seine soziale Welt zu konstruieren und zu interpretieren. Dabei verändert sich die Welt. Diese Veränderung ist in vielen Teilen ambivalent. Der Metaprozess der Mediatisierung verweist sowohl auf eine quantitative als auch auf eine qualitative Verschiebung, wobei die Betonung auf dem Qualitativen liegt, denn Medien formen mehr und mehr unsere sozialen Beziehungen und viele andere Bereiche unseres (Alltags-) Lebens, und dabei sind die verschiedenen Ausprägungen interessant. Trotzdem vertritt der Mediatisierungsansatz keinen mediendeterministischen Standpunkt. Es ist vielmehr die Beziehung zwischen den Medien und dem Sozialen, welche die Mediatisierung auszeichnet. Oder, anders ausgedrückt, ist Mediatisierung die Verbindung zwischen medientechnologischen Veränderungen, kommunikativen Veränderungen und soziokulturellen Veränderungen (Hepp/Krotz 2007). Die Mediatisierung stellt somit eine relativ komplexe Matrix von Veränderungen und Prozessen dar, von denen Medienwandel nur ein Aspekt ist. Die Fallstudien, welche Krotz zur Unterstützung seiner Ideen nutzt, reichen von Robotern (insbesondere dem AIBO-‚Hund') zu Computerspielen, Handys, Chats im Web und mehr. Mediatisierung in der Definition von Krotz ist somit ein umfassendes und sehr anschlussfähiges Konzept. Das macht es attraktiv, aber auch in mancher Hinsicht problematisch, da es trotz aller Fallbeispiele zum Teil allgemein bleibt.

In dieser Allgemeinheit gleicht der Ansatz von Friedrich Krotz einer anderen Definition von Mediatisierung: der von Winfried Schulz. Dieser definiert Mediatisierung allgemein als die Veränderungen, welche mit den Kommunikationsmedien und ihren Entwicklungen einhergehen (Schulz 2004: 87), und prognostiziert zudem problematische Entwicklungen aufgrund von „dependencies, constraints and exaggerations" (ibid.). Er zeigt zudem auf, dass Medien (a) eine Erweiterung

---

3 Schulz (2004) bietet ebenfalls eine dreifache Differenzierung an, allerdings in Bezug auf die Funktionen: (1) die Relay- oder Mediationsfunktion (die Übertragung von Nachrichten), (2) die semiotische Funktion (die Enkodierungs- und Dekodierungsprocesses der Bedeutung) und (3) die ökonomische Funktion (u.a. Standardisierung, Kommodifizierung, Arbeitsteilung, Profit).

("an extension"), (b) eine Substitution („a substitution"), (c) eine Vermischung („an amalgamation") und (d) eine Anpassung („an accommodation") ermöglichen – und all dies in zunehmendem Maße. Es sind Veränderungen des Bisherigen, die aber jeweils sehr verschiedene Möglichkeiten (bzw. Probleme) bieten. Auch bei Schulz aber (mehr als bei Krotz) bleibt das Ganze zunächst etwas abstrakt.

Dementsprechend widme ich mich im Weiteren der Frage, wie und wo die Mediatisierung ihre Konkretisierung erlangt. Gemeint ist damit nicht ein weiteres Fallbeispiel, sondern die generelle Verortung der Konkretisierung. Krotz folgend bietet sich dazu die Lebenswelt, d.h. der Alltag an, denn Kommunikation in diesen Kontexten bildet die Basis für die Mediatisierung (Krotz 2008: 28). Dies greifen wir anhand des Konzeptes der Domestizierung auf.

2. Ort & Zeit: Domestizierung

Eine hier postulierte Grundannahme ist, wie soeben angedeutet, dass die Lebenswelt die Basis für Mediatisierungsprozesse darstellt. Da die bisherige Erforschung dieser Lebenswelt – zumindest in Hinblick auf die Einbindung von Medien darin – bestimmte Forschungsansätze hervorgebracht hat, bietet es sich an, diese zu Hilfe zu nehmen, um Mediatisierungsprozesse nachzuvollziehen. Der hier vorgeschlagene Ansatz ist der Domestizierungsansatz. Da dieser bereits an mehreren Stellen ausführlich dargestellt und reflektiert worden ist (Berker et al. 2006; Hartmann 2006, 2008a, 2009; Silverstone 2006) und es hier im Kern um eine Erweiterung geht, sei nur kurz noch einmal erwähnt, was den Ansatz auszeichnet.[4]

Im Prozess der Domestizierung geht es prinzipiell um die Eingliederung von (neuen) Medien-Technologien in vorhandene Alltagsroutinen und -orte. Dies wurde zunächst im Hinblick auf Haushalte (und die darin lebenden Personen) untersucht, inzwischen gibt es auch andere Umfelder. Kernpunkt sind die Aushandlungen, die bei solchen Integrations- (und Interpretations-)prozessen nötig sind – auf der individuellen und vor allem der sozialen Ebene; im Hinblick auf den Alltag, aber auch im Hinblick auf Werte, Geschichten u.a. mehr. Es gibt verschiedene Dimensionen innerhalb dieses Aneignungsprozesses, welche zum empirischen Nachvollzug von Aneignung immer wieder hinzugezogen werden. Der Ansatz betont auch, dass der Domestizierungsprozess bereits im Entwurfsprozess der Technologie beginnt und häufig wieder von vorn beginnt bzw. nie zu Ende ist. Zudem ist eine Eingliederung in den Alltag nicht immer gegeben – oft wird etwas auch domestiziert, indem es gerade nicht in den Alltag integriert wird. Das verweist auch darauf, dass die Medientechnologien jeweils an den Veränderungsprozessen teilhaben – sie werden genutzt, verändern aber auch.

---

4 Für eine kritische Einordnung des Ganzen siehe Silverstone 2006.

Insgesamt betont der Ansatz die Materialität des Mediums – und deren Wichtigkeit im Hinblick auf Verhandlungen mit der Umwelt.

Eine wichtige vertiefende Erläuterung, ohne die das Weitere nicht gedacht werden kann, ist der Hinweis auf die ontologische Sicherheit und die moralische Ökonomie (vgl. Silverstone/Hirsch/Morley 1991). Letzteres ist ein im Rahmen des Domestizierungsansatzes entwickeltes Konzept, welches besagt, dass die Aneignung von (Medien-)Technologien in den Alltag immer mit einer Auseinandersetzung mit vorhandenen Wertvorstellungen, Erfahrungen, Erwartungen etc. einhergeht. Das betrifft den Einzelnen, aber insbesondere auch die Familie bzw. den Haushalt als Ganzes. Die Annahme geht insofern noch weiter, als dass sie sich auf die ontologische Sicherheit beruft, welche jede/r Einzelne im Rahmen der Herausbildung und Verteidigung der moralischen Ökonomie zu bewahren versucht. Ursprünglich definiert (und später von Giddens (1997) aufgegriffen) wurde die ontologische Sicherheit wie folgt:

> „A man may have a sense of his presence in the world as a real, alive, whole, and, in a temporal sense, a continuous person. As such, he can live out into the world and meet others: a world and others experienced as equally real, alive, whole, and continuous. Such a basically ontologically secure person will encounter all the hazards of life ... from a centrally firm sense of his own and other people's reality and identity." (Laing 1960: 39)

Diese klare Wahrnehmung von seinem (oder ihrer) eigenen und anderer Leute Sein in der Welt ist etwas, was der Domestizierungsprozess zu sichern versucht. Es ist allerdings – dank der Mediatisierung – ein zunehmend schwerer Kampf. Und es muss Konflikte zulassen – denn ohne sie gibt es keine wirkliche Veränderung. Dabei aber können bestimmte Prozesse der Mediation bzw. auch Mediatoren behilflich sein.

3. Person: Mediator(in)?

Personen innerhalb eines Haushalts bzw. im Umfeld eines Haushalts nehmen oft spezifische Rollen an. Eine der spezifischen Rollen in Relation zur Einführung neuer Medien in die existierenden Strukturen ist der so genannte *warm expert* (Bakardjieva 2005).[5] Dieser bzw. diese ist eine Vertrauensperson, auf die man sich im Hinblick auf Hilfe und Beratung verlässt.[6] Zunächst einmal ist ein „warmer Experte" jemand, der einen Noch-Nicht-Nutzer auf die Möglichkeiten

---

5   James Stewart (2007) hat mit dem Konzept des „lokalen Experten" zur Debatte beigetragen, während Stefan Verhaegh (2007) vom „warmen Nutzer" spricht. Alle Konzepte deuten in die gleiche Richtung.

6   In meiner eigenen Forschung habe ich eine gewisse Solidarität innerhalb der Nutzer von WiFi-Angeboten in öffentlichen Räumen gefunden – zumindest wenn der Service nicht funktionierte (und auch im Hinblick auf ein Teilen der wichtigsten Ressource überhaupt: Elektrizität – vgl. Hartmann 2007). Dies sind aber gerade nicht die Bekannten, auf die man sich da verlässt.

der neuen Technologien (z.B. des Internet) aufmerksam macht. Wichtiger aber ist, dass er bzw. sie in der frühen Phase der Annäherung an die Technologie Unterstützung anbietet. D.h. es geht einerseits tatsächlich um ein Expertentum (Experte in Relation zum Noch-Nicht-Nutzer) und andererseits um eine Verlässlichkeit und ein Vertrauen, welches den offenen Austausch untereinander ermöglicht. Diese Rolle erfüllen häufig enge Vertraute (Freunde oder Verwandte). Ohne diesen „warmen Experten" würde manche Aneignung von Technologien nicht zustande kommen (bzw. nur auf der Ebene der Imagination).

Eine andere Rolle für den Fremden als Vermittler entsteht in den so genannten Public Viewing-Umgebungen, d.h. den Orten, wo Leute zusammenkommen, um größere Events auf großen Bildschirmen gemeinsam zu verfolgen (Hartmann 2008b). Das Auftreten des ‚Fernsehers' in der Öffentlichkeit – auch wenn es eigentlich nur eine Rückkehr darstellt – unterstreicht einen weiteren Einbruch in die Textur des Haushalts und seine Routinen und Räume. Denn es zeichnen sich hier und anderswo mobile und flüssigere Netzwerke sowohl von Menschen als auch von Orten und Technologien ab, welche die – ohnehin dynamische – Textur des Haushalts vermehrt in Frage stellen. Dementsprechend finden sich in dem Kontext der situativen Vergemeinschaftung der größeren Public Viewing-Events selten „warme Experten" in Hinsicht auf die Technologie, sondern eher in Bezug auf das Spiel. Stattdessen aber können bei diesen spezifischen Events die Anderen zu einer Art reflektierendem (Bild-)Schirm (*reflective screen*) werden. Dieser Schirm dient als Reflexion (und Erweiterung) der eigenen Sozialität. Denn viele versammeln sich weniger wegen des Inhalts als vor allem, um ein soziales Event mitzuerleben (ibid.). Der Erlebnischarakter steht hierbei im Vordergrund, auch wenn die diskursive Aneignung sich auf die Inhalte bezieht. Dabei entsteht ein Austausch von Sozialität – allerdings auf einer sehr begrenzten Ebene. Während der warme Experte derjenige ist, der die äußere Welt in den Haushalt mit hineinbringt (und somit auch einen Austausch von innen und außen ermöglicht), ist der reflektierende Schirm etwas bewusst außerhalb des Haushalts Stattfindendes, was gerade durch diese Bewegung nach außen seine Legitimation erhält.

Die Bewegung von innen nach außen und *vice versa*, die gerade beschrieben worden ist, bezieht sich auf die immer durchlässiger werdende Grenze zwischen dem Haushalt und der Umwelt, so wie es David Morley (auch er zeitweilig ein (früher) Vertreter des Domestizierungsansatzes) erklärt:

> „Under the impact of new technologies and global cultural flows, the home nowadays is not so much a local, particular ‚self-enclosed' space, but rather, as Zygmunt Bauman puts it, more and more a ‚phantasmagoric' place, as electronic means of communication allow the radical intrusion of what he calls the ‚realm of the far' (traditionally, the realm of the strange and potentially troubling) into the ‚realm of the near' (the traditional ‚safe space' of ontological security)."
> (Morley 2006: 23)

Unter diesen Umständen ist es immer schwerer, die ontologische Sicherheit zu bewahren und eindeutige moralische Ökonomie(n) zu etablieren. Das heißt, dass Veränderung eine problematische Kategorie für die ontologische Sicherheit darstellt. Gleichzeitig ist Wandel essenziell für menschliche Entwicklung, stellt aber dennoch eine Herausforderung für die Vorstellung von Sicherheit dar. In sich verändernden Zeiten muss die Vorstellung von Stabilität weitergedacht werden. Nicht nur gibt es bereits moralische Ökonomien innerhalb eines Haushalts, welche im Wettstreit miteinander stehen, sondern, wenn „Zuhause" (home) immer mehr zu einer Vorstellung wird, die nicht allein mit Haushaltsstrukturen zu tun hat (sondern z.B. mit einem Laptop oder einem Handy), wie es sich auch bei Morley abzeichnet, so verändert sich auch die ontologische Sicherheit. Sie zieht ihre Kraft aus anderen Quellen.

Eine Möglichkeit ist, dass die Wahrnehmung von Kontinuität und Ordnung mehr und mehr auf andere Kontexte oder auf die erwähnten Objekte bzw. Angebote bezogen wird bzw. zunehmend durch Routinen entsteht.[7] In diesem Rahmen kann das einzelne (Fernseh-)Programm oder die einzelne Webseite (bzw. ein Angebot wie Twitter) ebenfalls an Relevanz gewinnen (ein Web-Interface kann z.B. ein Gefühl der Zugehörigkeit bieten – oder soziale Online-Netzwerke werden zu Stabilitätsanbietern). Dies sind Aneignungsvorgänge, die den bekannten Vorgängen sehr ähneln, aber auch neue Fragen aufwerfen. D.h. der Domestizierungsansatz hilft bei der Rahmung, muss aber durch anderes ergänzt werden. Forschung bzgl. der Fragmentierung und möglichen Fluidität von Identitäten weist in ähnliche Richtungen. ‚In der Welt sein' in Relation zu Anderen ist zunehmend komplexer geworden – und zunehmend mediatisierter. Ein „centrally firm sense of his own ... reality and identity" (s.o.) generiert sich nun anders (wenn überhaupt).

Im nächsten Schritt müssen wir eine weitere Ebene von Domestizierung hinzunehmen, welche im originären Rahmen nur bedingt vorkommt: die diskursive Domestizierung. Diese offeriert nicht nur eine klare Verbindung zum Mediatisierungs-Rahmen, sondern bietet eine weitere erklärende Brücke zum notwendigen ‚update'.

4. Domestizierte Mediatisierung: Der Diskurs

„[T]he main ‚effect' media have is their longstanding and increasing interpenetration of different aspects of cultural life by appropriation or domestication of technology-based communication – a process we call mediatization." (Hepp/Krotz 2007: 2)

Die direkte Assoziation von einer Beziehung zwischen Mediatisierung und Domestizierung ist, wie bei Hepp und Krotz anklingend, dass der Domestizie-

---

7 Dies wurde in meiner Forschung zu WiFi-Cafés deutlich (Hartmann 2007).

rungsprozess auf der Mikroebene die Basis bildet für die Mediatisierung auf der Meta-Ebene. Somit dringt der Mediatisierungsprozess zunehmend in die häusliche und andere verwandte Sphären vor. Forschung in diesem Bereich kann zeigen, wo Widerstände stattfinden (und wo nicht), wie gewisse Dinge adaptiert werden etc. Diese Annahme würde allerdings das tendenziell anregende Konzept der Domestizierung auf einen einfachen Lieferanten von empirischem Material, welches aufzeigt, wie und wo Mediatisierung existiert, reduzieren. Als eine solche ‚Realismus-Bremse', d.h. empirische Differenzierung des Mediatisierungskonzepts, ist die Rolle der Domestizierung aber zu begrenzt. Denn Domestizierung zeigt darüber hinaus z.B. die problematische und dynamische Beziehung zwischen privat und öffentlich, zwischen unterschiedlichen Werten etc. und welche Rolle die Medien in diesen Prozessen spielen. Gekoppelt mit der Idee der Mediatisierung hingegen kann noch mehr betont werden, dass Medien eine Rolle im Alltag spielen, auch wenn (und wo) sie nicht genutzt werden. Die Mediatisierungsidee hilft dem Domestizierungskonzept, andere Sphären in die Analyse mit einzubeziehen und auch theoretisch zu reflektieren.

Statt der Idee der Basis möchte ich hier die Rolle der Domestizierung als *Voraussetzung* für Mediatisierung in den Vordergrund rücken. Oder, anders ausgedrückt, Domestizierung ist eine Art ‚coping strategy', um mit Mediatisierung umzugehen – und somit ist sie ein essentieller Teil davon. Diese Form der Domestizierung ist allerdings nicht beschränkt auf die Aneignungsprozesse, welche primär unter dem Namen ‚Domestizierung' bis dato erforscht worden sind. Stattdessen soll hier ein Aspekt des Konzeptes in den Vordergrund gerückt werden, welcher bis jetzt nur am Rande erwähnt wurde: die *Imagination*. Es ist die Dimension der Domestizierung, welche am wenigsten ‚materiell' daherkommt, welche aber einen wichtigen Durchgangspunkt im Domestizierungsprozess bedeutet.

Die Imagination ist die erste Dimension im Domestizierungsprozess, da „commodification necessarily depends on a dimension of imginative work that potential or actual consumers undertake as they participate, willy-nilly, in the consumption process" (Silverstone/Haddon 1996: 63). Imaginative Arbeit geschieht nicht ausschließlich im Hinblick auf Medientechnologien, die im Endeffekt erworben werden. Ganz im Gegenteil: Die imaginative Arbeit ist überall – in großem Maße auch dort, wo jemand sich entscheidet, eine bestimmte Technologie *nicht* zu nutzen. Die Imaginationsarbeit, wie hier vorgeschlagen, enthält die gesamte diskursive Konstruktion rund um (neue) Medien, ihre potenziellen gesellschaftlichen Konsequenzen, die utopischen und dystopischen Debatten etc.

Diese Diskurse – auch wenn sie ein wichtiger Teil des Domestizierungsprozesses sind – müssen ebenfalls domestiziert werden. Auch sie werden in die moralische Ökonomie integriert – entweder als Gründe für den Erwerb und die

Nutzung (oder eben als Gründe dagegen), manchmal um einen Lebensstil zu rechtfertigen etc. Diese *diskursiven Aneignungen*, wie sie hier genannt werden, finden auf vielen verschiedenen Ebenen bzw. in vielen Bereichen statt: in der Gesellschaft als solcher, in Organisationen, in Jugendkulturen, in Familien, durch Individuen etc. Auf der gesellschaftlichen Ebene gibt es häufig technosoziale Großvisionen (z.b. Informationsgesellschaft oder Datenautobahn) oder auch Visionen kleinerer Art (z.b. SecondLife als ein kommerzielles ‚Muss'). Auf der individuellen Ebene drückt sich diese Art der Aneignung oft durch Lifestyle-Entscheidungen aus. Ein sehr eingängiges Beispiel dafür ist die Fernseh-Nicht-Nutzung als Ausdruck eines alternativen, pro-aktiven Lebensstils (vgl. Sicking 2000) – etwas, was noch differenzierter im Hinblick auf die Internet-Nicht-Nutzung stattfindet. Darin lässt sich auch erkennen, dass Diskurs und Handlung nicht ohne weiteres zu trennen sind.

Die diskursive Aneignung ist ein wichtiger Aspekt der Domestizierung. So hat die entsprechende Forschung zum Beispiel gezeigt, dass die Vorstellung, Kinder benötigten für eine gute Basis in der schulischen Ausbildung einen Computer, oft zum Erwerb desselben geführt hat.[8] Dank der Mediatisierung nimmt das Diskursive zu – und muss deshalb in der Forschung in diesem Feld berücksichtigt werden (in den früheren Domestizierungsarbeiten geschieht dies nur marginal). Es ist nicht als separates Feld gedacht, sondern einfach als eine erneute Betonung. Es ist die Spannung zwischen Begehren und Frustration, denn die mystische und metaphorische Welt konstruiert das Begehren zuerst und lässt es dann nicht weiter funktionieren, damit der Konsum fortgesetzt werden wird (siehe Silverstone/Haddon 1996: 63).

D.h. in einer mediatisierten Welt gibt es mehr Medien zu konsumieren und somit mehr (Medien-)Konsum zu sehen.[9] Zusätzlich erzählen die größeren gesellschaftlichen Diskurse über Visionen, die über den Rand der Ware hinausgehen. Sie zeigen zudem, wie die Gesellschaft als solche das Wilde domestiziert – und wie Gesellschaft insgesamt auch auf der Spannung zwischen Alt und Neu aufgebaut ist, welche sich in der Idee der ontologischen Sicherheit und moralischen Ökonomie widerspiegelt. Das Diskursive hat somit u.a. ‚konservative' Aspekte im Sinne des Erhalts des Bestehenden, dient aber auch zur Aushandlung des Neuen.

Insbesondere die doppelte Artikulation, innerhalb derer Medien als Objekte Bedeutung haben, zugleich aber Bedeutungsträger sind, bekommt eine weitere Bedeutungsebene, wenn das Diskursive neu betont wird. Dies ist eine deutliche

---

8   Forschung zeigt auch, dass die spätere Nutzung oft von den ursprünglichen Zielen abweicht. Dies ist auch Teil des Domestizierungsprozesses.
9   Der Medienkonsum findet sowohl im Hinblick auf das Medien-Objekt als auch auf den symbolischen, aber auch den einzelnen Inhalt statt (siehe Frage der dreifachen Artikulation – Hartmann 2006).

Verbindung zu Couldrys Annahme, dass die Medien das unhinterfragbare Zentrum der Gesellschaft geworden sind bzw. es schaffen – in Kooperation mit anderen Institutionen –, sich als das unhinterfragte Zentrum der Gesellschaft zu inszenieren (Couldry 2003) oder, etwas weniger radikal, dass Medien eine soziale Institution sind (Hjarvard 2009: 5). Stig Hjarvard macht eine weitere relevante Unterscheidung, indem er zwischen der direkten und der indirekten Form der Mediatisierung unterscheidet (ibid.). Die direkte Form der Mediatisierung führt dazu, dass bis dahin nicht mediatisierte Aktivitäten zu einer mediatisierten Form übergehen. Die indirekte, d.h. die ‚schwächere' Form der Mediatisierung besagt, dass Medien und ihre symbolische Welt (in Bezug auf Form, Inhalt oder Organisation) mehr und mehr bereits bestehende Aktivitäten beeinflussen. Dies deutet in die gleiche Richtung wie die diskursive Aneignung: Medien selbst, aber auch Kommunikation über und um Medien, sind zunehmend überall. Orte ohne Medien – diskursiv oder real – werden immer weniger. Dies ist auch eine Verbindung zu Schulz' Hinweis auf „accommodation", d.h. die Tatsache, dass Menschen sich den Medien anpassen müssen, weil die Medien einerseits existieren und andererseits überall, d.h. auch um diese Menschen herum, stattfinden. Diese wahrgenommene Unausweichlichkeit der Medien, welche im Mediatisierungskonzept u.a. so gut ausgedrückt wird, wird sehr deutlich auf dem diskursiven Level unterstützt (oder gar erst kreiert).

Dementsprechend wird traditionellerweise im Domestizierungsansatz erforscht, wie genau eine schwache Mediatisierung und „accommodation" aussehen und wie mit ihnen umgegangen wird bzw. wie sie ins Alltagsleben übersetzt werden, d.h. welche Konsequenzen sie für das soziale Leben haben. Es ist ein dialektischer Prozess (wie ihn die doppelte Artikulation bereits betont), wie Couldry es ebenfalls ausdrückt:

> „… ‚media' work, and must work, not merely by transmitting discrete textual units for discrete moments of reception, but through a process of environmental transformation which, in turn, transforms the conditions under which any future media can be produced and understood." (Couldry 2008: 380)

Diese Dialektik, diese mindestens doppelte Artikulation, trifft sich noch einmal in der Vorstellung von Mediation.

5. Mediatisierte Domestizierung: Mediation

> „In general, the notion of mediation in the sense of media intervening between ourselves and ‚reality' is no more than a metaphor and one which invites the use of other metaphors to characterize the nature of the role played by the media." (McQuail 1994: 65)

> „Mediation […] describes the fundamentally, but unevenly dialectical process in which institutionalized media of communication are involved in the general circulation of symbols in everyday life." (Silverstone 2007: 109)

Während Denis McQuail Mediation nicht als spezifische Metapher sieht, nutzt Silverstone den Begriff, um fundamentale Veränderungen zu beschreiben. Auch wenn des Öfteren bereits für den Begriff der Mediatisierung (und gegen den der Mediation) argumentiert worden ist (siehe Lundby 2009) und insbesondere Krotz Mediation nicht als Bezugspunkt sieht (2007), möchte ich zu diesem Konzept noch einmal zurückkehren und es als mögliche Brücke sehen. Denn es offeriert eine Ebene, die ansonsten nicht bedient wird. Der Kern steckt hier in der Normativität, welche das Mediationskonzept (insbesondere auch im Vergleich zur Mediatisierung) beinhaltet. Zugleich beinhaltet es Potenziale, die sich anderswo nicht in dieser Form finden lassen.

Zunächst aber zu den wesentlichen Aussagen auch dieses Ansatzes (laut Silverstone). Mediation, wie es im Englischen heißt, bzw. Vermittlung im Deutschen bezieht sich zunächst darauf, dass Medien Dinge zusammenbringen, die ohne die Medien wahrscheinlich durch Zeit und Raum getrennt wären (vielleicht auch durch Motivation, Intention etc.).[10] Diese Dinge können Leute, Ideen oder anderes sein. Silverstone (2002) geht noch weiter und postuliert, dass Mediation einen Transformationsprozess beinhaltet, in welchem die Bedeutung und der Wert der Dinge konstruiert werden. Hier spielt bei ihm vor allem die Ethik eine große Rolle. Es zeigt sich hierbei eine gewisse Nähe zu professioneller Mediation, d.h. dem Prozess der Verhandlung und Intervention bzw. insbesondere der Vermittlung zwischen unterschiedlichen, meist zerstrittenen Parteien (Livingstone 2009).

Mediation dieser Art wurde in den letzten Jahren zunehmend Teil der Beratungsszenerie, aber auch in der Politik, kann aber auch Teil von therapeutischen bzw. anderen, lebensweltlichen Prozessen sein. Simplifiziert ausgedrückt, nimmt der/die Dritte in diesem Fall eine neutrale Position ein und versucht zwischen den zerstrittenen Parteien zu vermitteln, indem alle Aspekte beleuchtet und spezifische Verhandlungen geführt werden. Diese Form der Mediation ist hier nur bedingt gemeint. Verhandelt wird in der Tat die Bedeutungskreation und die Medien vermitteln in diesem Prozess (manchmal im Sinne von Erweiterung, manchmal im Sinne von Verschleierung).

Silverstone beschreibt Mediation als einen dialektischen Vorgang, weil es eine Spannung zwischen den Produzenten und den Konsumenten von Medien gibt, aber auch, weil Chancen auf ein mögliches Engagement auf verschiedene Bereiche der Gesellschaft unterschiedlich verteilt sind. Die Dialektik liegt nicht unbedingt in den Medien, sondern in den Prozessen, die darin stattfinden. Sie

---

10 Ich behalte den Begriff der Mediation hier bei, auch wenn im Prinzip die Vermittlung gemeint ist, da meiner Meinung nach eine Erweiterung des Bedeutungsspektrums im Deutschen hilfreich wäre – insbesondere um Bezüge zu den anderen Medien-Begriffen (wie z.B. Mediatisierung) zu verdeutlichen.

liegt aber auch im Konsum der Medien – sowohl als Text als auch als Objekt (ein Hinweis aus der Domestizierungsforschung). Mediation ist das, was die von Silverstone beschworene „Mediapolis" antreibt: „Mediation is a practice in which producers, subjects and audiences take part, and take part together" (Silverstone 2007: 38).[11] Er setzt dabei eine aktive Beteiligung aller voraus: Beteiligung im Sinne von Denken, Sprechen, Zuhören und Agieren (ibid.). An diesen Aspekten wird das Normative des Mediations-Ansatzes deutlich. Insbesondere das ‚Zuhören' aller Beteiligten ist ein hehrer Anspruch – aber auch ein notwendiger Prozess, um dem ethischen Anspruch das nötige Leben einzuhauchen. In seiner Normativität scheint es der notwendige moralische Gegenpol zu möglichen Ängsten im Rahmen des Mediatisierungsprozesses zu sein. In dieser Hinsicht wäre Mediation eine notwendige Voraussetzung, damit Mediatisierung sich nicht in eine falsche Richtung entwickelt. Es ist ein Versuch, der ambivalenten Einschätzung etwas (Utopisches?) entgegenzusetzen.

Nichtsdestotrotz bleibt ein leichtes Unbehagen bestehen. Ähnlich dem Domestizierungsansatz scheint die ontologische Sicherheit im Mittelpunkt zu stehen – diesmal von Seiten der Mediapolis. Sowohl die Medien als auch die Nutzer müssen noch mehr tun, um die Basis-Sicherheits-Standards aufrechtzuerhalten – und das, ohne dass der Konflikt oder der Wandel im Mittelpunkt stünden. Darin ist eine große Verantwortung impliziert – eventuell auch eine Naivität. Denn die Mediatisierung zeigt noch, dass gerade diese Aspekte auch Teil der Entwicklungen sind (der Konflikt vielleicht nicht zur Genüge). Und nach wie vor muss es auch die Möglichkeit des Nicht-Engagements weiterhin geben.

Es geht bei der Spannung zwischen Mediatisierung und Mediation um die Auseinandersetzung zwischen einem Streben nach Einheit (Mediation) und der Einschätzung einer zunehmenden Fragmentierung (Mediatisierung). Es geht zugleich um die Frage linearer (Mediatisierung) vs. nicht-linearer Entwicklungen (Mediation). Dies hat Couldry (2008) sehr eindrücklich und differenziert dargestellt. Er entscheidet sich nicht zwischen den beiden Begrifflichkeiten und ihren unterschiedlichen Konnotationen (sondern legt diese stattdessen sehr anschaulich dar). Dennoch präferiert er für seine Fragestellung den Mediationsansatz – einerseits, weil er dem Mediatisierungsansatz seine weitreichenden Annahmen nicht abnimmt (ibid.: 377) und die Unterstellung nur einer Medien-Logik für problematisch hält (ibid.: 378), andererseits, weil er die Dialektik in Silverstones Ansatz bevorzugt. Diese betont, wie sehr diese Prozesse immer wieder Aushandlungsprozesse sind. Silverstone hebt zudem hervor, dass Mediation sich vor allem durch die sozialen Prozesse der Rezeption und des Konsums

---

11 In der deutschen Übersetzung heißt dies: „Und die mediale Vermittlung ist eine Praxis, die aus dem Zusammenwirken von Produzenten, Mitwirkenden und Publikum entsteht" (Silverstone 2008: 64).

von Medien auszeichnet (Silverstone 2005: 188). Hier schließt er sehr deutlich an seinem früheren Ansatz der Domestizierung an. All dies ist bei weitem kein Widerspruch zum Mediatisierungsansatz – sondern im Prinzip nur eine andere Schwerpunktsetzung. Für die Verbindung zwischen Mediatisierung und Mediation einerseits und zum Domestizierungsansatz andererseits dient das Diskursive, welches bereits erwähnt wurde. Denn im Prinzip stellt die Mediation (in einem etwas eingeschränkten Sinne) das Diskursive der Mediatisierung dar. In dieser Interpretation steht das Verhandelnde, Vermittelnde im Mittelpunkt. Darin wiederum spielt die ebenfalls bereits erwähnte Imagination eine große Rolle. Bei Silverstone gibt es das Dreieck der Mediation, welches aus Erfahrung, Gedächtnis und Imagination besteht.[12] Die Imagination findet sich als Dimension der Aneignung, Erfahrung und Gedächtnis wiederum sind ein wichtiger Bestandteil der moralischen Ökonomie (und somit auch der ontologischen Sicherheit). Und das ist etwas, was in Couldry ansatzweise auch mitgedacht, aber nicht expliziert wird. Das Imaginär-Diskursive aber ist genau der Punkt, an dem individuelle und gesellschaftliche Vorstellungen und Praktiken aufeinandertreffen und ausgehandelt werden. Gerade da sich ähnliche Ideen auch bei Krotz und seinem Mediatisierungs-Ansatz finden lassen, bietet die Kombination von Mediatisierung und Mediation eine Möglichkeit der produktiven Erweiterung beider Ansätze. Ohne die Arbeit von Friedrich Krotz wäre all dies nicht denkbar bzw. möglich.

Literatur

Bakardjieva, M. (2005): Internet Society: The Internet in Everyday Life. London: Sage.
Berker, T./Hartmann, M./Punie, Y./Ward, K. (Hrsg.) (2006): Domestication of media and technology. Maidenhead: Open University Press.
Couldry, N. (2003): Media Rituals. A Critical Approach. London: Routledge.
Couldry, N. (2008): Mediatization or mediation? Alternative understandings of the emergent space of digital storytelling. In: New Media & Society 10, 3, S. 373–391.
Giddens, A. (1997): Konsequenzen der Moderne. Frankfurt a.M.: Suhrkamp.
Hartmann, M. (2006): The triple articulation of ICTs: Media as technological objects, symbolic environments and individual texts. In: Berker, T./Hartmann, M/Punie, Y./Ward, K. (Hrsg.): Domestication of media and technology. Maidenhead: Open University Press, S. 80–102.
Hartmann, M. (2007): Domesticating the wireless beast: Wi-Fi access – cafe policies and cultures. Unpublished presentation presented at the IAMCR 50th Anniversary Conference, Paris, France, 23.–25. July 2007.
Hartmann, M. (2008a): Domestizierung 2.0: Grenzen und Chancen eines Medienaneignungskonzeptes. In: Winter, C./Hepp, A./Krotz, F. (Hrsg.): Theoriediskussion in der Kommunikationswissenschaft, Bd. 2, Spezifische Diskussionsfelder. Wiesbaden: VS, S. 401–416.

---

12 Hier beziehe ich mich auf einen nicht mehr zugänglichen Web-Eintrag (media.wikispaces.com/mediation), der sich wiederum auf einen Entwurf Silverstones bezieht, welcher leider auch nicht mehr zugänglich ist. Das Zitat ist somit problematisch, passt aber zu den restlichen Äußerungen Silverstones in diesem Kontext.

Hartmann, M. (2008b): Fandom without the trimmings? EURO 2008, public viewing and new kinds of audiences. In: Carpentier, N./Pruulmann-Vengerfeldt, P./Nordenstreng, K./Hartmann, M./Vihalemm, P./Cammaerts, B./Nieminen, H./Olsson, T. (Hrsg.): Democracy, Journalism and Technology: New Developments in an Enlarged Europe. The intellectual work of the 2008 European media and communication doctoral summer school. Tartu: University of Tartu Press, S. 255–266.
Hartmann, M. (2009): ‚Roger Silverstone: Medienobjekte und ‚Domestizierung". In: Hepp, A./Krotz, F./Thomas, T. (Hrsg.): Schlüsselwerke der Cultural Studies. Wiesbaden: VS, S. 304–315.
Hepp, A./Krotz, F. (2007): What ‚Effect' do Media have? Mediatization and Processes of Socio-Cultural Change. Unveröffentlichter Vortrag, ICA Conference in San Francisco, Mai 2007.
Krotz, F. (2001): Die Mediatisierung kommunikativen Handelns. Wie sich Alltag und soziale Beziehungen, Kultur und Gesellschaft durch die Medien wandeln. Wiesbaden: Westdeutscher Verlag.
Krotz, F. (2007): Mediatisierung: Fallstudien zum Wandel von Kommunikation. Wiesbaden: VS.
Laing, D. (1960): The Divided Self: An Existential Study in Sanity and Madness. London: Penguin.
Livingstone, S. (2009): On the mediation of everything. ICA Presidential address 2008. In: Journal of Communication 59, 1, S. 1–18.
Livingstone, S. (2009): Foreword: Coming to Terms with ‚Mediatization'. In: Lundby, K. (Hrsg.): Mediatization. Concept, Changes, Consequences. New York: Peter Lang, S. ix–xi.
Lundby, K. (Hrsg.) (2009): Mediatization. Concept, Changes, Consequences. New York: Peter Lang.
McQuail, D. (1994): Mass Communication Theory. An Introduction. 3. Ausg. London: Sage.
Meyen, M. (2009): Medialisierung. In: Medien & Kommunikationswissenschaft (M&K) 57, 1, S. 23–38.
Morley, D. (2006): ‚What's ‚Home' Got to Do with It? Contradictory Dynamics in the Domestication of Technology and the Dislocation of Domesticity.' In: Berker, T. et al. (Hrsg.): Domestication of Media and Technology. Maidenhead: Open UP, S. 21–39.
Schulz, W. (2004): Reconstructing Mediatization as an Analytical Concept. In: European Journal of Communication 19, 1, S. 87–101.
Sicking, P. (2000): Leben ohne Fernsehen. Wiesbaden: DUV.
Silverstone, R. (2002): Complicity and Collusion in the Mediation of Everyday Life. In: New Literary History 33, S. 745–764.
Silverstone, R. (2006): Domesticating domestication. Reflections on the life of a concept. In: Berker, T./Hartmann, M./Punie, Y./Ward, K. (Hrsg.): Domestication of media and technology. Maidenhead: Open University Press, S. 229–248.
Silverstone, R. (2007): Media and Morality: On the Rise of the Mediapolis. Cambridge: Polity.
Silverstone, R. (2008): Mediapolis: Die Moral der Massenmedien. Frankfurt a.M.: Suhrkamp.
Silverstone, R./Haddon, L. (1996): Design and the Domestication of Information and Communication Technologies: Technical Change and Everyday Life. In: Mansell, R./Silverstone, R. (Hrsg.): Communication by Design. The Politics of Information and Communication Technologies. Oxford: Oxford University Press, S. 44–74.
Silverstone, R./Hirsch, E./Morley, D. (1991): Listening to a long conversation: an ethnographic approach to the study of information and communication technologies in the home. In: Cultural Studies 5, 2, S. 204–227.
Stewart, J. (2007): Local Experts in the Domestication of Information and Communication Technologies. In: Information, Communication & Society 10, 4, S. 547–569.
Verhaegh, S. (2007): From simple customer to warm user; Or, who cares about the maintenance of community innovations? In: Observatorio (OBS*) 1, 3, S. 155–184.

Zum Wandel von Informationsrepertoires in konvergierenden Medienumgebungen

Uwe Hasebrink & Hanna Domeyer

1. Einleitung

Bei dem Versuch, die Charakteristika der heutigen Gesellschaft mit einem Schlagwort zusammenzufassen, wird in den letzten Jahrzehnten häufig das Bild der „Informationsgesellschaft" bemüht.[1] Bei all ihrer Unterschiedlichkeit teilen die verschiedenen Konzepte die Diagnose, dass die derzeitige Gesellschaft grundlegend geprägt ist von der Zunahme der Quantität, der Komplexität und der wirtschaftlichen und sozialen Bedeutung von Information sowie der Technologien zu ihrer Übermittlung (vgl. Tsvasman 2006; Ott 2004: 253ff.). Gleichzeitig verlieren jedoch sowohl der Begriff der Information als auch Informationen selbst durch ihr inflationäres Kursieren an Gehalt. Diese Umschreibung erinnert an den in den letzten Jahren insbesondere von Friedrich Krotz (2001) geprägten Begriff der Mediatisierung, der den Metaprozess der zunehmenden Durchdringung des Alltags mit immer weiter ausdifferenzierten Kommunikationsmedien bezeichnet.

Dass Information wiederum zu den wesentlichen Grundfunktionen der Medien gehört, ist eine der selten hinterfragten Gewissheiten, die sich im Zuge der Entwicklung der modernen Massenmedien herausgebildet haben. Allerdings stellt sich angesichts aktueller Entwicklungen, die sich mit den Schlagworten Crossmedialität und Konvergenz umschreiben lassen, zunehmend die Frage, was in diesem Zusammenhang unter Information verstanden werden soll. Verschiedene Anlässe schaffen Klärungsbedarf:[2]

- Die Digitalisierung ermöglicht neue Formen der Verbreitung und Verfügbarmachung von Informationen, die letztlich darauf hinauslaufen können, dass jegliche Information zu jedem Zeitpunkt an jedem Ort empfangen werden kann. Dies stellt das bisherige System klassischer Informationsangebote mit ihren relativ klar verteilten Funktionen in Frage.

---

1 Die prominentesten Konzepte stammen von Peter F. Drucker (1969), Daniel Bell (1973) und Manuel Castells (1996).
2 Die Überlegungen, auf denen dieser Beitrag basiert, gehen auf eine Expertise zurück, die das Hans-Bredow-Institut 2008 für die ZDF-Medienforschung erarbeitet hat. Wir danken der ZDF-Medienforschung für die fruchtbaren Diskussionen zu den hier behandelten Fragen.

- Kaum ein Informationsanbieter beschränkt sich noch auf nur ein Verbreitungsmedium. Medienübergreifende Strategien und Crossmedia-Konzepte sollen Synergien ermöglichen und den Mediennutzern ein abgestimmtes Informationstableau offerieren, aus dem diese sich je nach ihren Interessen und Bedürfnissen bedienen können.
- Bereits seit mehreren Jahren ist quer über alle Mediengattungen hinweg zu beobachten, dass sich die Angebotsformen zunehmend vermischen, dass Hybridformen aus Information, Unterhaltung, Service und Beratung, aus Fiktion und Dokumentation entstehen, deren Informationscharakter umstritten ist.
- Besondere Beachtung verdient schließlich die tendenzielle Aufweichung der Rollenverteilung zwischen Informationsanbietern auf der einen Seite und Informationsempfängern auf der anderen Seite. Die Nutzer – „The people formerly known as the audience" (Rosen 2006) – treten zunehmend selbst als Anbieter und Organisatoren von Informationen auf.

Die hier skizzierten Veränderungen werfen die für diesen Beitrag maßgebliche Frage auf, wie sich der Einzelne und die Gesellschaft unter den veränderten medialen Bedingungen informieren. Dazu ist danach zu fragen, was unter den veränderten Bedingungen unter „Information" und „informieren" verstanden werden kann und wie man das Informationsverhalten der Mediennutzer in konvergierenden Medienumgebungen konzeptionell angemessen fassen kann.

Friedrich Krotz (2007) betrachtet in seiner Forschung ähnliche Entwicklungen, wenn er sich mit der zunehmenden Durchdringung des Alltags mit Medien und damit einhergehenden Prozessen des sozialen und kulturellen Wandels auseinandersetzt. Seine Thematisierung der Mediatisierung des Alltags gibt den Blick frei nicht nur auf gesamtgesellschaftliche Entwicklungen, sondern auch auf deren Bedeutung für den Einzelnen. Darüber hinaus werden damit nicht nur Gefahren und potenzielle negative Folgen, sondern vor allem auch Fragen nach der produktiven Sinngebung und der Integration neuer Medien- und Kommunikationsdienste im Leben der Mediennutzer für die Forschung zugänglich.

Analog zu dieser Perspektive schlagen wir vor, den oben genannten Fragen mit einem nutzerorientierten Repertoire-Ansatz zu begegnen, der die Gesamtheit aller Medienangebote, die sich ein Mediennutzer zu seiner Information zusammenstellt, in den Blick nimmt (Hasebrink/Popp 2006; Hasebrink/Domeyer im Druck). Eine derartige Herangehensweise stellt in zweierlei Hinsicht eine Antwort auf die Herausforderungen der Informationsgesellschaft und des mediatisierten Alltags dar:

Erstens kann nur ein medienübergreifender Ansatz der zunehmenden Konvergenz und Crossmedialität heutiger Medienumgebungen gerecht werden. Die

Übergänge zwischen verschiedenen Mediengattungen und Angebotsformen werden fließend, weshalb es zunehmend nötig wird, die Gesamtheit der genutzten Medienangebote (Prinzip der Ganzheitlichkeit) und die wechselseitigen Beziehungen zwischen ihnen innerhalb des Medienrepertoires (Prinzip der Relationalität) in den Blick zu nehmen.

Zweitens erscheint es in der Diskussion über die Unübersichtlichkeit der neuen Medienumgebungen, ihre Durchdringung des Alltags sowie bei der Betrachtung der schieren Masse an verfügbaren Informationsangeboten lohnenswert, den Blick auf die Mediennutzer selbst zu richten. Was verstehen sie unter (nützlichen) Informationen und welche Informationsangebote stellen sie sich aus der Fülle des Verfügbaren zusammen?

Mit den folgenden Überlegungen wollen wir ein Forschungsprogramm vorbereiten, das für die Frage, wie sich der Einzelne und die Gesellschaft unter den Bedingungen konvergierender Medienumgebungen informieren, einen konzeptionellen Rahmen und Ansatzpunkte für empirische Untersuchungen bietet.

2. Begriffliche Klärungen

Seit den 1960er Jahren ist immer wieder davon die Rede, dass wir in einer Informationsgesellschaft leben, in der Informationen die zentrale Ressource darstellen und uns ständig und überall umgeben. Zeitgleich bildete sich eine wissenschaftliche Fachrichtung mit dem Namen „Informationswissenschaft" heraus. Trotzdem gibt es bis heute weder einen einheitlichen Begriff von Information noch eine umfassende Informationstheorie. Der Informationsbegriff wird je nach Kontext unterschiedlich definiert und verwendet.

Das Informationsverhalten der Menschen wird an dieser Stelle als Bestandteil des allgemeinen Kommunikationsverhaltens behandelt. Während Kommunikation im Sinne des Watzlawick'schen Axioms „Man kann nicht nicht kommunizieren" (Watzlawick/Bavelas/Jackson 1969) als Gesamtheit der Handlungen und Verhaltensweisen angesehen wird, mit denen sich Menschen auf der Basis zugewiesener Bedeutungen in Beziehung zu Anderen und zur Welt generell setzen, wird mit der Rede vom Informationsverhalten derjenige Aspekt von Kommunikation fokussiert, der sich auf die Sachebene (und nicht auf die Beziehungsebene) der Kommunikation bezieht und damit die Referenz zwischen den ausgetauschten Zeichen und den gemeinten Gegenständen in den Vordergrund rückt. Steht bei der Untersuchung von Kommunikationsprozessen die allgemeine Frage im Vordergrund, wie Menschen im gegenseitigen Austausch aufeinander bezogene Bedeutungen konstruieren, so geht es bei der Auseinandersetzung mit dem Informationsverhalten speziell um die Frage, wie sich Menschen über die für sie relevanten Umweltbedingungen orientieren, welche Datenquellen sie dazu heranziehen, welche Wissensstrukturen sie herausbilden und welchen Reim sie sich auf der Grundlage dieser Wissensstrukturen auf ihre Umwelt machen.

Dieses Verständnis von Information geht davon aus, dass eine Nachricht keinen objektiven Informationsgehalt besitzt, sondern dass dieser von verschiedenen Rezipienten unterschiedlich wahrgenommen werden kann. Ein derartiges Verständnis legt den Schwerpunkt damit auf Größen wie Sinn, Bedeutung, Interpretation und Relevanz, die einer Information von ihrem Empfänger subjektiv zugewiesen werden. Es soll im Folgenden als *sozialer Informationsbegriff* bezeichnet und abgegrenzt werden von anderen Informationsbegriffen (für eine ausführliche Auseinandersetzung siehe Ott 2004): dem *technischen* Informationsbegriff in der Nachfolge von Shannon/Weaver (1949), der Information ausschließlich auf der syntaktischen Ebene als Daten ohne Bedeutung beschreibt; dem *ökonomischen* Informationsbegriff, der Information als Ware versteht, die zu einem bestimmten Preis gehandelt werden kann; und dem *medialen* Informationsbegriff als zentraler Ordnungskategorie der Medien zur Klassifizierung ihrer Angebote (vgl. Rusch 2005; Gehrau 2001: 58ff.).

Die hier interessierenden Informationsrepertoires umfassen dem skizzierten sozialen Informationsbegriff zufolge die Gesamtheit der medialen Angebote, die die Menschen dazu nutzen, sich über die für sie relevanten Umweltbedingungen zu orientieren und eine eigene Position zur Welt und in der Gesellschaft zu entwickeln. Dabei spielen sicherlich die im Sinne eines medialen Informationsbegriffs speziell als Informationsangebote bezeichneten Angebote – z.B. Tageszeitungen, Fernsehnachrichten oder Online-Magazine – eine besondere Rolle, da sie, den Prinzipien des Journalismus folgend, einen direkten Bezug zu den gesellschaftlichen Realitätskonstruktionen aufweisen. Allerdings kann die Informationsleistung von Medien nicht auf diese Darstellungsformen reduziert werden; grundsätzlich können alle Mediengattungen Informationsfunktionen erfüllen – unabhängig davon, um welche der von den Anbietern unterschiedenen Angebotskategorien oder Sparten es sich handelt (vgl. Gehrau 2001: 130ff.). In diesem Sinne ist Information nicht das Gegenteil von Unterhaltung (vgl. Klaus 1996).

3. Systematik medienvermittelten Informationsverhaltens

Um Informationsverhalten systematisch, medienübergreifend und aus der Nutzerperspektive zu beschreiben, gehen wir von einer Unterscheidung von Informations*bedürfnissen* aus, also von der Frage, aus welchen Gründen sich Menschen informieren. In der Forschung liegen dazu zwei prominente Ansätze vor, die sich in ihrer theoretischen Grundorientierung sehr nah sind, in den konkreten

Gegenständen, die sie untersuchen, aber kaum Überlappungen aufweisen: der Information-Seeking-Ansatz und der Uses-and-Gratifications-Ansatz.

Dem *Information-Seeking-Ansatz* zufolge ergibt sich ein Informationsbedürfnis aus der Erkenntnis eines Menschen, dass sein verfügbares Wissen nicht ausreicht, um ein vorhandenes Ziel zu erreichen. Er benötigt also eine bestimmte Information, um diese Lücke zu schließen. Das bewusste Bestreben, diese fehlende Information zu erhalten, wird dann als Informationssuche bezeichnet (siehe dazu Case 2002; Bouwman/Wijngaert 2002; Ramirez et al. 2002). Aus dieser Perspektive können Informationsbedürfnisse danach klassifiziert werden, auf welchen konkreten Gegenstand bzw. Themenbereich sie sich beziehen.

Einen umfassenden Überblick über die empirischen Ergebnisse der internationalen Information-Seeking-Forschung bietet Case (2002). Es hat sich gezeigt, dass gut die Hälfte aller Informationssuchsituationen mit dem Lösen von alltäglichen Problemen verbunden ist (vgl. Case 2002: 257ff.). Menschen unterscheiden sich entsprechend in ihren Informationsbedürfnissen, je nachdem, welchen Beruf sie ausüben, welche soziale Rolle (z.B. Konsument, Patient) sie gerade innehaben oder welche soziodemografischen Merkmale sie aufweisen.

Im Gegensatz zum Konzept des Information-Seeking geht der *Uses-and-Gratifications-Ansatz* nicht von einer konkreten Problemlösungssituation, sondern von einer bestimmten Mediennutzungssituation aus und fragt nach den Funktionen, die die Nutzung eines Medienangebots für den Rezipienten erfüllt. Die erhaltenen Gratifikationen werden meist abstrakt, ohne konkreten thematischen Bezug erfasst. Eine Klassifikation von Bedürfnissen wird aus dieser Perspektive also allgemeiner auf der Basis der mit der Mediennutzung verbundenen Funktionen vorgenommen. So wird beispielsweise in der ARD/ZDF-Langzeitstudie *Massenkommunikation* das Informationsmotiv durch folgende Antwortvorgaben abgedeckt (vgl. Ridder/Engel 2005: 426ff.): „weil ich mich informieren möchte", „damit ich mitreden kann", „weil ich Denkanstöße bekomme" und „weil es mir hilft, mich im Alltag zurechtzufinden". Die Nutzung eines Informationsangebots kann für den Rezipienten jedoch weitaus vielfältigere Funktionen erfüllen als nur die der Information. Im Gegensatz zum Information-Seeking-Ansatz versucht die Uses-and-Gratifications-Forschung möglichst alle diese mit der Mediennutzung verbundenen Gratifikationen zu erfassen.

Ausgehend von diesen beiden Ansätzen schlagen wir für eine systematische Auseinandersetzung mit der Entwicklung des Informationsverhaltens eine Unterscheidung von vier Ebenen von Informationsbedürfnissen vor, die sich anhand des Grades der Zuspitzung auf Personen und Situationen als Pyramide veranschaulichen lassen (siehe Abbildung 1).

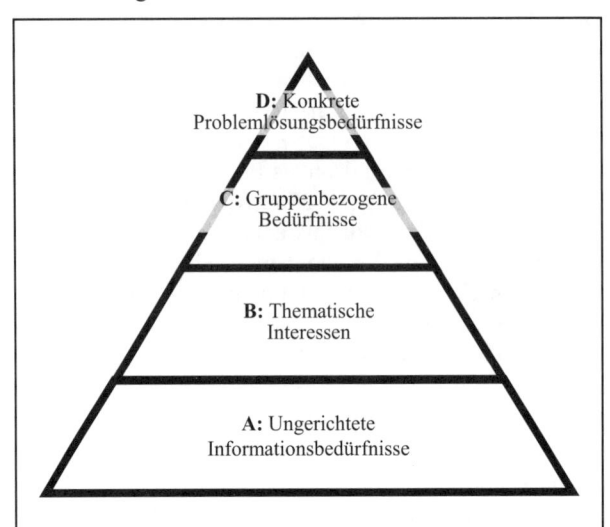

Abbildung 1: Ebenen von Informationsbedürfnissen

- D: Konkrete Problemlösungsbedürfnisse
- C: Gruppenbezogene Bedürfnisse
- B: Thematische Interessen
- A: Ungerichtete Informationsbedürfnisse

- *Ungerichtete Informationsbedürfnisse*, wie sie vor allem von der Uses-and-Gratifications-Forschung untersucht werden, ergeben sich aus der Notwendigkeit für alle Lebewesen, ihre Umwelt kontinuierlich im Hinblick auf mögliche Chancen und Risiken zu beobachten („surveillance"). Wer Chancen zur Weiterentwicklung verpasst oder Anzeichen für Gefahr missachtet, wird entsprechende Nachteile erfahren müssen. Die entsprechenden Bedürfnisse betreffen prinzipiell alle Individuen einer Gemeinschaft, weshalb sich die bekannten Formen öffentlicher Kommunikation herausgebildet haben, die der Allgemeinheit Informationen von allgemeiner Relevanz bieten.
- *Thematische Interessen* sind aktive Orientierungen in Richtung auf bestimmte Gegenstandsbereiche, auf die sich Menschen spezialisieren, um dort besondere Expertise zu erwerben. In dieser Hinsicht unterscheiden sich die Menschen erheblich (vgl. Blödorn/Gerhards/Klingler 2006: 635f.), weshalb sich die bekannten Formen zielgruppenorientierter Kommunikation (insbesondere Spartenprogramme und Fachzeitschriften) herausgebildet haben.
- *Gruppenbezogene Bedürfnisse* beziehen sich auf Informationen aus und über die für die Menschen relevanten Bezugsgruppen. Der stete Austausch von Informationen und Erfahrungen in diesen Gruppen, die Verständigung über gemeinsame Interessen und Ziele sowie die Herstellung von Vertrauen und Integration innerhalb dieser Gruppen und damit die Gemeinschaftsbildung sind wesentliche Voraussetzungen für die Positionierung der Menschen in

der Gesellschaft und ihre Identitätsbildung. Die entsprechenden Bedürfnisse sind bisher vor allem in persönlichen Kontaktnetzwerken, in der direkten Kommunikation oder verschiedenen Formen der technisch vermittelten Individualkommunikation wie Briefverkehr oder Telefonie erfüllt worden. Die neuen Kommunikationsdienste im Bereich der Social Software ermöglichen jedoch eine erhebliche Ausweitung der Reichweite der entsprechenden gruppenbezogenen Kommunikation und der damit verbundenen Community-Bildung (vgl. Schmidt/Paus-Hasebrink/Hasebrink 2009).

- *Konkrete Problemlösebedürfnisse*, wie sie im Zentrum des Information-Seeking-Ansatzes stehen, ergeben sich aus den Anforderungen konkreter Situationen, zu deren Lösung auf individueller Ebene bestimmte Informationen erforderlich sind. Solche Anforderungen können im Prinzip jeden treffen; entscheidend ist aber, dass die erforderliche Information je nach konkreter Problemstellung sehr verschieden ist und in der jeweiligen Situation verfügbar sein muss, weshalb sich verschiedene Formen individualisierter Abrufdienste herausgebildet haben.

Auf der Grundlage dieser vier Ebenen von Informationsbedürfnissen lässt sich nun eine allgemeine Systematik medienvermittelter Information entwickeln, die eine Verknüpfung der Informationsbedürfnisse mit Publikums- und Angebotskonzepten ermöglicht. Tabelle 1 führt die Charakteristika der vier Arten von Informationsverhalten auf. An dieser Stelle ist zu betonen, dass es sich hier um

Tabelle 1: Systematik medienvermittelter Information

	A Ungerichtete Informationsbedürfnisse	B Thematische Interessen	C Gruppenbezogene Bedürfnisse	D Konkrete Problemlösungsbedürfnisse
Funktion	Monitoring, Kontrolle (Surveillance), Herausbildung von Allgemeinwissen	Vertiefung von Wissen, Spezialisierung	Austausch von Informationen und Erfahrungen, Vernetzung, soziale Positionierung	Lösung konkreter Problemsituationen
Gegenstandsbezug	universell	themen-spezifisch	gruppenspezifisch	problem-spezifisch
Zeitbezug	situationsübergreifend	situationsübergreifend	situationsübergreifend	situationsbezogen
Suchstrategie	kontinuierlich, ungezielt, anbieter-orientiert	kontinuierlich, gezielt, expertenorientiert	kontinuierlich, gezielt, gruppenorientiert	punktuell, gezielt, fallorientiert
Primärer Medientyp	Display-Medien	Spartenangebote	interaktive Angebote, Social Web	individualisierte Abrufdienste
Publikumskonzept	Disperses Massenpublikum	Zielgruppen	Bezugsgruppen, Communities	Individuen
Qualitätskriterien	öffentliche Relevanz	Informationstiefe	gruppenbezogene Relevanz	Nützlichkeit

eine analytische Unterscheidung handelt; es geht also nicht darum, jedes konkrete Informationsverhalten eindeutig einer Kategorie zuzuordnen, sondern darum, ein handhabbares Instrument zur Verfügung zu stellen, mit dem Veränderungen im Informationssektor – nutzungsbezogen oder angebotsbezogen – in einem einheitlichen Bezugsrahmen analysiert werden können und der es damit erlaubt, die verschiedenen Ebenen des Informationsverhaltens im Zusammenhang zu betrachten. Damit wird der Tatsache Rechnung getragen, dass die wichtigste Folge der jüngsten Medienentwicklung darin besteht, dass die bisher recht einfach voneinander unterscheidbaren Ebenen des Informationsverhaltens im Zuge von Konvergenz und Crossmedialität eng aneinander heranrücken.

Informationsprozesse, die sich aus *ungerichteten Informationsbedürfnissen* ergeben, dienen in erster Linie der laufenden Kontrolle der Umwelt. Der dabei behandelte Gegenstandsbereich ist nicht eingeschränkt, es kommen im Prinzip alle Themen und Ereignisse in Frage, solange sie für die allgemeine Umweltbeobachtung relevant sind. Das entsprechende Informationsbedürfnis ist situationsübergreifend, die damit einhergehende Suchstrategie[3] kontinuierlich, ungezielt und stark an Anbietern orientiert, denen die Nutzer das Vertrauen entgegenbringen, dass sie die ihnen zugewiesene Funktion der laufenden Umweltbeobachtung verlässlich erfüllen. Der für diese Ebene einschlägige Medientyp sind die so genannten Display-Medien, die den Nutzern ein breites Angebot an Informationen bieten. Das mit diesen Medien einhergehende Publikumskonzept ist das des dispersen Massenpublikums. Entscheidendes Qualitätskriterium für entsprechende Informationsangebote ist deren öffentliche Relevanz.

Informationsbedürfnisse, die in Form von *thematischen Interessen* auftreten, zielen darauf ab, das Wissen über einen bestimmten Gegenstandsbereich zu vertiefen und eine thematische Spezialisierung herauszubilden. Der Gegenstandsbezug eines derartigen Informationsbedürfnisses ist also themenspezifisch. Thematische Interessen haben eine relativ hohe zeitliche Konstanz, sie bestehen also situationsübergreifend. Dementsprechend kontinuierlich ist auch die mit ihnen verbundene Suchstrategie. Anders als bei ungerichteten Informationsbedürfnissen ziehen thematische Interessen gezielte Suchstrategien nach sich, die sich stark an Experten für den entsprechenden Gegenstandsbereich orientieren. Die typische Medienform zur Bedienung thematischer Interessen sind Spartenangebote, die für eine ganz bestimmte Ziel- bzw. Interessengruppe konzipiert sind. Das zentrale Qualitätskriterium für diese Art von Angeboten ist ihre Informationstiefe.

---

3 Mit Suchstrategien setzen sich beispielsweise Bouwman/Wijngaert (2002), Schweiger (2002b) und Wirth/Brecht (1999) auseinander.

Bei *gruppenbezogenen Bedürfnissen* stehen soziale Funktionen wie der Austausch von Informationen und Erfahrungen, die Vernetzung von Menschen untereinander sowie die soziale Positionierung zum Beispiel durch das Signalisieren von Zugehörigkeiten zu bestimmten Gruppen im Mittelpunkt. Der Gegenstandsbezug wird hier von der Gruppe festgelegt. Gruppenbezogene Informationsbedürfnisse zählen zu den Grundbedürfnissen eines jeden Menschen, bestehen also situationsübergreifend und sind mit einer kontinuierlichen Suchstrategie verbunden. Dabei wird gezielt vorgegangen – zentral ist die Orientierung an der jeweiligen Bezugsgruppe. Wie oben bereits geschildert, dienten bislang vor allem direkte persönliche Kontakte oder Formen der technisch vermittelten Individualkommunikation der Befriedigung von gruppenbezogenen Bedürfnissen. Medientypen wie interaktive Angebote und Social Software ermöglichen nun auch eine medienvermittelte Realisierung. Ihr Publikumskonzept ist das der Bezugsgruppe, der „Community". Das an derartige Medienangebote angelegte Qualitätskriterium ist das der gruppenbezogenen Relevanz.

Konkrete Problemlösungsbedürfnisse zielen auf die Lösung einer konkreten Problemsituation. Der Gegenstandsbezug derartiger Bedürfnisse ist also problemspezifisch, ihr Zeitbezug situationsbezogen. Gesucht wird eine bestimmte Information, die die Lücke zwischen verfügbarem Wissen und vorhandenem Ziel schließt. Die Suche nach dieser Information gestaltet sich dementsprechend punktuell, gezielt und fallorientiert. Primärer Medientyp sind hier individualisierte Abrufdienste, deren Qualität sich nach der Nützlichkeit der dort angebotenen Information sowie ihrer Verfügbarkeit in der konkreten Problemlösungssituation bemisst.

Diese an unterschiedlichen Informationsbedürfnissen ansetzende Systematik bietet einen konzeptionellen Rahmen für die aufeinander bezogene Analyse von Bedürfnissen, Nutzungsmustern, Angebotsformen und den sich daraus ergebenden gesellschaftlichen Informationsmustern. Die vier Ebenen von Informationsbedürfnissen können auch als Grundelemente von Informationsrepertoires betrachtet werden. Die Annahme ist, dass individuelle Informationsrepertoires sich aus mehr oder weniger großen Anteilen von Informationen der vier Ebenen zusammensetzen. Der relative Anteil der vier Ebenen am Gesamtrepertoire kann als Indikator dafür betrachtet werden, welche Bedürfnisebenen für die betreffende Person bei ihrer Alltagsbewältigung im Vordergrund stehen. Entsprechend können Informationsrepertoires auch auf aggregierter Ebene beschrieben werden und als Indikatoren für gruppen- oder gesellschaftsbezogenes Informationsverhalten dienen. Eine solche Anwendung der vorgestellten Systematik soll im folgenden Abschnitt im Hinblick auf Veränderungen des Informationsverhaltens vorgestellt werden.

4. Informationsrepertoires im gesellschaftlichen und biographischen Wandel

Die skizzierte Systematik medienvermittelter Information soll in einem weiteren Schritt unserer Überlegungen als Instrument zur Beschreibung und Analyse von Veränderungen im Informationssektor fruchtbar gemacht werden. Ausgangspunkt sind die konkreten Anforderungen, denen sich Menschen in ihrem Alltag gegenübersehen und die den Bedarf an Informationen prägen, die benötigt werden, um diese Anforderungen zu bestehen. Diese Anforderungen sind einerseits abhängig von den gesellschaftlichen Rahmenbedingungen und unterliegen damit dem allgemeinen gesellschaftlichen Wandel (siehe Kapitel 4.1). Andererseits verändern sie sich im Laufe der Biographie, im Prozess des Hineinwachsens in die Gesellschaft und mit der damit jeweils verbundenen sozialen Position (siehe Kapitel 4.2).

4.1 Veränderungen des Informationsverhaltens im gesellschaftlichen Wandel

Das hier zugrunde gelegte Verständnis von Informationsverhalten rückt die Frage in den Mittelpunkt, wie sich Menschen über die für sie relevanten Umweltbedingungen orientieren. Damit ist auch die Annahme verbunden, dass Veränderungen der Umweltbedingungen zu Veränderungen im Informationsverhalten führen. Dies kann etwa bedeuten, dass sich die Wichtigkeit bestimmter Gegenstandsbereiche verändert bzw. neue Themen an Bedeutung gewinnen. So führt etwa die Umstrukturierung der sozialen Sicherungssysteme dazu, dass der einzelne Bürger in diesem Bereich verstärkt eigenverantwortlich handeln und privat vorsorgen muss; dies geht mit einem erheblichen Informationsbedarf über diesen Gegenstandsbereich einher. Die rasante technologische Entwicklung bringt es mit sich, dass sich Menschen verstärkt über Themen wie neue Kommunikationstechnologien, Endgeräte, Software und Tarifmodelle auf dem Laufenden halten müssen. Einen weiteren einschneidenden gesellschaftlichen Wandlungsprozess stellt die Globalisierung dar. In einer globalisierten Welt genügt es immer seltener, sich vorrangig über die Vorgänge im eigenen Land zu informieren. Nicht zuletzt führt die generelle gesellschaftliche Differenzierung und Individualisierung zu einem Verlust vorgegebener Strukturen. Bildeten diese früher einen relativ festen Orientierungsrahmen, sehen sich Menschen heute einer wachsenden Menge an Entscheidungen und Verantwortungen gegenüber. Auch diese veränderten Anforderungen schaffen neue Informationsbedürfnisse.

Der gesellschaftliche Wandel bringt aber nicht nur neue gegenstandsbezogene Informationsbedürfnisse hervor, er verändert auch ihre Form. Aktuelle Anforderungen beziehen sich hier zum Beispiel auf die ständige Erreichbarkeit von

Personen und die uneingeschränkte Verfügbarkeit von Informationen. Auch hat die Geschwindigkeit, in der die Befriedigung von Informationsbedürfnissen erwartet wird, rasant zugenommen. Interessant ist dabei die Frage, ob die neuen technischen Entwicklungen lediglich die Möglichkeiten zur Befriedigung von bereits vorhandenen, unveränderten Informationsbedürfnissen erweitern oder ob sie auch neue Bedürfnisse erzeugen.

Die neuen Anforderungen, denen sich die Menschen durch die Veränderung der gesellschaftlichen Rahmenbedingungen gegenübersehen, und die dazu benötigten und verfügbaren Informationsangebote führen dazu, dass sich das relative Gewicht der im vorangegangenen Abschnitt unterschiedenen Informationsebenen verschiebt (siehe Abbildung 2). Betrachtet man die Entwicklung seit den 1970er Jahren, so kann als Ausgangssituation angenommen werden, dass die klassische Massenkommunikation mit Fernsehen, Hörfunk und Tageszeitungen als maßgeblichen Informationsmedien eine dominante Rolle einnahm. Die Differenzierung nach thematischen Interessen wurde überwiegend von Zeitschriften abgedeckt, während medial vermittelte Formen gruppenbezogener Information nur in kleinem Maßstab, etwa im Rahmen alternativer Öffentlichkeiten, eine Rolle spielten. Die Möglichkeiten für Informationen zur individuellen Problemlösung waren eng begrenzt und wurden am ehesten von Zeitschriften und Ratgeberbüchern erfüllt.

Abbildung 2: Verschiebung von Informationsbedürfnissen im gesellschaftlichen Wandel

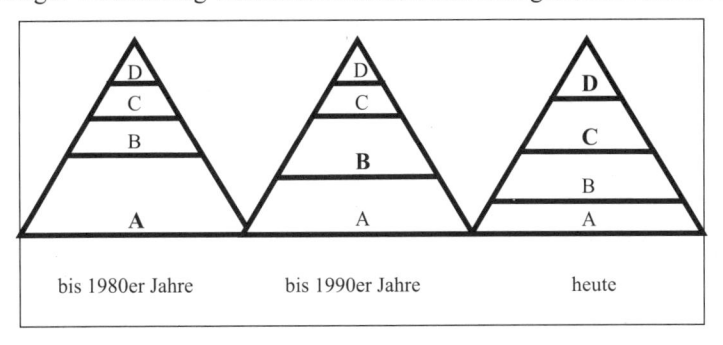

bis 1980er Jahre   bis 1990er Jahre   heute

Der nächste Entwicklungsschritt, der etwa von Mitte der 1980er bis Mitte der 1990er Jahre verortet werden kann, bestand vor allem in einer deutlichen Ausweitung der themen- und zielgruppenspezifischen Angebote. Die gewachsene Zahl der Hörfunk- und Fernsehkanäle führte – auf Kosten der unspezifischen Angebote – zu einer starken Ausdifferenzierung nach Themen und Zielgruppen, während sich im Hinblick auf die Bedürfnisse gruppenbezogener Information und individueller Problemlösung zunächst kaum Änderungen zeigten.

Der letzte Veränderungsschritt seit Mitte der 1990er Jahre führt nun allerdings zu einer starken Erweiterung dieser beiden Bereiche. Wie gesehen, ermöglicht die Digitalisierung zunehmend Informationsangebote, die spezifisch auf die Anforderungen gruppenbezogener Information (Social Software) und individueller Problemlösung (individualisierbare Informationsdienste) abgestimmt sind. Neben dieser Änderung der technischen Voraussetzungen der Informationsbereitstellung tragen auch grundlegende Prozesse wie die Individualisierung dazu bei, dass für die Nutzer gruppenbezogene und individuelle (Problemlösungs-) Bedürfnisse an Bedeutung gewinnen.[4]

Insgesamt hat in diesem Zeitraum also eine Ausdifferenzierung und Individualisierung des Informationssektors stattgefunden, die vor allem mit einem relativen Bedeutungsverlust desjenigen Informationsbereichs einherging, der als Massenkommunikation bezeichnet werden kann.

4.2 Veränderungen des Informationsverhaltens im biographischen Wandel

Die hier vorgestellte Systematik ist nicht nur hilfreich bei der Darstellung des Wandels von Informationsbedürfnissen im Zusammenhang mit Veränderungen auf der gesellschaftlichen Ebene. Sie erlaubt ebenso eine Beschreibung und Analyse der Veränderungen der Informationsbedürfnisse, die sich auf der individuellen Ebene im Lebenslauf ergeben. Im Prozess der Sozialisation stellen sich den Menschen jeweils wechselnde Entwicklungsaufgaben, die im Zuge der persönlichen Lebensführung (siehe Paus-Hasebrink in diesem Band) zu bewältigen sind. Die in verschiedenen Lebensaltersstufen im Vordergrund stehenden Entwicklungsaufgaben prägen auch das typische Informationsverhalten der jeweiligen Gruppe. Auch Ralph Weiß (2000: 56ff.) diskutiert die „Lebensphase" als eine wesentliche Komponente der objektiven Struktur des Alltags, die die soziale Position eines Menschen und seine gesellschaftlichen Handlungsbedingungen beschreibt und das Medienhandeln prägt. Abbildung 3 veranschaulicht diese Überlegung anhand dreier Entwicklungsphasen, der Jugendlichen, der jungen Erwachsenen und der Erwachsenen mittleren Alters.

Zu den vordringlichen Entwicklungsaufgaben im Jugendalter gehören die Selbst- und die Sozialauseinandersetzung, also die Beschäftigung mit der Frage nach der eigenen Identität und nach der sozialen Position insbesondere in der Peer Group. Im Vordergrund stehen also gruppenbezogene Informationsbedürfnisse, es geht um den steten Abgleich, was „in" und was „out" ist, es geht um

---

4 Gerhards/Klingler (2007) zeigen in ihrer Untersuchung der Nutzung von Fernsehsparten, dass die Nutzung von allgemeinen Informationssendungen wie Nachrichten im Zeitraum von 2001 bis 2006 relativ gegenüber der Nutzung spezieller Informationsangebote (themenspezifische Angebote) abnahm.

die kontinuierliche Beobachtung der sozialen Beziehungen innerhalb der Peer Group und die eigene Stellung darin. Vor diesem Hintergrund stellen Online-Communities wie *SchülerVZ* und *Facebook* hoch relevante Angebote dar; gerade die 15- bis 17-Jährigen gehören zu den intensivsten Nutzern dieser Angebote (vgl. Hasebrink/Rohde 2009). Während sich rund um persönliche Hobbys auch noch erste Interessenschwerpunkte herausbilden, die mit entsprechenden Zielgruppenmedien bedient werden, sind in dieser Altersgruppe insbesondere die ungerichteten Informationsbedürfnisse nur schwach ausgeprägt.[5] Im Vordergrund des Informationsrepertoires dieser Altersgruppe stehen eindeutig die gruppen- und kommunikationsbezogenen Medienangebote, die insbesondere zur Identitätsbildung beitragen können.

Abbildung 3: Verschiebung von Informationsbedürfnissen im biographischen Wandel

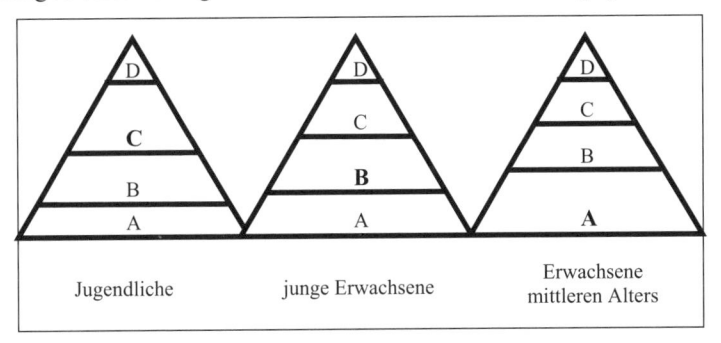

Jugendliche   junge Erwachsene   Erwachsene mittleren Alters

Mit dem Ende der Schulzeit und dem Beginn einer Ausbildung oder eines Studiums sind Weichenstellungen verbunden, die mit einer gewissen Fokussierung der Interessen einhergehen. Es geht darum, sich in der hoch arbeitsteiligen Gesellschaft in einem bestimmten Sektor für eine berufliche Tätigkeit zu qualifizieren und entsprechend spezielle Fertigkeiten zu erwerben. Diese Weichenstellung geht einher mit deutlich ausgeprägteren Themeninteressen, die zur Nutzung entsprechender Zielgruppenmedien führen. Die gruppenbezogenen Bedürfnisse, u.a. im Hinblick auf die Partnersuche, sind nach wie vor vorhanden, nehmen aber nicht mehr die herausragende Stellung ein wie bei den Jugendlichen.

Im mittleren Erwachsenenalter ist in der Regel eine gewisse Etablierung sowohl hinsichtlich der Familiengründung als auch der beruflichen Laufbahn

---

5   In ihrer Untersuchung der Nutzung von Fernsehsparten zeigen Gerhards/Klingler (2007: 617), dass die 14- bis 29-Jährigen 28 % ihres Fernsehmenüs Informationsangeboten widmen, während es bei den 50- bis 64-Jährigen 34 % und bei den ab 65-Jährigen 38 % sind. Auch die in dieser Gruppe besonders niedrigen Zeitungsreichweiten können in diesem Sinne interpretiert werden.

eingetreten. In dieser Phase treten, so die Annahme, die ungerichteten Informationsbedürfnisse stärker in den Vordergrund als zuvor. Die erreichte Stellung in der Gesellschaft lässt die Bedeutung der gruppenbezogenen und themenspezifischen Bedürfnisse etwas in den Hintergrund treten und verlangt nun – sowohl in beruflichen als auch in privaten Kontexten – häufiger, über den Tellerrand der eigenen Profession und Stellung hinauszuschauen und in einem breiteren Sinne als Mitglied der Gesellschaft aufzutreten. Das erfordert entsprechend ein Informationsrepertoire, das das jeweils als gesellschaftlich relevant Erachtete umfasst – auch unabhängig von den individuellen Interessen.

Die in Abbildung 3 symbolisch verdichteten Informationsrepertoires der drei genannten Gruppen stellen einen Vorschlag dar, wie einschlägige Befunde der Mediennutzungsforschung bzw. speziell Befunde zur Nutzung von Informationsangeboten in einem Gesamtzusammenhang interpretiert werden können. Es ist offensichtlich, dass es sich hier lediglich um Annahmen über typische Muster des Informationsverhaltens handelt. Angesichts der unübersichtlichen und oft widersprüchlichen Befundlage zum Informationsverhalten verschiedener Altersgruppen – etwa im Hinblick auf die Frage, weshalb Jugendliche deutlich weniger Gebrauch von Tageszeitungen und allgemeinen Informationsangeboten des Fernsehens machen – kann der hier vorgeschlagene Interpretationsrahmen aus unserer Sicht einen fruchtbaren Ausgangspunkt für vertiefende empirische Untersuchungen zur Entwicklung des Informationsverhaltens darstellen.

5. Fazit

Im Zuge der von Friedrich Krotz aus vielfältigen Perspektiven beschriebenen und analysierten Mediatisierung des Alltags verändern sich auch die Voraussetzungen für das individuelle und gesellschaftliche Informationsverhalten. Für die wissenschaftliche Auseinandersetzung mit der Frage, wie sich die Gesellschaft informiert, ist hier ein konzeptioneller Rahmen vorgeschlagen worden. Angesichts der fortschreitenden Ausdifferenzierung der Medien- und Kommunikationsdienste und der Konvergenz der Übertragungswege und Endgeräte geht dieser Rahmen von einer nutzerorientierten und medienübergreifenden Perspektive aus: Was Menschen als relevante Information wahrnehmen, lässt sich nicht anhand der Nutzung vorab definierter Mediengattungen und Angebotsformen ablesen; vielmehr geht es darum, die Gesamtheit der Medienkontakte zu erfassen, anhand derer sich die Menschen ein Bild von der Realität machen und sich in ihrem Alltag orientieren. Um diese so genannten Informationsrepertoires in übersichtlicher und systematischer Weise beschreiben zu können, wurde eine einfache Klassifikation grundlegender Informationsbedürfnisse vorgeschlagen: ungerichtete Informationsbedürfnisse, themenbezogene Interessen, gruppenbezogene Bedürfnisse und konkrete Problemlösebedürfnisse. Diese vier Bedürfniskategorien lassen sich zugleich auf prototypische Medienangebote und Publikumskonzepte beziehen, sodass hier ein Instrumentarium für eine integrierte Analyse des Informationssektors vorliegt, mit dem sowohl angebots- als auch nutzerbezogene Perspektiven erfasst werden können.

Mit diesen Kategorien lassen sich nun individuelle wie auch gesellschaftliche Informationsrepertoires im Hinblick auf ihre grundlegende Orientierung und die dabei im Vordergrund stehenden Medien- und Kommunikationsdienste beschreiben. Damit ist die Rekonstruktion des mediatisierten Alltags und seiner Konsequenzen für die kommunikativen Grundlagen der Gesellschaft konzeptionell und empirisch greifbarer geworden.

Literatur

Bell, Daniel (1973): The coming of post-industrial society. A venture in social forecasting. New York: Basic Books.
Blödorn, Sascha/Gerhards, Maria/Klingler, Walter (2006): Informationsnutzung und Medienauswahl 2006. Ergebnisse einer Repräsentativbefragung zum Informationsverhalten der Deutschen. In: Media Perspektiven 12, S. 630–638.
Bouwman, Harry/van de Wijngaert, Lidwien (2002): Content and context. An exploration of the basic characteristics of information needs. In: New Media & Society 4, 3, S. 329–353.
Case, Donald O. (2002): Looking for Information. A Survey of Research on Information Seeking, Needs, and Behavior. Amsterdam u.a.: Elsevier.
Castells, Manuel (1996): The Information Age. Economy, Society, and Culture. Volume 1: The Rise of the Network Society. Cambridge (Mass.) u.a.: Blackwell.
Drucker, Peter Ferdinand (1969): The age of discontinuity. Guidelines to our changing society. New York u.a.: Harper & Row.
Gehrau, Volker (2001): Fernsehgenres und Fernsehgattungen. Ansätze und Daten zur Rezeption, Klassifikation und Bezeichnung von Fernsehprogrammen. München: Fischer.
Gerhards, Maria/Klingler, Walter (2007): Programmangebote und Spartennutzung im Fernsehen 2006. Spartennutzung in Zeiten des Medienwandels. In: Media Perspektiven 12, S. 608–621.
Hasebrink, Uwe/Domeyer, Hanna (im Druck): Konzeptionelle Grundlagen eines repertoireorientierten Ansatzes der Nutzungsforschung. In: Hasebrink, Uwe/Domeyer, Hanna (Hrsg.): Medienrepertoires sozialer Milieus im medialen Wandel. Perspektiven einer medienübergreifenden Nutzungsforschung. Baden-Baden: Nomos.
Hasebrink, Uwe/Domeyer, Hanna (Hrsg.) (im Druck): Medienrepertoires sozialer Milieus im medialen Wandel. Perspektiven einer medienübergreifenden Nutzungsforschung. Baden-Baden: Nomos.
Hasebrink, Uwe/Popp, Jutta (2006): Media repertories as a result of selective media use. A conceptual approach to the analysis of patterns of exposure. In: Communications 31, 3, S. 369–388.
Hasebrink, Uwe/Rohde, Wiebke (2009): Die Social Web-Nutzung Jugendlicher und junger Erwachsener: Nutzungsmuster, Vorlieben und Einstellungen. In: Schmidt, Jan-Hinrik/Paus-Hasebrink, Ingrid/Hasebrink, Uwe (Hrsg.): Heranwachsen mit dem Social Web. Zur Rolle von Web 2.0-Angeboten im Alltag von Jugendlichen und jungen Erwachsenen. Berlin: Vistas, S. 83–120.
Klaus, Elisabeth (1996): Der Gegensatz von Information ist Desinformation, der Gegensatz von Unterhaltung ist Langeweile. In: Rundfunk und Fernsehen 44, 3, S. 402–417.
Krotz, Friedrich (2001): Die Mediatisierung kommunikativen Handelns. Der Wandel von Alltag und sozialen Beziehungen, Kultur und Gesellschaft durch die Medien. Wiesbaden: Westdeutscher Verlag.

Krotz, Friedrich (2007): Mediatisierung. Fallstudien zum Wandel von Kommunikation. Wiesbaden: VS.
Ott, Sascha (2004): Information. Zur Genese und Anwendung eines Begriffs. Konstanz: UVK.
Paus-Hasebrink, Ingrid (in diesem Band): Lebens-Herausforderungen: Medienumgang und Lebensaufgaben. Was muss kommunikationswissenschaftliche Forschung leisten?
Ramirez, Artemio/Walther, Joseph B./Burgoon, Judee K./Sunnafrank, Michael (2002): Information-Seeking Strategies, Uncertainty, and Computer-Mediated Communication. Towards a Conceptual Model. In: Human Communication Research 28, 2, S. 213–228.
Ridder, Christa-Maria/Engel, Bernhard (2005): Massenkommunikation 2005. Images und Funktionen der Massenmedien im Vergleich. Ergebnisse der 9. Welle der ARD/ZDF-Langzeitstudie zur Mediennutzung und -bewertung. In: Media Perspektiven 9, S. 422–448.
Rosen, Jay (2006): The People Formerly Known as the Audience. In: Press Think. Ghost of Democracy in the Media Machine. Online verfügbar unter: http://journalism.nyu.edu/pubzone/weblogs/pressthink/2006/06/27/ppl_frmr.html [letzter Abruf am 31.09.2009].
Rössler, Patrick/Kubisch, Susanne/Gehrau, Volker (Hrsg.) (2002): Empirische Perspektiven der Rezeptionsforschung. München: Fischer.
Rusch, Gerhard (2005): Information. In: Weischenberg, Siegfried/Kleinsteuber, Hans J./Pörksen, Bernhard (Hrsg.): Handbuch Journalismus und Medien. Konstanz: UVK, S. 101–104.
Schmidt, Jan-Hinrik/Paus-Hasebrink, Ingrid/Hasebrink, Uwe (Hrsg.) (2009): Heranwachsen mit dem Social Web. Zur Rolle von Web 2.0-Angeboten im Alltag von Jugendlichen und jungen Erwachsenen. Berlin: Vistas.
Schweiger, Wolfgang (2002): Nutzung informationsorientierter Hypermedien. Theoretische Überlegungen zu Selektions- und Rezeptionsprozessen und empirischer Gehalt. In: Rössler, Patrick/Kubisch, Susanne/Gehrau, Volker (Hrsg.): Empirische Perspektiven der Rezeptionsforschung. München: Fischer, S. 49–73.
Shannon, Claude E./Weaver, Warren (1949): The mathematical theory of communication. Urbana: University of Illinois Press.
Tsvasman, Leon R. (Hrsg.) (2006): Das Grosse Lexikon Medien und Kommunikation. Kompendium interdisziplinärer Konzepte. Würzburg: Ergon.
Tsvasman, Leon R. (2006): Informationsgesellschaft. In: Tsvasman, Leon R. (Hrsg.): Das Grosse Lexikon Medien und Kommunikation. Kompendium interdisziplinärer Konzepte. Würzburg: Ergon, S. 134–141.
Watzlawick, Paul/Bavelas, Janet Beavin/Jackson, Don D. (1969): Menschliche Kommunikation. Formen, Störungen, Paradoxien. Bern u.a.: Huber.
Weischenberg, Siegfried/Kleinsteuber, Hans J./Pörksen, Bernhard (Hrsg.) (2005): Handbuch Journalismus und Medien. Konstanz: UVK.
Weiß, Ralph (2000): „Praktischer Sinn", soziale Identität und Fern-Sehen. Ein Konzept für die Analyse der Einbettung kulturellen Handelns in die Alltagswelt. In: Medien & Kommunikationswissenschaft 48, 1, S. 42–62.
Wirth, Werner/Brecht, Michael (1999): Selektion und Rezeption im WWW. Eine Typologie. In: Wirth, Werner/Schweiger, Wolfgang (Hrsg.): Selektion im Internet. Empirische Analysen zu einem Schlüsselkonzept. Wiesbaden: Westdeutscher Verlag, S. 149–180.
Wirth, Werner/Schweiger, Wolfgang (Hrsg.) (1999): Selektion im Internet. Empirische Analysen zu einem Schlüsselkonzept. Wiesbaden: Westdeutscher Verlag.

Mediatisierung und Kulturwandel: Kulturelle Kontextfelder und die Prägkräfte der Medien

Andreas Hepp

1. Einleitung: Mediatisierung konzeptionalisieren

Betrachtet man die aktuelle Diskussion um Mediatisierung, lassen sich zwei Grundpositionen identifizieren: Erstens ist das die Position, wonach das Konzept der Mediatisierung hilft, eine ‚Medienlogik' zu fassen, die über verschiedene soziale Felder hinweg besteht (Schulz 2004: 98; Hjarvard 2007: 3). Die zweite Position ist die der Kritik eines solch linearen Zugangs. Möglicherweise deren prominentester Vertreter ist Nick Couldry, der argumentiert, dass die medienbezogenen Einflüsse zu heterogen sind, um auf eine einzelne „media logic" (Couldry 2008: 375) reduziert zu werden (siehe auch Livingstone 2009).

Bezug nehmend auf diese beiden Grundpositionen, möchte ich in dem vorliegenden Artikel eine ‚Zwischenposition' einnehmen. Auf der einen Seite teile ich mit Nick Couldry die Auffassung, dass das vorschnelle Postulieren *einer* Medienlogik nicht sinnvoll ist. Auf der anderen Seite teile ich aber nicht die generelle Ablehnung der Mediatisierungstheorie. Pointiert formuliert ist mein Hauptargument, dass wir die ‚medialen Prägungen' einzelner kultureller Felder sorgfältig empirisch analysieren müssen und nicht von vornherein eine einzelne ‚lineare Medienlogik' unterstellen können. Gleichwohl ist für eine solche Analyse das Konzept der Mediatisierung dann hilfreich, wenn wir es als einen Rahmen der Forschung zum Zusammenhang von Medien- und Kulturwandel begreifen. Exakt an diesem Punkt sind viele der Überlegungen von Friedrich Krotz zur Mediatisierung der Alltagswelt in hohem Maße hilfreich. Um dies plausibel zu machen, möchte ich wie folgt vorgehen: In einem ersten Schritt werde ich Mediatisierung als einen Ansatz zur Erforschung der von mir so bezeichneten ‚Prägkräfte der Medien' konzeptionalisieren. Basierend auf einem solchen Verständnis, möchte ich dann einen allgemeinen Analyserahmen für die Forschung zur Mediatisierung unterschiedlicher kultureller Felder vorstellen. Dies macht es schließlich möglich, einige generelle Überlegungen für eine zukünftige Mediatisierungsforschung zu formulieren. Insgesamt ist dieser Aufsatz damit sicherlich theoretisch orientiert. Gleichwohl basiert er auf der empirischen Forschung zur Mediatisierung von verschiedenen kulturellen Feldern.

2. Mediatisierung theoretisieren: Die ‚Prägkräfte der Medien'

Will man Mediatisierung theoretisieren, ist einer der hilfreichsten Ausgangspunkte für ein solches Unterfangen das Verständnis von Mediatisierung als eines Metaprozesses des soziokulturellen Wandels, wie es Friedrich Krotz (2007; 2008) entwickelt hat. Hiermit ordnet er Mediatisierung in das Gesamt einer Reihe von weiteren Metaprozessen wie jenen der ‚Individualisierung', ‚Globalisierung' oder ‚Kommerzialisierung' ein. Bei einem Metaprozess handelt es sich um kein empirisches Phänomen in dem Sinne, dass man ihn in einem direkten Zugang erforschen kann – wie beispielsweise ein bestimmtes Gespräch oder die Rezeption einer einzelnen Fernsehsendung. Metaprozesse sind übergeordnete theoretische Ansätze, um Langfristprozesse des Wandels zu beschreiben. Sie können entsprechend nicht als singuläre Transformationsphänomene erforscht werden. Gleichwohl eröffnet nur die Formulierung von Theorien auf der Ebene von Metaprozessen die Möglichkeit, die Komplexität unterschiedlicher Datenquellen in einer Weise zu strukturieren, die ein tieferes Verständnis eines sich ereignenden (langfristigen) Wandlungsprozesses gestattet.

Friedrich Krotz fasst den Metaprozess der Mediatisierung in einer solchen Weise, wenn er schreibt:

„By mediatization we mean the historical developments that took and take place as a result of change in (communication) media and the consequences of those changes. If we consider the history of communication through music, or the art of writing, we can describe the history of human beings as a history of newly emerging media and at the same time changing forms of communication. The new media do not, in general, substitute for one another, as has been recognized in communication research since the work of the Austrian researcher Riepl […]." (Krotz 2008: 23)

Grundlegend können wir sagen, dass Mediatisierung den Prozess einer zunehmenden Verbreitung technischer Kommunikationsmedien in unterschiedlichen sozialen und kulturellen Sphären bezeichnet. In einem solchen allgemeinen Verständnis kann Mediatisierung auf die so genannte Mediumstheorie bezogen werden, mit deren Unterscheidung von oralen Kulturen, Schriftkulturen, modernen Druckkulturen und gegenwärtigen globalisierten elektronischen Kulturen (Meyrowitz 1995: 58; siehe auch Schofield Clark 2009). Ohne die Argumente der Mediumstheorie im Detail zu diskutieren, wird allein an dieser vierfachen Typologie von medienbezogenen Kulturen deutlich, dass nach diesem Ansatz Medienwandel kein linearer Prozess ist, sondern ein Prozess mit bestimmten Wendepunkten: Der Spezifik bestimmter Medien – und das macht das Denken der Mediumstheorie aus – entspricht die Spezifik eines ‚sprunghaften' kulturellen Wandels.

Während solche Theoretisierungen ein wichtiger Startpunkt für ein allgemeines Verständnis der Beziehung von Medien- und Kulturwandel sind, ist es notwendig, die Beziehung zwischen beiden auf eine vielschichtigere Weise zu theoretisieren, als die Mediumstheorie es tut: Die sehr grobe Typologie von vier Arten der Kultur ermöglicht kaum die empirische Beschreibung des Medienwandels in einzelnen kulturellen Kontextfeldern. Weiter hilft hier – so mein zentrales Argument – der Mediatisierungsansatz in einer offenen Fassung. In gewissem Sinne greift er die zentrale Idee der Mediumstheorie auf, dass ‚Medienwandel' und ‚Kulturwandel' miteinander verwoben sind, versucht aber, dies konkreter zu theoretisieren. Um das Potenzial des Mediatisierungsansatzes für eine empirische Forschung deutlich zu machen, ist es notwendig, zwei Aspekte von Mediatisierung zu unterscheiden, nämlich quantitative und qualitative.

2.1 Quantitative Aspekte der Mediatisierung

Vereinfacht gesagt sind die quantitativen Aspekte von Mediatisierung mit dem Wort ‚mehr' bezeichnet. Grundlegend ist offensichtlich, dass über die Menschheitsgeschichte die bloße Zahl der uns verfügbaren technischen Kommunikationsmedien zugenommen hat, wie auch die verschiedenen Aneignungsweisen dieser Medien. Differenzierter formuliert können wir Mediatisierung als einen fortlaufenden Prozess der Verbreitung von technischen Kommunikationsmedien in (a) zeitlicher, (b) räumlicher und (c) sozialer Hinsicht begreifen (vgl. Krotz 2007: 37–41).

In zeitlicher Hinsicht wird eine zunehmende Zahl von technischen Medien immer andauernder verfügbar. Beispielsweise hat das Fernsehen keinen Sendeschluss mehr, sondern ist ein fortdauernder, nicht endender Fluss technisch vermittelter Kommunikation. Oder das Internet macht es möglich, auf bestimmte Inhalte zu jedem beliebigen Zeitpunkt zuzugreifen usw.

In räumlicher Hinsicht kann man sagen, dass Medien zunehmend an verschiedenen Lokalitäten verfügbar (bzw. an deren Konstruktion beteiligt) sind. Immer mehr ‚Orte' werden zu ‚Medienorten', wie auch bei der Bewegung zwischen diesen Medien verfügbar werden. Das Telefon zum Beispiel ist nicht mehr nur eine Medientechnologie, die auf bestimmte Orte der Kommunikation bezogen ist, sei es das Büro, die häusliche Welt oder eine öffentliche Telefonzelle. Als personalisiertes Mobiltelefon wird es über die verschiedensten Lokalitäten hinweg verfügbar. Ähnliches kann für das Fernsehen gesagt werden, das beispielsweise mit dem „public viewing" die häusliche Welt wieder verlassen hat.

Diese Beispiele beziehen sich bereits auf die soziale Dimension von Mediatisierung, d.h. dass mehr und mehr soziale Kontexte durch Mediengebrauch gekennzeichnet sind. Um hier weitere Beispiele zu nennen: Computernutzung ist nicht mehr länger etwas, das Arbeitskontexte kennzeichnet. Vielmehr erstreckt sie sich als ‚Mailen', ‚Surfen' oder ‚Spielen' über die verschiedenen sozialen Sphären des Privaten und Öffentlichen, der Arbeitszeit und der Freizeit usw.

Reflektiert man diese drei Momente des quantitativen Aspekts von Mediatisierung insgesamt, so wird bereits deutlich, dass eine solche Zugangsweise mehr als die Betrachtung eines linearen Prozesses der Zunahme umfasst: Bei der Zunahme unterschiedlicher Medien im menschlichen Leben handelt es sich um einen synergetischen Prozess, weswegen der Metaprozess der Mediatisierung durch einzelne ‚Schübe' oder ‚Sprünge' geprägt ist, beispielsweise wenn sich mit ‚Digitalisierung' und ‚cross-medialer Contentproduktion' der Umgang mit Medien in sehr unterschiedlichen Kontexten grundlegend ändert.

2.2 Qualitative Aspekte von Mediatisierung

Greift man die Überlegungen der Mediumstheorie auf, wird es notwendig, sich darauf zu beziehen, dass der Prozess der Mediatisierung ebenfalls qualitative Momente des Wandels betrifft: Die Verbreitung bestimmter Medien bezieht sich auf die Spezifik einzelner Momente von Kulturwandel. Es wird möglich, solche qualitativen Aspekte von Mediatisierung zu fassen, wenn man sich weitergehende Gedanken darüber macht, wie technische Medien die Art und Weise, in der wir kommunizieren, ‚strukturieren' bzw. umgekehrt, wie die Art und Weise, in der wir kommunizieren, in technischem Wandel von Medien reflektiert wird.

Eine solche Formulierung bezieht sich auf Raymond Williams, der argumentiert hat, dass Medien beides zugleich sind, „Technologie und Kulturform" (Williams 1990). Technologie bezieht sich auf die materiellen Prozeduren und Formationen, die beim Handeln – in unserem Fall: der Kommunikation – verwandt werden, um deren Möglichkeiten zu steigern (vgl. Rammert 2007: 17). Ganz in diesem Sinne sind ‚Kommunikationsmedien', wie beispielsweise der Druck, technische Systeme mit einer bestimmten Funktionalität und einem Potenzial für die Verbreitung von Information (Kubicek 1997: 220). Der Ausdruck ‚Medientechnologiewandel' bezieht sich auf den Wandel dieser technologischen Systeme, der mit fortschreitender Digitalisierung und Miniaturisierung in der letzten Zeit einen zunehmenden Schub erfahren hat. Entsprechend kann man sagen, dass die qualitativen Aspekte von Mediatisierung die „Materialitäten" (Gumbrecht/Pfeiffer 1988) von Medien derart betreffen, dass Medientechnologien eine ‚materialisierte Spezifik' haben, die auf kommunikativem Handeln bzw. kommunikativen Praktiken basiert und diese gleichzeitig strukturiert.

Was man hier sieht, ist etwas, das sich als ‚Prägkräfte der Medien' bezeichnen lässt: Medien als solche üben einen gewissen ‚Druck' auf die Art und Weise aus, in der wir kommunizieren. Fernsehen beispielsweise ist als Medium verbunden mit dem ‚Druck', bestimmte Ideen stärker ‚linear' bzw. ‚visuell' zu präsentieren. Druckmedien, um ein anderes Beispiel zu nehmen, machen es möglich, komplexere Argumentationen zu entwickeln bzw. die Präsentation vielschichtiger zu strukturieren, da sie langsamer (und vor allem: mit größerer, individueller Steuerung) genutzt werden können. Und das Mobiltelefon, als letztes Beispiel, gestattet es, fortlaufend mit bestimmten Menschen in kommunikativer Konnektivität zu bleiben, auch wenn man selbst ‚in Bewegung' ist – und übt einen gewissen Druck aus, dies zu tun (vgl. Beitrag Höflich in diesem Band). All diese Beispiele zeigen gleichwohl, dass es sich dabei um keine ‚direkten Wirkungen' der ‚materiellen Struktur' von Medien handelt, sondern um etwas, das sich im Prozess der Medienkommunikation auf sehr unterschiedliche Weise konkretisiert.

Das Konzept der ‚Prägkräfte der Medien' hält also an der Überlegung fest, dass es bestimmte Spezifitäten von unterschiedlichen Medien gibt und dass wir diese fokussieren müssen, wenn wir uns mit Fragen des Wandels beschäftigen. Diese Spezifik wird jedoch in menschlicher Praxis bzw. in menschlichem Handeln produziert, ist deshalb in hohem Maße kontextuell und verweist nicht auf eine einzelne Logik der Medien. Was wir also fokussieren müssen, ist nicht einfach Wirkung, sondern die Kontextualität in einem Mehrebenentransformationsprozess. Bezieht man diese Überlegungen zurück auf die unterschiedenen drei Dimensionen der Mediatisierung – die soziale, räumliche und zeitliche –, rückt in den Vordergrund, wie die ‚Prägkräfte' verschiedener Medien konkret werden.

3. Mediatisierung erforschen: Kulturelle Kontextfelder

Wenn wir die Frage näher diskutieren, wie wir Forschung zu Medien- und Kulturwandel konzeptionalisieren können, helfen die Überlegungen weiter, die John B. Thompson in seinem Buch *The Media and Modernity* angestellt hat. Die Frage reflektierend, wie Medien mit der Entstehung von modernen Gesellschaften zusammenhängen, argumentiert Thompson folgendermaßen:

> „If we focus […] not on values, attitudes and beliefs, but rather on symbolic forms and their modes of production and circulation in the social world, then we shall see that, with the advent of modern societies in the late medieval and early modern periods, a systematic cultural transformation began to take hold. By virtue of a series of technical innovations associated with printing and, subsequently, with the electrical codification of information, symbolic forms were produced, reproduced and circulated on a scale that was unprecedented. Patterns of communication and interaction began to change in profound and irreversible ways. These changes, which comprise what can loosely be called the ‚mediazation of culture', had a clear institutional basis: namely, the development of media organizations, which first appeared in the second half of the fifteenth century and have expanded their activities ever since." (Thompson 1995: 46)

In meiner Perspektive sind zwei Argumente an diesem Zitat bemerkenswert. Erstens betont Thompson, dass es eine „systematische kulturelle Transformation" gibt, das heißt, dass wir bestimmte kulturelle Muster typisieren können, entlang derer Kulturwandel (in bestimmten Ländern Europas) stattfindet. Zweitens sollten diese Muster auf Fragen des Medienwandels bezogen werden. Nur in einem solchen Sinne kann man von einer ‚Mediatisierung von Kultur' sprechen. Massenmedien haben eine weitreichende Relevanz für den Aufbau der neuen Formen ökonomischer, politischer, physischer und symbolischer Macht, die den modernen Staat ausmachen: Es waren die Printmedien (und später im 20. Jahrhundert ebenfalls Radio und Fernsehen), über welche die Artikulation nationaler Identitäten erfolgte, eine Identität, die erst den Zusammenhalt des Nationalstaates ermöglichte (Thompson 1995: 51). Die Beziehung zwischen Nationalstaat und nationaler Identität ist etwas, das vermittelt wurde durch traditionelle Massenmedien: Zeitungen, Bücher, Radio und Fernsehen.

Mediatisierung konkretisiert sich hier als bestimmte ‚Prägkräfte' klassischer Massenmedien, die sich entlang von drei unterschiedlichen Dimensionen typisieren lassen: In *sozialer Dimension* adressierten diese Medien ausgehend von einem spezifischen ‚Zentrum' das ‚Massenpublikum' einer nationalen Bevölkerung (und halfen dabei, dieses ‚Zentrum' erst zu konstruieren). In *räumlicher Dimension* erreichten diese Massenmedien ein nationales Territorium (und halfen, ein Verständnis nationaler Grenzen als die Grenzen nationaler Vergemeinschaftung zu konstruieren). In *zeitlicher Dimension* ermöglichten die Massenmedien mit ihrer Verbreitung eine Beschleunigung von Kommunikation (und hierdurch eine Adressierung ‚der Bevölkerung' nahezu in Echtzeit).

Sicherlich finden wir weitere ‚Prägkräfte' der Massenmedien, die stärker auf ihren spezifischen Charakter als Einzelmedien abheben. Nichtsdestotrotz können wir argumentieren, dass bis zur zweiten Hälfte des 20. Jahrhunderts mit der Mediatisierung die *Tendenz* der Konstruktion eines nationalen territorialen Kommunikationsraums dominierend war. Entsprechend können wir dies als eine Phase der Mediatisierung von Kultur begreifen, an deren Ende so etwas wie eine national-territoriale Medienkultur stand, eine Kultur, deren primäre Bedeutungsressourcen durch nationale, technisch basierte Medien zugänglich wurden. Eine solche Formulierung hebt nicht darauf ab, dass alles in diesen national-territorialen Medienkulturen ‚medial' ist (vgl. Hepp/Couldry 2009). Jedoch haben wir eine ‚nationale Zentrierung' durch die Medien, d.h. die kommunikative Konstruktion der Vorstellung eines Zentrums von Nation in und durch die Medien (Couldry 2003b).

Allerdings geht das Wechselspiel von medialem und kulturellem Wandel weiter und mündet gegenwärtig in etwas, das John Tomlinson als „Telemediatization" (Tomlinson 2007: 94) von Kultur bezeichnet, d.h. in die „zunehmende Verwicklung von elektronischer Kommunikation und Mediensystemen mit der Konstitution alltäglicher Bedeutungen" (ebd.). Mit der Durchdringung des Alltags mit Kommunikationsmedien sind wir heute mit einer wesentlich größeren Vielfalt von Kommunikationsräumen konfrontiert, ein Prozess des Wandels, der sich mit untenstehender Grafik veranschaulichen lässt:

Abbildung 1: Tendenzen von Mediatisierung und kulturellem Wandel

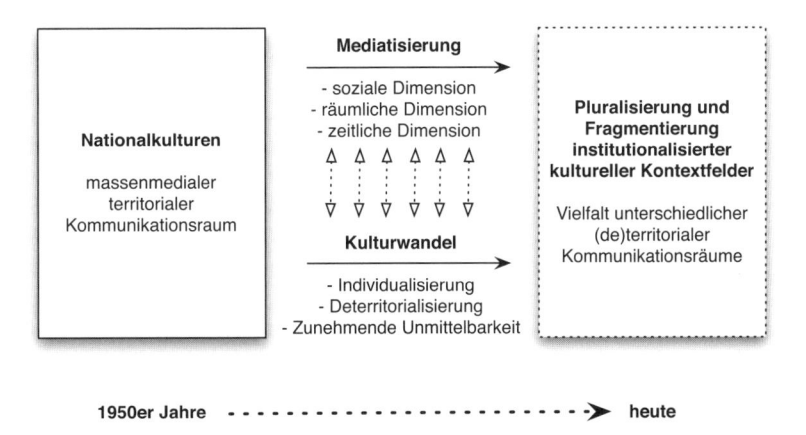

```
                        Mediatisierung
                    ──────────────────────►
                    - soziale Dimension
                    - räumliche Dimension       Pluralisierung und
 Nationalkulturen   - zeitliche Dimension        Fragmentierung
                       △ △ △ △ △ △            institutionalisierter
 massenmedialer        ⋮ ⋮ ⋮ ⋮ ⋮ ⋮            kultureller Kontextfelder
   territorialer       ▽ ▽ ▽ ▽ ▽ ▽
 Kommunikationsraum                           Vielfalt unterschiedlicher
                        Kulturwandel              (de)territorialer
                    ──────────────────────►     Kommunikationsräume
                    - Individualisierung
                    - Deterritorialisierung
                    - Zunehmende Unmittelbarkeit

 1950er Jahre  - - - - - - - - - - - - - - - - -►  heute
```

Bis in die 1950er Jahre kann als *Tendenz* von Mediatisierung die Konstruktion eines territorialen Kommunikationsraums mit entsprechenden nationalen Medienkulturen ausgemacht werden. Gegenwärtig haben wir in der *Tendenz* eine wesentlich größere Pluralität unterschiedlicher medial vermittelter Kommunikationsräume, die in Beziehung zu sehen ist zu einer wesentlich größeren Vielfalt unterschiedlicher institutionalisierter kultureller Kontextfelder wie beispielsweise Alltagswelt, Beruf, Religion etc. Das zentrale Argument ist, dass dieser Prozess des Wandels von Kultur in sozialer, räumlicher und zeitlicher Hinsicht im Wechselverhältnis zu sehen ist mit einer sich ändernden Mediatisierung. Für jede dieser Dimensionen lassen sich Hauptmomente des kulturellen Wandels ausmachen, welche – für jedes unterschiedliche kulturelle Kontextfeld auf spezifische Weise – in Bezug auf die Mediatisierung zu fassen sind. Wie die oben stehende Abbildung verdeutlicht, ist dies in sozialer Hinsicht die Individualisierung, in räumlicher Hinsicht die Deterritorialisierung und in zeitlicher Hinsicht eine zunehmende Unmittelbarkeit.

3.1 Soziale Dimension der Individualisierung

In den Worten von Ulrich Beck und Elisabeth Beck-Gernsheim bedeutet der Prozess der Individualisierung nicht einfach die „Desintegration von zuvor existierenden Sozialformen" wie Klasse oder auch Religionszugehörigkeit, sondern zusätzlich und hierauf basierend, dass „neue Erfordernisse, Kontrollen und Zwänge Individuen auferlegt werden" (Beck/Beck-Gernsheim 2001: 2). Das Individuum ist zu wesentlich mehr Verantwortung für sein oder ihr Leben *gezwungen*, während die bestehenden Ressourcen zur Lebensgestaltung ungleich verteilt bleiben bzw. neue Ungleichheiten entstehen.

Wenn wir diese Prozesse der Individualisierung betrachten, müssen wir sie auf die soziale Dimension der Mediatisierung beziehen, d.h. die Verbreitung von technischen Medien in verschiedenen sozialen Sphären und die damit verbundenen Prägkräfte. So lassen sich in Prozessen der Individualisierung Medien als ‚Instanzen der Orientierung' verstehen. Beispiele dafür wären Nominationsshows wie „The Swan – Endlich schön!" oder „Deutschland sucht den Superstar" (Ouellette/Hay 2008; Thomas 2009): In solchen Shows wird das Modell eines individualisierten Lebensstils bis an sein Extrem gebracht, indem die Bereitschaft zur umfassenden Selbst-Optimierung als etwas Übliches inszeniert wird. Entsprechend können diese Shows als Instanzen begriffen werden, die Menschen in dem Sinne ‚orientieren' oder ‚leiten', dass eine solche individualisierte Selbst-Optimierung – wenn auch auf geringerem Level – eine gewöhnliche Weise der gegenwärtigen Lebensführung darstellt.

Es lässt sich also argumentieren, dass die Medien ganz allgemein so etwas wie notwendige ‚umkämpfte Märkte' unterschiedlichster Sinnangebote individualisierter Gesellschaften sind. Mit der Verbreitung von Medien über verschiedene soziale Sphären hinweg erwarten wir, dass die ‚zentralen' Sinnangebote der Gegenwart – Mode, Wirtschaftsmodelle, Glaube etc. – in den Medien kommuniziert werden. Diese sind der Platz, an dem die verschiedenen Angebote nicht nur im ökonomischen Sinne des Wortes ‚konkurrieren', sondern auch als ‚zentral' – d.h. als ‚relevant' – bestätigt werden. Gleichzeitig findet in und mit den Medien die Auseinandersetzung um die ‚richtige Art der Wahl' statt. Dies betrifft nicht nur die Massenmedien, sondern auch die digitalen Medien personaler Kommunikation – insbesondere des Internets und des Mobiltelefons –, die gerade in ihren personalisierten Formen der Kommunikation vielfältige ‚Ressourcen der Identitäts-Bricolage' bieten.

3.2 Räumliche Dimension der Deterritorialisierung

Auf räumlicher Ebene können wir verbunden mit Mediatisierung einen fortschreitenden Prozess der Deterritorialisierung feststellen, d.h. des zunehmenden

Mediatisierung und Kulturwandel 73

„Verlusts der scheinbar ‚natürlichen' Beziehung von Kultur und geografischen bzw. sozialen Territorien" (García Canclini 1995: 229). In physischer Hinsicht ist Deterritorialisierung bezogen auf verschiedene Formen von Mobilität, die unsere gegenwärtigen Kulturen kennzeichnen (Urry 2007), beispielsweise die Mobilität von Migranten, von Geschäftsreisenden, Touristen oder auch „Pilgern" zum katholischen Weltjugendtag. Hiervon lässt sich eine kommunikative Deterritorialisierung unterscheiden, d.h. das Entkoppeln von Kommunikationsräumen und Territorien.

Medien dienen zunehmend nicht nur auf nationaler Ebene als gemeinschaftsspezifische Identitätsangebote, sondern auch für deterritoriale Vergemeinschaftungen: Soziale Bewegungen, Fankulturen, Diasporas und religiöse Vergemeinschaftungen sind Beispiele hierfür. So unterschiedlich sie in ihrer Spezifik sind, bei ihnen allen handelt es sich um translokale Netzwerke der Vergemeinschaftung, die verschiedene Territorien durchschreiten und entsprechend in ihrem Prozess der Identitätsartikulation bezogen sind auf technische Kommunikationsmedien. Momente der Deterritorialisierung lassen sich schließlich auf der Ebene der personalen Kommunikation ausmachen. Beispielsweise ermöglichen es digitale Medien wie E-Mail oder Chat, familiär, im Freundschaftsnetzwerk oder der Glaubensgemeinschaft in Beziehung zu bleiben.

3.3 Zeitliche Dimension der Unmittelbarkeit

Wenn wir die zeitliche Ebene der Mediatisierung betrachten und den Argumenten von John Tomlinson (2007: 74) folgen, können wir das „Aufkommen einer neuen Unmittelbarkeit" ausmachen. John Tomlinson bezieht diese Unmittelbarkeit *auch* auf die zunehmende Mediatisierung von Kultur insbesondere in Form der zeitlichen Allgegenwart elektronischer Medien. Für ihn steht dies in Beziehung zu einer „Kultur der Augenblicklichkeit", die Erwartung schneller Lieferung, ständiger Verfügbarkeit und sofortiger Gratifikation von Wünschen. Zusätzlich ist sie verbunden mit einem „Sinn von Direktheit, einer Kultur der Nähe".

Sieht man dies im Zusammenhang mit der zeitlichen Dimension von Mediatisierung im Allgemeinen, so kann man formulieren, dass Medien Instanzen der Synchronisation sind, nicht nur national (ein zentrales Argument von John B. Thompson), sondern auch jenseits nationaler Kommunikationsräume. Ein Beispiel dafür sind gerade herausragende Medienevents wie Olympiaden, Katastrophen oder eben die katholischen Weltjugendtage. Solche Medienevents synchronisieren in ihren zentralisierenden Effekten – jenseits der Vielfalt ihrer Berichterstattung – bestimmte thematische Orientierungen transkulturell (vgl. Couldry et al. 2009).

Darüber hinaus lassen sich Medien als ‚Stifter einer kulturellen Nähe' begreifen, wiederum nicht nur im Hinblick auf die „Nation" (Billig 1995), sondern auch im Hinblick auf die Nähe der „Telepräsenz" (Tomlinson 2007: 112) in der personalen Medienkommunikation. Insbesondere das Mobiltelefon ist in dieser Hinsicht ein relevantes Medium, indem es die Möglichkeit einer fortlaufenden persönlichen kommunikativen Konnektivität eröffnet.

All diese unterschiedlichen Beispiele haben gezeigt – so zumindest meine Hoffnung –, dass die heuristische Unterscheidung einer sozialen, räumlichen und zeitlichen Dimension der Mediatisierung hilfreich ist, wie auch deren Bezug auf wichtige Prozesse des kulturellen Wandels, namentlich jene der Individualisierung, der Deterritorialisierung und des Entstehens einer neuen Unmittelbarkeit. Reflektiert man dies, wird deutlich, warum der gegenwärtige *alleinige* Fokus auf einen national-territorialen Kommunikationsraum zu kurz greift, wenn man die Mediatisierung gegenwärtiger Kulturen fassen möchte. Heutige Medienkulturen sind auf wesentlich komplexere Weise strukturiert, falls ein solches Verständnis jemals angemessen gewesen sein mag. Es scheint also, dass die allgemeine Typisierung von Tendenzen der Mediatisierung einen hilfreichen allgemeinen Rahmen für eine Erforschung der heutigen Beziehung von Medien- und Kulturwandel liefert.

Gleichzeitig erscheinen diese Argumente aber nicht vollkommen zufriedenstellend, da ein wichtiger zuvor geäußerter Punkt in einem solchen allgemeinen Analyserahmen unberücksichtigt bleibt, nämlich die Frage, wie die ‚Prägkräfte' der Medien sich im Detail entfalten. Wie manifestiert sich dieser gewisse ‚Druck' verschiedener Medien? In welcher Beziehung steht er zu Prozessen des Wandels? Wenn wir Fragen wie diese beantworten wollen, müssten wir einen weiteren Schritt der Konkretisierung unternehmen, und das ist der der Analyse der Mediatisierung von spezifischen kulturellen Feldern zu einer bestimmten Zeit: Wir können nicht behaupten, dass der Prozess der Mediatisierung in Beziehung steht zu einer Pluralisierung und Fragmentierung des Kulturellen, während wir zur selben Zeit diese Mediatisierung als identisch für die verschiedensten kulturellen Felder begreifen.

Wenn ich an dieser Stelle den Ausdruck des ‚kulturellen Felds' gebrauche, beziehen sich meine Argumente auf Pierre Bourdieus (1998) Feldtheorie, auch wenn diese nicht eins zu eins aufgegriffen wird. In einer ausgewogenen Diskussion dieses Ansatzes aus kommunikations- und medienwissenschaftlicher Sicht hat Nick Couldry (2003a) eine Reihe von Überlegungen dargelegt, die sich stärker auf Fragen der Mediatisierung beziehen, als ihm bewusst sein mag. Bourdieus Idee diskutierend, dass ‚Journalismus' und ‚die Medien' als eigene Felder betrachtet werden sollten, argumentiert Nick Couldry, dass Bourdieus Ansatz insofern zu kurz greift, als er nicht die spezifische Rolle des medialen

Felds in seiner Beziehung zu anderen reflektiert. Um dies zu tun, ist es wesentlich hilfreicher, ein anderes Konzept von Bourdieu aufzugreifen, nämlich das des ‚Metakapitals'. Bourdieu hat dieses Konzept entwickelt, um die Macht des Staates in Beziehung zu anderen sozialen Feldern zu erklären, eine Macht, die sich auf den Umstand bezieht, dass der Staat auf direkte Weise in die Infrastruktur aller anderen Felder eingreift. Bezogen auf die Medien können wir ein anderes, gleichwohl vergleichbares ‚Metakapital' ausmachen, nämlich das der Konzentration von symbolischer Macht, einer Macht über die Konstruktion sozialer Realität: „In hoch zentralisierten Gesellschaften haben bestimmte Institutionen eine spezifische Fähigkeit, alle Felder auf einmal zu beeinflussen" (Couldry 2003a: 669). Exakt dies trifft auf die Medien zu. Als machtbezogene Institutionen üben ‚die Medien' einen gewissen „Druck" (Couldry 2003a: 657) auf andere soziale Felder aus.

Wenn man diese Argumente auf das Nachdenken über Mediatisierung bezieht, ist es möglich zu argumentieren, dass wir einen detaillierteren Ansatz brauchen, um die ‚Prägkräfte der Medien' zu analysieren, als den der allgemeinen Feldtheorie. Meiner Meinung nach ist die Idee eines ‚feldspezifischen Ansetzens' bei der Konkretisierung der sozialen Dimension (Individualisierung), räumlichen Dimension (Deterritorialisierung) und zeitlichen Dimension (Aufkommen einer Unmittelbarkeit) von Mediatisierung ein möglicher Startpunkt. Dies verlangt aber nach einem konkreteren Konzept von ‚Feld', was der Grund dafür ist, warum im Weiteren von ‚kulturellen Kontextfeldern' gesprochen werden soll. ‚Kulturelles Kontextfeld' bezieht sich dabei auf den sozialen Konstruktivismus von Peter L. Berger und Thomas Luckmann (1977: 56–98). In ihrer Soziologie hat das Konzept der Institutionalisierung einen hohen Stellenwert. Nach ihren Darlegungen findet Institutionalisierung statt, wenn habitualisierte Handlungen wechselseitig typisiert werden durch Typen von Handelnden. Das Ergebnis sind bestimmte Institutionen, die von der ‚Vaterschaft' reichen über die ‚Familie' bis hin zu komplexeren Formen wie ‚Schule' und ‚Universität'. Diese Formen von Institutionalisierung können als je spezifisches, gleichwohl vielschichtiges Gesamt kultureller Muster verstanden werden, das durch Mehrebenenmachtbeziehungen gekennzeichnet ist.

Betrachten wir diese Institutionen nicht als isoliert, sondern als hochgradig aufeinander bezogen, können wir argumentieren, dass sie bestimmte ‚kulturelle Felder' artikulieren. Entsprechend sind ‚kulturelle Felder' in dem Sinne, wie ich den Ausdruck verwenden möchte, kulturelle Bereiche von vernetzten Handlungstypen und Typen von Handelnden, die gekennzeichnet sind durch bestimmte Machtbeziehungen. Beispielsweise wird das Feld ‚akademische Bildung' nicht nur artikuliert durch die Universität als eine Institution, sondern ebenso durch ‚Akkreditierungsagenturen', das ‚Verlagswesen' usw. Das Argument an dieser Stelle ist, den Blick stärker auf die Mediatisierung solcher kulturellen Felder zu lenken und Mediatisierung als Teil von deren Artikulation durch verschiedene, wechselseitig bezogene Institutionen und Machtbeziehungen empirisch zu untersuchen. Das macht es notwendig, den „radikalen Kontextualismus" (Ang 2008) einer solchen Forschung ernst zu nehmen. Auf diese Weise beginnen wir ein Verständnis davon zu bekommen, wie sich die unterschiedlichen ‚Prägkräfte der Medien' zusammen mit anderen ‚Kräften' manifestieren.

4. Mediatisierung kontextualisieren: Zwei Beispiele

Um den skizzierten kontextuellen Zugang zu Mediatisierung greifbar zu machen, möchte ich zwei Beispiele diskutieren. Im ersten Beispiel möchte ich die Mediatisierung des katholischen Weltjugendtags fokussieren, eine bestimmte Institution, die als kennzeichnend für den Wandel des kulturellen Felds unterschiedlicher Religionen begriffen werden kann. Das zweite Beispiel ist die Mediatisierung von Diasporas, d.h. von territorial verstreuten Migrationsgemeinschaften. Beide Beispiele basieren auf eigener Forschung der letzten Jahre, werden aber gleichwohl auf neue Weise systematisiert, um Mediatisierung in einem allgemeineren Rahmen zu diskutieren.

4.1 Die Mediatisierung des katholischen Weltjugendtags

Der katholische Weltjugendtag geht zurück auf das Jahr 1985, in dem er von Papst Johannes Paul II. initiiert wurde. Seitdem wird der Weltjugendtag von der katholischen Kirche jedes zweite oder dritte Jahr gefeiert, nicht nur als lokales Event mit bis zu über 1.000.000 Teilnehmenden, sondern auch als ein Medienevent im ausrichtenden Land wie auch in Ländern mit einer mehrheitlich katholischen Bevölkerung. In diesen Ländern ermöglicht es der Weltjugendtag der katholischen Kirche, eine Medienpräsenz zu haben wie sonst nur an Weihnachten bzw. Ostern. Anhand des Beispiels von 2005 untersuchten wir die Mediatisierung des katholischen Weltjugendtags auf der Basis verschiedener empirischer Daten transkulturell vergleichend für Deutschland und Italien (Hepp/Krönert 2009): anhand der Interviews mit Journalisten und Verantwortlichen der katholischen Kirche, der Medienberichterstattung in Fernsehen, Zeitungen und Zeitschriften, einer Radiopartizipationsbox, in der die Teilnehmenden Nachrichten aufsprechen konnten, und schließlich anhand von 27 Interviews mit Rezipierenden in Deutschland und Italien. Pointiert formuliert konnten wir zeigen, dass der Weltjugendtag in dem Sinne umfassend mediatisiert ist, dass sich seine Planung, Durchführung und Aneignung als

Mediatisierung und Kulturwandel 77

‚hybrides Medienevent' konkretisiert, das Momente von ‚sakraler Zeremonie', ‚populärem Vergnügen' und dem ‚Papst als (Marken-)Symbol des Katholizismus' integriert. Diese Ergebnisse können bezogen werden auf den analytischen Rahmen, wie er bis hierher entwickelt wurde. Macht man dies, so gelangt man zu folgenden Punkten:

a) Individualisierung
Mit der Individualisierung konkretisieren sich Aspekte der Mediatisierung auch im Bereich der Religion selbst (Beck 2008) – insbesondere in Form von populärer Religion (Knoblauch 2000). So haben unsere Analysen des Weltjugendtags gezeigt, dass mit dessen Mediatisierung eine Inszenierung des Religiösen als persönlicher Wahl eines bestimmten, mit anderen Orientierungsangeboten konkurrierenden Glaubensangebots dominant wird. Letztlich hebt hierauf der Ausdruck des „branding" ab: Der Weltjugendtag bietet als Medienevent der katholischen Kirche die einzigartige Möglichkeit, das eigene Glaubensangebot im Rhythmus von zwei Jahren auf hochwertige Weise medial und in Konkurrenz zu anderen Angeboten zu inszenieren. Und genau hierfür hat diese das von uns analysierte Format des Fernsehgottesdienstes entwickelt, das sich auf etablierte Formen der Medienkommunikation stützt, die in deren Übernahme eine breite Anschlussfähigkeit bei gleichzeitig ehrfurchtsvoller Inszenierung des Sakralen sichern. Hier schreckt die katholische Kirche auch nicht vor einem Einbezug der Medienschaffenden in die Planung der zentralen Liturgien zurück bzw. vor der Vergabe der besten Berichterstattungsmöglichkeiten an die entsprechenden (weltlichen) Medienpartner.
Gleichzeitig hat unsere Analyse deutlich gemacht, dass die Individualisierung von Religion einer einfachen Monosemierung von (populärer) Religion widersteht. Das Beispiel der „Talk-to-Him-Box" zeigt, dass die teilnehmenden Jugendlichen und jungen Erwachsenen eine solche Mediatisierung des Weltjugendtags *in situ* nutzen, um die Vielfalt ihrer verschiedenen Glaubensorientierungen innerhalb des Katholizismus medial zu kommunizieren. Ähnliches wird deutlich bei einer Betrachtung der Aneignung des Weltjugendtags durch Ich- und Gruppen-Religiöse, von denen das Bedeutungsangebot des Medienevents auf je unterschiedliche Weise in die *konkrete alltagsweltliche* individualisierte Religiosität integriert wird.
Insgesamt lässt sich damit bezogen auf den Weltjugendtag ein doppeltes Wechselverhältnis von Mediatisierung und Individualisierung festhalten. Auf der einen Seite besteht ein ‚Druck' auf die katholische Kirche, sich selbst und das eigene Glaubensangebot auf für heutige Medienkulturen angemessene Art im Fernsehen sowie im Print zu inszenieren, wenn man als ‚zentral' in diesen gelten möchte. Auf der anderen Seite und in einem gewis-

sen Kontrast hierzu bieten die Medien den (gläubigen) Jugendlichen und jungen Erwachsenen die Möglichkeit, die Vielfalt ihres individualisierten Glaubens zu kommunizieren und zu leben.

b) Deterritorialisierung
Sicherlich sind Glaubensgemeinschaften wie die des Katholizismus in ihrem Grundverständnis deterritorial, indem sie sich als Netzwerke von Gläubigen über verschiedenste (nationale) Grenzen hinweg definieren. Gleichzeitig bietet die fortschreitende Mediatisierung aber immer neue Möglichkeiten der Artikulation dieser deterritorialen Vergemeinschaftung – Möglichkeiten, an deren (vorläufigem) Ende der Weltjugendtag als Medienevent steht. Dabei macht es die Mediatisierung notwendig, neue Metaphern der Deterritorialität zu finden, und wiederum akzeptiert die katholische Kirche die Prägkräfte vor allem von visuellen Medien wie Fernsehen bzw. (Presse-)Fotografie und produziert (sakrale) Inszenierungen beispielsweise des Papstes mit Jugendlichen in entsprechender Ethno-Kleidung. Daneben resultiert die geplante Integration von Jugendlichen aus verschiedensten Ländern der Welt in der Inszenierung des Medievents in (populären) Bildern von Fahnen schwenkenden und singenden Jugendlichen, die in ihrer Gesamtheit wiederum den deterritorialen Charakter des Katholizismus symbolisieren und in dieser Symbolkraft ebenfalls angeeignet werden. All dies wird inszeniert in unterschiedlichen religiösen und weltlichen Kommunikationsräumen verschiedener Länder und Kontexte.

Auch hier können wir ein doppeltes Wechselverhältnis ausmachen. Mediatisierung wird auf der einen Seite in der Instrumentalisierung der Medien durch die katholische Kirche konkret, d.h. in der ‚Nutzung' der deterritorialen Prägkräfte heutiger Medien, um sich selbst in der eigenen Deterritorialität bestmöglich darzustellen. Auf der anderen Seite bedeutet Mediatisierung aber gerade in der deterritorialen Erstreckung der Kommunikationsprozesse auf der Ebene der verschiedenen Alltagswelten einen zumindest partiellen Verlust der Kontrolle über die Kommunikation des eigenen Glaubensangebots.

c) Unmittelbarkeit
In all dieser Hinsicht können wir das Medienevent des Weltjugendtags als Inszenierung einer weitreichenden religiösen Unmittelbarkeit begreifen. Nicht nur die Teilnehmerinnen und Teilnehmer des lokalen Ereignisses werden in eine geteilte situative Erfahrung einbezogen. Durch die (kommunikative) Vor- und Nachbearbeitung wie auch die fokussierte simultane Inszenierung des Events für die deterritoriale Glaubensgemeinschaft des Katholizismus – insbesondere deren Jugend – wird diese für einen be-

stimmten Moment in ihrer religiösen Erfahrung synchronisiert. Nachhaltige Effekte hat dies insbesondere für die Gruppen-Religiösen, die auch in ihren alltagsweltlichen sozialen Beziehungen fest in diese Vergemeinschaftung eingebunden sind und hierfür nicht zuletzt auch personale Medien wie das Mobiltelefon nutzen. Mediatisierung konkretisiert sich in dieser Perspektive in einer simultanen gefühlten Nähe einer Gruppe junger Katholiken über verschiedene Länder hinweg, die medial durch eine papst-zentrierte Inszenierung des Weltjugendtags und darauf bezogene, vielfältige weitere kommunikative Konnektivitäten hergestellt wird. Für die katholische Kirche bedeutet dies entsprechend den Druck, den Weltjugendtag als eine Papstreise zu den Jugendlichen zu inszenieren.

Zusammenfassend können wir die Mediatisierung des Weltjugendtags als eine Wechselbeziehung von ‚Prägkräften der Medien' und katholischer Kirche begreifen, die versucht, sich selbst und ihren Glauben in einer bestimmten Weise zu inszenieren. Dabei entwickelt diese Institution ein Wissen, solche medialen Möglichkeiten für deren eigene Machtinteressen ‚zu nutzen' – fügt sich in ihrem ‚Branding von Religion' und der Inszenierung des Papstes als einem ‚Markensymbol' des Katholizismus aber in mediale Berichterstattungsmuster ein. Gleichzeitig nutzen die (jungen) Gläubigen andere Formen der Mediatisierung für ihre eigenen, gegenläufigen Interessen. Mediatisierung wird also als ein umkämpfter Prozess greifbar.

4.2 Die Mediatisierung von Diasporas

Das zweite Beispiel, das ich näher betrachten möchte, ist ein aktuelles Forschungsprojekt zur kommunikativen Vernetzung der marokkanischen, russischen und türkischen Diaspora in Deutschland. In gewissem Sinne kann man eine solche kommunikative Vernetzung als Mediatisierung von Migrationsgemeinschaften auffassen. In quantitativer Hinsicht verwundert es nicht, dass digitale Medien breit in Diasporas angeeignet werden. Wie aktuelle Forschung auch weiterer Projekte zeigt, sind Medien im Allgemeinen und digitale Medien im Speziellen in hohem Maße wichtig für die Artikulation von Migrationsgemeinschaften, indem diese Medien die Chance eröffnen, in ihrer spezifischen kommunikativen Konnektivität die Grundlage für die Artikulation von Diasporas über verschiedene Territorien hinweg zu schaffen (vgl. für digitale Medien Miller/Slater 2000; Silverstone/Georgiou 2005; Georgiou 2006; Rydin/Sjöberg 2008). Diese allgemeine Einschätzung wird auch von unserer eigenen Forschung bestätigt, die gleichzeitig darauf hinweist, dass man an dieser Stelle klare Unterschiede zwischen den verschiedenen Migrationsgruppen machen muss (Hepp 2009; Hepp et al. 2009). Interessanter als solche quantifizierenden Einschätzungen ist aber einmal mehr ein sorgfältiger Blick auf die qualitative Dimension der Mediatisierung. Da unsere Forschung noch nicht abgeschlossen ist, muss man vorsichtig sein mit voreiligen Schlussfolgerungen. Dennoch erscheint es meines Erachtens möglich, zumindest die folgenden Punkte an generellen Momenten über die einzelnen Migrationsgemeinschaften hinweg auszumachen.

a) Individualisierung
Wir müssen auch Diasporas innerhalb des so genannten Westens im allgemeinen Rahmen der Individualisierung sehen, indem diese nicht einfach mit dem ‚Leben einer kulturellen Identität in der Fremde' verbunden sind, sondern mit dem fortlaufenden Prozess der Artikulation einer hybriden – das heißt: diasporischen – kulturellen Identität, was ebenfalls das (teilweise) Wiederentdecken und Wiedervorstellen einer eigenen ‚Herkunft' umfassen kann. Innerhalb dieses Prozesses hatte das Fernsehen eine wichtige Rolle, indem es sowohl eine kommunikative Verbindung zur eigenen ‚Herkunft' ermöglichte als auch einen kommunikativen Einblick in aktuelle Lebenskontexte (vgl. neben unserer eigenen Forschung Gillespie 1995). Mit digitalen Medien kommt aber etwas Weiteres hinzu, das sich als ‚individualisiertes Netzwerken' bezeichnen lässt: Mitglieder der Migrationsgemeinschaften sind auf individueller Basis mehrfach miteinander vernetzt, d.h. durch ein translokales Netzwerken innerhalb der Diaspora, zum Land ihrer Herkunft und am gegenwärtigen Lebensort. Diskutiert man dies anhand des Konzepts der ‚Prägkräfte von Medien', können wir sagen, dass bei der jüngeren Generation digitale Medien eher eine ‚individualisierte Integration' fördern, die beides heißt, ein mediatisiertes Netzwerken innerhalb der Diaspora als auch über sie hinweg.

b) Deterritorialisierung
Nach ihrer Definition sind Diasporas deterritorialisiert, d.h. ethnische Netzwerke, die über die Territorien verschiedener Nationalstaaten hinweg bestehen. Die russische Diaspora beispielsweise besteht nicht nur in Deutschland, sondern auch in anderen europäischen Ländern, was auch für die türkische und marokkanische Diaspora zutrifft. Dies ist der Grund, warum ‚kleinere Medien' (Dayan 1999: 22) wie Briefe, Familienvideos etc. immer für Diasporas von Interesse waren, weil sie die Möglichkeit eröffneten, innerhalb ihres Netzwerks in Kontakt zu bleiben. Dabei können wir momentan über die verschiedenen Diasporas hinweg eine Bewegung von früheren ‚kleineren Medien' zu ihren digitalisierten Formen ausmachen, wiederum insbesondere bei den jüngeren Generationen. Wenn wir dies im Rahmen von Vorstellun-

gen der ‚Prägkräfte von Medien' diskutieren wollen, werden diese in der eher diffusen Erwartung greifbar, als Diaspora ebenfalls deterritorial digital (re)präsentiert zu sein.

c) Unmittelbarkeit
Der vielleicht auffälligste Punkt in diesem kulturellen Kontextfeld ist der der Unmittelbarkeit. Durch digitale Medien – insbesondere das Mobiltelefon und seine ‚kommunikative Mobilität' – können wir die Möglichkeit ausmachen, in tiefem persönlichen Kontakt mit anderen Mitgliedern der Familie zu bleiben. Viele der von uns interviewten Migranten weisen darauf hin, dass das Mobiltelefon ihnen die Möglichkeit bietet, mit anderen Mitgliedern der Familie bzw. Migrationsgemeinschaft kommunikativ konnektiert zu sein, auch wenn sie in Bewegung sind, und sich so der eigenen Migrationsgemeinschaft zu ‚vergewissern', wann immer ihnen das nötig erscheint. Zwar ist es wiederum zu früh, hier ‚Prägkräfte der Medien' im Detail zu formulieren. Gleichwohl fällt auf, dass die von uns interviewten Personen davon sprechen, dass die mobilen Medien der personalen Kommunikation ihnen nicht nur diese Chance einer fortlaufenden kommunikativen Vernetzung eröffnen, sondern mit deren Etablierung auch der Druck einhergeht, exakt dies zu tun.

Insgesamt können wir so – auch wenn die Forschung wie gesagt noch nicht abgeschlossen ist – sagen, dass die Mediatisierung von Diasporas einhergeht mit einer intensivierten kommunikativen Konnektivität ihrer Mitglieder, gleichzeitig aber auch neue Konnektivitäten über die Grenzen der Diaspora eröffnet. Fragen der medienvermittelten Integration sind damit im Rahmen unterschiedlicher Potenziale kommunikativer Vernetzung zu diskutieren.

5. Mediatisierung reflektieren: Ein dialektischer Ansatz

Bis zu diesem Punkt hat das Kapitel eine eher komplexe Argumentation entwickelt: Ich begann mit der Position, dass dem Mediatisierungsansatz dahingehend zuzustimmen ist, dass er einen bestimmten Einfluss von Medien als solchen fokussiert, gleichwohl dessen Überlegung einer generellen ‚Logik der Medien' als problematisch erscheint. Ausgehend davon habe ich im Anschluss an Friedrich Krotz versucht, ein Verständnis von Mediatisierung als eines Analyserahmens zu entwickeln, der seinen Fokus auf die Vielfalt der ‚Prägkräfte der Medien' richtet – das heißt den ‚Druck', den bestimmte Medien im Kommunikationsprozess ausüben. Solche Prägkräfte müssen gleichwohl sehr differenziert nach einzelnen Kontextfeldern untersucht werden, wenn man die Wechselbeziehung von Medien- und Kulturwandel erfassen möchte. Für den *gegenwärtigen* Wandel bietet sich dabei ein Ansetzen bei insbesondere drei Dimensionen an, nämlich der sozialen Dimension der Individualisierung, der räumlichen Dimension der Deterritorialisierung und der zeitlichen Dimension der Unmittelbarkeit. Im Falle all dieser drei Dimensionen können wir nicht eine einzige ‚Medienlogik' unterstellen, sondern müssen konkret und in Bezug auf das einzelne Kontextfeld die Wechselbeziehung von Mediatisierung und Kulturwandel untersuchen. Während eine solche kritische Analyse die Grundlage eines Verstehens von Mediatisierung ist, ist damit kein Verwerfen des Konzepts der Mediatisierung insgesamt verbunden: Dieses eröffnet die Möglichkeit, medienbezogenen Wandel in einem geteilten Analyserahmen vergleichend zu betrachten.

Insgesamt möchte ich so für einen dialektischen Ansatz von Mediatisierung argumentieren: Wir müssen beides gleichzeitig sehen, die grenzüberschreitenden Kräfte von Medien über die verschiedenen Kontextfelder hinweg wie auch die Spezifik letzterer. Mediatisierung resultiert nicht in einer Homologie dieser Felder, indem diese transformiert wird durch die ‚Trägheit' von Praktiken, Institutionen und weiteren kulturellen Mustern in den einzelnen Kontextfeldern. Nur eine vorsichtige und kritische empirische Analyse kann solche Prozesse im Detail erfassen. Im besten Fall ist Mediatisierung also nicht mehr, aber auch nicht weniger als ein Konzept, um solche unterschiedlichen Analysen miteinander in Beziehung zu setzen und als langfristigen Wandel – als „Metaprozess" (Krotz 2007) – zu diskutieren. In dieser Form erscheint das Konzept der Mediatisierung in hohem Maße sinnvoll.

Literatur

Ang, Ien (2008): Radikaler Kontextualismus und Ethnographie in der Rezeptionsforschung. In: Hepp, Andreas/Winter, Rainer (Hrsg.): Kultur – Medien – Macht. Cultural Studies und Medienanalyse. 4. Auflage. Wiesbaden: VS, S. 61–80.
Beck, Ulrich (2008): Der eigene Gott: Von der Friedensfähigkeit und dem Gewaltpotential der Religionen. Frankfurt a.M., Leipzig: Verlag der Weltreligionen im Insel Verlag.
Beck, Ulrich/Beck-Gernsheim, Elisabeth (Hrsg.) (2001): Individualization: Institutionalized Individualism and its Social and Political Consequences. London, New Delhi: Sage.
Berger, Peter L./Luckmann, Thomas (1977): Die gesellschaftliche Konstruktion der Wirklichkeit. Eine Theorie der Wissenssoziologie. Frankfurt a.M.: Fischer Verlag.
Billig, Michael (1995): Banal Nationalism. London: Sage.
Bourdieu, Pierre (1998): On Television and Journalism. London: Pluto.
Couldry, Nick (2003a): Media Meta-capital: Extending the Range of Bourdieu's Field Theory. In: Theory and Society 32, 5–6, S. 653–677.
Couldry, Nick (2003b): Media Rituals. A Critical Approach. London u.a.: Routledge.
Couldry, Nick (2008): Mediatization or mediation? Alternative understandings of the emergent space of digital storytelling. In: New Media & Society 10, 3, S. 373–391.
Couldry, Nick/Hepp, Andreas/Krotz, Friedrich (Hrsg.) (2009): Media Events in a Global Age. London u.a.: Routledge.
Dayan, Daniel (1999): Media and Diasporas. In: Gripsrud, Jostein (Hrsg.): Television and Common Knowledge. London, New York: Routledge, S. 18–33.

García Canclini, Néstor (1995): Hybrid Cultures. Strategies for Entering and Leaving Modernity. Minneapolis: University of Minnesota Press.

Georgiou, Myria (2006): Diaspora, Identity and the Media: Diasporic Transnationalism and Mediated Spatialities. Cresskill: Hampton Press.

Gillespie, Marie (1995): Television, Ethnicity and Cultural Change. London, New York: Routledge.

Gumbrecht, Hans Ulrich/Pfeiffer, K. Ludwig (Hrsg.) (1988): Materialität der Kommunikation. Frankfurt a.M.: Suhrkamp.

Hepp, Andreas (2009): Digitale Medien, Migration und Diaspora: Deterritoriale Vergemeinschaftung jenseits nationaler Integration. In: Hunger, Uwe/Kissau, Kathrin (Hrsg.): Internet und Migration. Wiesbaden: VS, S. 35–54.

Hepp, Andreas/Couldry, Nick (2009): What should comparative media research be comparing? Towards a transcultural approach to ,media cultures'. In: Thussu, Daya Kishan (Hrsg.): Internationalizing Media Studies: Impediments and Imperatives. London: Routledge, S. 32–47.

Hepp, Andreas/Krönert, Veronika (2009): Medien – Event – Religion: Die Mediatisierung des Religiösen. Wiesbaden: VS.

Hepp, Andreas/Suna, Laura/Welling, Stefan (2009): Kommunikative Vernetzung, Medienrepertoires und kulturelle Zugehörigkeit: Die Aneignung digitaler Medien in der polnischen und russischen Diaspora. In: Hunger, Uwe/Kissau, Kathrin (Hrsg.): Internet und Migration. Wiesbaden: VS, S. 175–200.

Hjarvard, Stig (2007): Changing Media, Changing Language. The Mediatization of Society and the Spread of English and Medialects. Paper presented to the 57th ICA Conference, San Francisco, CA, 23–28 May 2007.

Knoblauch, Hubert (2000): Populäre Religion: Markt, Medien und die Popularisierung der Religion. In: Zeitschrift für Religionswissenschaft 8, S. 143–161.

Krotz, Friedrich (2007): Mediatisierung: Fallstudien zum Wandel von Kommunikation. Wiesbaden: VS.

Krotz, Friedrich (2008): Media Connectivity. Concepts, Conditions, and Consequences. In: Hepp, Andreas/Krotz, Friedrich/Moores, Shaun/Winter, Carsten (Hrsg.): Network, Connectivity and Flow. Conceptualising Contemporary Communications. New York u.a.: Hampton Press, S. 13–31.

Kubicek, Herbert (1997): Das Internet auf dem Weg zum Massenmedium? Ein Versuch, Lehren aus der Geschichte alter und neuer Medien zu ziehen. In: Werle, Raymund/Lang, Christa (Hrsg.): Modell Internet? Entwicklungsperspektiven neuer Kommunikationsnetze. Frankfurt a.M., New York: Campus, S. 213–239.

Livingstone, Sonia M. (2009): On the Mediation of Everything. In: Journal of Communication 59, 1, S. 1–18.

Meyrowitz, Joshua (1995): Medium Theory. In: Crowley, David J./Mitchell, David (Hrsg.): Communication Theory Today. Cambridge: Polity, S. 50–77.

Miller, Daniel/Slater, Don (2000): The Internet. An Ethnographic Approach. Oxford: Berg.

Ouellette, Laurie/Hay, James (2008): Makeover television, governmentality and the good citizen. In: Continuum 22, 4, S. 471–484.

Rammert, Werner (2007): Technik – Handeln – Wissen. Zu einer pragmatistischen Technik- und Sozialtheorie. Wiesbaden: VS.

Rydin, Ingegerd/Sjöberg, Ulrika (2008): Internet as a Communicative Space for Identity Construction Among Diaspora Families in Sweden. In: Rydin, Ingegerd/Sjöberg, Ulrika (Hrsg.): Mediated Crossroads. Gothenburg: Nordicom, S. 193–214.

Schofield Clark, L. (2009): Theories: Mediatization and Media Ecology. In: Lundby, Knut (Hrsg.): Mediatization: Concept, Changes, Consequences. New York: Peter Lang, S. 83–98.

Schulz, Winfried (2004): Reconstructing Mediatization as an Analytical Concept. In: European Journal of Communication 19, 1, S. 87–101.

Silverstone, Roger/Georgiou, Myria (2005): Editorial Introduction: Media and Minorities in Multicultural Europe. In: Journal of Ethnic and Migration Studies 31, 3, S. 433–441.

Thomas, Tanja (2009): ‚Lifestyle-TV' – Critical Attitudes towards ‚Banal' Programming. In: Van Bauwel, Sofue/Carpentier, Nico (Hrsg.): Trans-Reality peeping around the corner: Meta perspectives on Reality TV. Lexington, MA: Lexington Books (in print).
Thompson, John B. (1995): The Media and Modernity. A Social Theory of the Media. Cambridge: Cambridge UP.
Tomlinson, John (2007): The Culture of Speed: The Coming of Immediacy. New Delhi u.a.: Sage.
Urry, John (2007): Mobilities. Cambridge: Polity.
Williams, Raymond (1990): Television: Technology and Cultural Form. London u.a.: Routledge.

Mediatisierung und Medialisierung der Kultur

Knut Hickethier

1. Vorab

Friedrich Krotz hat in seiner Habilitationsschrift (Krotz 2007) den Begriff der ‚Mediatisierung' zu einem theoretischen Konzept gemacht und ihn zu einem ‚Meta-Begriff' für *sozialen und kulturellen Wandel* erklärt. ‚Mediatisierung' meint dabei letztlich immer eine Veränderung des kommunikativen Handelns. Es kann hier nicht die Aufgabe sein, Krotz' differenzierte und zugleich grundsätzliche Darstellung in Frage zu stellen oder gar gegen ihn den eher kulturwissenschaftlichen Gebrauch des Begriffs der ‚Medialisierung' ins Feld zu führen, der den Begriff ‚Mediatisierung' als historisch belastet sieht, weil mit ihm im 19. Jahrhundert die Subordination der vormals reichsunmittelbaren Adligen unter die Herrschaft der Landesfürsten gemeint wurde (vgl. Hickethier 2000, 2003: 18f.). Davon ist im Konzept von Friedrich Krotz natürlich nicht die Rede und es soll der Einheitlichkeit der Festschrift wegen auch der Begriff der Mediatisierung verwendet werden.

Die zwölf Grundannahmen zur Mediatisierung, von denen Krotz in der pointierten Einleitung seines Buches ausgeht, enden mit der Annahme, dass die Folgen der Digitalisierung als neuester Stufe der Medienentwicklung noch unübersehbar sind. Damit fordert Krotz implizit zur Weiterarbeit an seinem Konzept auf. Der von ihm initiierte DFG-Forschungsschwerpunkt zur Mediatisierung wird in dieser Richtung der Konkretisierung neues Material und weitere theoretische Konzepte liefern.

Es kann hier in diesem kleinen Beitrag nur darum gehen, den von ihm schon angesprochenen Blickwinkel, ‚Mediatisierung' auch unter dem Aspekt des *kulturellen Wandels* zu verstehen, aufzugreifen und aus einer medienwissenschaftlichen Sicht, die von einer kultur- und geisteswissenschaftlichen Position aus argumentiert, einige Überlegungen beizusteuern.

2. Veränderung von Medien und Kultur

Wird mit ‚Mediatisierung' ein Prozess der Transformation von kulturellen oder sozialen Tatbeständen, Vorgängen und Handlungen aus einem vormedialen in einen medialen Zustand verstanden, stellt sich sofort die Frage, ob der Begriff auf kulturelle Phänomene überhaupt anwendbar ist, bedürfen doch alle kulturellen Artefakte und Handlungen, um sich überhaupt als solche zu manifestieren, eines Mediums. Kultur in einem nicht umfassenden, sondern eher engen Sinne als eine zeichenhafte, symbolische Praxis der Weltauseinandersetzung konstituiert sich immer schon medial, durch Bilder, körperliche Handlungen, als Sprache, Schrift, durch Töne und Musik.

Der Prozess einer Mediatisierung trifft also hier nicht auf etwas Vormediales, sondern selbst bereits auf mediale Konstrukte und Vorgänge. Mediatisierung ist dann offensichtlich eine Transformation eines bereits in einem Medium realisierten Konstrukts oder eines bereits medialisierten Vorgangs in andere Medien. Dies gilt auch für die Überlegungen von Ramón Reichert, der vor kurzem unter dem Titel „Im Kino der Humanwissenschaften" (Reichert 2007) eine Studie zur „Medialisierung wissenschaftlichen Wissens", hier primär des naturwissenschaftlichen Wissens, vorgelegt hat und sich dabei vor allem auf Visualisierungsformen, also Bildgebungsverfahren in den Naturwissenschaften, bezieht. Auch hier sind die Wissensbestände nicht wirklich vormedial, sondern bestehen bereits aus Datensätzen, Beobachtungsprotokollen etc. Es handelt sich also hier um Transformationen des Wissens in visuelle Darstellungen bzw. in eine „audiovisuelle Wissenschaftskultur" (ebd.: 19). Letztlich wird damit zumeist auch eine Art der Popularisierung des wissenschaftlichen Wissens angestrebt.

Bei der Bestimmung von Mediatisierungsprozessen ist also eine Präzisierung des jeweils verwendeten *Medienbegriffs* notwendig: Von welchen Medien ist bei der Mediatisierung als einem neueren Prozess der gesellschaftlichen Auseinandersetzung mit Gesellschaft und Kultur die Rede? Denn Kultur als eine Praxis symbolischer Selbstverständigung der Gesellschaft hat sich ja in den vergangenen Jahrhunderten in verschiedenen medialen Institutionen bereits verfestigt: in der Schriftkultur mit ihren mannigfaltigen Ausprägungen, in der Praxis der szenischen Darstellung, des Spiels, des Theaters und anderer darstellender Künste, in den musikalischen Darbietungsformen, in der Bildkultur mit dem Hervorbringen der Bildenden Kunst.

Die hier implizit enthaltenen Medien sind u.a.: die Buchstaben der Schrift und der Schriftträger, die Malerei mit Farben, Linien und Formen auf Bildträgern, der menschliche Körper als Medium, der Mensch insgesamt als Medium mit den körperlichen Interaktionen, in denen Mimik, Gestik, Proxemik und Kinesik selbst zu medialen Bestandteilen werden, schließlich auch die Institutionsformen der Verlage und Druckereien mit dem Buch- und Zeitschriftenhandel, die Galerien und Museen, Theater, Varietés, Music Halls, Konzerthäuser usw.

Wenn hier also von einer ‚Mediatisierung der Kultur' gesprochen wird, dann sind nicht die bereits etablierten, sondern offensichtlich andere Medien gemeint:

Mediatisierung und Medialisierung der Kultur 87

Medien, die als ‚technisch-apparative Formationen' zu verstehen sind, die also mit Film, Fernsehen, Radio und Internet zu tun haben. Natürlich sind auch die anderen, hier als ‚traditionell' bezeichneten Medien und Künste technisch geprägt, weil sie bestimmte Produktions- und Rezeptionstechniken voraussetzen und erfordern. Auch sie verwenden Apparate im Sinne von Werkzeugen. ‚Technisch-apparativ' meint also andere Techniken und andere Apparate als die der Künste und der älteren Medien. Der Begriff meint solche, die sich – vereinfacht gesagt – der Elektrizität als Energie bedienen, letztlich also elektronischer – und seit einigen Jahrzehnten – digitaler Natur sind. Nur mit einem solchen Begriffsverständnis macht die Formulierung von der Mediatisierung von Kultur Sinn.

3. ‚Mediatisierung' am Beispiel des Fernsehens

Es ist kein Zufall, dass sich der Begriff der ‚Medien' (im Plural verwendet) in der Gesellschaft in breiter Form erst zu dem Zeitpunkt eingebürgert hat, als das Fernsehen zum Leitmedium der gesellschaftlichen Kommunikation aufstieg. Damit wurde ein neuer Begriff für den Zusammenhang von Presse, Film, Rundfunk und Fernsehen etabliert, der weniger ihr Trennendes als vielmehr ihr Gemeinsames herausstellte. Denn waren noch in der ersten Hälfte des 20. Jahrhunderts Film, Presse und Radio in ihren medialen Eigenschaften so deutlich voneinander unterschieden, dass man vor allem diese Differenz zwischen ihnen sah, so verschob sich in den 1960er Jahren die Betrachtung auf eine Betonung des Gemeinsamen. Das neue Medium Fernsehen war nicht mehr entschieden nur in Differenzen zu den ‚alten' Medien zu sehen: Mit dem Film hatte es die audiovisuellen Bewegtbilder gemeinsam, mit dem Radio seine schnelle Verbreitungsweise (im Live-Charakter bis zur Gleichzeitigkeit von Ausstrahlung und Empfang an weit voneinander getrennten Orten) und die Form der gesellschaftlichen Institutionalisierung, mit der Presse und auch dem Radio den umfassenden Anspruch auf Weltvermittlung, mit der Musik und dem Film die Möglichkeiten gezielter emotionaler Beeinflussung usf. Es war also sinnvoller, hier medienübergreifend von den ‚Medien' zu sprechen und damit diese Verzahnung der medialen Eigenschaften zu betonen.

‚Mediatisierung' ist in diesem Prozess der Durchsetzung des Fernsehens – wenn auch nicht mit diesem Begriff – implizit bereits mitreflektiert worden: als eine Form der Transformation von kulturellen Vorgängen in elektronische Darstellungen des Fernsehens. Die Praxis des Fernsehens bestand gerade in seinen ersten Jahrzehnten darin, die vorhandenen Formen der Literatur, Musik, Bildenden Kunst, des Theaters und des Films daraufhin zu betrachten, wie denn deren Formen, Produkte, Stoffrepertoires und Produktionspraktiken für die eigene Programmproduktion nutzbar zu machen waren und wie deren Hervorbringungen für das Fernsehen verwendet werden konnten. Das Theater im Fernsehen, der Film im Fernsehen, die Literatursendungen – hier wurde die bestehende Kultur für das Fernsehen genutzt und diese damit in ein anderes Medium transformiert. Diese Formen der Mediatisierung werden in der Medienwissenschaft in der Regel unter dem Begriff der *Intermedialität* diskutiert: Es geht auch hier um eine Transformation, bei der ein Medium (z.b. Theater als Aufführung eines Spiels auf einer Bühne) zu einer Form im anderen, also hier dem Fernsehen, wird (also die Theaterübertragung) (vgl. Paech 1998). Ebenso ist diese Veränderung vom Medium zur Form bei anderen medialen Transformationen zu beobachten: Wenn aus einem Roman (in der Regel im Medium Buch) ein fiktionaler Film wird, wird von einer ,Literaturverfilmung' gesprochen. Die Literatur (als verfilmte Literatur) wird hier zu einer spezifischen Gestaltungsform innerhalb des Mediums Film. Die Reihe der Beispiele lässt sich fortsetzen: Die Show im Fernsehen, die das Varieté und den Bunten Abend des Hörfunks adaptiert hat, die Fernsehnachrichtensendung, die die Formen der Radionachrichten und der Presseartikel aufgegriffen und in televisuelle Formen transformiert hat, die Fernsehsportübertragung, die die Radioübertragung für das Fernsehen nutzbar machte – immer wird der mediale Ausgangspunkt zu einem Gestaltungselement (neben anderen) im neuen Medium, bleibt selbst nicht mehr Medium, wie es als Rahmen das neue nun ist.

Denn z.B. das Theater, das im Fernsehen gezeigt wurde, war von seiner medialen Form her nun nicht mehr Theater, sondern es war jetzt eindeutig Fernsehen (Hickethier 1985). Und Literatur war, wenn sie verfilmt wurde, als Film – egal ob als Kinofilm, Fernsehspiel, Fernsehfilm oder TV-Movie – nicht mehr Literatur, sondern war nun Film, mit Verweisen auf Literatur, die als Vorlage für ein Drehbuch gedient hatte.

Diese Prozesse der Transformation sind letztlich Mediatisierungsprozesse, sind Mediatisierungen zweiter und dritter Art, weil sie etwas schon Mediales neu mediatisieren. Sie fielen in den kulturellen und medialen Debatten deshalb besonders auf, weil Mediatisierung hier zumeist auch einen Wechsel des Orts der kulturellen Präsentation bedeutete: Kultur war plötzlich nicht mehr an spezifische Orte (das Museum, das Theater) gebunden, sondern wurde nun in anderer Weise verfügbar, wurde mobil, wurde mobilisiert und letztlich auch ubiquitär. Die Theateraufführung aus dem Hamburger Schauspielhaus war nun nicht mehr an dieses Haus gebunden, sondern war überall dort zugänglich, wo ein Fernsehempfänger mit dem Programm eingeschaltet war, in dem diese Aufführung gerade übertragen wurde.

Es liegt auf der Hand, dass diese kulturellen Mediatisierungsprozesse gesellschaftlich umstritten waren. Denn mit der Auflösung von kultureller Präsenz und Beschränkung auf einen Ort – zu dem zwangsläufig nicht alle Menschen

Zugang hatten – gingen auch Exklusivrechte kultureller Eliten verloren. Die Kulturkritik am Fernsehen in den 1950er und 1960er Jahren bezog ihren zentralen Antrieb ja nicht daher, dass sich hier ein neues Massenmedium breit machte, sondern vor allem daraus, dass dieses Massenmedium ungeniert auf die kulturellen Bestände der Gesellschaft zugriff, für die sie Exklusivrechte beanspruchten, und dass es diese nun – in einer neuen medialen Form – tendenziell allen zugänglich machte. Die kulturellen Eliten fühlten sich in ihrem Deutungsmonopol über die Normen der Kultur bedroht und sprachen deshalb vom Kulturverfall durch das Fernsehen (vgl. Hickethier 1998).

Anderen galt wiederum gerade diese Aufhebung kultureller Exklusivität durch die neue Mediatisierung der Kultur im Fernsehen als ein gesellschaftlicher Fortschritt, als eine Form der ‚Demokratisierung der Kultur'. Des Frankfurter Kulturdezernenten Hilmar Hoffmanns Schlagwort „Kultur für alle" wurde in den 1970er Jahren zum programmatischen Begriff für eine sozialdemokratische Kulturpolitik, und eines ihrer zentralen Beispiele für diese nun allen zugängliche Kultur waren die kulturpräsentierenden und kulturvermittelnden Sendungen des Fernsehens.

Es ist dieser *kulturelle Kampf um die Mediatisierungsprozesse*, der öffentlich geführte Diskurs, der Streit um das Verhältnis von Fernsehen und Kultur, der dann auch im Umgang des Fernsehens mit den anderen Medien und den Künsten einerseits zu einer offensiven Aneignung von Kultur im Fernsehen führte: Das Fernsehen wollte mit seinen Aneignungen seine eigene Kulturwürdigkeit beweisen (und reizte wiederum gerade dadurch die Kulturkritiker in besonderer Weise). Andererseits hielt sich das Fernsehen durchaus zurück in seinem Sichtbarmachen der Mediatisierung der Kultur; es verstand sich in der Regel als eine Art dienender Transporteur, der sich eher dezent zurücknahm und seinen eigenen Anteil an der medialisierten Kultur nicht offen herausstellte.

Denn natürlich waren die Transformationsleistungen enorm, das Fernsehen baute letztlich die Kultur dadurch auch vollständig um. Es passte die kulturellen Artefakte seinen eigenen Standards entsprechend an, machte daraus televisuelle Sendungen in bestimmten Zeitformaten (was sich auf die inneren Dramaturgien des Dargebotenen auswirkte), setzte die Gestalt der kulturellen Artefakte in Fernsehbilder um, unterwarf die Inhalte den Normen der (in der Regel familienfreundlich ausgerichteten) Programmrichtlinien. Eine Gründgens-Inszenierung des Hamburger Schauspielhauses etwa blieb nicht mehr eine Gründgens-Inszenierung, auch wenn damit im Fernsehen geworben wurde, sondern es trat ein spezieller Bild-Regisseur neben den Theaterregisseur, der das Produkt für das Fernsehen ‚einrichtete' und der damit auch eine eigene, nun auf die Fernsehgestalt der mediatisierten Aufführung bezogene Urheberschaft beanspruchte.

Die Mediatisierung durch das Fernsehen hatte mittelfristig auch Rückwirkungen auf die adaptierten Kulturbereiche. Denn als in den 1960er Jahren Theateraufführungen in ganzen Serien in die Programme (vor allem im damals neu gegründeten ZDF) kamen, passten sich die Theater auch diesen Fernsehnormen an. Weil die Theater sich dadurch eine verstärkte Öffentlichkeit versprachen und weil die Übertragungen auch zusätzliche Einnahmen brachten, orientierten sich viele Theater auch in ihren Spielplänen daran, was vielleicht für eine mögliche Theaterübertragung ‚fernsehtauglich' war.

Mediatisierung der Kultur bedeutet also nicht nur eine Ergänzung der bisherigen Kultur durch ihre mediatisierten Varianten, sondern führt auch dazu, dass die scheinbar nicht-mediatisierten Residuen der Kultur letztlich auch in den Mediatisierungsprozess einbezogen werden. Dies geschieht nicht linear, nicht eindimensional, sondern durchaus widersprüchlich, aber es geschieht. Die Widersprüchlichkeit ist darin zu sehen, dass es nicht nur eine einseitige Anpassung an die Standards des dominanten Mediums gibt, sondern es auch zu gegenläufigen Entwicklungen kommt, zu oppositionellem Kulturverhalten: Theater z.B. so zu inszenieren, dass es sich einer Fernsehfassung entzieht, dass es nicht darstellbar wird im Fernsehen. Auch hier ist das Fernsehen – auch in der Abgrenzung *ex negativo* – letztlich der Bezugspunkt der eigenen Entwicklung.

Gleichwohl zeigt der Blick auf die Entwicklung des Fernsehens, dass sich derartige kulturelle Mediatisierungen tendenziell verbrauchen. Denn die Theaterübertragung spielt im Fernsehprogramm heute ebenso wie die offen ausgestellte Literaturverfilmung nur noch eine marginale Rolle: Sie erweist sich als eine Form des Übergangs, als eine der gesellschaftlichen Implementierungen des Mediums. Stattdessen sind in die fiktionalen und nichtfiktionalen Unterhaltungsformen zunehmend eigene Formen des Mediums getreten, werden solche – durch die kulturellen Mediatisierungsprozesse geschaffenen – doppelten ästhetischen Strukturen, die sich einerseits auf das Fernsehen und andererseits auf das adaptierte Medium beziehen, mehr und mehr reduziert.

Stattdessen tritt die Mediatisierung von Alltagswahrnehmung und gesellschaftlicher Beobachtung in den Vordergrund. Das Medium reklamiert immer häufiger für sich, Realität zu vermitteln (man denke nur an das gewaltige Anwachsen von Reality-Formaten). Die Transformationen des Realen im Fernsehen stellen sich derart als Mediatisierungen von kommunikativen Handlungen dar, bei denen es auch wieder in dem Gezeigten selbst, in dessen ästhetischen Strukturen, in seiner Inszenierung und Präsentation zu einer medialen Durchdringung kommt. Die Mediatisierung – so könnte man behaupten – zersetzt also im Prozess der Überformung und Transformation ihr Objekt, löst es auf, bis nur noch das Medium selbst zurückbleibt.

4. Ein Blick zurück: Mediatisierungen vor dem Fernsehen

Nun wäre es falsch, den Beginn der Mediatisierung von Kultur erst in der Durchsetzung des Fernsehens zu sehen. Schon der Film, als er 1895 die gesellschaftliche Bühne betritt, erscheint als eine Instanz der Mediatisierung. Von Anfang an mediatisiert der Film: zum einen die Alltagsbeobachtungen, zum anderen die theatralen Kulturformen, die Literatur, später auch die Musik und andere Formen der darstellenden Unterhaltung.

Die ersten Filmvorführungen fanden bekanntlich in den Varietés der Großstädte statt, die kurzen Programme (zusammengesetzt aus zwei bis drei Minuten langen Filmen) zeigten Varieté-Nummern. Das Faszinosum für das Publikum bestand darin, dass sie zunächst ein reales dreidimensionales Varieté-Programm mit lebenden Figuren mit räumlichen Aktionen und artistischen Übungen sahen und zum Schluss ähnliche Darbietungen, nun aber medial transformiert, als ‚lebende Bilder', als flächige Projektionen. Der Medienwechsel machte die Mediatisierung der Varieté-Darbietungen deutlich, und dieser Medienwechsel erzeugte einen gesteigerten Unterhaltungswert.

Auch bei der Einführung und Durchsetzung des Films gab es kulturkämpferische Auseinandersetzungen um die Mediatisierung der Kultur. Die Kultureliten der Jahrhundertwende vom 19. zum 20. Jahrhundert denunzierten den Film als minderwertige Massenunterhaltung, als jugendverderbenden ‚Schundfilm'. Sie konnten aber die Durchsetzung des neuen Mediums nicht verhindern. Die sinnlichen Attraktionen des neuen Mediums waren für große Mehrheiten der Bevölkerung überwältigend.

Auch beim Kinofilm – vor allem dann mit der Etablierung des Tonfilms, der nun auch auf musikalische Darbietungen zurückgriff und sich wieder zu ganz neuen, sinnlich attraktiven und Sinn evozierenden Leistungen steigerte – fand bereits eine kulturelle Mediatisierung statt, denn der Film griff auf die bereits etablierten szenischen Medien wie das Sprechtheater, das Musiktheater, auf die Literatur und nun auch auf die Musik (insbesondere die Programmmusik des 19. Jahrhunderts) zurück und verband sie zu etwas Neuem.

Viel gravierender aber war noch die Mediatisierung der Alltagsbeobachtungen. Die Aufnahmen von Paraden, Straßenszenen, Karten spielenden Männern, von Tanzgruppen und im Garten arbeitenden Menschen sowie vieles andere mehr bildeten eine weitere wichtige Form der neuen mediatisierten Wahrnehmung von Welt. Man konnte nun Vorgänge der vormedialen Realität aufnehmen und sie dann später mehrfach vorführen und sich damit immer wieder ansehen. Der Film setzte sich als neues Medium vor allem als ein Speichermedium durch: Wahrnehmung wurde nun auf einem medialen Träger fixierbar und damit wiederholbar. Anders als beim Fernsehen, das zunächst als ein Verbreitungsmedium auftrat und als ein Live-Medium über keine eigenen Speichermöglichkeiten verfügte (erst ab 1958/59 durch die Magnetaufzeichnung), war der Film von Anfang an ein Speichermedium und stellte durch die Fixierbarkeit von Bewegungsdarstellungen eine vollständig neue kulturelle Form der Vermittlung, Präsentation und Wahrnehmung von Welt dar. Mediatisierung bedeutete hier vor allem auch eine Fixierung in einem Speichermedium.

Dem Kino als visueller Mediatisierungsinstanz stand in der gleichen Zeit die Mediatisierung der Töne, des Sprechens, des mündlichen Vortrags und der musikalischen Darbietung durch das Grammophon und die Schallplatte gegenüber. Auch hier ging es um die Speicherbarkeit von bis dahin nicht speicherbaren kulturellen Ereignissen, die auf diese Weise wieder und wieder wiederholbar waren. Mit dem Rundfunk (Hörfunk) kam eine neue Verbreitungsform hinzu, die – wie später auch beim Fernsehen – die potenzielle Zugänglichkeit zu der mediatisierten Kultur drastisch erhöhte. Darin lag der kulturelle Gewinn der Mediatisierung.

Man kann beim Hörfunk wiederum den anderen Medien vergleichbare Stufen der Mediatisierung beobachten: dass zunächst eine erste Form der probeweisen Erkundung stattfindet, dann in einer zweiten Phase eine massive Adaption vorhandener kultureller Produktionen im neuen Medium praktiziert wird, in einer dritten Phase es zu einer Aneignung von präsentativen und narrativen Strukturen kommt und schließlich in einer vierten Phase eine daraus entstehende neue mediale Kultur entsteht, die das einmal Aufgenommene weiterentwickelt und daraus ganz eigenständige Formen und Produkte erzeugt.

Geht man mediengeschichtlich noch eine Ära weiter zurück, sind solche Mediatisierungsprozesse auch für das Verhältnis von Bildender Kunst und Fotografie im 19. Jahrhundert zu beobachten. Das technische Medium der Fotografie greift auf Bildvorstellungen, Kompositionsformen, ja auch auf malerische Effekte der Bildenden Kunst zurück, adaptiert sie und verbindet sie mit den neuen Möglichkeiten der Realitätsabschilderung und Realitätsimagination des technisch ermöglichten Licht-‚Eindrucks' der Natur in das lichtempfindliche Material der Bildplatte.

Verfolgt man auf diese Weise rückwärtsgehend die Mediengeschichte auf ihre medialen Hervorbringungen, lassen sich auch in den Zeiten vor der Erfindung der Fotografie immer wieder vergleichbare oder doch zumindest ähnliche Formen von Mediatisierungen finden. Kultur selbst, so kann man schlussfolgern, ist ein Prozess der ständigen Mediatisierung, ein Prozess des immer wieder neuen Wechsels der kulturellen Inhalte, Themen, Motive, der Erzählungen und Präsentationen von einem Medium in ein anderes.

5. Mediatisierung als kulturelle Umschichtung

Mediatisierung als ein kulturelles Phänomen bedeutet also ein sich immer wieder in historischen Schüben ereignendes verbessertes *Fixieren von kulturellen*

Ereignissen, bedeutet durch die Fixierung und die damit verbundene Vervielfältigung eine quantitative Ausbreitung medialisierter Kultur, bedeutet ein *Umschichten der Kulturen in immer wieder neue mediale Formen*. Dieses fortwährende Umschichten führt dazu, dass das kulturelle ‚Material' – also die großen und kleinen Identität stiftenden Erzählungen, die präsentativen Darstellungen und die performativen Ereignisse, deren Teilnahme selbst wiederum zum gesellschaftlichen Identitätserhalt beiträgt – immer wieder neu formuliert wird und damit den aktuellen Anforderungen der gesellschaftlichen Selbstverständigung angepasst werden kann. Es bedeutet aber auch, dass durch es wiederholt neue Aufmerksamkeit erzeugt wird: auf der Ebene der gesellschaftlichen Diskurse ebenso wie auf der der individuellen Wahrnehmung.

Mediatisierung von Kultur bedeutet, dass neben die ursprünglichen kulturellen Produkte ihre mediatisierten Versionen treten, mit diesen zusammen ein neues *kulturelles Ensemble* an medial differierenden Produkten gleichen oder doch zumindest ähnlichen Inhalts bilden: Neben den Roman tritt dann die Literaturverfilmung – bei prominenten Werken inzwischen mehrere Filmfassungen. Es gibt neben dem gemalten Bild als Einzelwerk die fotografische Reproduktion, nicht nur einmal, sondern inzwischen selbst wiederum in vielfachen Versionen. Die fotografischen Versionen eines Gemäldes lassen sich wiederum vervielfältigen – und dies in einer Weise, dass zwischen den einzelnen Vervielfachungen kein Unterschied mehr erkennbar ist. Die „Kunst im Zeitalter ihrer technischen Reproduzierbarkeit", so eine Formulierung Walter Benjamins (1940/1964), ermöglicht – ähnlich wie schon beim Fernsehen gezeigt – eine Aufhebung des singulären Orts der Präsentierbarkeit und damit – so Walter Benjamin – einen Verlust des Besonderen, einen Verlust der Aura.

Auch wenn eine solche These angesichts des Filmglamours und der Filmfaszination einer Überprüfung an der Realität nicht standhält, macht sie jedoch auch sichtbar, dass mit der Mediatisierung eine Vervielfachung der kulturellen Artefakte einsetzt. Dabei ist dies nicht als ein Verlust zu verstehen (es sei denn als ein Verlust der die kulturelle Teilhabe einschränkenden Einmaligkeit von Werken), sondern als eine kulturelle Bereicherung.

Das hat schon die neuere Debatte um die Literaturverfilmungen deutlich gemacht: Es geht darum, dass durch die unterschiedlichen Mediatisierungen eine Vielfalt an sinnlichen Varianten eines kulturellen Artefakts und Ereignisses möglich wird. Es entstehen neue kulturelle Komplexe, die sich um ein künstlerisches Werk, einen kulturellen Vorgang und eine Handlung herum bilden und die sich aus einem *Kranz unterschiedlich mediatisierter Formen* zusammensetzen.

Die Mediatisierung bedeutet weiterhin die Aufhebung der Einmaligkeit durch die tendenziell massenhafte Vervielfältigung mediatisierter Artefakte. Mit den technischen Medien wächst die Menge der kulturellen Produkte um ein

Vielfaches an. Alles ist durch die mediatisierte Form speicherbar und damit permanent reproduzierbar, wiederholbar, sendbar. Die Produktion von immer neuen mediatisierten Varianten schafft einen ungeheuren Bestand an gespeicherten kulturellen Artefakten, die auf in sich ebenfalls vervielfachten Programmen und Präsentationsflächen dargeboten und in Medienarchiven gespeichert werden. Die Mediatisierung erzwingt neue mediale Präsentationsformen, deren wichtigster Prototyp in der Moderne das *Programm* ist (vgl. Hickethier 2009).

6. Ein Blick nach vorn: Mediatisierung als Digitalisierung

Dass in den letzten Jahren verstärkt von Mediatisierung die Rede ist, hängt auch damit zusammen, dass das mediale Vorbild bei der Formulierung dieses theoretischen Konzepts offensichtlich die Umwandlung der Kommunikation durch die digitalen Medien gewesen ist. Die Digitalisierung bedeutet zunächst eine neuerliche Transformation der zunächst ‚analogen' Medien in digitale, wobei hier vor allem eine Digitalisierung der Herstellung von Medienprodukten (Fernseh- und Radiosendungen, Filme, literarische Texte) und teilweise ihrer Distribution (bei Fernsehen und Radio) gemeint ist. Kennzeichen ist hier – anders als bei den filmischen und elektronischen Transformationen –, dass weniger die Oberfläche, die Erscheinungsweise der kulturellen Artefakte verändert wird, sondern die dem Mediennutzer unsichtbar bleibenden Strukturen. Nicht der Algorithmus der digitalen Bildgenerierung zeigt sich dem Mediennutzer, sondern das erzeugte Bild.

Mediatisierung betrifft hier also – Ähnliches war auch schon bei älteren Mediatisierungsprozessen zu beobachten – nicht nur die Veränderungen der Erscheinungsweisen, der audiovisuellen und anderen medialen Gestalten der kulturellen Artefakte, sondern auch die eingeschriebenen Strukturen der Narration und Präsentation, betrifft die Formen der Beschleunigung und Entschleunigung in Darstellungsprozessen.

Erst in einem zweiten und dritten Schritt deuten sich Veränderungen der medialen Produkte auch in der Erscheinungsweise an, wenn das Buch zum ‚electronic book' wird, wenn für das Kino produzierte Filme auf DVD vertrieben und konsumiert werden, wenn Fernseh- und Radiosendungen im Internet ‚heruntergeladen' werden können, weil sie nicht mehr nur in den zeitbasierten und zeitfixierten Programmmedien präsentiert werden, sondern auch in riesigen ‚Medienbibliotheken' (Mediatheken) auf Servern lagern und von dort weitgehend zeitunabhängig abgerufen werden können.

Mediatisierung als Digitalisierung bedeutet wieder eine Erweiterung der kulturellen Angebotsmengen und Angebotsvarianten, denn es geht auch hier nicht nur um eine Vervielfachung der Präsentationsorte und -plattformen, auf denen dieselben Produkte zu finden sind, sondern immer auch um mediale Veränderungen und Neugestaltungen. Die Variationsvielfalt erhöht sich und stellt durch Ensemblebildung damit eine kulturelle Bereicherung dar. Die Vermehrung der kulturellen Angebotsmengen bedeutet jedoch gleichzeitig, dass neue Unübersichtlichkeiten entstehen, die wiederum zur Bildung neuer Ordnungen und Ordnungssysteme herausfordern.

7. Danach

Der Begriff der ‚Mediatisierung' (oder der der ‚Medialisierung') muss, soll er wissenschaftlich fruchtbar bleiben, in einer begrenzten Bedeutung verwendet werden. Sein Prozesscharakter, der Veränderungen und damit eine zeitliche Komponente impliziert, darf nicht dazu führen, ihn als Synonym für Mediengeschichte allgemein zu verwenden, wie dies bei Wolfgang Raible (2006) in seinem leider in manchen Einzelheiten fehlerhaften Band „Medien-Kulturgeschichte" geschieht. Er versteht zwar im Untertitel programmatisch „Mediatisierung als Grundlage unserer kulturellen Entwicklung", diskutiert diesen hier offenbar gemeinten Mediatisierungsprozess aber nicht, sondern versammelt stattdessen häufig ungenaue Überlegungen zur Mediengeschichte von den Anfängen der Schrift bis heute. ‚Mediatisierung' als Begriff des sozialen und kulturellen Wandels meint jedoch nicht alle mediengeschichtlichen Veränderungen, sondern stattdessen in einem sehr viel enger gefassten Bedeutungsfeld Umschichtungs- und Neuordnungsprozesse des kulturellen Wissens, mediale Neufassungen der kulturellen Produktionen und eine Transformation kommunikativen Handelns.

Literatur

Benjamin, Walter (1940/1964): Das Kunstwerk im Zeitalter seiner technischen Reproduzierbarkeit. Frankfurt a.M.: Suhrkamp.
Hickethier, Knut (1985): Klassiker im Fernsehen. Fernsehtheater oder Theaterfernsehen? In: TheaterZeitSchrift 4, 11, S. 102–118.
Hickethier, Knut (1998): Geschichte des deutschen Fernsehens. Stuttgart, Weimar: Metzler (Mitarbeit Peter Hoff).
Hickethier, Knut (2000): Medialisierung, Medienverschmelzung und Öffentlichkeitsvielfalt. In: Faulstich, Werner/Hickethier, Knut (Hrsg.): Öffentlichkeit im Wandel. Bardowick: Wissenschaftler-Verlag, S. 272–284.
Hickethier, Knut (2003): Einführung in die Medienwissenschaft. Stuttgart, Weimar: Metzler.
Hickethier, Knut (2009): Das Programm als kulturelle Präsentationsform der Mediengesellschaft. Vortrag auf dem DFG-Symposium „Programm(e)". Potsdam, 23.9.2009.
Krotz, Friedrich (2007): Mediatisierung: Fallstudien zum Wandel von Kommunikation. Wiesbaden: Verlag für Sozialwissenschaften.

Paech, Joachim (1998): Mediales Differenzial und transformative Figurationen. In: Helbig, Jörg (Hrsg.): Intermedialität. Theorie und Praxis eines interdisziplinären Forschungsgebiets. Berlin: Erich Schmidt Verlag, S. 14–30.

Raible, Wolfgang (2006): Medien-Kulturgeschichte. Mediatisierung als Grundlage unserer kulturellen Entwicklung. Heidelberg: Winter.

Reichert, Ramón (2007): Im Kino der Humanwissenschaften. Studien zur Medialisierung wissenschaftlichen Wissens. Bielefeld: transcript.

"Gott – es klingelt!" – Studien zur Mediatisierung des öffentlichen Raums: Das Mobiltelefon

Joachim R. Höflich

1. Mediatisierung des öffentlichen Raums

So wie es zumindest in Großstädten kaum noch Orte gibt, an denen es richtig dunkel wird, so gibt es auch kaum noch Orte, die medienfrei sind. Allemal findet Kommunikation „immer häufiger, länger, in immer mehr Lebensbereichen und bezogen auf immer mehr Themen in Bezug auf Medien statt" (Krotz 2001: 33). Dies schließt mit ein, dass immer mehr Menschen in immer mehr Lebensbereichen durch Medien miteinander verbunden sind – mittels Medien miteinander in Kontakt treten und ihre Beziehungen mittels Medien leben (vgl. weiter auch Krotz 2009). Im Folgenden geht es um die Medien der interpersonalen Kommunikation, insbesondere um das Mobiltelefon. Eigentlich ist eine solche Kennzeichnung – als Medium interpersonaler Kommunikation – indessen nur die halbe Wahrheit: Man hat es mit einem Gerät zu tun, das mehr ist als nur ein Telefon. So gesehen ist der Begriff ‚Mobiltelefon' in der Tat ein „Etikettenschwindel" (Krotz 2007: 180). Das soll jedoch zurückgestellt und das ‚Telefonische' in den Vordergrund gerückt werden[1] – die Möglichkeit mobiler Telefonate, aber auch die dazugehörige akustische Aufforderung, ein Telefonat anzunehmen (das, was ehemals noch ein Klingeln war und heute nur noch aus Reminiszenzgründen so bezeichnet wird).

Das Mobiltelefon erweitert nicht nur das bisherige Medienensemble, es steht zugleich für eine Allgegenwart medialer Kommunikation mit den Möglichkeiten, aber auch Zwängen, jederzeit erreichbar zu sein und von überall her Kontakt aufnehmen zu können. Das Mobiltelefon ist zum Bestandteil einer Kommunikation im öffentlichen Raum geworden. Dazu gehören aber auch die Fernsehnutzung (sowie das so genannte ‚Public Viewing'), der Walkman, der speziell in Gestalt des iPod von Apple eine Renaissance erfahren hat (das so genannte „Kofferradio", also das tragbare Radiogerät, ist ja mittlerweile Geschichte, der „Ghetto-Blaster" als weitere mediale Erscheinung im öffentlichen Raum taucht kaum noch im Alltag auf), Internetcafés bis hin zum tragbaren Computer mit mobilem Internetzugang. Hier zeigen sich sowohl Gemeinsamkeiten, aber auch

---

1 Um dies zu unterstreichen, wird im Weiteren vom Mobiltelefon gesprochen.

Differenzen von Medien in dem Maße, wie sie eine öffentliche Kommunikationsordnung tangieren.[2] Allemal eröffnet dieses Phänomen spannende Lektionen mit Blick auf Nutzungsdimensionen von Medien und damit einhergehende soziale Arrangiertheiten über den häuslichen Rahmen hinaus – von dem Erzeugen von Störungen einer öffentlichen Kommunikationsordnung bis hin zur Eröffnung neuer Kommunikationen.

Prozesse einer Mediatisierung des Alltags gehen damit einher, dass sich durch Ort und Zeit voneinander abgegrenzte Bereiche des Lebens und Handelns vermischen, „ebenso wie sich die Medien selbst miteinander verbinden und vermischen" (Krotz 2001: 21). Nicht zuletzt verändern sich (einmal mehr) die Grenzen zwischen Beruf und Freizeit und schließlich von Privatem und Öffentlichem. Auch wenn einem Mediendeterminismus immer wieder das Wort geredet wird (vgl. z.B. Schroeder 2007), so ist eben nicht in Medien die alles treibende Kraft zu sehen, sondern in den Menschen und wie sie die Medien in ihren Alltag einbeziehen. Das bezieht sich auch auf die Veränderung im Kontext der Nutzung des Mobiltelefons im öffentlichen Raum, insbesondere was eine Veränderung der Grenzziehung von Öffentlichem und Privatem anbelangt. Medien sind gleichwohl Teil eines Prozesses fortlaufender Grenzverschiebungen (vgl. insbesondere Sennett 1990), aber auch ein besonderer Katalysator einer solchen Entwicklung, der Veränderung einer öffentlichen Kommunikationsordnung. Hier wird nachgerade eine Theorie der Mediatisierung virulent, die immer auch und gerade eine Theorie des Wandels ist (vgl. ferner Meyen 2009).

2. Medien und öffentliche Kommunikationsordnung: Eruptionen – Anpassungen – Normalisierungen

„Mediatisierung empirisch: Die Veränderung öffentlicher Plätze durch die Präsenz von Fernsehen und die Folgen für das soziale und kommunikative Handeln der Menschen". So ist ein Kapitel des Buches von Friedrich Krotz (2001) umschrieben, das unter dem Titel „Die Mediatisierung kommunikativen Handelns" erschienen ist. Das Fernsehen repräsentiert ein Moment einer Mediatisierung des öffentlichen Raumes. Mit Blick auf alle Medien, die im öffentlichen Raum Verwendung finden, stellt sich die Frage, wie sie in eine öffentliche Kommunikationsordnung eingebaut werden, welche Widerstände sie erzeugen und wie sich eine öffentliche Kommunikationsordnung unter neuen medialen Rahmungen verändert – eine Frage, die es analog auch mit Blick auf die mobile Kom-

---

2 Wobei, Bezug nehmend auf Erving Goffman (1966: 8), mit einer sozialen Ordnung gemeint ist: „the consequence of any set of moral norms that regulates the way in which persons pursue objectives".

munikation zu beantworten gilt. Festgestellt wird in der angeführten Studie eine Passung zwischen der Nutzung des Fernsehens auf öffentlichen Plätzen und einer öffentlichen Kommunikationsordnung. Es fügt sich ein, um Eruptionen des Vertrauten zu minimieren. Doch es gibt nicht nur eine Anpassung. Der Mediengebrauch hat in einem rekursiven Sinne Einfluss auf die öffentliche Kommunikationsordnung. Um beim Fernsehen zu bleiben: An sich gehört es sich nicht, andere einfach anzusprechen. Dies wird bei einer öffentlichen Nutzung des Fernsehens gelockert. Das Fernsehen fungiert als ein interaktionsstimulierendes Medium. In diesem Sinne ändert sich die Natur öffentlicher Plätze. Orte, die an sich dafür gedacht sind, um etwas zu verkaufen und einzukaufen, um zu essen oder zu trinken, werden nun zu Fernseh- und Gesprächsorten. Und statt einer gewissen Zurückhaltung Fremden gegenüber gibt es eine gewisse Offenheit für Interaktion und soziales Engagement. So hat sich mit dem Fernsehen im öffentlichen Raum nicht nur das Spektrum akzeptablen Verhaltens geändert, sondern ebenso die soziale Ordnung des öffentlichen Raums (vgl. Lemish 1982: 778f.).

Einmal zeigt sich hier die Bedeutung des Kontextes als der Rahmen, in dem ein Medium genutzt wird – und in einem weiteren Sinne: in dem mit anderen in einem medialen Zusammenhang interagiert wird. Öffentliche Plätze sind zwar geographisch lokalisiert, doch hat man es mit sozialen Territorien zu tun. In diesem Sinne handelt es sich um bedeutungsvolle Räume, deren Bedeutung darauf gründet, was die Menschen auf diesen Plätzen machen und welche Regeln dem zugrunde liegen. Plätze eröffnen Möglichkeiten der Kontaktaufnahme – wenn auch in gewissen, von der Anonymität jeder Person gekennzeichneten Grenzen (vgl. Korosec-Serfaty 1996: 537). Zumal die Großstädter haben hierbei gelernt, Distanz trotz bestehender Nähe zu wahren. Georg Simmel (1995: 123) spricht von einer Reserviertheit, die dem Stadtbewohner eigen sei, und Willy Hellpach (1952: 74) von einer „sensuellen Vigilanz bei emotionaler Indifferenz". Doch es geht nicht nur darum, dass wir andere in Distanz bzw. zu anderen Distanz halten, sondern auch darum, dass wir mit Situationen von Nähe adäquat umgehen. Ein entsprechender Mechanismus greift dann vor allem, wenn wir in Hörweite von anderen sind. Goffman (1971: 85) bezeichnet einen solchen Mechanismus als *„höfliche Gleichgültigkeit"* („civil inattention"). Gemeint ist damit keine Ignoranz anderen gegenüber (auch wenn es in eine solche Richtung umschlagen kann), sondern eine Haltung, als ob andere gleichgültig wären, als ob wir andere (auch wenn dies faktisch nicht der Fall ist) nicht zur Kenntnis nehmen würden. Es gehört aber auch dazu, dass durch eigenes Verhalten nicht zu viel Aufmerksamkeit erregt wird, damit andere überhaupt die Chance zu einer Distanzierung haben. Ein solches *Prinzip der Nichtbeachtbarkeit* besagt, dass man unaufdringlich zu sein hat – allemal gilt es, nicht systematisch unaufdringlich zu sein (vgl. auch Geuss 2001). Soziale Räume sind aber auch dahingehend sozial normierte Räume, indem vorgezeichnet ist, was erlaubt und verboten ist. Es verlangt ein gewisses kulturelles Wissen um solche „Benutzungsregeln des Ortes" (vgl. Korosec-Serfaty 1996: 532), damit adäquat gehandelt werden kann – und damit man nicht auffällt, aus dem Rahmen fällt oder gar Sanktionen provoziert. Der öffentliche Raum ist zudem ein Lautraum; *eine soziale Umwelt ist zugleich eine akustische Umwelt.* Hier geht es um „sounds in relationship to life and society" (Schafer 1994: 205). Dabei haben nicht nur unterschiedliche Orte unterschiedliche ‚Sounds'. Ebenso gibt es eine normative Ordnung des Akustischen (die sich im Übrigen schon in gesetzlich vorgeschriebenen Ruhezeiten manifestiert). Dazu gehören nicht zuletzt „jene von einem Individuum verursachten Geräusche, die von den Umstehenden als Störung empfunden werden und mit denen es gleichsam zuviel Lautraum für sich beansprucht" (Goffman 1974: 77) und die damit eine „ärgerniserregende" Lautstärke (ibid.: 83) darstellen.

Die Menschen agieren in den öffentlichen Räumen – und gerade deshalb verändern sich diese auch. Schlussendlich verändern nicht zuletzt auch hinzukommende Medien die Bedeutung des Raums, in dem Sinne, „that the new context of communication introduced by mobility affect our experience of space in subtle and complex ways" (Light 2009: 210). Wenn Medien neu sind, geht mit ihnen ein Regelungsbedarf einher. Die bisherigen Regeln greifen nicht mehr, und neue Regeln müssen sich erst ausbilden. Es kommt zu *Eruptionen*, weil eben noch nicht klar ist, wie man sich zu verhalten hat, weil sich, mit anderen Worten, noch kein entsprechender Rahmen ausgebildet hat, der vorzeichnet, wie und zu welchem Zweck ein neues Medium verwendet werden soll. Ein solcher anomischer Zustand ist indessen nicht auf Dauer gestellt. In einem Prozess der *Aneignung und Domestizierung* werden Medien ‚gezähmt' und in den Alltag der Menschen eingebaut (vgl. auch Höflich/Hartmann 2007). Es folgt eine Phase der *Normalisierung* (auch wenn diese, eingedenk eines rasanten medialen Wandels, immer dynamischer erscheint). Doch damit verändern sich zugleich die Praktiken im Umgang mit den Medien, nicht nur in dem Sinne, dass sich neue Medien etablieren, sondern dass eingedenk des Neuen die alten Medien immer neu erfunden werden. Spätestens seit Riepl (1913) ist dies unter dem Vorzeichen des gleichnamigen Gesetzes wohl bekannt.

3. Das Mobiltelefon im Kontext

Versteht man eine Theorie der Mediatisierung als eine Theorie des (sozialen) Wandels, so wird man mit der leidlichen Frage konfrontiert, was denn überhaupt Wandel sei, vor allem: Welches Ausmaß an Veränderung gilt als Wandel? Unstrittig dürfte wohl sein, dass das soziale Leben in steter Veränderung ist. Doch ist jede Veränderung bereits ein Wandel? Gemeinhin wird dabei mindestens seit Talcott Parsons (1951: 481) zwischen *Prozessen innerhalb eines Systems und einem Wandel des Systems* unterschieden. Diese Unterscheidung ändert gleichwohl nichts daran, dass es schwierig ist, einen Wandel im System von einem Wandel des Systems zu unterscheiden. Dazu kommt, den Bereich des Wandels festzulegen. Im Weiteren soll sich nun Wandel darauf beziehen, wenn sich die Interaktionen der Menschen ändern. Interaktionen wiederum gründen auf gemeinsamen (erwartbaren) Handlungssituationen oder, in der Goffmanschen Terminologie, auf gemeinsamen Handlungsrahmen, die anzeigen, was vor sich geht (vgl. Goffman 1977). Alle Rahmen wiederum gründen auf Regeln. Wandel würde schließlich meinen, dass sich die Rahmen und damit die dem Handeln zugrunde liegende normative Basis ändern. Das geht durchaus in die Richtung eines Verständnisses von Wandel, wie Parsons (1969: 43) es vorgetragen hat, indem er „Wandel in der Struktur eines sozialen Systems als Wandel in seiner normativen Kultur" sieht. Bezogen auf die Verwendung von Medien meint dies, dass sich bisherige Rahmen und Regeln ändern und neue in Gestalt von sich ausbildenden Medienrahmen etablieren. Einige Bereiche einer Kommunikation im öffentlichen Raum sollen herausgegriffen werden.[3]

3.1 Bewegung und Mobile Kommunikation

Medien mobiler Kommunikation werden von Menschen in Bewegung verwendet (wenn auch unter Restriktionen, wie etwa während einer Autofahrt). Das gilt nachgerade in Verbindung mit dem Gehen als der ursprünglichen Bewegungsform des Menschen, die zumal für das öffentliche Leben immer noch zentral ist: „Walking maintains the publicness and viability of public structure" (Solnit 2002: 176). Gehen ist, mit anderen Worten, eine triviale, aber grundlegende Angelegenheit, wie schon Honoré de Balzac in seiner „Theorie des Gehens" vermerkt („Der Ruhezustand ist das Schweigen des Körpers" – Balzac 2002: 129). Für Goffman ist der Fußgängerverkehr in der Stadt eine Basis für gesellschaftliche Koordination – genauer: einer *Koordination von Handlungen durch still-*

---

3 Basis der folgenden Darstellung sind Studien, die im Rahmen eines von der Deutschen Forschungsgemeinschaft geförderten Projekts unter dem Titel ‚Mobile Kommunikation, Telematisierung des Alltags und der Wandel medialer Praktiken' von 2006–2009 durchgeführt worden sind. Hier können gleichwohl aufgrund des verfügbaren Rahmens nur einige Aspekte angesprochen werden. Eine zusammenfassende Darstellung ist in Vorbereitung – erste Ergebnisse finden sich in Höflich u.a. 2009 (in Vorbereitung). Die Forschungsarbeit basierte auf einem Multimethoden-Design, bestehend aus Beobachtungen mit Foto- und Videodokumentation, begleitenden Interviews, Gruppendiskussionen, einer Paper-and-Pencil-Befragung sowie qualitativen Experimenten.

schweigende Kommunikation. So sind die Städte für ihn der Schauplatz, auf dem beständig gegenseitiges Vertrauen zwischen einander Unbekannten zur Geltung kommt und ein entsprechendes Handeln die „strukturelle Voraussetzung für eine auf Konvention beruhende Regelung" (Goffman 1974: 41) ist. Die Nutzung des Mobiltelefons scheint diese grundlegenden Koordinationen unterschiedlicher „Fortbewegungseinheiten" nicht grundlegend außer Kraft zu setzen, auch wenn man dies zunächst vermutet hätte. Mit Gergen (2002) hätte man etwa argumentieren können, dass sich die Telefonierenden in einer Situation der ‚*abwesenden Anwesenheit*' befinden würden in dem Sinne, dass sie sich während eines Telefonats mental aus dem Hier und Jetzt verabschieden und dem Gespräch mit einer anderen, physisch abwesenden Person in einem virtuellen Konversationsraum zuwenden. Doch trotz einer solchen Orientierung scheint genügend Aufmerksamkeit für die Koordinierung und Abstimmung bei der Bewegung zu bestehen. Das spricht für einen weiterhin bestehenden *„sense of place"* (vgl. Höflich 2005; 2006). Die Anpassung scheint überdies reziprok zu sein: Nicht nur die mobil Telefonierenden orientieren sich im Raum, auch die mitanwesenden Dritten haben ein Gespür für dessen Orientierung in dem Sinne, wie Goffman (1974: 41) es beschreibt, dass nämlich „jede der beiden Parteien eine Vorstellung davon hat, wie die Dinge zwischen ihnen gehandhabt werden sollten". Manchmal übernehmen die Personen, die den Telefonierenden begleiten, temporär die Navigationsleistung, indem sie in der Zeit des Telefonats auf den Weg achten. Die Studien zeigen nicht eindeutig, ob mobile Mediennutzung in der Öffentlichkeit mit einem Wechsel in den Bewegungsmustern einhergeht. Sie deuten allerdings darauf hin, was Whyte (2009: 66) bezogen auf das Fußgängerverhalten feststellt: „What one is walking past influences how fast one walks". Ortswechsel bringen indessen eine Nutzungsänderung mit sich. Durchaus wird zur Kenntnis genommen, dass ein neu betretener Raum andere Regeln hat und als neues *Behavior Setting* (Barker 1968) offensichtlich andere Verhaltensweisen impliziert.

3.2 Verweilen und Mobile Kommunikation

Das Bewegen fordert immer auch eine Rast. Doch dazu braucht es gewisse Orte, die zum Verweilen einladen oder aber zumindest ein Verweilen legitimieren. Denn ein Verweilen ohne erkennbaren Grund, gar ein Herumlungern, macht verdächtig (vgl. auch Goffman 1966: 56f.). Menschen in einer Wartesituation zeigen anderen an, dass sie nicht ohne Sinn und Zweck an Ort und Stelle verweilen – ein Blick auf die Uhr oder ein demonstratives Kopfschütteln soll dies etwa anzeigen. Solche *„korrektiven Informationen"* sollen nachgerade dazu dienen, dass Fehleinschätzungen der Situation durch andere vermieden werden

(Goffman 1974: 133). Bei der Nutzung des Mobiltelefons wurde immer wieder festgestellt, dass sich die Menschen an einem Ort aufhalten, der als Nische dient, oder dass sie sich quasi-autistisch, schlangenförmig an Ort und Stelle bewegen (vgl. ausführlicher: Höflich 2006). Das erkennbare Verwenden des Mobiltelefons gibt den anwesenden Dritten einen Deutungsgrund, warum man sich hier aufhält. Wohl auch deshalb zögern viele, einen Freisprechmodus zu verwenden. Denn der würde eine Demonstration des Autistischen noch verstärken. Wenn schon keine Nischen vorhanden sind, können auch gewisse örtliche Gegebenheiten als Nischenersatz dienen: Brunnen, um die herum man sich bewegt, oder Blumenkübel, Verkehrszeichen, Straßenpfeiler. Oder während des Telefonats wird auf eine Schaufensterauslage geschaut, bis hin zu dem, dass man sich an einer Telefonsäule (die ja das klassische Telefonhäuschen häufig ersetzt hat) aufhält. Es gibt aber auch Orte, an denen Warten legitim ist. Dazu gehören *„Mobilitätsschleusen"* (Burkart 2007: 87) wie etwa Bus- oder Straßenbahnhaltestellen. Interessant ist im Übrigen, dass gerade Frauen häufiger angeben, an Haltestellen zu telefonieren, etwa um Verabredungen zu treffen oder um sich die Zeit zu vertreiben. Das verweist auf übergreifende Kontexte, die gleich noch einmal aufzugreifen sind.

3.3 Privatheit und Distanzverhalten

Das Aufsuchen von Nischen oder die demonstrative Verwendung des Mobiltelefons soll anzeigen, dass man zumindest temporär ein gewisses Terrain für sich in Anspruch nehmen möchte, ohne andere zu belästigen, aber auch ohne von anderen gestört zu werden. Dies müssen allerdings auch die anwesenden Dritten zur Kenntnis nehmen. Versteht man Privatheit als eine *interpersonale Kontrolle von Grenzziehungen* (Altman 1975: 11), dann impliziert dies, dass es sich hierbei um einen bidirektionalen, dynamischen Prozess handelt, der von den jeweiligen Umständen geprägt ist. Altman bringt nun Privatheit und Raumverhalten zusammen, konkreter: verbindet Privatheit mit den Möglichkeiten, den persönlichen Raum unter Kontrolle zu haben. Eine solche Übersetzung des persönlichen Raumes in physische Distanzen ist nicht zuletzt mit dem Namen Edward T. Hall (1966) und dem Begriff Proxemik verbunden – der Untersuchung, wie Menschen den Raum als Vehikel der Kommunikation benutzen. Werden Privatzonen überschritten, so zeigt sich dies nicht zuletzt in einem Ausweichverhalten oder, wenn dies nicht möglich ist, in einem Unwohlsein der Person, deren persönlicher Raum verletzt wird. Das trifft auch im Zusammenhang mit der Nutzung des Mobiltelefons zu. Anwesende Dritte merken durchaus, wenn sie anderen zu eng aufrücken – und erst recht ist dies bei den Telefonierenden der Fall. Bevorzugter Gegenstand der Forschung sind *geschlechtsspezifische Momente des Distanzverhaltens*. Insbesondere verweisen

Studien darauf, dass Männer einen größeren persönlichen Raum als Frauen beanspruchen und dass es durchaus von Belang ist, ob das Gegenüber von Frauen ein Mann ist oder eine Frau, wobei Frauen in größerer körperlicher Nähe miteinander kommunizieren als mit Männern (vgl. z.B. Mühlen Achs 2003: 193ff.). Solche geschlechtsspezifischen Momente wurden auch bei der Nutzung des Mobiltelefons offenkundig: Frauen empfinden noch eher als Männer ein Gefühl des Unwohlseins, wenn sie einem Telefonierenden zu nahe kommen – noch ausgeprägter ist dies, wenn Frauen telefonieren und andere näher kommen.

3.4 Aktivitätsmuster und Mobile Kommunikation

Wie schon erwähnt, geben gerade Frauen an, besonders beim Warten auf die Straßenbahn auf das Mobiltelefon zurückzugreifen. Dass es gerade Frauen sind, die an der Straßenbahnhaltestelle mehr telefonieren als Männer, liegt indessen nicht allein an den Besonderheiten dieser Situation, sondern auch und gerade daran, dass Frauen weitaus häufiger öffentliche Verkehrsmittel benutzen als Männer (die wiederum mehr Auto fahren). Dies ist im Osten Deutschlands sogar noch stärker ausgeprägt (Bundesamt für Bauwesen und Raumordnung 2007: 9). Um also geschlechtsspezifische Momente bei der Nutzung des Mobiltelefons zu analysieren, muss dies vor dem Hintergrund dessen geschehen, wo sich Menschen – hier Männer und Frauen – in der Stadt aufhalten. So wird gerade im Kontext feministischer Stadtforschung festgestellt, „dass Frauen im Durchschnitt in ihrem Alltag viel mehr Wege zurücklegen und viel mehr Orte an einem Tag miteinander verknüpfen müssen als Männer" (Löw 2001: 249). Man denke an Wege zur Arbeit, zur Schule, zum Einkauf, zum Kindergarten. Das lenkt zugleich die Aufmerksamkeit darauf, die Nutzung des Mobiltelefons auch im Kontext übergreifender Kommunikationszusammenhänge zu betrachten. Konkret angesprochen ist der Gebrauch des Mobiltelefons im Kontext von *Aktivitätsmustern*. Einfach gesprochen geht es darum, „how people allocate their time to different activities and where activities take place" (Chapin 1974: 21). Das Mobiltelefon ist hierbei vor allem bedeutsam, wenn es gilt, Unterbrechungen zu handhaben (z.B. wenn etwas falsch gelaufen ist, es zu Verzögerungen kommt), zur zeitlichen Überbrückung (z.B. bei einer Wartesituation) und zur Verbindung von Aktivitäten (z.B. um sich zu verabreden). Es zeigt sich in diesem Zusammenhang aber auch, wie wichtig die Beziehungen zwischen den Kommunikationspartnern sind. Kennen sich die Kommunikationspartner recht gut, dann sind sie auch eher mit den individuellen Aktivitätsmustern des anderen vertraut. So antizipieren sie, wann der andere gegebenenfalls zu erreichen ist – oder nicht (wenn etwa davon ausgegangen werden kann, dass er um diese und jene Zeit nicht gestört werden darf).

4. Akustische Ökologie – Soundscapes und Mediatisierung

Medien im öffentlichen Raum tangieren eine öffentliche Kommunikationsordnung schon dadurch, dass ein gefordertes Involvement (vgl. Goffman 1966: 33ff.) entzogen wird, wo doch erwartet wird, dass man sich potentiellen Kommunikationen nicht prinzipiell entzieht. Gerade bei ‚leisen' Medien wie dem Lesen einer Zeitung kann dies so empfunden werden. Man denke auch an den Walkman, der nicht nur deshalb eine ‚moralische Panik' (du Gay u.a. 2003: 116) auslöste, weil das private Vergnügen in den öffentlichen Raum gelangte, sondern weil der Walkman einen Rückzug aus dem Öffentlichen symbolisiert, schon dadurch, dass einer öffentlichen Stimmung eine eigene Stimmungslage (quasi eine eigene musikalische Begleitung zum Film des Lebens da draußen) entgegengehalten wird. Der Walkman demonstriert klar einen Entzug von Engagement – man will von anderen nichts wissen und will (und kann) von anderen nicht angesprochen werden (vgl. auch Bull 2001: 189). Auch das doch leise Versenden von SMS-Botschaften via Handy gehört dazu. Zum möglichen Entzug von Engagement kommen nun geräuschvolle Medien hinzu. So gesehen wird durch eine Mediatisierung des Alltags immer auch Einfluss auf unsere *akustische Umwelt* genommen. Im Zusammenhang mit der erwähnten Studie zur Mediatisierung des öffentlichen Raums und dem Fernsehen wird dies dahingehend erwähnt, dass eine Hinwendung zum Fernsehen eher stattfindet, je lauter der Ton ist (Krotz 2001: 118). Doch es geht um mehr: Es werden nicht nur Medien nach außen getragen, sondern auch neue Geräusche. Ja, der öffentliche Raum ist geradezu durchdrungen von einer medialen Geräuschkulisse, zumal durch eine ubiquitäre musikalische Berieselung, die nicht einmal vor den Toiletten innehält. Alle tragbaren Geräuschmedien sind hier von Belang. Medien hatten mit Blick auf eine Veränderung der *Soundscapes* immer schon eine gewisse Bedeutung, allein dadurch, dass neue Technologien dem Menschen Mittel zur Verfügung stellen, einen größeren akustischen Raum zu aktivieren. Für R. Murray Schafer (1994: 88ff.) gehören das Telefon, der Phonograph und das Radio zu den herausragendsten Momenten einer elektrischen Revolution.[4] Nicht zuletzt durch das Telefon wurde eine *Schizophonie*, als ein „split between an original sound and its electroacoustical transmission or reproduction" (Schafer 1994: 90) eingeführt. Und diesen Geräuschen ist kaum zu entkommen. Wir können zwar wegsehen, aber kaum weghören (vgl. auch Simmel 1995: 730).

Nun kommt das Mobiltelefon hinzu, das einmal mehr die Stille vertreibt. Das Handy gilt als ein besonderer Störenfried (vgl. z.B. Höflich 2003: 46f.) – gerade weil dadurch das Prinzip der Nichtbeachtbarkeit verletzt wird. Außengeräusche sind anders als Innengeräusche – selbst dieselben ‚Sounds' sind anders,

---

[4] Zur Zeit der Erstauflage des Buches war das Handy noch kein Thema.

wenn sich die räumliche Umwelt ändert. Die menschliche Stimme wird zudem lauter, wenn man ins Freie geht.[5] Ähnlich tendierten die Menschen dazu, beim außerhäusigen Telefonieren lauter zu sprechen. Ein klingelndes Telefon unterbricht nicht nur den Fluss der Kommunikationen (vgl. auch Schafer 1994: 89), sondern stört insbesondere durch dessen „inappropriate sound" (Ling 1989: 70). Allerdings werden nicht nur die anderen – die anwesenden Dritten – durch das Klingeln gestört. Es kann für den Angerufenen geradezu einen Stresszustand erzeugen. Ein qualitatives Experiment (vgl. weiter Höflich 2009) deutet in diese Richtung. Ein Zitat eines Teilnehmers: *„Gott – es klingelt. Mein Herz schlägt bis zum Hals. Ich trau mich gar nicht, hoch zu schauen und bekomme dadurch auch nichts von den Reaktionen um mich herum mit."* Doch eigentlich will man nicht auffallen – aus dem Rahmen einer öffentlichen Kommunikationsordnung fallen. Jedes eingehende Telefonat stellt so gesehen eine (potentielle) Eruption dar. Und im Falle von Eruptionen versuchen die Menschen wiederum, Normalität oder eine Imagination von Normalität herzustellen, wie dies Garfinkel (1967: 47) mit Blick auf seine Krisenexperimente feststellt, dass nämlich die Menschen „vigorously sought to make the strange actions intelligible and to restore the situation to normal appearances". Die angerufene Person, die mit dem Klingeln des Handys ja in das Zentrum der öffentlichen Aufmerksamkeit geraten ist, fühlt geradezu einen Zwang zu entsprechenden Normalitätsbezeugungen. Nicht zuletzt will sie den Eindruck vermitteln, dass sie alles unter Kontrolle hat – auch sich selbst. Sie unterbreitet gewissermaßen anderen einen (nonverbal vermittelten) Vorschlag eines Motivs, warum sie in der Situation so oder so gehandelt hat oder nicht.

Die Menschen engagierten sich, folgt man Goffman, im Rahmen eines korrektiven Austausches, der die Funktion hat, die Bedeutung zu ändern, die dem Handeln oder auch Nichthandeln ansonsten zugesprochen würde, um so etwas, das als Offensive gedeutet würde, in etwas Akzeptables zu verwandeln (Goffman 1971: 109). Die Menschen machen das etwa mittels leibgebundener Kundgaben, als relativ selbst-bewusste Gesten eines Individuums, die mit dem ganzen Körper ausgedrückt werden. So gesehen wird der Körper dazu genutzt, um nonverbale Deutungen der Handlungssituation zu geben, aber auch, um negative Charakterzuschreibungen abzuwenden. Besonders fallen die von Goffman (1971: 130) so bezeichneten *Orientierungskundgaben* auf. Damit zeigt das Individuum an, dass es durchaus in die Situation eingebunden ist und zur Kenntnis nimmt, was vor sich geht. Dies wiederum macht es den anderen einfacher, sich mit Blick auf die Person zu orientieren. So zeigt die handelnde Person nicht nur, dass sie die

---

5 Nimmt man ein Aufnahmegerät und bespricht dieses bei gleichbleibendem Abstand zum Mikrophon kontinuierlich auf dem Weg nach draußen, so zeigt sich das am Pegelausschlag (vgl. Schafer 1994: 217).

Gegebenheiten der Situation zur Kenntnis nimmt, sich auskennt, sondern macht es den anderen einfacher, ihr Tun oder ihre Absicht zu deuten, vor allem als etwas, das nicht aus dem Ruder gerät. Es handelt sich, so Goffman, um ein generell wichtiges Element sozialer Interaktion – und entsprechend gilt dies für den Rahmen der Nutzung des Mobiltelefons. Das Handy klingelt, der Angerufene schaut auf das Display, schüttelt demonstrativ den Kopf – und kann dann das Gerät auch weiter klingeln lassen, denn er hat ja zu verstehen gegeben, dass er durchaus bei Sinnen ist, den Anruf zur Kenntnis genommen hat, aber einen durchaus guten Grund zu haben scheint, dass er ihn nicht angenommen hat.

Die Wahl eines Klingeltones – oder sollte man besser sagen: einer Soundinszenierung – ist nicht unwesentlich. Ein Problem entsteht dadurch, dass das Klingeln, das mit dem häuslichen Telefon verbunden wird, in den öffentlichen Raum getragen wird. Auf dieses Klingeln sind wir geradezu konditioniert. Neue Klangvariationen könnten hier zu neuen Assoziationen führen und von einem solchen Konditionierungseffekt befreien. Das würde Licoppe (2008) recht geben, der konstatiert, dass nämlich durch die neuen Klangmöglichkeiten gewisse Zwänge genommen werden. Entweder wählt man einen Klingelton, der mit einem bekannten Klingeln als Interaktionsaufforderung identifiziert wird, oder einen Musikton, der eher damit verbunden wird zuzuhören. Fällt die Wahl auf den Musikton, dann kann das, so Licoppe, durchaus entlastend sein und die auffordernde Kraft des Klingelns entschärfen: „With musical ringtones the sound of the telephone may also be experienced as music rather than as a straightforward invitation to answer, projecting its treatment as a summons ... Sophisticated ringtones therefore seem to be able to be treated as music, in contrast with traditional rings that one user describes as the ‚shrill noises' of a traditional phone's ringing" (Licoppe 2008: 143). Die Klingeltöne sind indessen recht unterschiedlich – und zugleich neue Identitätsmarker. Mit der Wahl des ‚Sounds' zeigt man auch, wer man ist. Nicht allen mag dies immer gefallen, zumal es doch recht klare Vorstellungen zu geben scheint, welcher Ton nun besonders aufdringlich ist.[6] Jedoch stehen solche Töne nicht für sich – immer auch ist die Situation entscheidend, in die die jeweilige ‚Schallinszenierung' eingebunden ist. Es kommt also auch hier auf den Kontext an.

5. Schlussbemerkungen: Empirische und theoretische Konsequenzen

Unter dem Vorzeichen einer empirischen Annäherung an Mediatisierungsprozesse – hier konkret: einer Mediatisierung des öffentlichen Raums – zeigt sich,

---

6 Eine aktuelle, im Sommer 2009 durchgeführte Studie unterstreicht dies. Allerdings steht hier noch eine differenzierte Auswertung aus.

dass Medien immer im Kontext (oder Rahmen) zu betrachten sind. Medien werden in Kontexte inkorporiert, die sich jedoch zugleich in einem rekursiven Sinne durch den Gebrauch der Medien wiederum verändern. Ähnlich wie beim Fall einer Nutzung des Fernsehens im öffentlichen Raum verweist dies auf Momente der Integration und Veränderung zugleich. Bei einer notwendigerweise konzisen Betrachtung des Mobiltelefons muss nochmals unterstrichen werden, dass nicht das Mobiltelefon eine Kausalkraft des Wandels ist. Vielmehr geht es darum, wie es in das alltägliche Handeln der Menschen einbezogen wird. Schließlich ist ein Aspekt anzuführen, der die theoretischen Konklusionen einer Mediatisierung des Öffentlichen anbelangt und sich aufgrund der empirischen Erkundungen nachgerade aufdrängt. Zur Rekapitulation: Der Mediengebrauch im öffentlichen Raum im Allgemeinen und die mobile Kommunikation im Besonderen machen Momente des Privaten öffentlich. Daraus ergeben sich, was das Verständnis interpersonaler Kommunikation und des öffentlichen Raums angeht, besondere Konstellationen – womöglich aber auch daraus, wie McCarthy (2001: 124) vermerkt, weil man es mit einem Prozess der ‚unvollständigen Privatisierung' zu tun hat. Allemal ist mit anwesenden Dritten zu rechnen, sei es nun, dass man sie kennt oder dass es sich um Fremde handelt. Das Spektrum reicht so von einer gemeinsamen (kollektiven) Nutzung des Mediums (wie das gemeinsame Lesen von Kurzbotschaften via SMS) bis hin zum Mithören jener, die eigentlich gar nicht explizit adressiert sind. Daraus ergeben sich nicht zuletzt Konsequenzen für eine *Theorie mediatisierter interpersonaler Kommunikation*, ja, Prozesse der Mediatisierung sind ein chronischer Testfall für eine solche Theorie. So gesehen sind sie immer auch eine theoretische Herausforderung. Konkret meint dies, dass einfache dyadische Sender-Empfänger-Kommunikationsmodelle zu erweitern sind. Man hat es mit einem physisch nicht-anwesenden kommunikativen Gegenüber und mit physisch anwesenden Dritten zu tun, mit denen sich beide, Ego als der Angerufene und Alter als der Anrufer, über ihre gegenseitige kommunikative Abstimmung hinaus arrangieren müssen. Daraus ergeben sich immer wieder besondere Konstellationen, in Abhängigkeit von den jeweiligen interpersonalen Beziehungen im Rahmen dieser Triade und auch in Abhängigkeit von der kontextuellen, situativen wie übersituativen Rahmung des medialen kommunikativen Geschehens.

Literatur

Altman, Irwin (1975): The Environment and Social Behavior. Privacy, Personal Space, Territory, Growding. Monterey, CA: Brooks: Cole Publishing Company.
Balzac, Honoré de (2002): Pathologie des Soziallebens. Leipzig: Reclam.
Barker, Roger G. (1968): Ecological Psychology: Concepts and Methods for Studying the Environment of Human Behavior. Palo Alto, Ca: Stanford University Press.

Bull, Michael (2001): The World According to Sound. Investigating the World of Walkman Users. In: new media & society 5, S. 179–197.
Bundesamt für Bauwesen und Raumordnung (2007): Frauen – Männer – Räume. Berichte Band 26. Kurzfassung. Bonn.
Burkart, Roland (2007): Handymania. Wie das Mobiltelefon unser Leben verändert hat. Frankfurt a.M., New York: Campus.
Garfinkel, Harold (1967): Studies in Ethnomethodology. Cambridge: Polity Press.
Gay, Paul du u.a. (2003): Doing Cultural Studies. The Story of the Sony Walkman. Reprint (first published 1997). London, Thousand Oaks, New Delhi: Sage.
Gergen, Kenneth J. (2002): The Challenge of Absent Present. In: Katz, James E./Aakhus, Mark (Hrsg.): Perpetual Contact. Cambridge: University Press, S. 227–241.
Geuss, Raymond (2001): Privatheit. Eine Genealogie. Frankfurt a.M.: Suhrkamp.
Goffman, Erving (1966): Behavior in Public Places: Notes on the Social Organisation of Gatherings. New York u.a.: Free Press.
Goffman, Erving (1971): Verhalten in sozialen Situationen. Strukturen und Regeln der Interaktion im öffentlichen Raum. Gütersloh: Bertelsmann.
Goffman, Erving (1974): Das Individuum im öffentlichen Austausch. Frankfurt a.M.: Suhrkamp.
Goffman, Erving (1977): Rahmen-Analyse. Ein Versuch über die Organisation von Alltagserfahrungen. Frankfurt a.M.: Suhrkamp.
Hall, Edward T. (1969): The Hidden Dimension. Garden City, New York: Anchor Books.
Hellpach, Willy (1952): Mensch und Volk der Großstadt. Stuttgart: Ferdinand Enke Verlag.
Höflich, Joachim R. (2003): Vermittlungskulturen im Wandel: Brief – E-Mail – SMS. In: Höflich, Joachim R./Gebhardt, Julian (Hrsg.): Vermittlungskulturen im Wandel. Brief – E-Mail – SMS. Frankfurt a.M.: Peter Lang, S. 39–61.
Höflich, Joachim R. (2005): A Certain Sense of Place. In: Nyírí, Kristóf (Hrsg.): A Sense of Place. Wien: Passagen Verlag, S. 159–168.
Höflich, Joachim R. (2006): Places of Life – Places of Communication. In: Höflich, Joachim R./Hartmann, Maren (Hrsg.): Mobile Communication in Everyday Life: Ethnographic Views, Observations and Reflections. Berlin: Frank & Timme, S. 19–51.
Höflich, Joachim R./Hartmann, Maren (2007): Grenzverschiebungen – Mobile Kommunikation im Spannungsfeld von öffentlichen und privaten Sphären. In: Röser, Jutta (Hrsg.): MedienAlltag. Domestizierungsprozesse alter und neuer Medien. Wiesbaden: VS, S. 211–221.
Höflich, Jochim R. u.a. (Hrsg.) (2009): Mobile Media and the Change of Everyday Life. Frankfurt a.M.: Peter Lang (in Vorbereitung).
Katz, James/Aakhus, Mark (Hrsg.): Perpetual Contact: Mobile Communication, Private Talk, Public Performance. Cambridge: University Press, S. 139–169.
Korosec-Serfaty, Perla (1996): Öffentliche Plätze und Freiräume. In: Kruse, Lenelis/Graumann, Carl-Friedrich/Lantermann, Ernst-Dieter (Hrsg.): Ökologische Psychologie. Ein Handbuch in Schlüsselbegriffen. Studienausgabe. Weinheim: Beltz, S. 530–540.
Krotz, Friedrich (2001): Die Mediatisierung kommunikativen Handelns. Der Wandel von Alltag und sozialen Beziehungen, Kultur und Gesellschaft durch die Medien. Wiesbaden: VS.
Krotz, Friedrich (2007): Mediatisierung: Fallstudien zum Wandel von Kommunikation. Wiesbaden: VS.
Krotz, Friedrich (2009): Mediatization: A Concept With Which to Grasp Media and Societal Change. In: Lundby, Knut (Hrsg.): Mediatization. Concept, Changes, Consequences. New York u.a.: Peter Lang, S. 21–40.
Lemish, Dafna (1982): The Rules of Viewing Television in Public Places. In: Journal of Broadcasting 26, 1, S. 757–781.
Licoppe, Christian (2008): The Mobile Phone's Ring. In: Katz, James E. (Hrsg.): Handbook of Mobile Communication. Cambridge, Mass.: MIT Press, S. 139–152.

Light, Ann (2009): Negotiations in Space: The Impact of Receiving Phone Calls on the Move. In: Ling, Rich/Campbell, Scott W. (Hrsg.): The Reconstruction of Space and Time. Mobile Communication Practices. New Brunswick: Transaction Publishers, S. 191–213.
Ling, Rich (1989): „One can talk about common manners!". The Use of Mobile Phones in Inappropriate Situations. In: Teletronikk 94, S. 65–76.
Lofland, Lynn H. (1998): The Public Realm: Exploring the City's Quintessential Social Territory. New York: Aldyne de Gruyter.
Löw, Martina (2001): Raumsoziologie. Frankfurt a.M.: Suhrkamp.
McCarthy, Anna (2001): Ambient Television. Visual Culture and Public Space. Durham, London: Duke University Press.
Meyen, Michael (2009): Medialisierung. In: Medien & Kommunikationswissenschaft 57, S. 23–38.
Mühlen Achs, Gitta (2003). Wer führt? Körpersprache und die Ordnung der Geschlechter. München: Frauenoffensive.
Parsons, Talcott (1951): The Social System. New York: The Free Press.
Parsons, Talcott (1969): Das Problem des Strukturwandels: eine theoretische Skizze. In: Zapf, Wolfgang (Hrsg.): Theorien sozialen Wandels. Köln, Berlin: Kiepenheuer & Witsch, S. 35–54.
Riepl, Wolfgang (1913): Das Nachrichtenwesen des Altertums. Mit besonderer Rücksicht auf die Römer. Berlin: B.G. Teubner.
Schafer, R. Murray (1994): The Soundscape. Our Sonic Environment and the Tuning of the World. Rochester, Vermont: Destiny Books.
Schroeder, Ralph (2007): Rethinking Science, Technology, and Social Change. Stanford, CA: Stanford University Press.
Sennett, Richard (1990): Verfall und Ende des öffentlichen Lebens. Die Tyrannei der Intimität. Frankfurt a.M.: Fischer.
Simmel, Georg (1992): Soziologie. Untersuchungen über die Formen der Vergesellschaftung. Gesamtausgabe Band 11. Frankfurt a.M.: Suhrkamp.
Simmel, Georg (1995): Die Großstädte und das Geistesleben. In: Simmel, Georg: Aufsätze und Abhandlungen 1901–1908. Band I. Gesamtausgabe Band 7. Frankfurt a.M.: Suhrkamp, S. 116–131.
Solnit, Rebecca (2002): wanderlust. A History of Walking. London: Verso.
Whyte, William H. (2009): City. Rediscovering the Center. Philadelphia: University of Pennsylvania Press.

Variationen des Selbstverständnisses:
Das Fernsehen als Schauplatz der Formung sozialer Identität

Angela Keppler

In vielen seiner Beiträge hat Friedrich Krotz darauf hingewiesen, dass innerhalb der kommunikations- und sozialwissenschaftlichen Forschung nur ein Verständnis von Identität leitend sein kann, das diese wesentlich im kommunikativen Handeln verankert sieht. Hierbei sind es gerade die Kommunikationsangebote der Medien, die in vielfältiger Weise auf individuelle wie kollektive Identitätsbildungsprozesse Einfluss nehmen. Bei Krotz heißt es hierzu: „Medienkommunikation kann die Struktur und die Zusammensetzung des Rollenselbst verändern. Denn das Rollenselbst hebt Handlungs- und Rollenmuster auf und es mag sein, dass mittels Kommunikationsmedien eigenständige rollenbasierte Erfahrungen gemacht werden." (Krotz 2003: 41)

Auf den Spuren dieser Vermutung werden sich meine Überlegungen dem Zusammenhang von „Medienkommunikation und Rollenselbst" im Kontext des Fernsehens widmen. Freilich ist die Frage, welche Funktion dem Fernsehen bei der Identitätsbildung von Individuen und Gemeinschaften in heutigen Gesellschaften zukommt, bei weitem zu komplex, als dass sie sich in einem Anlauf erschöpfend beantworten ließe. Ich konzentriere mich deshalb darauf, einen angemessenen *Zugang* zu ihrer Beantwortung zu finden – einen Zugang, der die besondere *Stellung* des Fernsehens unter den gesellschaftlichen Instanzen der Sinnproduktion verdeutlichen soll. Dabei wird es in erster Linie darum gehen, was das Fernsehen im Spektrum vieler seiner Sendungen in dieser Sache *anzubieten* hat. Die *Aneignung* dieses Angebots von Seiten der Zuschauer wäre ein weiterer zentraler Aspekt des Themas, der hier jedoch nicht weiter verfolgt werden wird. Auch seine Behandlung aber bliebe in methodischer Hinsicht abhängig von einer Analyse der medialen *Präsentationen*, die vom Publikum auf die eine oder andere Weise aufgenommen werden – und somit von einer Untersuchung der besonderen Art der Sinnproduktion, die das Fernsehen im Spektrum seiner Sendungen leistet.

1. Das Fernsehen als Instanz der Sinnproduktion

Das Fernsehen ist bei weitem nicht die einzige Institution der Produktion gesellschaftlichen Sinns. Außerdem ist und bleibt es in seinen Orientierungsleistungen wie alle solche Institutionen von den tagtäglichen – zumal kommunikativen –

Praktiken des sozialen Verkehrs abhängig, in denen handlungsleitende Verständnisse generiert und transformiert werden. Seit jeher aber bedürfen die Bestände des kulturellen Wissens einer zusätzlichen Stabilisierung. In einer Abhandlung mit dem Titel „Modernität, Pluralismus und Sinnkrise. Die Orientierung des modernen Menschen" aus dem Jahr 1995 haben Peter Berger und Thomas Luckmann die grundlegende Bedeutung einer institutionellen Ausgestaltung dieses Wissens hervorgehoben. „Gesellschaftlich objektivierte und bearbeitete Sinnbestände werden in historischen Sinnreservoirs ‚bewahrt' und von Institutionen ‚verwaltet'. Objektiver Sinn, bereitgestellt von gesellschaftlichen Wissensvorräten und vermittelt durch den Verbindlichkeitsdruck, der von Institutionen ausgeht, prägt das Handeln des einzelnen" (Berger/Luckmann 1995: 19). Jedoch sind moderne Gesellschaften durch eine starke Diversifikation gekennzeichnet. In ihnen ist nicht mehr eine Ordnung des Wissens und der Werte verbindlich, und nicht mehr eine oder einige wenige Institutionen wachen über ihren Erhalt, sondern deren viele. Dadurch stellt sich beständig die Frage nach der Art, dem Grad und dem Verhältnis ihrer Verbindlichkeit, weswegen die „Sinngemeinsamkeit in Lebensgemeinschaften" und mit ihr die „gesellschaftlich garantierte Gleichsinnigkeit in der Ausbildung personaler Identität" (Berger/Luckmann 1995: 66) bedroht seien. Jedoch habe die moderne Gesellschaft eine Reihe spezialisierter Institutionen der Sinnproduktion und Sinnvermittlung geschaffen, die zwischen den verschiedenen gesellschaftlichen Subsystemen, den verschiedenen sozialen Gemeinschaften und den einzelnen zu vermitteln vermögen. Diese „neuen Institutionen der Sinnproduktion", so die Autoren, „müssen zwar von vorn anfangen, haben aber den ‚Vorteil', dass sie unbekümmert auf die Sinntraditionen der verschiedensten Kulturen und Epochen zurückgreifen können". Daher seien „sie fast durchweg durch einen hohen Grad an Synkretismus gekennzeichnet" (Berger/Luckmann 1995: 57).

Dass es sich bei den Massenmedien und allen voran beim Fernsehen um Sinnvermittlungsanstalten handelt, die sich mit ihren Sinnprodukten in einem Wettbewerb mit anderen (alten und neuen) Angeboten und Anbietern behaupten müssen, scheint auf den ersten Blick einleuchtend. In diesem Sinn sind die Massenmedien – nach Arnold Gehlen – als „Sekundär-Institutionen" zu verstehen, die kompensatorisch an die Stelle der entzauberten Primärinstitutionen früherer Zeiten treten. Berger und Luckmann, die sich auf Gehlens Analyse beziehen, unterscheiden jedoch zwei Formen dieser Sekundär-Institutionen. Auf der einen Seite stehen solche, die ihren Teilnehmern die Möglichkeit geben, etwas zur Erstellung und Bearbeitung des gesellschaftlichen Sinnvorrats beizutragen, auf der anderen Seite hingegen solche, „die den einzelnen als mehr oder weniger passives Objekt ihrer symbolischen Dienstleistung behandeln" (Berger/Luckmann 1995: 59). Den Ehrentitel einer „intermediären Institution" im Sinne

Durkheims verleihen Berger und Luckmann allein den ersteren. Nur hier handle es sich um Institutionen, „die es dem einzelnen möglich machen, seine persönlichen Werte aus dem Privatleben in verschiedene Bereiche der Gesellschaft zu tragen und sie so zur Geltung zu bringen, dass sie doch noch zu einer die Gesamtgesellschaft mitformenden Kraft werden" (Berger/Luckmann 1995: 59).

Damit ist eine Alternative vorgezeichnet, zu der sich eine soziologische Theorie des Fernsehens verhalten muss. Entweder ist das Fernsehen als eine intermediäre Institution im Sinn von Berger/Luckmann zu verstehen, die es ermöglicht, „den vorhandenen Sinnbestand nicht als etwas autoritativ Vorgegebenes und Vorgeschriebenes zu erfahren, sondern als Angebot, das von den einzelnen Gesellschaftsmitgliedern mitgeprägt wurde und weiterer Veränderung zugänglich ist" (Berger/Luckmann 1995: 59). Oder aber es ist als eine der „sekundären Instanzen und Institutionen" zu begreifen, von denen Ulrich Beck in seiner Analyse der „Risikogesellschaft" spricht, die, wie er sagt, „den Lebenslauf des Einzelnen prägen und gegenläufig zu der individuellen Verfügung, die sich als Bewusstseinsform durchsetzt, zum Spielball von Moden, Verhältnissen, Konjunkturen und Märkten" (Beck 1986: 211) macht. Entweder, mit einem Wort, fördert das Fernsehen die individuelle Verbindlichkeit gemeinsamer sozialer Orientierungen oder aber es untergräbt sie. Entweder ist es ein Motor der *Stabilisierung* oder aber der *Destabilisierung* der übrigen Institutionen zumal einer demokratischen Gesellschaft.

Diese Alternative aber ist in doppelter Hinsicht irreführend. Zum einen wird das Fernsehen in der Rolle eines mehr oder weniger funktionalen oder dysfunktionalen *Ersatzes* herkömmlicher (und pluralisierter) Instanzen wie Religion, Familie, Politik oder Vereinsleben gesehen. Diese Beschreibung aber wird seiner spezifischen gesellschaftlichen Stellung keineswegs gerecht. Zum anderen verzeichnet diese Alternative die tatsächliche Situation, indem das Fernsehen als eine sei es partizipative, sei es manipulative *Vermittlungsinstanz* eines *anderweitig* generierten Wissens dargestellt wird. Durch diese Betrachtung werden die erheblichen Transformationen missachtet, denen die heterogenen Wertorientierungen heutiger Gesellschaften in den Sendungen des Fernsehens unterliegen. Es ist längst zu einem unter anderen maßgeblichen Sinn*produzenten* geworden. Bei dieser Produktion aber spielt es sein eigenes Spiel. Die Regeln dieses Spiels müssen wir zu verstehen versuchen, wenn wir wissen wollen, wie es zur Identitätsbildung in unseren Gesellschaften beiträgt.

2. Das Fernsehen als Instanz der Identitätsbildung

Es ist ein manchmal lauthals, manchmal stillschweigend erhobener Anspruch einer nicht geringen Zahl von Sendungen des Fernsehens, einen konstruktiven

Beitrag zur Selbstverständigung und Selbstfindung sowohl des allgemeinen Publikums als auch der an ihnen beteiligten Akteure beizutragen. Die entsprechenden Formate enthalten das Versprechen, die Menschen, für die sie gemacht sind, in ihren Sorgen, Nöten und Wünschen ernst zu nehmen. Es gibt ihnen Rat bei der Befreiung von ihren Schulden, vermittelt bei Nachbarschaftskonflikten, verschafft ihnen per Frauentausch Klarheit über ihre Rolle als Eltern und Ehepartner, bietet Streetworker zum Einfangen ausgerissener Jugendlicher auf, offeriert in Daily Talks mehr oder weniger turbulente Gesprächstherapien – und vieles andere mehr. Allerorten macht sich das Fernsehen auf diese Weise zum Helfer der Zukurzgekommenen, Entrechteten oder auf Abwege Geratenen. Es wirbt um seine Kundschaft mit der Möglichkeit kurzfristiger Berühmtheit, der Chance, zum Millionär zu werden oder doch auf bescheidenere Weise die eigenen Wünsche zu erfüllen, es schreibt Karrieren als Musiker oder Model aus – und schafft einer größeren Öffentlichkeit die Gelegenheit, sich mit dem Scheitern oder Reüssieren der Kandidatinnen und Kandidaten am Bildschirm zu unterhalten.

Der Erfolg nicht weniger dieser Sendungen zeigt, dass sie auf ein verbreitetes Bedürfnis treffen: sich der eigenen Identität im Spiegel des normativen Selbstverständnisses anderer zu versichern. Denn auch in einer pluralistischen Wertewelt muss und will der Einzelne jemand Bestimmtes sein. Bei aller Vielfalt der Rollen, die wir in unterschiedlichen Lebenszusammenhängen einnehmen, sind wir doch *ein* Selbst, das sich jeweils auf eine für es selbst und für andere verständliche Weise zu verhalten versucht – und dies nach Standards, an deren Anerkennung seine Selbstachtung gebunden ist. Eine durch und durch „relativistische Grundhaltung", mit der der Versuch aufgegeben würde, sich überhaupt an geteilten oder doch teilbaren gemeinsamen Werten und Sinnbeständen zu orientieren, würde, wie Berger/Luckmann wiederum einleuchtend sagen, zwangsläufig zu einer „Entgesellschaftung des einzelnen" (Berger/Luckmann 1995: 67) führen.

> „Denn eine Person, für die die verschiedensten, auch einander widersprechenden Normen gleich gültig und daher auch gleich ungültig wären, wäre kaum noch zu einem kohärenten Handeln fähig, für das sie selbst Verantwortung übernähme. Denn sie könnte keinerlei Gründe dafür angeben, warum sie sich so und nicht anders entschieden hat; ihr Verhalten müsste ganz und gar willkürlich erscheinen, und niemand könnte sich darauf verlassen, dass es nicht schon im nächsten Augenblick seinen Charakter verändert. […] Das Minimum an wechselseitigem Vertrauen, das für den Bestand von Lebensgemeinschaften und damit einer ganzen Gesellschaft vorausgesetzt werden muß, ginge verloren." (Berger/Luckmann 1995: 67f.)

Hier setzt der Gestus der Lebenshilfe in den genannten Bereichen des Fernsehens an. Es sollen die Koordinaten eines subjektiv sinnvollen und sozial akzeptablen Daseins herausgestellt und gegebenenfalls zurechtgerückt werden. Entscheidend ist aber die *Realisierung* dieses Anspruchs. Zumal in den „Beratungssendungen" des Fernsehens wird dabei nicht nur anderweitig erworbenes oder eigens in

Auftrag gegebenes Expertenwissen, sei es aus der Pädagogik, der Psychologie, der Rechtslehre oder der Finanzberatung, verbreitet. Durch die Inszenierungsweisen der entsprechenden Sendungen wird vielmehr eine *eigene Art* des Orientierungswissens erzeugt. Durch das Wie der Darstellung wird dem Was der vermittelten Inhalte nicht nur etwas Äußerliches hinzugefügt. Zwar verwendet das Fernsehen, mit den Worten von Jan Dietrich Reinhardt gesagt, Personensemantiken, die außerhalb des Mediensystems kursieren. Aber durch „die selektive Modifikation, Bewertung und Neukombination von Personen-Eigenschaften bringen die Massenmedien dann auch neue Personensemantiken hervor" (Reinhardt 2006: 198). Es werden oft bereichsspezifische Normen des individuell guten und sozial richtigen Lebens propagiert, die in einer undurchsichtigen Welt pluralistischer Wertvorstellungen durchaus so etwas wie einen gemeinsamen Bezugspunkt einzelner Lebens- und Sozialgemeinschaften darstellen können – oder doch könnten.

Die spezifische Ästhetik des Fernsehens freilich verleiht dieser Werbung für das gute, gerechte oder sonstwie angemessene Leben und Handeln einen besonderen Charakter (vgl. Keppler 2003). Sie hebt den Nachdruck, den sie auf die jeweiligen Normen legt, durch den Ausdruck, den sie ihnen in ihren Inszenierungen verleiht, teilweise wieder auf. Er verleiht der Verbindlichkeit der Richtlinien, die es für ein gelungenes Selbstverhältnis und Sozialverhalten entwirft, zugleich eine Aura der Unverbindlichkeit. Der Schauwert der betreffenden Formate liegt gerade in einem strukturellen Konflikt mit ihrer ethischen Mission. Dieser Konflikt ist alles andere als Zufall oder ein Versehen; er ist wohlkalkuliert. Die Identitätsangebote des Fernsehens bleiben absichtsvoll diffus. Sie stellen Spielformen möglicher normativer Einstellungen her und stellen Spielräume ihrer Veränderung aus, die das Publikum zu einer Variation ihres Selbstverständnisses einladen, ohne es auf eine eindeutige Moral festzulegen. Durchaus bestimmte Normen werden der Selbstbedienung des Publikums zur eigenen Übernahme anheim gestellt. Eben darin liegt die Botschaft. Das Fernsehen unterhält seine Kundschaft mit dem eigenen Bedürfnis nach moralischer und sonstiger Orientierung, ohne es eindeutig zu befriedigen. Schließlich muss die Show weitergehen. Damit jedoch *erfüllt* es eine zwar nicht unbedingt noble, aber durchaus nützliche gesellschaftliche Funktion: die Möglichkeiten und Grenzen sozial teilbaren Sinns öffentlich im Gespräch zu halten.

3. Beispiel: Germany's Next Topmodel

Diese Ambiguität der fernsehspezifischen Sinngebung und Wertevermittlung möchte ich nun am Beispiel einer Sendung verdeutlichen, die auf den ersten Blick eine erstaunlich konventionelle Tugendethik für junge Frauen propagiert.

Dieses Beispiel soll klären helfen, welche Spielräume der Identitätsbildung in gegenwärtigen Unterhaltungssendungen bereitgestellt werden.

Seit dem 25. Januar 2006 gibt es die Reality-Soap *Germany's Next Topmodel – by Heidi Klum* im deutschen Fernsehen. Angelehnt an das US-amerikanische Vorbild *America's Next Top Model* wird sie von dem privaten Sender ProSieben produziert und ausgestrahlt. Das amerikanische Original wird von dem erfolgreichen Model Tyra Banks moderiert, die deutsche Version von der ebenso bekannten Heidi Klum. Das erklärte Ziel der Sendung ist es, am Ende ein „neues deutsches Supermodel" zu küren. Vom 12.02. bis zum 21.05. dieses Jahres ist bereits die vierte Staffel wöchentlich zur Primetime gelaufen. Diese Staffel war die bislang erfolgreichste: Der Marktanteil bei der werberelevanten Zielgruppe der 14- bis 49-Jährigen lag 2009 durchschnittlich bei stattlichen 23,8 % (2006 noch bei 13,5 %). Rund 4,61 Millionen Zuschauer verfolgten das Finale dieser Staffel.

Eine derartige Reality-Soap gehört zum Typus des von mir so genannten „performativen Realitätsfernsehens" (Keppler 1994). Dieses stellt eine Bühne für nichtalltägliche Inszenierungen unter Beteiligung alltäglicher Menschen bereit, die deren alltägliches Selbstverständnis sehr unterschiedlichen Prüfungen unterziehen. Für eine Reality-Soap konstitutiv ist nun die Tatsache, dass die Protagonisten, im Fall von *Germany's Next Topmodel* „ganz normale Mädchen" im Alter von 14 bis 21 Jahren, für eine bestimmte Zeit ihre natürliche Umgebung verlassen und sich in ein künstliches soziales Setting begeben, das in aller Regel durch ungewöhnliche bis extreme Belastungen geprägt ist. Den Reiz solcher Sendungen machen nicht zuletzt die dadurch entstehenden Spannungen und Probleme unter den Teilnehmerinnen dieser Sendungen aus, die oft um den Gewinn eines erheblichen Preises konkurrieren. Melodramatik, Streit, Neid, Rivalität sowie Versöhnung und Verbrüderung werden somit zu zentralen dramaturgischen Elementen. Wie fiktive Fernsehserien – die Soap-Operas – haben Reality-Soaps darüber hinaus eine klare serielle Struktur. Die einzelnen Serienfolgen sind abgegrenzte Einheiten, die aber auf vielfältige Art und Weise sowohl an die vorhergehenden Folgen anknüpfen, wie bereits Anknüpfungspunkte für die kommenden bieten. Die Zuschauer müssen „aus den vergangenen Folgen Wissen akkumulieren und mit der Erwartung leben, dass das Geschehen in die Zukunft noch verlängert wird" (Faulstich 2008: 8).

In den einzelnen Staffeln von *Germany's Next Topmodel* bekommen zwischen zwölf und 19 Bewerberinnen jede Woche von neuem verschiedenste Aufgaben gestellt. Sie werden in unterschiedlichen Weltgegenden – bevorzugt aber an illustren Orten wie Los Angeles, New York oder Haiti – unterschiedlichen Prüfungen unterworfen, die ihre Fähigkeiten auf die Probe stellen und fördern sollen. Unter teilweise extremen Bedingungen gibt es Foto-Shootings mit berühmten Fotografen sowie Castings für Model- oder Werbeaufträge bei bekannten Firmen und Designern. Am Ende jeder Folge entscheidet eine Jury – angeführt von Heidi Klum –, wer nach Hause gehen muss und wer weiter dabeibleiben und darauf hoffen darf, am Ende zu einem „Topmodel" gekürt zu werden, dem, so das werbeträchtige Versprechen der Sendung, lukrative Aufträge winken.

Was die Zuschauer hierbei zu sehen bekommen, ist kein in „Echtzeit" sich abspielendes Geschehen, sondern eine hochartifizielle Montage von Szenen, die stets nach einem Prinzip der Zuspitzung erfolgt. Dabei werden „Heidis Mädchen", die Protagonistinnen der Sendung, weitgehend auf bestimmte ausgewählte Charakterzüge reduziert. Ganz im Sinne des für das Reality-TV insgesamt konstitutiven Elements der Stereotypisierung gibt es hier recht unterschiedliche Identitätsangebote. Und nicht nur das. Es gibt die *guten* Mädchen auf der einen und die *schlechten* auf der anderen Seite. Die Bewertung des Charakters der Kandidatinnen durchzieht die gesamte Inszenierung der Sendungen. Durch die Länge der Darstellung einzelner Kandidatinnen, verschiedene Aufnahmetechniken sowie das Mittel der Kontrastmontage wird auf der visuellen Ebene ein bestimmtes, stets moralisch gefärbtes Bild der Konkurrentinnen erzeugt. Diese Typisierung wird unterstützt und verstärkt durch verbale, gestische und mimische Kommentare von Seiten der professionellen Akteure sowie durch einen gezielten Einsatz von Musik (deren Verwendung eine eigene Betrachtung wert wäre).

In der vierten Staffel etwa gab es das „bad girl", die schwierige, weil unangepasste Larissa, die sich – skandalöserweise – einem „Umstyling" ihrer Haarfarbe verweigert und dafür entsprechend gescholten wurde. Es gab das „good girl", die natürliche, fröhliche, nette und darum vorbildliche Marie, die am Ende dennoch nur Dritte wurde, weil sie als *zu* nett, hübsch und angepasst und damit für potentielle Kunden zu langweilig eingestuft wurde. Es gab das hübsche (blonde) Dummchen Sabrina, das nicht mal die einfachsten Begriffe verstand und daher von Anfang an ersichtlich keine Chance hatte, es aber dennoch fast bis zur letzten Runde schaffte. Es gab die extravagante Maria, „ein toller Typ" „mit einer super Einstellung", die sich schließlich aber doch als „zu speziell" erwies. Positive und negative Bewertungen dieser Art durchzogen die gesamte Folge der Sendungen. Sie kulminierten jeweils am Ende jeder Episode in den Richtersprüchen der Moderatorin, durch die das Urteil fiel, wer bleiben durfte oder gehen musste.

Zwei Beispiele zur Verdeutlichung: Beide Male sehen wir Heidi Klum in der Rolle einer Hohepriesterin des Modelgewerbes. Sie hält kardinale Tugenden hoch und geißelt die entsprechenden Sünden – Tugenden und Laster, die aber keineswegs allein im Beruf eines Models eine Rolle spielen. Vielmehr wird in der dramatischen Schlussphase jeder Episode ein Katalog durchaus klassischer Mädchentugenden rezitiert.

Germany's Next Topmodel (Staffel 04/Episode 05) (Pro7), 13.03.2009: Ausschnitt „Tessa"

Nr. Zeit	Bild	Ton	
01 `2	HT, AS: Heidi Klum (HK), steht vor einem Pult, hinter dem Pult sitzen: Melanie Brown (MB), Rolf Scheider (RS), Payman Amin (PA); HG: in rosa und weiß gehaltene Wände, Schriftzug „GERMANY'S NEXT topmodel by Heidi Klum", BE^{u,li}Insert: Frauen-Silhouette, Schriftzug GERMANY'S NEXT topmodel by Heidi Klum, BE^{o,re}Senderlogo ProSieben (über alle Einstellungen)	HK:	.hhh
02 `2	N: HK hat ihre Augen etwas zusammengekniffen und blickt starr nach re	Mu: HK:	((HG: einzelne Klaviertöne)) diszipliniert, (1.0)
03 `2	G: Tessa Bergmeier (TB) blickt nach li	Mu: HK:	((HG: einzelne Klaviertöne)) sympathisch, (1.0)
04 `5	N: HK lächelt schwach, bewegt den Oberkörper	Mu: HK:	((HG: einzelne Klaviertöne)) fröhlich, (2.0) kontrolliert, (1.5) verwandel
05 `6	HN: BH^{re} TB im li Profil	Mu:	((HG: einzelne Klaviertöne)) ba:; (1.5) natü:rlich; (3.5)
06 `2	N: HK hebt den Kopf	Mu: HK:	((HG: einzelne Klaviertöne)) So,=sollte ein Topmodel sein; (--)
07 `3	G: TB nickt mit geschlossenen Augen, öffnet die Augen, hebt den Kopf, blickt nach li	Mu:	((einzelne Klaviertöne))
08 `4	N: HK blickt ernst, zieht die Augenbrauen hoch, neigt ihren Kopf leicht nach re, zieht die Mundwinkel kurz nach außen, neigt den Kopf	Mu: HK:	((HG: einzelne Klaviertöne)) .hh (--) wenn=wir an dich denken (--) dann falln uns leida (---) diese Adjektive ein
09 `3	HN: BH^{re} TB im li Profil, blickt mit leicht gesenkten Mundwinkeln nach li	Mu: HK:	((HG: einzelne Klaviertöne)) .hh
10 `2	N: HK blickt starr leicht nach re, neigt den Kopf etwas nach u	Mu: HK:	((HG: einzelne Klaviertöne)) undiszipliniert (1.5)
11 `2	G: TB blickt mit schwach nach u gezogenen Mundwinkeln nach li, schließt kurz die Augen	Mu: HK:	((HG: einzelne Klaviertöne)) wü:tnd. (1.5)

Das Fernsehen als Schauplatz der Formung sozialer Identität 119

Nr. Zeit	Bild	Ton	
12 `2	N: HK blickt starr leicht nach li, die Stirn in Falten, öffnet weit ihren Mund und zieht ihre Augenbrauen hoch	Mu: HK:	((HG: einzelne Klaviertöne)) unkontrolliert (1.0) .hh
13 `3	G: TB blickt nach li, blinzelt einmal kurz	Mu: HK:	((HG: einzelne Klaviertöne)) launisch: (2.5)
14 `2	N: HK blickt starr mit großen Augen leicht nach re, senkt schwach den Kopf	Mu: HK:	((HG: einzelne Klaviertöne)) aggressiv; (1.5)
15 `11	G: TB blinzelt, blickt nach u, blickt nach li und schüttelt mehrmals den Kopf,	Mu: TB:	((HG: einzelne Klaviertöne)) ds=bin=ich nicht (2.0)
		Mu:	((HG: tiefes monotones Bläserbrummen))
	dreht Kopf ruckartig nach re, blickt nach re u, richtet ihren Blick wieder nach o und li, bewegt ihren Kopf,	TB:	.hhh ich möchte euch wirlichzei:gen das=ichsnich bin: ich bin:snich (--) ds=isnich der mensch; .hh (2.0) und (1.0)
	schüttelt den Kopf		.hh (-) und
16 `3	HN, Z`(l): BH^{re} TB blickt kurz nach li, hebt li Hand, schließt Augen und lässt den	Mu: TB:	((HG: langsam aufsteigende Bläserfolge)) ich möcht wi:rk[lich,
	ganzen Arm wieder fallen, TB öffnet ihre Augen, den Blick nach u gesenkt, blickt dann nach li und dreht sich leicht nach li	G: TB:	[((dumpfes Klatschen)) gern noch ne Chance, ham; weil=ich möchts=euch wirklich zei:gn; (1.0)
17 `3	HT, AS: HK steht vor Pult, Umschlag vor ihrem Bauch haltend, blickt nach re, hinter dem Pult von li sitzend MB, RS und PA, alle drei blicken starr nach re	Mu: TB:	((HG: langsam aufsteigende Bläserfolge)) <<p>echt>
18 `3	G: TB leicht im li Profil, neigt Kopf etwas nach hinten, schüttelt ihn, richtet Blick zweimal kurz nach u, schüttelt dabei den Kopf	Mu: TB:	((HG: mittelhoher anhaltender Bläserton)) ich wei:ssdass=ich nicht dieser Mensch bin, (1.5)
19 `4	HN: BH^{re} TB blickt nach li, schüttelt den Kopf, hebt rechten Arm ein Stück, lässt ihn fallen, blickt kurz nach re, schüttelt langsam den Kopf	Mu: TB:	((HG: mittelhoher anhaltender Bläserton)) <<p>echt=nich::> (3.0)
20 `4	G: TB blickt mit etwas glasigen Augen nach li, blickt nach re u, presst Lippen aufeinander, kurze leicht kreisende Bewegung mit Kopf nach links, blickt nach li, nach u, wieder nach li	Mu:	((tiefes Bläserbrummen, getragene Klavierfolge, lauter werdend, Streicherharmonien))

Nr. Zeit	Bild	Ton	
21 '4	N: HK blickt mit leicht gesenktem Kopf ernst nach re, hebt Augenbrauen, neigt den Kopf nach re, lächelt, senkt Augenbrauen, richtet Kopf gerade, blickt ernst nach re	Mu: HK:	((HG: Klavierfolge, Streicherfläche)) .h ich glaube, das=du anders sei:nka:nnst; (1.0) un=anders sein mö:chtest; (1.0)
22 '6	G: TB blickt nach li, nickt mehrmals kurz, schiebt Unterkiefer nach vorne, presst Lippen zusammen	Mu:	((absteigende Klavierfolge, Streicherfläche, Becken))
23 '2	N: HK schüttelt den Kopf und blickt nach re	Mu: HK: TB:	((HG: Klavierfolge, Streicherfläche)) <<p>a>ber ich glaube nichdass= du=dasin der kurzen Zeit schaffst .hh
24 '5	G: TB blickt starr nach li, nickt, presst Lippen zusammen, Mundwinkel zittern, schließt Augen, bewegt Kopf kurz nach re, öffnet die Augen, blickt nach li	Mu: TB: HK:	((HG: Klavierfolge, Streicherfläche)) ((gehaucht)) <<pp> doch> (--) nich bei uns (3.5) wir=könnlei
25 '8	N: HK bewegt den Kopf leicht nach hinten, blickt nach re, schüttelt einmal kurz den Kopf, HK lächelt knapp, presst Lippen leicht aufeinander	Mu: HK:	((HG: Streicherfläche)) der nur beurteilen was wir sehen; (.) unwas=wir gesehen haben (1.5) das war leida: (2.0) ne andre Tessa; (1.0)
26 '3	HN: BH^re TB blickt geradeaus, neigt Kopf etwas nach re	Mu:	((absteigende Klavierfolge, Streicherfläche))
27 '8	G: TB schüttelt den Kopf, öffnet Mund mit zitternden Lippen, ruckartige Kopfbewegung nach re	Mu:	((leiser werdende Klavierfolge, Streicherfläche; Mu wird am Ende der E ausgeblendet))
28 '3	N: HK blickt ernst, bewegt leicht nach u geneigten Kopf langsam nach re und li	HK: Mu:	Tessa ich habe heute leider kein, Foto für dich; ((Klaviermu. setzt ein))

„Diszipliniert, sympathisch, fröhlich, kontrolliert, verwandelbar, natürlich" (vgl. E 02–05) – so soll ein potentielles Model sein und mit ihm alle jungen Frauen, die in der rauen Welt mit weiblichem Charme Erfolg haben wollen; nicht hingegen „undiszipliniert, wütend, unkontrolliert, launisch und aggressiv" (vgl. E 11–14) wie Tessa, die den medialen Charaktertest nicht bestanden hat. Tessas Beteuerungen, ihre wahre Identität sei verkannt worden (vgl. E 15–19), helfen nichts. Sie wird keine weitere Bewährungschance erhalten (vgl. E 24). Sie muss ihr

Urteil und damit ihr Ausscheiden aus dem Wettbewerb akzeptieren (vgl. E 25). An ihr wird ein moralisches Exempel statuiert – sowohl mit Blick auf die Mitbewerberinnen als auch auf das Publikum an den Bildschirmen. Die Sendung, dies legt dieser Ausschnitt nahe, führt ein rigide konservatives, ja autoritäres Rollenmodell für junge Frauen vor. So einfach aber ist die Sache nicht, wie das zweite Beispiel verdeutlicht.

Germany's Next Topmodel (Staffel 04/Episode 07) (Pro7), 26.03.2009: Ausschnitt „Steffi"

Nr. Zeit	Bild		Ton
01 '4	AUFBL; N: BM Heidi Klum (HK) blickt starr nach re, schiebt Kinn etwas nach o, presst Lippen aufeinander, dreht Kopf leicht nach re, HG: in rosa und weiß gehaltene Wände, Schriftzug „GERMANY'S NEXT topmodel by Heidi Klum" BE^{u,li} Insert: Frauen-Silhouette, Schriftzug GERMANY'S NEXT topmodel by Heidi Klum, BE^{o,re} Senderlogo ProSieben (über alle Einstellungen)	G: HK:	((abrupt einsetzender synthetischer Bassschlag, stark anschwellendes Rauschen)) wir warn von euch dreien diese=Woche se:hr enttäuscht;
(…)			
Nr. Zeit	Bild		Ton
11 '3	HT (AS): BH^{re} Rückansicht von drei Frauen; BH^{li} HK, hinter HK Pult mit drei Männern	Mu: HK:	((HG: Trommelschläge und Synthesizerfläche)) Steffi, (2.5)
12 '1	G: Steffi (ST) leicht von der linken Seite	Mu: HK:	((HG: Trommelschläge und Synthesizerfläche)) du has=eintolln
13 '2	N: HK blickt starr leicht nach re	Mu: HK:	((HG: Trommelschläge und Synthesizerfläche)) Körpa, (1.5)
14 '5	G: ST zuckt mit Kopf nach re, blinzelt, presst Lippen leicht zusammen, blickt nach li	Mu: HK:	((HG: Trommelschläge und Synthesizerfläche)) ein wunderschönes Gsicht, (2.5)
15 '3	N: HK blickt starr etwas nach re, bewegt Kopf langsam von re nach li	Mu: HK: Mu:	((HG: Trommelschläge und Synthesizerfläche,)) aber keine gute Einstellung. ((tiefe Streicherfolge))

(…)

Nr. Zeit	Bild	Ton	
27 `2	N: HK blickt starr, den Kopf leicht nach re gedreht nach re	G, Mu: HK:	((einmaliger Bassschlag, ansteigender Bläserton)) Steffi (1.5)
28 `5	G: ST leicht im li Profil, blickt nach li	Mu:	((elektronische Klänge, ansteigender Bläserton))
29 `3	N: HK blickt starr, leicht aufeinander gepresste Lippen, zieht rechte Augenbraue nach o, kneift Augen zusammen	Mu: HK:	((HG:Streicher)) .hhdu=hattestkei:ne, Lust mehr; (1.5)
30 `3	G: ST blickt starr	Mu: HK:	((HG: einzelne Klaviertöne)) mit=eim der be:stnFotogra:fen
31 `2	N: JR, den Kopf nach re gedreht, heruntergezogene Mundwinkel, öffnet den Mund	Mu: HK:	((HG: Klaviermelodie)) auf der We:lt
32 `2	G: ST schließt die Augen, öffnet sie wieder, kurze ruckartige Kopfbewegung nach o und blickt nach li	Mu:	((getragene Streicher- und Klaviermusik))
33 `1	N: HK hebt Schultern, zieht Augenbrauen zusammen, legt Stirn in Falten	Mu: HK:	((HG: Streicher- und Klaviermusik)) ein Foto? zu machen;

(...)

Nr. Zeit	Bild	Ton	
76 `1	N: HK Kopf leicht nach re geneigt, blickt starr nach re	HK:	Steffi
77 `3	G: ST presst ihre Lippen aufeinander	Mu:	((Synthesizerfläche))
78 `2	N: HK blickt ernst	Mu:	((Synthesizerfläche))
79 `3	N, Z^v (l): ST blickt nach u	Mu: HK:	((Synthesizerfläche, pulsierendes Trommeln und Klopfen)) .hh
80 `3	N: HK hebt leicht die Schultern, bewegt Kopf nach hinten, zieht Augenbrauen leicht nach o	Mu: HK:	((HG: Synthesizerfläche)) .h Steffi wir=erwartn von alln Mädchen; (1.0)
81 `5	G: ST mit etwas geröteten Augen, senkt den Blick	Mu: HK:	((HG: Brummen)) en positives Auftretn (4.0)
82 `2	N: HK hebt Augenbrauen zweimal kurz an, die Stirn in Falten	Mu: HK:	((HG: anhaltender tiefer Klavierton)) vor allem (-) vor den Kundn,
83 `2	G: ST blinzelt, schließt die Augen, nickt leicht	Mu: HK:	((HG: Klavierton)) Fotogra:fn, (1.0)
84 `2	N: HK hebt kurz den Kopf, blickt ernst nach re	Mu: HK:	((HG: hoher Posaunenton)) .h oder vor=der Jury; (1.0)
85 `2	G: ST nickt leicht, blinzelt, schluckt	G:	((HG: tiefes Brummen))

Nr. Zeit	Bild	Ton	
86 `2	N: HK blickt starr nach re	Mu:	((disharmonischer Streicherakkord))
87 `4	G: ST blickt mit geöffnetem Mund nach li, schließt Mund	Mu:	((Streicherakkord und Posaunenlauf))
88 `1	N: HK blickt ernst nach re	Mu: HK:	((HG: disharmonischer Streicherakkord)) Steffi; (0.5)
89 `5	G: ST	Mu:	((Streicherakkord))
90 `2	N: HK blickt starr, öffnet den Mund, hebt die Schultern	HK:	.hh (1.0) du=bisweita:;

Wie die drei Episoden zuvor ausgeschiedene Tessa hat auch Steffi in der zurückliegenden Woche „keine gute Einstellung" (vgl. E 15) bewiesen. Sie hat keinen Respekt vor den Koryphäen der Branche und kein positives Auftreten gezeigt (vgl. E 27–33). Auch dies sind kardinale Sünden im Wertekatalog dieser Sendung. Trotzdem kommt Steffi weiter – und zwar ohne jede Begründung (vgl. E 90). Es ist nahe liegend zu vermuten, dass sie nicht wegen ihres charakterlichen, sondern wegen ihres körperlichen Kapitals noch einmal durchkommt (vgl. E 11–14); die Dramaturgie der Serie will noch nicht auf sie verzichten. Der Bruch mit der moralischen Sendung dieser Sendung aber ist hierbei nicht zu übersehen, genauso wenig wie derjenige in der Rolle der Moderatorin. Sie erweist sich hier – und bei vielen anderen Gelegenheiten – eben nicht nur als der weibliche Guru einer anti-feministischen Ethik, sondern zugleich als Showmasterin innerhalb eines Genres, das anderen Imperativen folgt. Das Gesetz der in Wort und Bild gepredigten Moral steht hier in einem klaren Konflikt mit dem Gesetz der Quote.

Entscheidend für das Verständnis der Sendung und des Angebots, das sie ihren Zuschauern macht, ist jedoch gerade, dass diese Doppeldeutigkeit von vornherein zu ihrem Kalkül gehört. Der Rhetorik der Tugenden nämlich kommt hier eine inhaltliche und inszenatorische Funktion zu. Es wird mit Bildern des Weiblichen sehr ernsthaft – gespielt. Dass es bei den Entscheidungen der Jury nicht immer gerecht zugeht, gibt der Sache einen zusätzlichen Reiz. Die Sendung *vertritt* durchaus eine konservative Moral der Charakterbildung, aber sie vertritt sie *halbherzig*, da sie gleichzeitig einem Prinzip der Spannungssteigerung unterliegt, bei dem das persönliche Drama von Gelingen und Scheitern im Vordergrund steht. Sie bietet dadurch *sowohl* Identifikation mit dem propagierten Rollenmodell *als auch* eine Distanzierung von ihm an – und überlässt es dem Publikum, ob sie sich auf die eine *oder* andere Seite oder im Wechsel auf die eine *und* die andere schlagen will.

4. Resümee

Meine zusammenfassende These nun lautet, dass Vergleichbares auch in den anderen Sendungen des Fernsehens geschieht, die sich auf die eine oder andere Weise Lebenshilfe und Lebensberatung auf die Fahnen geschrieben haben. Denn sie alle haben sich einer möglichst populären *Unterhaltung* mit diesen Themen verschrieben. Durch die Inszenierungsstrategien, mit denen dieses Ziel verfolgt wird, ergibt sich somit zwar eine Lockerung der Verbindlichkeit der jeweils propagierten Normen und Rollenbilder. Dies darf jedoch nicht mit einem Zustand bloßer Unverbindlichkeit verwechselt werden. Denn Orientierung bieten diese Sendungen durchaus. Sie tun es jedoch in einem besonderen Modus, der für die Sinnproduktion des Fernsehens in vielen Bereichen charakteristisch ist. So sehr sie einerseits die *Kraft* der jeweils propagierten Werte durch die Form ihrer Sendungen schwächen, so sehr bestärken sie andererseits die *Motivation* zu einer Auseinandersetzung mit unterschiedlichen Standards der sozialen Praxis. Auf diesem Weg verwandelt sich die in den einschlägigen Formaten angebotene Schulung in eine ästhetische Erziehung, die alles, was jeweils vermittelt wird, in einem Möglichkeitszustand hält; die vorgeführten Dramen bleiben ein Spiel, wie ernst die Sache für die Betroffenen auch sei. Dieses Spiel aber ist dennoch niemals *nur* ein Spiel. Denn hier werden vor den Augen der Zuschauer realitätsnahe (oder wenigstens so erscheinende) *Lebens*möglichkeiten *durch*gespielt, die den Zuschauern eine Gelegenheit bieten, die *ihren* zu vergegenwärtigen und damit ihr eigenes Selbstverständnis – sei es stillschweigend, sei es ohne großen Überlegungsaufwand – zu variieren.

Literatur

Beck, Ulrich (1986): Risikogesellschaft. Auf dem Weg in eine andere Moderne. Frankfurt a.M.: Suhrkamp.
Berger, Peter L./Luckmann, Thomas (1995): Modernität, Pluralismus und Sinnkrise. Die Orientierung des modernen Menschen. Gütersloh: Bertelsmann.
Faulstich, Werner (2008): Grundkurs Fernsehanalyse. Paderborn: Fink.
Keppler, Angela (1994): Wirklicher als die Wirklichkeit? Das neue Realitätsprinzip der Fernsehunterhaltung. Frankfurt a.M.: Fischer Taschenbuch Verlag.
Keppler, Angela (2003): Für eine Ästhetik des Fernsehens. In: Zeitschrift für Ästhetik und Allgemeine Kunstwissenschaft 48, 2, S. 285–296.
Krotz, Friedrich (2003): Medien als Ressource der Konstitution von Identität. Eine konzeptionelle Klärung auf der Basis des Symbolischen Interaktionismus. In: Hepp, Andreas/Thomas, Tanja/Winter, Carsten (Hrsg.): Medienidentitäten. Identität im Kontext von Globalisierung und Medienkultur. Köln: Herbert von Halem, S. 27–48.
Reinhardt, Jan Dietrich (2006): Identität, Kommunikation und Massenmedien. Würzburg: Ergon.
Zum Transkriptionssystem der Fernsehfilmausschnitte vgl. Keppler, Angela: Mediale Gegenwart. Eine Theorie des Fernsehens am Beispiel der Darstellung von Gewalt. Frankfurt a.M.: Suhrkamp, S. 325–330.

Das Fernsehen als Schauplatz der Formung sozialer Identität

Anhang: Transkriptionssystem

Beschreibungsinventar für das tabellarische Filmprotokoll und Erläuterung der Abkürzungen für visuelle und auditive Elemente

1. Visuelle Dimension

1.1 Kameraoperationen

1.1.1 Einstellungsgrößen

D Detailaufnahme: eng begrenzter Bildausschnitt, Großaufnahme von Gegenständen.
G Großaufnahme: Konzentration auf den Kopf/das Gesicht bis zum Hals.
N Nahaufnahme: Brustbild; Darstellung von Personen vom Kopf bis zur Mitte des Oberkörpers; neben den mimischen werden auch gestische Elemente sichtbar. Oft für die Darstellung von Diskussionen und Gesprächen verwendet.
HN Halbnah: Darstellung Kopf bis zur Taille; Aussagen über die unmittelbare Umgebung der abgebildeten Personen werden möglich. Oft zur Darstellung von Personen im Dialog.
A Amerikanische Einstellung: Personen vom Kopf bis zu den Knien.
HT Halbtotale Einstellung: Menschen von Kopf bis Fuß, oft zur Darstellung von Personengruppen verwendet.
T Totale: ganze Person mit Umgebung; gibt einen Überblick über den Handlungsraum.

1.1.2 Kamerabewegungen

Z Zoom
F Fahrt
S Schwenk
TS Tiefenschärfe
ZL Zeitlupe

Richtung der Kamerabewegung (jeweils hochgestellt hinter Kamerabewegung)
v nach vorn
o nach oben
h nach hinten
u nach unten
li nach links
re nach rechts

1.1.3 Kameraperspektive (in Klammern hinter Einstellungsgröße)
AS Aufsicht/Vogelperspektive
US Untersicht/Froschperspektive
l leicht
s stark

1.2 Schnitt

Ü Überblende: Einzelbilder von Einstellung A überlappen mit Einzelbildern von Einstellung B
AUFBL Aufblende: langsames Einblenden einer Einstellung
ABBL Abblende: Abdunkelung der Einstellung
—— Schnitt: auf letztes Einzelbild von Einstellung A folgt unmittelbar erstes Einzelbild von Einstellung B

1.3 Elemente der Bildkomposition

1.3.1 Insert
Inhalt des Inserts kursiv; Besonderheiten (Groß-/Fettschrift etc.) werden übernommen

1.3.2 Lokalisierung von Personen oder Gegenständen im Raum
VG Vordergrund
HG Hintergrund
BM Bildmitte
BR Bildrand
BH Bildhälfte
BE Bildecke

2. Akustische Dimensionen

2.1 SprecherInnen
N   bei bekannten SprecherInnen Abkürzung des Nachnamens
(A)   SprecherIn ist vermutlich SprecherIn A
( )   SprecherIn nicht identifizierbar

2.2   Gesprochene Sprache (je nach Bedarf erweiterbar nach den Regeln des GAT-Transkriptionssystems für gesprochene Sprache (vgl. Selting et al. 1998)
(.)   Mikropause unter 0,25 Sek. Dauer
(-), (--), (---)   geschätzte Pausen von ca. 0,25–0,75 Sek. Dauer
(2)   geschätzte Pause in Sekunden ab Pausendauer von ca. 1 Sek.
[Beginn einer Überlappung bzw. gleichzeitiges Sprechen
ja:::   Dehnung; Anzahl der Doppelpunkte entspricht Länge der Dehnung
?   stark steigende Intonation
,   schwach steigende Intonation
;   schwach fallende Intonation
.   stark fallende Intonation
=   Verschleifung innerhalb von Einheiten, z.B. und=äh
hm, ja, nee   einsilbige Rezeptionssignale
hm=hm, ja=a,
nei=ein   zweisilbige Signale
'hm'hm   mit Glottalverschlüssen, meistens verneinend
waru'   Abbruch eines Wortes oder einer Äußerung
.h, .hh, .hhh   hörbares Einatmen, je nach Dauer
h, hh, hhh   hörbares Ausatmen, je nach Dauer
a(h)ber   Aspirationslaut oder Lachpartikel beim Sprechen
((lacht))   Umschreibung von para-linguistischen Informationen (Lachen, Husten, Räuspern, etc.), äußere Klammer kennzeichnet Anfang und Ende
( )   unverständliche Textpassage
(und)   vermuteter Wortlaut, nicht sicher rekonstruierbar
<<f>>   =forte, laut (z.B. <<f>Hi:lfe:>)
<<ff>>   =fortissimo, sehr laut
<<p>>   =piano, leise
<<pp>>   =pianissimo, sehr leise

„Vertrauen" in den Medien und im Alltag

Gerhard Kleining

In der ökonomischen Krise der Jahre 2008 und 2009 wird der Verlust von Vertrauen beklagt. Seit Beginn 2008 berichten die Medien über aufeinander folgende Krisen – von der Immobilienkrise in den USA im Frühjahr 2008 zur Bankenkrise dort mit der Insolvenz der Großbank Lehman Brothers im September zur globalen Wirtschaftskrise ab 2009. Einher gehen die Maßnahmen der Staaten zur Stützung der Wirtschaft und zur Rückgewinnung des Vertrauens in das herrschende Wirtschaftssystem. Bundespräsident Wolfgang Köhler (2009): „Das Vertrauen ist gestört, dass es den Beschäftigten und der Gesellschaft insgesamt besser geht, wenn es den Unternehmen gut geht". Regierungserklärung von Bundeskanzlerin Angela Merkel (2009): „Den Finanzmarkt stabilisieren, Vertrauen wiederherstellen". Focus Online (2009): „Guttenberg warnt vor neuer Vertrauenskrise".

Unser Thema ist die *Struktur von Medienberichten* über „Vertrauen", die vornehmlich im Juni und Juli 2009 in der Bundesrepublik erschienen sind. Beobachtet wurden Nachrichten und Kommentare im Radio und Fernsehen, in Zeitungen und Zeitschriften und online. Unter „Medien" verstehen wir hier „... das, was früher Massenkommunikation genannt wurde, aber eigentlich Produktion und Rezeption von standardisierten und allgemein adressierten Kommunikaten genannt werden muss" (Krotz 2007: 13). Zur Dokumentation verwenden wir vornehmlich Texte aus Print-Medien, die leichter zitierbar sind. Die Ergebnisse konfrontieren wir mit der *Alltagsbedeutung* von „Vertrauen". Diese Daten wurden in einer gesonderten Studie mit der Methode der „Dialogischen Introspektion" erstellt (siehe Abschnitt 3). Die Methode ist eine Entwicklung der „Hamburger Gruppe Psychologie und Sozialwissenschaft", an der Friedrich Krotz beteiligt war.

1. Zur Methodologie

Wir verwenden die heuristische oder entdeckende Methodologie (Kleining 1982, 1995); zum heutigen Stand siehe Qualitative Heuristik (2009), zum Vergleich mit anderen Verfahren Kleining (2007), mit Beispielen aus der Kommunikationsforschung Krotz (2005). Danach gehen wir nicht von einer Definition von „Vertrauen" aus oder bestimmten Hypothesen, etwa, dass die Verwendung des Begriffs mit der politischen Ausrichtung des Mediums zusammenhänge. Der

Forschungsgegenstand soll *offen* sein für neue Erkenntnisse, die aus ihm selbst kommen (Regel 2 der heuristischen Methodologie; Regel 1 bezieht sich auf die damit korrespondierende *Offenheit der Forschungsperson* selbst). Wir beginnen auch nicht mit dem Hinterfragen unseres Themas und unseres Erkenntnisinteresses, sondern warten unsere Ergebnisse ab, um erst dann, möglicherweise, das Vorverständnis und unsere Interessenlage zu korrigieren.

Dabei stellt sich das Problem der Datenauswahl. Die Mainstream-Methodik der „erklärenden" oder „beschreibenden" Forschung (vgl. Kleining 2007: 211f.) verlangt nach einer hypothesenbezogenen („erklärend") oder nach Plausibilität („beschreibend") selektierten Erhebung von Daten, hier also etwa der Auswahl der Medien und der jeweils als relevant angesehenen Umfelder des Begriffs wie auch der Angabe der Bereiche, innerhalb derer die Untersuchung vorgenommen werden soll („Grundgesamtheit"). Dies hat eine Forschungsperson *vor* der Datenerhebung zu bestimmen. Soll z.B. eine Inhaltsanalyse die Häufigkeit der Verwendung des Begriffs und dessen sprachliche Umfelder feststellen, braucht man ein Kategorienschema, in das die Fälle eingeordnet werden. Man beginnt mit den Hypothesen, operationalisiert sie, bestimmt ein Codierungsverfahren und endet mit der Einordnung der Einzelfälle.

Das heuristische Vorgehen ist gerade umgekehrt. Man beginnt mit Einzelfällen, hier also solchen, in denen „Vertrauen" behandelt ist, unabhängig vom Medium und der Art der Darstellung, zunächst dort, wo man sie findet. Man versucht, an diesem Material durch beständigen Vergleich Übergreifendes oder Strukturen zu entdecken. Die methodologische Vorschrift dabei ist die Analyse möglichst *unterschiedlicher* Beispiele auf ihre *Gemeinsamkeiten* (Regeln 3 und 4 der heuristischen Methodologie). Hat man etwas gefunden, sucht man noch nicht erfasste Verhältnisse zu identifizieren und zu integrieren. Dabei ist ein schrittweises Vorgehen angezeigt: vom konkreten Einzelnen zur zusammenfassenden Struktur des Gemeinsamen und von dort wieder zurück zu den Daten, die sich jetzt möglicherweise auf neue Art ordnen lassen. Die Aktualitäten des Tages werden bald überholt sein, die Strukturen sollten überdauern.

Die Rolle der heuristisch arbeitenden Forschungsperson unterscheidet sich von der bei prüfender oder beschreibender Methodik. Auch entdeckende Forschung geht von bestimmten Annahmen aus, etwa über den Gegenstand der Forschung und den Untersuchungsbereich. Jedoch gelten diese Bestimmungen als *vorläufig*, die verändert werden sollen, wenn die Daten dem entgegenstehen. Die „Offenheit" im Forschungsprozess ist zu verstehen als Flexibilität oder beständige Anpassung der Verfahren an den Forschungsgegenstand. Im vorliegenden Fall haben wir zwei Reden Barack Obamas als Exkurs eingeschlossen, weil diese den Prozess der *Gewinnung des Vertrauens* gut darstellen. Unser Thema hat sich in dieser Hinsicht erweitert.

Die Technik der Forschung ist die der „Frage" an die Daten. Wir fragen beispielsweise nach den Umständen des Missbrauchs von Vertrauen und lesen die entsprechenden „Antworten" dazu in den Texten.

Das schrittweise durch Suchen erweiterte Sample stellt sich letzten Endes als eines aus „Extremgruppen" dar – in Übereinstimmung mit Regel 3 der heuristischen Methodologie der Variation. Gab es Alternativen, wurden zu einem bestimmten Thema jeweils verschiedene Sichtweisen oder Medien einbezogen, sofern sie im genannten Zeitraum in überregionalen bzw. bedeutenden regional verbreiteten Medien erschienen sind. Zitiert wird aus 30 Quellen in neun Print- und vier Online-Medien sowie vier elektronisch zugänglichen Reden.

2. „Vertrauen" in den Medien

Auf dem Hintergrund der Krise werden *Personen* mit „Vertrauen" in Verbindung gebracht. Sie gliedern sich leicht in „gut" und „böse". Wir beginnen mit den Letzteren.

2.1 Galerie der Bösewichte

Sie sind zahlreich, wir führen die prominentesten an (die eingerückten Abschnitte sind Zitate).

Italienischer Ministerpräsident Silvio Berlusconi
> (Titel) Silvios Mädchen. Patrizia D'Addario soll mit Silvio Berlusconi ins Bett gegangen sein und erwarte nun eine politische Gegenleistung. Weil die ausblieb, rächt sie sich jetzt. (Aus dem Text) Beginn eines neuen Skandals um Silvio Berlusconi. ... Ein italienischer Unternehmer soll ihm Frauen zugeführt haben, um so von Berlusconi bei seinen Geschäften begünstigt zu werden. ... Peinlich für einen Ministerpräsidenten, der Prostitution für die Kunden strafbar machen will ... (Zitat Parlamentspräsident Gianfranco Fini) „Die Regierung wird wohl nicht stürzen, aber die Menschen verlieren durch solche Vorfälle das Vertrauen in die Politik." (Martin Zöller, Welt am Sonntag, 21. Juni 2009)
> (Titel) „Ich bin kein Heiliger". Sex, Lügen und Audio: Die Details der Ausschweifungen Silvio Berlusconis werden immer bizarrer ... (Aus dem Text) ... Verdächtigungen gegen den italienischen Ministerpräsidenten wegen seiner Kontakte zu einer 18-Jährigen ... Die Verlagsgruppe L'espresso, die auch die römische Zeitung Republica herausgibt, hat ihn inzwischen ... wegen Missbrauchs im Amt verklagt, weil der Ministerpräsident Unternehmer aufgefordert hatte, keine Anzeigen mehr in Zeitungen wie der Republica zu schalten ...

(Zitat Umberto Eco) Berlusconi sei nicht das Problem, das Problem seien die Italiener, die Berlusconi wählen. (Zitat Meinungsforscher Ilvo Diamanti) Wir würden uns einerseits von Lügnern, Steuerbetrügern, Fremdenfeindlichen und Angebern abgestoßen fühlen und seien zugleich auch ein bisschen wie sie. „Berlusconi in uns." (Henning Klüver, Süddeutsche Zeitung, 24. Juli 2009)

Bernard Madoff
(Titel) Insasse 61727-054. Ein New Yorker Gericht verurteilt den Milliarden-Betrüger Bernard Madoff zu 150 Jahren Gefängnis. (Aus dem Text) Hass und Wut brechen sich am frühen Montagmorgen vor dem Bezirksgericht von Südmanhattan Bahn ... der mehr als 50 Milliarden Dollar an Kundengeldern veruntreut und tausende Anleger in den Ruin getrieben hat. ... (Zitat Leserbrief) „Machen wir uns nichts vor. Es ist lediglich die Personifizierung der ganz gewöhnlichen, alltäglichen Gier, die wir schon unseren Kindern mitgeben." Zudem fühlen sich alle Amerikaner als potenzielle Madoff-Opfer. In einem Land ohne öffentliches Rentenversicherungssystem sind sie praktisch alle von der persönlichen, auf Vertrauen basierenden Beratung durch Vermögensverwalter abhängig. (Rolf Benders und Kora Krause, Tagesspiegel, 30. Juni 2009)

Hypo Real Estate, Georg Funke
(Titel) Aktionäre ziehen vor Gericht. Aktionäre der inzwischen verstaatlichten Hypo Real Estate ziehen an diesem Donnerstag gegen den Konzern vor Gericht. Sie fordern Schadensersatz für ihre Verluste nach dem Absturz des Kurses der Hypo Real Estate-Aktie im vergangenen Jahr. (Manager Magazin, 27. Juli 2009)
(Aus dem Text) Im Jahr 2008 wurde Georg Funke mit der Begründung mangelnder Kompetenz und intransparenter Informationspolitik von verschiedenen Politikern der Rücktritt nahe gelegt, woraufhin er im Oktober 2008 sein Amt als Vorstandsvorsitzender niederlegte. Weitere Kritik zog Funke auf sich, als er ab Februar 2009 ... etwaige Ansprüche von rund 12 Millionen Euro geltend machte. („Georg Funke", Wikipedia, 26. Juli 2009)

Deutsche Bank, Josef Ackermann, Spitzelaffäre
(Titel) Größenwahn und Paranoia. Die Spitzelaffäre bei der Deutschen Bank geht in einem wichtigen Detail über ähnliche Fälle wie bei der Telekom, Lidl und der Bahn hinaus: Lockvögel werden eingesetzt. Eine attraktive junge Juristin ... mit unlauteren Absichten. (Aus dem Text) Sie sollte auf die Münchner Kanzlei Bub Gauweiler & Partner angesetzt werden. ... Die aufreizende Juristin kam dann doch nicht zum Einsatz ... Weil der umstrittene Aufsichtsratschef der Bank, Clemens Börsig, offenkundig zumindest bei einer

der Späh-Aktionen eine Rolle spielte, wird mehr über den Kontrollfreak diskutiert als über den Skandal. ... Noch mehr ... ist dieses Vorgehen am Fall des ... Anwalts Michael Bohndorf nachzuvollziehen ... Diesmal handelte es sich bei der Dame um eine 23 Jahre junge Brasilianerin ... (Bildunterschriften) Sie alle setzten auf Dunkelmänner, um Kritiker, Aufseher oder die eigenen Mitarbeiter auszuspähen und zu überwachen: der Einzelhändler Lidl, die Deutsche Bank, die Deutsche Bahn und die Deutsche Telekom. (Bildunterschrift) Sowohl die Deutsche Bank – Aufsichtsratschef Börsig und Vorstandschef Ackermann – als auch die Telecom – die (Ex)Chefs Ricke und Zumwinkel – sind in Skandale verstrickt. (Bildunterschrift) Lidl-Chef Mros und Bahnchef Mehdorn mussten wegen Datenschutzskandalen abtreten. (Hans Leyendecker und Klaus Ott, Süddeutsche Zeitung, 24. Juli 2009) (Kommentar, Titel) Die befleckte Bank. Die Spitzelaffäre im Ackermann-Konzern offenbart eine Führungskrise. (Aus dem Text) Kurz bevor die Deutsche Bank mit ihrer Datenaffäre an die Öffentlichkeit ging, war Börsig mit dem Versuch gescheitert, Vorstandschef Josef Ackermann zu beerben. ... eine sinnvolle Erklärung, warum Vorgänge aus den Jahren 2001, 2006 und 2007 erst jetzt das Misstrauen des Vorstandes weckten, ist die Deutsche Bank bisher schuldig geblieben. Der fade Beigeschmack, dass die Geschichte gezielt lanciert wurde, um Börsig wegen seines Putschversuches zu diskreditieren ... wird ... verstärkt ... Und es bleibt ein Bankchef Ackermann, der mächtiger ist als je zuvor und doch mitten in der Finanzkrise mit einem Führungsproblem zu kämpfen hat. Der einzigen international bedeutenden deutschen Bank ist all das unwürdig. (Martin Hesse, Süddeutsche Zeitung, 24. Juli 2009)

Was ist gemeinsam? (Regel 4 der heuristischen Methodologie)

- Die „Bösewichte" stehen oder standen in der Öffentlichkeit (Berlusconi, Funke, Ackermann, Mehdorn, Ricke, Zumwinkel) oder sind wegen ihres Handelns von öffentlichem Interesse (Madoff, Mros, Börsig). Alle sind oder waren Top-Manager, Madoff war selbstständiger Börsenmakler. Das Böse ist damit personalisiert: *die* Bösen.
- Sie repräsentieren für moderne Gesellschaften essentiell wichtige Systeme (den italienischen Staat, die italienische Regierungspolitik, die amerikanische Vermögensverwaltung, Teile der deutschen Großindustrie, eine große Handelsorganisation, das deutsche Bankensystem).
- Die Manager werden beschuldigt, sich unter Ausnutzung ihrer gesellschaftlichen Stellung privat Vorteile verschafft zu haben (Druck auf Anzeigenkunden, Prostituierte und 18-jährige Geliebte, kriminelle Finanzoperationen, Sicherung der eigenen Machtposition, Einsatz von Spitzeln, verdeckte Überwachung). Sie haben ihre Geschäftspartner oder Mitarbeiter materiell geschädigt (Madoff,

Funke, Mros, Mehdorn). Ihre Verfehlungen überschreiten die Grenzen der Moral (Berlusconi), der Gesetze (Madoff) oder des guten Geschmacks (Funke, Ackermann). Die Gründe dafür liegen in den Individuen selbst, ihren mangelnden Fähigkeiten (Funke), kriminellen Absichten (Madoff), psychischen Defekten (Größenwahn und Paranoia der Deutschen Bank), aber auch im System (Berlusconi, Madoff) und seiner Tolerierung durch die Gesellschaft (Berlusconi). Böse sind die Personen, die Gesellschaft hat eine Mitschuld.

- Durch ihr persönliches Fehlverhalten provozierten sie den Verlust des öffentlichen Vertrauens in Institutionen wie den Staat, die Politik, die Wirtschaft, das Bankensystem.

2.2 Die Gutmenschen

Sie sind das mediale Kontrastprogramm.

Papst Benedikt XVI., der 14. Dalai Lama und „50 Nobelpreisträger"
(Titel) Manager auf Sinnsuche. Religiöse Führer wie der Papst und der Dalai Lama ernten viel Zustimmung, wenn sie den Verfall der Wirtschaft beklagen. (Aus dem Text) Auf 141 Seiten legte das Oberhaupt der römisch-katholischen Kirche ... dar, wie er sich das Wirtschaftsleben vorstellt. Es ist eine Abrechnung mit dem ökonomischen Liberalismus der vergangenen zwei Jahrzehnte. Von „willkürlicher Selektivität" ist da zu lesen, vom unfähigen Gewissen der reichen Welt, vom „verlorenen Vertrauen" in die bestehende Ordnung. ... So sollen Unternehmensführer „nicht allein auf die Interessen der Eigentümer achten, sondern auch auf die von allen anderen Personenkategorien eingehen, die zum Leben des Unternehmens beitragen" ... (Auch der Führer der Tibeter konstatierte) ... einen tief greifenden Werteverfall in der globalen Wirtschaft. ... Die Handlungsanweisungen bleiben allerdings wenig konkret. „Die Kirche [habe] keine technischen Lösungen anzubieten." (Ebenso Dalai Lama) „Ich bin kein Experte, was die Lösung von akuten Krisen angeht."

Ähnlich die Wissenschaftselite:
Das Gremium ... war über jeden Zweifel erhaben. Rund 50 Nobelpreisträger ... wollten einen neuen Wertekanon für die Geschäftswelt entwickeln. Um diesen anschließend mit Vertretern der Wirtschaft zu „verweltlichen", sprich: praxistauglich zu machen. Denn die Finanzkrise ... mache eine Rückbesinnung auf Werte wie Verantwortung, Integrität und Glaubwürdigkeit wichtiger denn je. Doch die klugen Köpfe sind bisher nicht weit gekommen. Gut ein Jahr nach dem Treffen gibt es nicht mehr als ein Thesenpapier.

Die Sinnfrage stellt sich:
Religion und Politik [haben] die Wirtschaft wiederentdeckt. [Wer sich darüber nicht klar werde,] „verabschiedet sich aus der Wertegesellschaft" (Zitat Vassiliadis, Arbeitnehmervertreter). ... Er kenne viele Banker, sagt der Familienunternehmer Werner, ... „die sind jetzt alle mit Sinn und Wurzelfragen beschäftigt". (Bildunterschriften): „Sie können das Thema Werte und Unternehmenskultur nicht delegieren" (Franz Fehrenbach, Manager). „Gewinnmaximierung ist reine Gier, ein teuflisches Ziel" (Götz Werner, Familienunternehmer). „Wir brauchen klare, einfache Regeln ohne Ausnahme mit hohem Ahndungspotenzial" (Christoph Zeiss, Personalberater). (Jörg Eigendorf, Welt am Sonntag, 12. Juli 2009)

Bundeskanzlerin Angela Merkel
Bei der bevölkerungsrepräsentativen Umfrage vom 1./2. Juli 2009 „Welchen Politikern wir vertrauen" nahm Angela Merkel mit 66 % unter zwölf Politikern Platz 1 ein (Stern im Auftrag RTL).
(Titel) Franzosen schätzen Merkel mehr als Sarkozy. Ein US-Institut hat weltweit nachgefragt, wie viel Vertrauen die Menschen den Spitzenpolitikern entgegenbringen. (Aus dem Text) Eine neue Studie ... ergab, dass Bundeskanzlerin Angela Merkel deutlich mehr Vertrauen genießt als Staatspräsident Nicolas Sarkozy. ... Es bestätigt im Prinzip ... dass das nach außen getragene Privatleben in der Politik auch jenseits des Rheins keine ungeteilte Zustimmung finden kann. Die Deutschen, die den sachlichen, pragmatischen, nahezu geräuschlosen Regierungsstil Angela Merkels schätzen, haben ja schon länger mit Verwunderung auf das geschaut, was sich ... in Paris abspielt. Erst „Sakos" Scheidung von der zweiten Madame Sarkozy, dann die glamouröse Hochzeit mit dem Starmodel Carla Bruni, der dritten Madame Sarkozy. Die öffentlich über die Problematik zu hoher Schuhabsätze parlierte und bekannte, pro Tag 770 Euro für Blumen im Elysée-Palast auszugeben. So etwas wäre im nüchternen Kanzleramt doch unmöglich ... Merkels Ehemann Joachim Sauer ist bis heute nur bei zwingenden Anlässen oder bei wenigen selbst gewählten Ereignissen (Bayreuther Festspiele) an der Seite der Kanzlerin zu sehen ... Auch sonst in Westeuropa und den USA genießt die Kanzlerin hohes Vertrauen. (Florian Kain und Barbara Möller, Hamburger Abendblatt, 24. Juli 2007)

Merkels eigenes Verhältnis zum „Vertrauen":
(Titel) Die Währung heißt Vertrauen. „Vertrauen ist genau die Währung, mit der bezahlt wird. Der Staat ist Hüter der Ordnung." Bundeskanzlerin Angela Merkel am 13. Oktober bei der Erläuterung des Rettungsplans für die Finanzwirtschaft. (Focus Online Politik, 13. Oktober 2008)

(Titel) Merkel geißelt „Maßlosigkeit, Gier und Exzesse". (Aus dem Text) Die Bundeskanzlerin schlägt eine „Charta nachhaltigen Wirtschaftens" vor. ... Es gelte „eine Gesellschaft mit menschlichem Gesicht zu schaffen, in der auch die Wirtschaft den Menschen dient" ... Die Finanz- und Wirtschaftskrise sei Folge von „tiefer Maßlosigkeit, Gier, Exzessen" und außer Rand und Band geratener Eigeninteressen ... Die Wirtschaftskrise zu überwinden und bessere Regeln zu schaffen sei hart. „Aber dieses Gottvertrauen haben wir", sagte Merkel. „Ohne klare Werte und Leitbilder werden wir keine Lösungen finden." Für die CDU sei das christliche Menschenbild ein solcher klarer Kompass, das dem Menschen Freiheit in Verantwortung für die Gemeinschaft gebe. ... Merkel rief die Europäer auf, sich weltweit mehr für ihre Werte einzusetzen. „Wir müssen kämpferischer werden." ... Die Europäer gerieten zahlenmäßig immer weiter in die Minderheit. „Wir wissen, dass wir nicht vollkommen sind", sagte Merkel. Zum Christentum gehöre Demut und Gottvertrauen. (Rede vor der Katholischen Akademie in München, 21. Juli 2009)

Bankgründer Horst Popp
(Titel) Eine Bank für eine bessere Welt. Die Nürnberger Umweltbank profitiert vom Misstrauen vieler Anleger gegen herkömmliche Geldinstitute. (Aus dem Text) Ökonomie und Ökologie gehören zusammen – das ist die Überzeugung von Popp und seinen 146 Mitarbeitern. Popps Bank ist eines der wenigen Geldinstitute, denen es derzeit gut geht. ... Rund 7500 Aktionäre halten derzeit Anteile der Bank, die Finanzierungen, Geldanlagen und Versicherungen ausschließlich im ökologisch nachhaltigen Sektor anbietet ... Die Natur erhalten – auf dieser Vision fußt das Fundament von Popps Bank. (Miriam Zerbel, Welt am Sonntag, 12. Juli 2009)

Wal-Mart
(Titel) Raus aus der Wohlstandsfalle. Wal-Mart will Umweltkosten von Produkten ausweisen – eine gute Idee. (Aus dem Text) Amerikas Handelsgigant Wal-Mart, bekannt bisher vor allem für fragwürdigen Umgang mit seinem Personal, will ... die Umweltwirkungen seiner Produkte öffentlich machen. Zulieferer müssen nun darlegen, wo und unter welchen Bedingungen diese gefertigt werden, wie sie vom Ort ihrer Herstellung zu dem ihres Verkaufs gelangen. Es mag PR sein, Sehnsucht nach einem besseren Image – aber es ist ein Schritt in die richtige Richtung. ... Wo aber der Preis als Regulativ versagt, wo sich negative Umwelteffekte nicht in den Kalkulationen widerspiegeln, bleibt letztlich nur der Verbraucher, das letzte Glied in der Kette. Bislang hat er in der westlichen Wohlstandsgesellschaft keine rühmliche Rolle gespielt. ... Ob sich viel ändert, ist leider ungewiss. (Michael Bauchmüller, Süddeutsche Zeitung, 18./19. Juli 2009)

Wendelin Wiedeking
(Titel) Der gute Wendelin. Ex-Vorstandsboss spendiert rund 25 Millionen. (Aus dem Text) Wiedeking erhält eine Abfindung von 50 Millionen Euro. Das ist viel, aber weniger, als ihm bei Erfüllung seines bis 2012 laufenden Vertrages zugestanden hätte. Gut die Hälfte stiftet er: 25 Millionen fließen in eine Stiftung, um auch künftig „eine sozial gerechte Entwicklung an allen Porsche Standorten zu unterstützen". Pikant ist die zweite Gabe ... „zur Unterstützung Not leidender Journalisten im Alter". Viele Journalisten haben es zuletzt nicht gut mit ihm gemeint ... damit teilt er noch einmal kräftig an all jene aus, die seinen Abgang befördert haben, und dankt indirekt jenen, die bis zuletzt zu ihm gehalten haben. ... Der bestbezahlte Manager bemüht sich, letztlich doch noch als guter Mensch aus Zuffenhausen dazustehen. (Christine Skowronowski, Frankfurter Rundschau, 24. Juli 2009)

Piech ist sein Gegenbild:
(Titel) Der Strippenzieher. Ferdinand Piech hat wieder einen Manager auf dem Gewissen. (dieselbe Autorin, Artikel gegenüber)
(Titel) Der ewige Sieger. Machtmensch Ferdinand Piech: wer ihm in die Quere kommt, läuft Gefahr, seinen Stuhl räumen zu müssen. (Volker Mester, Hamburger Abendblatt, 24. Juli 2009)
(Titel) Das 25-Millionen-Signal. (Aus dem Text) Das Image der Manager ist schlecht – oft zu Recht. [Angabe von Schäden im Vergleich zu den jeweiligen persönlichen Forderungen und Boni von Zumwinkel, Esser, Funke, Deuss.] Die Fälle dokumentieren fehlendes Unrechtsbewusstsein, Vollkaskomentalität, Gier. ... Möglicherweise erweist sich der Fall Wiedeking ja als Wendepunkt. Die causa gibt zumindest Anlass zur Hoffnung. (Caspar Busse, Süddeutsche Zeitung, 24. Juli 2009)

Die Gemeinsamkeiten

- Die Guten beziehen sich auf *Werte*. Zur ersten Kategorie gehören die Repräsentanten der religiösen Groß-Ideologien, hier des katholischen Christentums und des tibetischen Buddhismus, wie auch die nicht weiter ausgeführten Erkenntnisse der „über jeden Zweifel erhaben(en)" 50 Nobelpreisträger. Alle haben ihre höchsten Ämter oder höchsten Preise auf Lebenszeit.[1] Die moralischen Systeme und ihre Repräsentanten verdienen Vertrauen, können aber mangels Kompetenz nicht direkt zur Lösung der Weltprobleme herangezogen werden. Das sei Sache der Politik und der Manager, die man zur zweiten

---

1 Man kann auch die Richter des amerikanischen Supreme Court dazu rechnen. Während des Beobachtungszeitraums wurde über die Berufung von Sonia Sotomayor entschieden (telegraph.co.uk, 29. Juli 2009).

Kategorie der potenziellen Gutmenschen rechnen kann. Sie fühlen sich zur „Sinnsuche" aufgerufen, sind aber ratlos, wie sie das „Gute" realisieren sollten. Es bleibt der Weg, *individuell* gut zu sein, etwa durch Spenden (Wiedeking) oder durch den Abbau von Umweltschäden, verursacht durch die eigenen Produkte (Wal-Mart), oder durch Kredite für umweltfreundliches Wirtschaften (Popp). Der versteckte Eigennutz mag dieses Handeln moralisch zweifelhaft erscheinen lassen, setzt es gleichwohl deutlich von dem der Bösewichte ab, die ihre eigenen Taschen füllen (vgl. Schmidt/Tropp 2009).

- Angela Merkel, obgleich als Politikerin in einem zeitlich begrenzten Amt der zweiten Kategorie zugehörig, hat sich gleichwohl in die Nähe der „lebenslänglich Guten" der ersten Kategorie begeben, den Dalai Lama empfangen, den Papst korrigiert in einer moralischen Frage (des Umgangs mit antisemitischen Priestern), das Christentum theologisch erläutert als „Demut und Gottvertrauen". Belohnt wird sie durch hohes Vertrauen hierorts und anderswo, den 50 Nobelpreisträgern bisher aber noch nicht zugesellt.[2]
- Das Gute ist gut im Vergleich zum Bösen. Die Medien malen den Teufel an die Wand, auch die Guten reden gerne vom Bösen. Benedikt beklagt den Verfall der Sitten und des Vertrauens, Merkel verdammt die Gier der Bösen, ein Familienunternehmer hält Gewinnmaximierung für ein „teuflisches Ziel". Sie tun auch etwas dafür: Merkels zurückhaltender Lebensstil ist anders als der Sarkozys, Wiedeking spendiert Millionen und hebt sich ab von Piech, der ihn aus dem Amt gejagt hat, Popp gibt Kredite für den Erhalt der Umwelt und unterscheidet sich von den herkömmlichen Geldinstituten.
- „Reines" Vertrauen scheint es nur ohne Eigeninteressen zu geben, wie bei den religiösen Führern und anderen Heiligen. Individuen von hoher moralischer Integrität wurden in allen Zeiten gefunden, auch außerhalb der religiösen Institutionen, von Sokrates bis Gandhi, Albert Schweitzer, Nelson Mandela, Martin Luther King. Die Gutmenschen sind Repräsentanten einer besseren Welt, ob hier oder im Jenseits.

2.3 Die Verdinglichung des Vertrauens

Im politischen, juristischen und persönlichen Kampf bleibt das Vertrauen auf der Strecke. Die Mittel sind die Ausspähung, die Lüge und die Verunglimpfung. Wer wem was anhängen kann, ist von der jeweiligen „Deutungshoheit" abhängig, ein Begriff, der seit dem unbestimmten Ausgang des Fernseh-Duells Schrö-

---

2 Die Imageposition einer Politikerin mit unsichtbarem Heiligenschein ist neu in der deutschen Politik. Dass die Herkunft als Pfarrerstochter, ein Schatten-Gatte namens Sauer, der „geräuschlose Regierungsstil" und die heftige Verdammung des Bösen dazu beitragen, kann vermutet werden.

der/Merkel 2005 häufiger verwandt wird; das Faktum wurde aber schon früher beobachtet (Martini 1991). Ein Musterbeispiel mit zwei Verlierern ist das Misstrauensvotum am 23. Juli 2009 im Kieler Landtag.
(Titel) Kieler Krise. Der fingierte Eklat. Der Landtag in Kiel wird neu gewählt – zum Wohle des Landes, sagen die Politiker. Wegen persönlicher Animositäten, zeigte die Debatte. (Aus dem Text) Bevor der Landtag dem Regierungschef das Vertrauen entzog, boten die Protagonisten der Kieler Krise noch einmal alles auf. Stegner ist ein unberechenbarer Quertreiber, Carstensen ein Lügner … Vermeintlich belegt wurden die Anwürfe mit Vorkommnissen aus den Streitthemen-Schlagern HSH Nordbank, AKW Krümmel und Reformblockade. … Die rot-schwarze Atmosphäre in Kiel ist verätzt – auch persönlich, auch wenn die Politiker anderes behaupten. (Focus Online, Politik, 23. Juli 2009)
(Titel). Wenn das Vertrauen weg ist. (Aus dem Text) (Carstensen) begründet, warum ihm der Landtag das Vertrauen entziehen und die große Koalition beendet werden soll. (Jens Schneider, Süddeutsche Zeitung, 24. Juli 2009)
(Titel) Ministerpräsident Carstensen „verliert" wunschgemäß die Vertrauensfrage[3] … Carstensen macht mit einer fingierten Vertrauensabstimmung den Weg frei für Neuwahlen. (Aus dem Text) Noch nie hat sich ein Ministerpräsident mit einer fingierten Vertrauensabstimmung aus seinem Amt gemogelt … „das Vertrauen haben Sie nicht nur in diesem Haus verloren". Es ist das alte Kieler Spiel: Halb-, Viertel- und Unwahrheiten wechseln pausenlos den Besitzer. (Jörg Schindler, Frankfurter Rundschau, 24. Juli 2009)
(Titel) Kieler Landtag entzieht Peter Harry Carstensen das Vertrauen. Hier freut sich der Ministerpräsident auf Neuwahlen: (Bildunterschrift) Ministerpräsident Peter Harry Carstensen (CDU) ist bester Laune: Sein Plan ist aufgegangen, es wird Neuwahlen geben. (Aus dem Text) Bei der Vertrauensfrage fiel Ministerpräsident Peter Harry Carstensen (CDU) wie erwartet mit Pauken und Trompeten durch. … Doch nicht etwa Carstensen (er enthielt sich) gab seiner Regierungsarbeit das OK, sondern Parlamentspräsident Martin Kayenburg. Begründung: „Ich bin der Meinung, dass das eine unechte Vertrauensfrage ist". (Bild Hamburg, 24. Juli 2009)
(Titel) Glaubwürdigkeit. (Aus dem Text) Man hat erkennen dürfen, dass unser Land von Amateuren geleitet wird. Mit seinen ständigen Lügnereien steht dieser Politiker für viele andere in unserer Republik. … Manchmal wünscht man sich Heide Simonis zurück, die wenigstens noch etwas Glaub-

---

3 Mit „Nein" stimmten die Fraktionen SPD, FDP, Grüne und Südschleswiger Wählerverband. Die CDU enthielt sich, einschließlich des Ministerpräsidenten. Lediglich der Landtagspräsident (CDU) stimmte mit „Ja", weil dieses Abstimmungsverhalten „nicht im Einklang mit unserer Landesverfassung" stehe und er „die unechte Vertrauensfrage" bejahe (Jans Schneider, Süddeutsche Zeitung Nr. 168, 24. Juli 2009).

würdigkeit ausstrahlte. Ich bin frustriert ... (Gerhard Hüttmann, Leserbrief, Hamburger Abendblatt, 24. Juli 2009) (Titel) Ruin. Das ist Täuschen, Tarnen, Tricksen. (Aus dem Text). Das Interview zeigt die Geld- und Machtgier der Hamburger und Kieler Crew. (Manfred Nietzer, Leserbrief, Hamburger Abendblatt, 24. Juli 2009)

Die Gemeinsamkeiten

- Der heftige und persönliche Streit von zwei Kontrahenten – des Ministerpräsidenten und seines früheren Koalitionspartners – führt zum umfassenden Vertrauensverlust: zwischen den beiden Politikern, den Fraktionen des Landtags und allgemein zwischen Wähler und Politik. Die Politiker stellen ihre eigenen Interessen vor das Gemeinwohl.

- Eine „Vertrauensfrage" soll durch Abstimmung prüfen, ob sich eine Regierung noch auf die Mehrheit der Abgeordneten verlassen kann. Durch eine „fingierte" Abstimmung wird die Vertrauensfrage *instrumentalisiert*, ihrem Zweck entfremdet, sie soll Neuwahlen erzwingen. Das Vertrauen wird wie eine Sache verhandelt. Es entsteht die groteske Situation, dass der Regierungschef mitsamt seiner Fraktion sich selbst nicht vertraut, jedenfalls eine von ihm eingebrachte Frage, auch an sich selbst gerichtet, nicht beantwortet. Nur der CDU-Parlamentspräsident stimmt so ab, wie er (vermutlich) denkt. Ob „unechte" Vertrauensfragen statthaft sind, ist juristisch strittig, im Allgemeinverständnis aber nicht, daher der „Skandal".[4]

2.4 Die „vertrauensbildenden Maßnahmen"

Sie sind aus den Konflikten im Nahen Osten und dem Kalten Krieg bekannt und bedeuten, dass ein Kombattant dadurch Vertrauen zu gewinnen hofft, wenn er eine Maßnahme positiven symbolischen Gehalts für den Gegner ausführt, z.B. Gefangene entlässt oder Waffenarsenale reduziert oder Grenzübertritte erlaubt. Die Medien beschreiben viele Aktionen, Vertrauensverhältnisse einzurichten oder zu verbessern.

CSU und CDU

(Titel) Nürnberg: CSU stellt sich hinter Merkel. (Aus dem Text) Rund zwei Monate vor der Bundestagswahl üben die Unionsparteien trotz ihrer Querelen den Schulterschluss. ... beschwören CDU-Chefin Angela Merkel und der

---

4 Vertrauensskandale haben im Bundesland Schleswig-Holstein Tradition. Erinnert sei an das „Ehrenwort" Uwe Barschels in der Barschel/Pfeiffer-Affäre 1987, den Abstimmungsskandal Heide Simonis 2005, die Vertrauenskrise Heide Simonis/UNICEF 2008. Siehe „Schleswig-Holstein – Synonym für Politskandale", Welt Online, 29. Juli 2009.

CSU-Vorsitzende Horst Seehofer die Gemeinsamkeiten. ... „Wenn Horst Seehofer sagt: ‚die CSU hat wieder Biss', dann sage ich: Das ist schön. Beißt die Richtigen, und dann wird's gut." (Nürnberger Nachrichten, 18. Juli 2009) (Titel) Beim Nürnberger Parteitag ist vor allem Harmonie angesagt. (Aus dem Text) Ab sofort ist Schmusen angesagt. Doch die Wucht, mit der Seehofer die neue Liebe zelebriert, ist der Kanzlerin so suspekt, wie ihr Vertrauen in den Treueschwur begrenzt ist. ... Spätestens nach der Wahl, das weiß sie, wird der Frieden beendet sein und den üblichen Profilierungskämpfen weichen. (Roland Englisch, Nürnberger Nachrichten, 18. Juli 2009)

Anzeige Geiling Immobilien-Management
(Titel) Wir schreiben Vertrauen groß. (Aus dem Text) Als einziger Makler in Berlin lassen wir den Marktwert von Immobilien für Sie objektiv vom TÜV Rheinland ermitteln. Beurteilt wird neben aktuell messbaren Daten wie Bausubstanz und Standortqualität auch die langfristige Wertentwicklung. ... steht Ihnen Frau Karen Geiling für ein persönliches Beratungsgespräch gerne zur Verfügung. Vertrauen Sie einem erfahrenen Partner. (Stempel TÜV Rheinland) (Anzeige in Der Tagesspiegel, 22. Juli 2009)

EXKURS: Zwei spektakuläre Obama-Reden behandeln Einheit und Gemeinsamkeit in der Innen- und Außenpolitik.

Rede Barack Obamas in Boston
(Titel) Keynote Address. (Aus dem Text) Now even as we speak, there are those who are preparing to divide us ... Well, I say to them tonight, there is not a liberal America and a conservative America – there is the United States of America. There is not a Black America and a White America and a Latino America and Asian America, there's the Unites States of America. (Obama 2004)

Rede Barack Obamas in Kairo
(Titel) Remarks by the President on a new Beginning. (Aus dem Text) President Obama: Thank you very much. Good afternoon. I am honored to be in the timeless city of Cairo, and to be hosted by two remarkable institutions. For over a thousand years, Al-Azhar has stood as a beacon of Islamic learning, and for over a century, Cairo University has been a source of Egypt's advancement. And together, you represent the harmony between tradition and progress. I'm grateful for your hospitality, and the hospitality of the people of Egypt. And I'm also proud to carry with me the goodwill of the American people, and a greeting of peace from Muslim communities in my country. Assalaamu alaykum. (Applause) ... to seek a new beginning between the United States and Muslims around the world, one based on mutual interest und mutual respect, and one based upon the truth that America and Islam are

not exclusive and need not be in competition. Instead they overlap, and share common principles – principles of justice and progress, tolerance and dignity of all human beings. ... no single speech can eradicate years of mistrust ... we must say openly to each other the things we hold in our hearts and that too often are said only behind closed doors. ... As the Holy Coran tells us, „Be conscious of God and speak always the truth" (Applause). ... Now part of this conviction is rooted in my own experience. I'm a Christian, but my father came from a Kenyan family that includes generations of Muslims. As a boy, I spent several years in Indonesia ... As a young man, I worked in Chicago communities where many found dignity and peace in their Muslim faith. As a student of history, I also know civilization's debt to Islam ... paving the way for Europe's Renaissance and Enlightenment ... So I have known Islam on three continents ... I consider it part of my responsibility as President of the United States to fight against negative stereotypes of Islam whenever they appear. (Applause) But that same principle must apply to Muslim perception of America. (Applause) ... We have the power to make the world we seek, but only if we have the courage to make a new beginning, keeping in mind what has been written. The Holy Coran tells us ... The Holy Talmud tells us ... The Holy Bible tells us [quotations on peace] (Obama, 2009)

Die Gemeinsamkeiten

- Die Akteure oder Betroffenen sind Repräsentanten oder Mitglieder gesellschaftlicher Gruppen: Politische Parteien (Seehofer, Merkel, Obama, CSU, CDU, Liberale, Konservative), Geschäftsleute (Frau Geiling), Staaten (the President), Insitutionen (Al-Azhar, Universität Kairo, TÜV Rheinland), rassisch unterschiedene Gruppen (black, white, Latino, Asian), religiöse Gemeinschaften an verschiedenen Orten (Christians, Muslims around the world, Muslims in my country), Einwohner der Stadt (Cairo), das Volk (people of Egypt), der Sprecher („I"), die Zuhörer („you").
- Gemeinsamkeiten der Partner werden betont (stellt sich hinter Merkel, Schulterschluss, beschworen Gemeinsamkeiten, gemeinsam stark, Harmonie, Schmusen, Treueschwur, neue Liebe, Friede, *United* States of America, mutual interest, mutual respect, harmony, share common principles, Gruß in arabischer Sprache). Voraussetzung sei Offenheit (to say openly). Gemeinsamkeiten grenzen ab (beißt die Richtigen, Profilierungskämpfe, those who are preparing to divide us, Terroristen in der Rede Obamas).
- Die Legitimation der Gemeinsamkeiten ist vielfältig: religiöse Werte (Zitate Holy Coran, Holy Talmud, Holy Bible), zivilisatorische Ziele (justice and progress, tolerance and dignity), eigene Erfahrungen (I as a boy, as a young man, on three continents), Erkenntnisse aus der Geschichte (as a student of

„Vertrauen" in den Medien und im Alltag 141

history), Dauer von Institutionen (timeless city, over a thousand years, over a century), Unterstützung großer/wichtiger Gruppen (Goodwill of American people, from Muslim communities), Glaubwürdigkeit im Wirtschaftsleben (Objektivität, messbar, Stempel TÜV, Erfahrung).
- Die beabsichtigten Handlungen sind zweckbezogen, sie zielen auf eine Veränderung im Verhältnis von gesellschaftlichen Gruppen (die Bundestagswahl vorbereiten, den Immobilien-Verkauf fördern, mutual interest zwischen USA und Muslims herstellen, eradicate (ausmerzen), years of mistrust).

2.5 Gemeinsamkeit der Darstellung von „Vertrauen" in den Medien

Wir haben vier „Fragen" über Vertrauen und dessen Umfeld gestellt: negative Beispiele („Bösewichte"), positive („Gutmenschen"), Vertrauen als Sache („Verdinglichung") und Vertrauensgewinnung („Prozesse"). Sie führen zu jeweils verschiedenen Sichtweisen, die aber kombinierbar sind und ein Ganzes ergeben können. Methodisch entspricht das dem Beispiel Freuds beim Zusammensetzen eines Puzzles.[5]

- Vertrauen meint die existente oder erstrebte *positive Beziehung in bestimmten Bereichen des öffentlichen Lebens mit Blick auf zukünftiges Handeln* („A new beginning"). Es gründet sich auf die Behauptung von Übereinstimmung in den jeweils als relevant angesehenen Bereichen. Die Protagonisten sind Repräsentanten besonders ausgewiesener gesellschaftlicher Gruppen, zwischen denen Vertrauensverhältnisse hergestellt oder gefördert werden sollen. Angebote können verbunden sein mit einer realen oder symbolischen Dienstleistung, einer Art Gastgeschenk. In der einfachsten Form heißt das: „Ich bin wie Ihr und bringe Euch etwas mit". Beispiele sind Obamas Anrede seines arabischen Auditoriums in Arabisch mit der Begründung, warum er (auch) so sei wie Moslems, oder John F. Kennedys „Ich bin ein Berliner" mit der Versicherung des amerikanischen Schutzes oder die traditionelle Osterbotschaft des Papstes mit dem Segen „urbi et orbi" in mehreren Dutzend Sprachen.
- Zur Bewertung der Akteure verwenden die Medien ein einfaches „Freund-Feind"- oder ein „Gutmensch-Bösewicht"- oder ein „Heilig-verrucht"-Schema. Die Positionen werden *hierarchisiert* und *stereotypisiert*: Die höchst stehenden, angesehensten Akteure sind abgehoben, vergeistigt, nicht besonders praxistauglich, die niedrigsten werden verkürzt auf Inkompetenz plus

---

5 „Wie bei den Zusammenlegbildern der Kinder sich nach mancherlei Probieren eine absolute Sicherheit herausstellt, welches Stück in die freigelassene Lücke gehört – weil nur dieses eine gleichzeitig das Bild ergänzt und sich mit seinen unregelmäßigen Zacken zwischen die Zacken der anderen so einpassen lässt, dass kein freier Raum bleibt …" (Freud 1952: 441).

Gier oder Sex-and-Crime. Sofern von Menschen zwischen den Extremen die Rede ist (in unserem Fall von Familienunternehmern, nicht durch Skandale betroffenen Managern), werden sie als gutwillig charakterisiert, wenn auch etwas ratlos, wie Werte und Wirtschaft zu verbinden seien. Ihnen bleiben allgemeine Verhaltensregeln wie Ehrlichkeit, Anstand, Altruismus und zurückhaltender Lebensstil.[6]

- Vertrauen wird als wichtiger Faktor in Politik, Wirtschaft und im Geldwesen dargestellt, fehlendes Vertrauen als Manko, das die gesellschaftlichen Prozesse schädigt und zum Positiven gewendet werden muss. Dabei gerät Vertrauen zu einem Tauschobjekt, zur Sache.

3. Vertrauen im Alltagsverständnis

3.1 Zur Methode

Es wurde eine „Dialogische Introspektion" mit zehn Personen und 16 Redebeiträgen über „Vertrauen im Alltag" vorgenommen. Das Verfahren ist gut dokumentiert (siehe Dialogische Introspektion 2009, GfK 2009). Die Methodologie ist ebenfalls entdeckend. Die Daten werden in der Gruppe erhoben. Die Untersuchung beginnt, nach einer Einleitung über Sinn der Forschung und Vertraulichkeit der Daten, mit einer längeren Introspektionsphase über den Forschungsgegenstand – hier 15 Minuten. Dann berichten die Teilnehmenden reihum in zweimaligem Durchgang über das Ergebnis ihrer Introspektion. Alle Angaben werden mit Interesse, aber ohne Kommentar zur Kenntnis genommen, sie sollen zum weiteren Nachdenken anregen. Die Mitteilungen werden mit Tonband aufgenommen, verschriftet und separat analysiert. Dies ist eine sehr ergiebige Methode, bei der schon wenige Teilnehmende umfangreiche und differenzierte persönliche Daten einbringen können.

3.2 Der natürliche Prozess der Vertrauensbildung (Zusammenfassung)

Vertrauen im Alltag entsteht beim direkten Umgang mit „nahe stehenden" Personen der eigenen Lebenswelt, z.B. Eltern, Partnern, Freunden, Arbeitskollegen. Paare oder Kleingruppen werden zu Vertrauensträgern. Im übertragenen Sinne können Experten (Ärzte, Rechtsanwälte) und Ideen (Demokratie, Rechtsstaat) zu Vertrauenspartnern werden, umfassend Gott (Gottvertrauen). Vertrauen ist immer mit Austausch, mit Geben und Nehmen verbunden, real oder symbolisch.

---

6 Schon bei Domizlaff (1939: 18): „Beschränkung auf sachliche Verhandlungen mit dem einzigen Hilfsmittel rein persönlicher Beziehungen".

Unterschieden wird ein „Grundvertrauen", das in früher Kindheit entsteht, und Vertrauen gegenüber bestimmten Personen, Sachen, Vorgängen. Vertrauen ermöglicht den Erwerb, den Austausch und die Bewertung von Erfahrungen, wenn nötig in Abgrenzung von der Öffentlichkeit. Grundvertrauen bildet eine stabile Basis und Stütze für die eigene Identität, auch dann, wenn das Vertrauen zu bestimmten Personen oder in bestimmten Situationen enttäuscht werden sollte. Vertrauensbildung ist „natürlich", sie ist selbstbestimmt, formiert und festigt die eigene Persönlichkeit („Selbstvertrauen"), birgt aber auch das Risiko des Scheiterns.

Vertrauen vereinfacht das Leben, indem es bestimmte Erwartungen im Zusammenleben als selbstverständlich erfüllt, wie die Sicherheit in der Partnerschaft und im Alltag, auch für eine absehbare Zukunft (vgl. Simmel 1958: 263, Luhmann 2000). Im Alltag ist Misstrauen ebenso wichtig wie Vertrauen, sofern es nicht ein gewisses Maß an Distanzierung und Starrheit überschreitet. Ein „gesundes Misstrauen" kann der Festigung der Identität sehr nützen. Auch das Scheitern einer Vertrauensbindung kann aufbauen.

Maß und Kriterium für den Fortbestand eines Vertrauensverhältnisses ist die gelebte Praxis des Austauschs und der Interaktion („The proof of the pudding is in the eating").

Die Gemeinsamkeit

- Vertrauen ist Kennzeichen einer ursprünglichen Bindung in einer Zweierbeziehung oder kleinen Gruppe, seine Voraussetzung ist die direkte oder symbolische Interaktion und Kommunikation. Vertrauen ist selbstbestimmt, es verbessert die individuellen Lebensbedingungen. Vertrauen wie auch Misstrauen sind Steuerungsmechanismen für das tägliche Leben.

4. Vergleich von Vertrauen im Alltag und in den Medien

4.1 Neuordnung der Ergebnisse

Wir ordnen die Ergebnisse neu nach vier Gesichtspunkten: den jeweiligen Bezugsgruppen, den Prozessen, der Legitimation bzw. Evaluation und den Funktionen.

- *Die Bezugsgruppen.* Das Alltagsvertrauen basiert auf der face-to-face-Interaktion und damit auf der „Primärgruppe" (Cooley 1909). Es entsteht zwischen einzelnen Personen oder Kleingruppen, die durch Nähe, gemeinsames Schicksal oder andere gegebene oder erworbene Eigenschaften miteinander verbunden sind. Vertrauen ist originär und prinzipiell privat. – Die Zielgruppen in den Mediendarstellungen sind dagegen „Sekundärgruppen", z.B. Interessenverbände, politische Parteien, Generationen, Nationen, Glaubensgemeinschaften etc., auch Konsumenten, Wähler, Demonstranten etc., also gesellschaftliche oder öffentliche Gruppierungen, die als aktiv oder betroffen, als potenzielle Freunde oder Feinde angesehen werden. Während sich die Akteure für Alltagsvertrauen quasi „von selbst" aus der Interaktion ergeben, etwa durch gemeinsames Aufwachsen in der Familie oder Nähe im Freundeskreis, werden die Sekundärgruppen von den Medien identifiziert, d.h. abgegrenzt, charakterisiert und bewertet. Sie sind das Ergebnis einer Konstruktion.[7]

- *Die Prozesse.* Im Alltag entsteht Vertrauen zwischen den Partnern durch Geben und Nehmen in einem dialektischen, d.h. voranschreitenden Prozess. Die Abläufe sind lebendig, „natürlich", weitgehend selbstbestimmt. Das „Bauchgefühl" leitet, macht Vertrauen in letzter Instanz frei von rationaler Abwägung. – Dagegen ist Vertrauen in der Öffentlichkeit tendenziell fremdbestimmt, einseitig, zielgerichtet und zumeist rational gesteuert. Die Begründungen für oder gegen ein Vertrauensverhältnis sind selektiv, beispielsweise soziale, ethnische oder kulturelle Ähnlichkeiten oder Differenzen, gleiche oder unterschiedliche Wertesysteme und Motivationen. Das Festschreiben solcher Gruppierungen verfolgt politische Absichten und hat politische Folgen. Dabei gerät „Vertrauen" von spontaner Entscheidung im Alltag zu einem Gegenstand der Verhandlung im politischen Geschäft. Vertrauen wird versachlicht oder zur Sache, sogar zum Zahlungsmittel („Vertrauen ist genau die Währung, mit der bezahlt wird", Angela Merkel am 13. Oktober 1998).

- *Die Legitimations- und Bewertungskriterien.* Sie dienen sowohl zur Einordnung als auch zur Begründung bestimmter Formen des Vertrauens. Im Alltag erweist und bestätigt sich Vertrauen in der täglichen Praxis. Die Partner erleben *ihr* Vertrauen. Auch die Kriterien sind die ihren. So entstehen ganz verschiedene Formen der Vergemeinschaftung. Können oder sollen ihre Kriterien nicht öffentlich gemacht werden, bleiben sie privat. In den „Geheimen Gesellschaften" (Simmel 1958: 282) ist Vertrauen Schutz. Vertrauen kann umfassend sein oder auf bestimmte Bereiche oder Situationen begrenzt werden. Ein Bruch des Vertrauens ist immer ein gravierender Makel. – Dagegen wird Vertrauen in der Öffentlichkeit an mehr oder weniger einheitlichen Maßstäben gemessen. Das sind einerseits die sozialethischen oder „menschlichen" Postulate, andererseits die gerade nicht-menschlichen Paradigmen der Sachlichkeit und Objektivität des ökonomisch-wissenschaftlich-technischen Komplexes. Dass beide nicht leicht zu vereinen sind, zeigen unsere Beispiele. Der Bezug auf ein vermeintlich übergeordnetes, hierarchisches System der Bewertung – vom triebgesteuerten zum vergeistigten Menschen – erlaubt

---

7 Wir beziehen uns hier auf die Benennung von gesellschaftlichen Gruppen durch Politiker und Publizisten, nicht auf den Konstruktivismus.

bei gehöriger Vereinfachung die schematische Einordnung von Protagonisten und gesellschaftlichen Gruppen in eine Ordnung gemeinsamer Werte, fremdbestimmt für die Betroffenen.
- *Die Funktionen.* Im Alltag fördern Vertrauen und Misstrauen die Entwicklung und den Schutz der eigenen Identität, die sich in der Auseinandersetzung mit anderen im Gegenüber entwickelt und zum Aufbau eines belastbaren „Selbstvertrauens" führt. Dazu gehört auch die Erleichterung des täglichen Lebens, in dem Zuständigkeiten und Verantwortungen geteilt werden und eine gewisse Sicherheit über die zukünftige Entwicklung besteht. – Das öffentliche Vertrauen dagegen ist ein Instrument im Feld einer politischen oder Macht-Auseinandersetzung zur Gewinnung von Sympathisanten und Verbündeten.

4.2 Entwicklung einer übergreifenden Theorie?

Die Untersuchung über Vertrauen im Alltag und in den Medien führt zur Frage nach der Gemeinsamkeit dieser Unterschiede oder, dialektisch gesprochen, der Einheit der Widersprüche. Wie schon praktiziert, ist die Suche nach Gemeinsamkeiten eine der methodologischen Forderungen der Heuristik. Mit aller Vorsicht kann man beide Formen des Vertrauens in eine ontogenetische *Abfolge* zwischenmenschlicher Beziehungen einbringen, sodass sich aus dem Alltagsvertrauen das medial reflektierte öffentliche Vertrauen entwickelt und gleichzeitig mit ihm in einen Widerstreit gerät. Das „Urvertrauen" ist sicherlich ein Ergebnis frühkindlicher Entwicklung, es geht einher mit der Entstehung und Ausformung der Identität. Die Bildung und Festigung von zwischenmenschlichen Beziehungen, die auf persönlicher Initiative und persönlichem Vertrauen basieren, ist eine Vergemeinschaftung mit eigenen Regeln. Sie grenzt sich, geheim oder öffentlich, ab von einer fremdbestimmten „Gesellschaft", welche mit Hilfe der Medien und durch sie vermittelt andere Maßstäbe setzt. Kennzeichnend ist die Kombination eines hierarchischen Wertesystems mit der Verdinglichung der zwischenmenschlichen Beziehungen. Das beständig „nachwachsende" lebendige Alltagsvertrauen öffnet sich oder schließt sich ab gegenüber Forderungen aus dem öffentlichen Raum, je nach dem Druck, den die Individuen als von dort kommend empfinden.

Das Konzept der Interaktion oder des Streits zwischen beiden Formen des Vertrauens sollte es ermöglichen, einen neuen Blick auf Probleme zu werfen wie den Rückzug von Individuen ins Private, die Wahl- und Politikverdrossenheit, die Jugendproteste zum einen und die Wirkungen verschiedener Formen des politischen und ökonomischen Systems auf den Alltag des Gemeinwesens zum anderen.

Literatur

Bundesregierung, Presse- und Informationsamt (2009): Regierungserklärung von Bundeskanzlerin Angela Merkel und Rede von Bundesfinanzminister Peer Steinbrück vor dem Deutschen Bundestag, Berlin, 15. Oktober 2008.

Cooley, Charles Horten (1909): Social Organization. A Study of the Larger Mind. New York: Scribner's Sons.

Dialogische Introspektion (2009): http://www.introspektion.net (Zugriff 23.07.2009).

Domizlaff, Hans (1939): Die Gewinnung des öffentlichen Vertrauens. Ein Lehrbuch der Markentechnik. Hamburg, Berlin: Hanseatische Verlagsanstalt.

Focus Online (2009): Zu Guttenberg warnt vor neuer Vertrauenskrise. In: Politik, Konjunktur, 27.07.2009 (Zugriff 08.08.2009).

Freud, Sigmund (1952): Zur Ätiologie der Hysterie. In: Gesammelte Werke 1, London: Imago, S. 423–459 (zuerst 1896).

GfK (2009): GfK Gesellschaft für Konsumforschung Nürnberg e.V. Vertrauen: Ergebnisse der dialogischen Introspektion. Nürnberg: Interner Forschungsbericht (September 2009).

Kleining, Gerhard (1982): Umriss zu einer Methodologie qualitativer Sozialforschung. In: Kölner Zeitschrift für Soziologie und Sozialpsychologie 34, S. 224–253. Kopie in http://www.heureka-hamburg.de, Methodologie (Zugriff 23.07.2009), auch in SSOAR „Gerhard Kleining" Nr. 43 (Zugriff 23.07.2009).

Kleining, Gerhard (1995): Lehrbuch entdeckende Sozialforschung I. Von der Hermeneutik zur qualitativen Heuristik. Weinheim: Psychologie Verlags Union.

Kleining, Gerhard (2007): Der qualitative Forschungsprozess. In: Naderer, Gabriele/Balzer, Eva (Hrsg.): Qualitative Marktforschung in Theorie und Praxis. Wiesbaden: Gabler, S. 189–230.

Köhler, Horst (2009): Homepage. Erfolgsgrundlage: Vertrauen. Rede vom 27.05.2009 in Berlin (Zugriff 08.08.2009).

Krotz, Friedrich (2005): Neue Theorien entwickeln. Eine Einführung in die Grounded Theory, die Heuristische Sozialforschung und die Ethnographie anhand von Beispielen aus der Kommunikationsforschung. Köln: Halem.

Krotz, Friedrich (2007): Mediatisierung – Fallstudien zum Wandel von Kommunikation. Wiesbaden: VS.

Luhmann, Niklas (2000): Vertrauen. Ein Mechanismus der Reduktion sozialer Komplexität, 4. Auflage, Stuttgart: Lucius & Lucius.

Martini, Winfried (1991): Der Sieger schreibt die Geschichte. Anmerkungen zur Zeitgeschichte. München: Universitas.

Obama, Barack (2004): Keynote Address. Democratic National Convention, Boston, July 27, 2004. American Rhetoric. Online Speech Bank. http://www.americanrhetoric.com/speeches/convention2004/barackobama2004dnc.htm (Zugriff 30.07.2009).

Obama, Barack (2009): Remarks by the President on a new Beginning. Cairo University, June 14, 2009. Cairo, Egypt: The White House. http://www.whitehouse.gov/the_press_office/ (Zugriff 07.07.2009).

Qualitative Heuristik (2009): http://www.heureka-hamburg.de (Zugriff 23.07.2009).

Schmidt, Siegfried J./Tropp, Jörg (Hrsg.) (2009): Die Moral der Unternehmens-Kommunikation. Lohnt es sich gut zu sein? Köln: Halem.

Simmel, Georg (1958): Das Geheimnis und die geheime Gesellschaft. In: Soziologie. 4. Auflage. Berlin: Duncker & Humblot, S. 257–304 (zuerst 1908).

Mediatisierung und transkulturelle Öffentlichkeiten: Die Aneignung des Politischen im Kontext multi-lokaler und mobiler Lebenswelten

Swantje Lingenberg

1. Einleitung

Länderübergreifende Problem- und Handlungszusammenhänge wie etwa die Klimaerwärmung, Umweltverschmutzung oder Terrorismus generieren im Zuge von Globalisierungs- und Mediatisierungsprozessen fortwährend neue transnationale politische Allianzen, gelangen auf die Agenda massenmedialer Angebote und provozieren entsprechende Diskurse und Teilöffentlichkeiten. Die entstehenden, dies- und jenseits nationalstaatlicher und kultureller Grenzen verlaufenden Öffentlichkeiten operieren dabei allerdings in einem theoretisch bislang kaum strukturierten Vakuum, denn „im eher vertikalen Blick moderner Öffentlichkeitskonzepte [werden sie] kaum sichtbar" (Volkmer 2003: 50). Ausgehend von der Annahme, dass Öffentlichkeit ein soziales, demokratische Funktionen erfüllendes Konstrukt darstellt, das nicht allein durch die Generierung und massenmediale Vermittlung politischer Inhalte, sondern schlussendlich durch die Betroffenheitswahrnehmungen und kommunikativen Praktiken der Menschen hervorgebracht wird, besteht das Anliegen dieses Aufsatzes darin, ein Konzept transkultureller Öffentlichkeiten zu entwickeln, das einerseits die Bedeutung der lebensweltlichen Basis von Öffentlichkeit, das heißt die Aneignungs- und Lokalisierungspraktiken öffentlicher Diskurse durch die Menschen in ihren jeweiligen sozialen, kulturellen und politischen Kontexten berücksichtigt sowie andererseits den unter dem Eindruck von Globalisierungs- und Mediatisierungsprozessen voranschreitenden Wandel alltäglicher Lebenswelten reflektiert und kontextualisiert. Der öffentlichkeitsrelevante Wandel von Lebenswelten firmiert dabei in einer Ausdifferenzierung und Vervielfältigung individueller Medienumgebungen, über die die Menschen politisches Geschehen beobachten, an öffentlichen Diskursen teilnehmen und so Öffentlichkeit herstellen, sowie zugleich in einer zunehmenden Multi-Lokalität und Mobilität persönlicher Lebensstile. Das heißt, immer mehr Menschen leben an unterschiedlichen Orten der Welt zugleich, sodass sich ihre persönlichen Lebenswelten, sozialen Beziehungsnetze und politischen Verbundenheiten längst und immer öfter über verschiedene Lokalitäten sowie kulturelle und nationalstaatliche Kontexte hinweg erstrecken.

Im Folgenden werden dementsprechend zunächst die Zusammenhänge zwischen den Metaprozessen Mediatisierung und Globalisierung sowie dem Wandel von Lebenswelten bzw. deren öffentlichkeitsrelevanten Aspekten dargetan, um daraus die Notwendigkeit eines kommunikativen und individuenbestimmten Konzepts transkultureller Öffentlichkeiten abzuleiten. Ein solches Öffentlichkeitskonzept, das auf Betroffenheitswahrnehmung und Anschlusskommunikation – also nicht allein auf die massenmediale Repräsentanz politischer Inhalte – abstellt, wird sodann unter Rekurs auf den amerikanischen Pragmatiker John Dewey (1927) entfaltet. In einem abschließenden Teilkapitel wird dann der Frage nachgegangen, welche Bedeutung und Konsequenz die zunehmende Multi-Lokalität und Mobilität von Lebenswelten für die Teilhabe an sowie die Aneignung von öffentlichen politischen Diskursen haben kann, welche Forschungsperspektiven sich ableiten lassen und inwiefern daraus die Möglichkeit einer kosmopolitischen Bürgerschaft entsteht.

2. Mediatisierung, Globalisierung, Wandel von Lebenswelten

Unsere alltägliche Lebenswelt[1] ist ebenso wie Kultur und Gesellschaft zunehmend von Medien und medienvermittelter Kommunikation durchdrungen. Der fortschreitende Wandel von Medien- und Kommunikationstechnologien bedeutet dabei allerdings nicht nur einen Wandel von Kommunikationsformen, sondern in der Folge und auf lange Sicht auch eine Veränderung von Gesellschaft, Kultur und Alltagswelt. Friedrich Krotz hat mit seinen Arbeiten zur Mediatisierung einen umfassenden theoretischen Rahmen vorgelegt, mit dem sich diese langfristigen sozialen und kulturellen Wandlungsprozesse fassen und verstehen lassen (vgl. Krotz 2001, 2007, 2009). Mediatisierung begreift Krotz als einen Metaprozess, der – ebenso wie Globalisierung, Individualisierung oder Kommerzialisierung – auf „langdauernde, breite und viele Gesellschaftsbereiche betreffende gesellschaftliche und kulturelle Veränderungen [verweist], die wesentlich komplexer als einzelne, klar lokalisierbare Prozesse" (ebd. 2005: 23) sind. Mediatisierung stellt in diesem Sinne erstens auf das *Mehr* an Kommunikationstechnologien und deren Aneignung auf zeitlicher, räumlicher und sozialer Ebene ab. Das heißt, immer mehr Medien stehen jederzeit an immer mehr Orten zur Verfügung, verbinden immer mehr Orte miteinander und werden in

---

1 Die Lebenswelt wird hier im Sinne von Alfred Schütz (1979) als selbstverständlich vorausgesetzte, vorwissenschaftliche Alltags-, Erfahrungs- und Sinnwelt des Menschen verstanden.

immer mehr Kontexten und Lebensbereichen mit immer mehr Absichten verwendet, sodass soziale Beziehungen bspw. zunehmend medial vermittelt oder mit Hilfe von Medien gestaltet sind. Die Ausdifferenzierung individueller Medienumgebungen geht dabei mit einer Integration bisher getrennter Nutzungsbereiche einher, sodass in der Folge mediatisierte Kommunikationsräume wie z.b. das Internet entstehen, die über immer mehr und unterschiedliche digitale Endgeräte erreichbar sind. Mediatisierung verweist zweitens auf das *Wie* des Wandels von Kommunikation sowie der Beziehungen zwischen medientechnologischem, kommunikativem und soziokulturellem Wandel. Die zunehmende Entgrenzung von verschiedenen Lebensbereichen wie Arbeit, Familie und Freizeit kann in diesem Sinne als eine Folge von Mediatisierung gewertet werden (vgl. ebd. 2007: 85ff.).

Die Grundannahme, die hinter dem Mediatisierungsansatz von Krotz steht, ist, dass soziale Wirklichkeit das Ergebnis von Kommunikation darstellt. Soziale Wirklichkeit ist ebenso wie Gesellschaft, Kultur oder Öffentlichkeit ein soziales Konstrukt, das im kommunikativen Handeln der Menschen hervorgebracht und fortwährend reproduziert wird (vgl. Berger/Luckmann 1980; Carey 1992; Shotter 1993). Sofern sich menschliche Kommunikation nun zunehmend auf Medien bezieht bzw. mit Hilfe von Medien realisiert wird, werden Medien auch immer relevanter für die soziale Konstruktion von Alltag, Kultur und Gesellschaft (vgl. Krotz 2009: 24). Genau hieraus ergibt sich die Schlussfolgerung, dass der Wandel von Kommunikation langfristig auch einen Wandel von alltäglichen Lebenswelten und soziokultureller Realität bedeutet, dass sich also

„Gesellschaft als kommunikative Veranstaltung, dass sich Politik, Kultur und Alltag, dass sich Erfahrungen, Sozialisation und Identitäten wandeln, weil sie alle über Kommunikation konstituiert und durch immer mehr Medien vermittelt sind." (Krotz 2007: 113)

Die Form und Richtung dieses Wandels ist logischerweise offen, weil die spezifischen Ausprägungen und Konsequenzen von Mediatisierung an das Handeln der Menschen in bestimmten historischen, kulturellen und sozialen Kontexten gebunden sind. Eine Theorie der Mediatisierung ist dementsprechend weniger an einzelnen Medientechnologien und deren Wirkungen, sondern vielmehr an den kommunikativen Praktiken interessiert, die mit den Medien assoziiert werden und die sowohl zeitlich als auch kulturell unterschiedlich ausfallen können[2] (vgl. Krotz 2007: 39, 2009: 27).

---

2 Während der Wandel von Kommunikation nach Krotz also nicht nur technologisch induziert, sondern vielmehr von den Menschen als aktiven Nutzern dieser Medientechnik gemacht ist (vgl. Krotz 2007: 33), verstehen etwa Mazzoleni (2008) oder Schulz (2004) Mediatisierung als eine linear voranschreitende Entwicklung, in deren Verlauf alle Gesellschaftsbereiche wie z.B. die Politik einer Art Medienlogik unterworfen werden bzw. sich einer solchen anpassen.

Mit Blick auf das Phänomen Öffentlichkeit, das heute vor allem durch Medien vermittelt und organisiert ist, formuliert Krotz, dass „die computervermittelte Kommunikation [...] als Folge des Mediatisierungsprozesses langfristig eine potenzielle Basis für neue Formen von Öffentlichkeit und politischer Kommunikation bilden kann" (Krotz 2007: 107). Insofern sich im Prozess der Mediatisierung nämlich die Medienumgebungen der Menschen – als zunehmend wichtiger Bestandteil ihrer Lebenswelt – verändern und erweitern, ist die Beteiligung an öffentlichen Diskursen ebenso wie die Beobachtung politischen Geschehens längst nicht mehr nur über Massenmedien, sondern auch über spezialisierte Newsgroups, Diskussionsforen, Blogs und Twitter im Internet oder über das Mobiltelefon denkbar. In diesem Sinne nutzten etwa in Tibet im Frühjahr 2008 Mönche und Studenten ihre Handys, um per SMS und Handykamera für ihre Widerstandsbewegungen mobil zu machen bzw. diese zu organisieren. Öffentlichkeit muss somit als „individuenbestimmter kommunikativer Raum" (ebd.) verstanden werden, der nicht allein über Massenmedien, sondern auch und zunehmend über digitale Einzelmedien erreicht und im darauf bezogenen kommunikativen Handeln konstituiert wird (vgl. ebd. 1998: 97). Ein solches Verständnis von Öffentlichkeit stellt freilich eine Herausforderung für gängige Öffentlichkeitstheorien dar, fokussieren diese doch in erster Linie die traditionellen Massenmedien als Realisierungsorte und machen die dortige Präsenz politischer Inhalte zum Existenzkriterium von Öffentlichkeit. Ein pragmatischer Ansatz transkultureller Öffentlichkeiten kann den sich wandelnden Kommunikationsumgebungen der Menschen insofern Rechnung tragen, als er Öffentlichkeit nicht als reinen *Medienraum*, sondern als einen *Kommunikationsraum* versteht, der in den kommunikativen, zumeist medienbasierten Praktiken und Interaktionen der Menschen, die sich als Betroffene in geteilten Problem- und Handlungszusammenhängen wahrnehmen, entsteht.

Der öffentlichkeitsrelevante Wandel von Lebenswelten lässt sich also, so haben die voranstehenden Überlegungen gezeigt, einerseits als Folge von Mediatisierungsprozessen beschreiben: und zwar im Sinne einer Ausdifferenzierung und Vervielfältigung von Medienumgebungen, über die die Menschen an öffentlichen Diskursen teilnehmen und so Öffentlichkeit herstellen. Andererseits firmieren öffentlichkeitsrelevante Veränderungen von Lebenswelten aber auch als Folge von Globalisierungsprozessen: und zwar im Sinne einer zunehmenden Multi-Lokalität und Mobilität, was zu einer Veränderung des für die Aneignung politischer Diskurse relevanten Kontexts des Lokalen führt. Globalisierung, die in der wissenschaftlichen Debatte längst nicht mehr als *Global Village* (McLuhan 1967), sondern vornehmlich mit Hilfe der Konzepte Netzwerk, Konnektivität und Fluss beschrieben wird (vgl. z.B. Appadurai 1998; Castells 1996; Giddens

1995; Tomlinson 1999), stellt nach Krotz ebenso wie Mediatisierung einen Metaprozess sozialen und kulturellen Wandels dar, der sich am besten als Zunahme weltweiter Konnektivität beschreiben lässt (vgl. Hepp/Krotz/Winter 2005). Dabei geht es weniger um Vereinheitlichung oder Auflösung des Lokalen in einem globalen Raum der Ströme, sondern vielmehr geht es um Dialektik, sprich Konvergenz, Opposition, Vernetzung, Relativität und Reproduktion von Global *und* Lokal. Der Zusammenhang von Mediatisierung und Globalisierung lässt sich als wechselseitig positiv bezeichnen. Mediatisierung ist einerseits eine Voraussetzung für Globalisierung, denn ohne Medien können Vernetzung und Austausch über raumzeitliche Distanzen hinweg kaum realisiert werden. Und andererseits ist Mediatisierung eine Folge von Globalisierung, denn Globalisierung führt dazu, dass die Menschen immer mehr Medien nutzen – bspw. um ihre sozialen Beziehungen über raumzeitliche Distanzen hinweg zu gestalten.[3]

Die im Verlauf von Globalisierungs- und Mediatisierungsprozessen zunehmende Multi-Lokalität und Mobilität persönlicher Lebenswelten stellt ein Wesensmerkmal moderner Gesellschaften dar (vgl. Beck 1997: 130f.; Rolshoven/Winkler 2009: 99ff.; Urry 2003: 50ff.). Mobilität, hier verstanden als räumliche Bewegung zwischen Lokalitäten, lässt sich dabei als Ausdruck, Folge und Ursache gesellschaftlicher Modernisierung werten, denn Modernisierung führt zu einer fortschreitenden Ausdifferenzierung örtlicher Bezüge, die sodann über Mobilität wieder miteinander verbunden werden müssen (vgl. Tully/Baier 2006: 19f., 33; Williams 1989: 11).[4] Mit Blick auf die zunehmende Multi-Lokalität des Lebens formuliert Beck, dass „transnationale Ortspolygamie, das Verheiratetsein mit mehreren Orten, die verschiedenen Welten angehören [...] das Einfallstor der Globalität im Eigenen Leben" (Beck 1997: 129) bilden. Ursache hierfür sei vor allem der Umstand, dass Menschen im Laufe ihres Lebens bzw. in wiederkehrenden Zyklen zunehmend den Wohnort oder den Arbeitsplatz wechseln und beruflich oder privat längere Phasen an verschiedenen Orten der Welt verbringen (vgl. ebd.: 133). In der Folge umfassen persönliche Lebenswelten, bestehend u.a. aus sozialen Beziehungen privater und beruflicher Natur, Zugehörigkeitsgefühlen, Erfahrungen und politischen Verbundenheiten, immer häufiger eine Vielzahl von Lokalitäten, die mitunter in ganz unterschiedlichen nationalpolitischen und kulturellen Kontexten wurzeln. Das Lokale, verstanden als der Raum vernetzter und für ein Individuum im Alltag bedeutsamer und

---

3 Giddens spricht in diesem Sinne von einer Entbettung sozialer Beziehungen aus ortsgebundenen Interaktionszusammenhängen und ihrer anschließenden Restrukturierung über raumzeitliche Distanzen hinweg (vgl. Giddens 1995: 33).
4 Zur sozialen Mobilität vgl. z.B. Sorokin (1927), zum Konzept virtueller Mobilität Urry (2007) und zum Konzept kommunikativer Mobilität Hepp (2006).

erreichbarer Lokalitäten[5], die die persönliche Lebenswelt konstituieren, ist dementsprechend selbst zum Objekt der Globalisierung geworden. Und folgerichtig kann das Lokale auch nicht länger als ein territorialer Ort begriffen oder auf einen solchen begrenzt werden, sondern stattdessen bildet es einen potentiell transnationalen Raum aus relevanten und miteinander vernetzten Lokalitäten[6], der sich durchaus über nationale und kulturelle Grenzen hinweg erstrecken kann. Wenn man nun berücksichtigt, dass das Lokale den relevanten Kontext für die Aneignung von und die Teilhabe an öffentlichen politischen Diskursen darstellt und dass das Lokale ebenso wie das Globale dabei fortwährend und in einem dialektischen Prozess reproduziert, beeinflusst und geformt werden (vgl. Robertson 1992), dann werden zwei Dinge offensichtlich: Erstens generieren die spezifischen kulturellen, politischen und sozialen Färbungen des Lokalen unterschiedliche Perspektiven auf öffentliche Diskurse, das heißt, transkulturelle Öffentlichkeiten stellen keineswegs homogene oder konfliktfreie Räume dar. Und zweitens müssen die lokalen Aneignungspraktiken der Menschen in ihren sich wandelnden lokalen Kontexten als Forschungsperspektive ins analytische Blickfeld gerückt werden.

3. Transkulturelle Öffentlichkeiten: Ein pragmatischer Ansatz

„The public sphere does not begin and end when media content reaches an audience; this is but one step in larger communication and cultural chains that include how the media output is received, discussed, made sense of, re-interpreted, circulated among and utilized by publics, that is, citizens." (Dahlgren 2009: 74)

Das Zitat von Peter Dahlgren bringt die sozialkonstruktivistische Grundannahme des hier zu entwickelnden pragmatischen Ansatzes auf den Punkt: Als soziales Konstrukt existiert Öffentlichkeit nicht allein in den Medien, sondern es entsteht in den kommunikativen, freilich zumeist medienbasierten Handlungen und Interaktionen der Menschen. Es kommt also nicht nur auf die Generierung und massenmediale Vermittlung politischer Inhalte, sondern letztlich darauf an, inwiefern diese von den Bürgern auch wahrgenommen, genutzt und in ihren Anschlusshandlungen tradiert werden. Vor dem Hintergrund der bisherigen Überlegungen ergibt sich hier eine doppelte Herausforderung: Erstens muss ein brauchbarer Ansatz transkultureller Öffentlichkeiten den beschriebenen Wandel von Lebenswelten, also die Tatsache, dass sich individuelle Medienumgebungen, vermittels derer politisches Geschehen beobachtet, an öffentlichen Diskur-

---

5 Eine Lokalität wird hier als ein physisch bzw. materiell verankerter, soziokulturell definierter Ort verstanden (vgl. Hepp 2004: 432).
6 Dementsprechend schreibt Massey: „Home is no longer just a place. It is locations." (1992: 15).

sen teilgenommen und Öffentlichkeit hergestellt wird, zunehmend vervielfältigen und ausdifferenzieren, berücksichtigen können. Und zweitens muss dieser Ansatz das in der Einleitung skizzierte Problem der theoretischen Greifbarmachung transkultureller Öffentlichkeiten, also die Tatsache, dass nationale Territorien, Sprach- und Kulturräume nicht länger als hilfreiche Referenzpunkte dienen können, bewältigen. Das pragmatische Öffentlichkeitskonzept von John Dewey bietet in dieser Hinsicht einen sinnvollen Anknüpfungspunkt, versteht es Öffentlichkeit doch als einen im kommunikativen Handeln der Menschen entstehenden Raum, der über vielfältige, nicht zwangsläufig massenmediale Kanäle realisierbar ist, bindet die Existenz von Öffentlichkeit an die Wahrnehmung und Diskussion von Handlungsfolgen durch Betroffene und ist damit unabhängig von territorialen Nationalstaaten, Sprach- und Kulturräumen denkbar (vgl. dazu auch Lingenberg 2006, 2010).

In seinem Buch *The Public and its Problems* (1927) untersucht John Dewey, Mitbegründer des amerikanischen Pragmatismus, die Bedingungen von Öffentlichkeit in heterogenen Massengesellschaften, genauer gesagt der US-amerikanischen Gesellschaft zu Beginn des 20. Jahrhunderts. Angesichts zunehmender Industrialisierung und Ausdifferenzierung von Lebensstilen und -standards sowie einer entlang vielzähliger Interessen, Sprachen und Kulturen fragmentierten und in einem äußerst weitläufigen Land lebenden Bevölkerung stellte sich die Frage, wie die Demokratie in die industrielle Ära zu retten sei und eine politische Beteiligung der Bürger gewährleistet werden könnte. Dewey entwickelte seinen Ansatz in Auseinandersetzung mit Intellektuellen wie Walter Lippmann (1925), die für eine demokratische Elitenherrschaft plädierten. Dewey hingegen insistierte auf eine kontinuierliche Beteiligung der Bürger am politischen Prozess und Diskurs, denn nur die Bürger selbst könnten relevante Probleme identifizieren und den politischen Entscheidungsträgern zur Behandlung zuführen. Das Problem der Öffentlichkeit liege somit in der notwendigen Verbesserung der Bedingungen des Diskutierens, Debattierens und Überzeugens (vgl. Dewey 1927: 208).

Öffentlichkeit entsteht nach Dewey im Gefolge eines Problemzusammenhangs. Ausgehend von der Annahme, dass menschliches Handeln Konsequenzen für andere hat, ist die Wahrnehmung und Bewertung dieser Handlungsfolgen durch Betroffene ausschlaggebend für die Konstitution von Öffentlichkeit. Öffentlichkeit bildet somit eine Kommunikationsgemeinschaft von Betroffenen, in der die Teilnehmer ihre spezifische Betroffenheit artikulieren und politisch adressieren. Sie entsteht genau dort, wo Individuen wechselseitige Interdependenz erfahren, indirekte Folgen als relevant wahrnehmen und diese auf einen bestimmten Handlungszusammenhang zurückführen, sodass bezogen auf diesen gehandelt werden kann. Die notwendigen Voraussetzungen bestehen in der Sichtbarkeit und Wahrnehmung von Handlungsfolgen, wobei ihre systematische Untersuchung, Offenlegung und Präsentation primär durch Medien und Wissenschaft erfolgen soll (vgl. Dewey 1927: 12, 15f., 183f.). Die postulierte Themenorientierung führt nach Dewey zur Existenz vielzähliger Öffentlichkeiten, die letztlich erst im Gespräch der Menschen entstehen, sodass die lebensweltliche bzw. interaktionistische Dimension von Öffentlichkeit hier bereits inbegriffen ist. „Publication is partial and the public which results is partially informed and formed until the meanings it purveys pass from mouth to mouth" (ebd.: 219).

Für die Konzeptualisierung transkultureller Öffentlichkeiten erscheint Deweys Ansatz deshalb so attraktiv, weil er überaus flexibel, funktional und für heterogene Gesellschaften kompatibel angelegt ist. Die Transnationalität von Handlungsfolgen und ihrer Wahrnehmung ist schon impliziert, und indem die Struktur von Öffentlichkeit an gemeinsame Gegenstände gebunden und kulturelle oder sprachliche Grenzen als überwindbar eingestuft werden, kann zudem erklärt werden, warum Öffentlichkeit nicht an den im transnationalen Raum gegebenen Strukturbedingungen – Vielfalt der Kulturen, Sprachen und Medien – scheitern muss (vgl. Dewey 1927: 42f., 128). Transkulturelle Öffentlichkeiten lassen sich vor diesem Hintergrund als Netzwerk themen- und ereigniszentrierter Teilöffentlichkeiten beschreiben, das genau dann existiert, wenn die Menschen ihre Betroffenheit und Interdependenz von und in gemeinsamen Problem- oder Ereigniszusammenhängen wahrnehmen und in entsprechende Diskurse eintreten.[7] Transkulturell ist dieses Netzwerk insofern, als es in ganz unterschiedlichen kulturellen, politischen und sozialen Kontexten wurzelt bzw. von den Menschen dort angeeignet wird. Die Verwendung einer Netzwerkmetapher macht dabei nicht nur die Unregelmäßigkeit, Dynamik und Offenheit des Kommunikationsraums greifbar, sondern auch seine lokale Verankerung in unterschiedlichen national-politischen, kulturellen und sozialen Kontexten, in denen die entsprechenden Diskurse angeeignet, reproduziert und lokalisiert werden.[8] Bestimmen lassen sich diese Öffentlichkeiten, die jeweils themenbezogen kürzer- oder längerfristig bestehen, über den geteilten Gegenstand, die Reichweite sowie die Intensität der Kommunikation.

In Anbetracht der Tatsache, dass Öffentlichkeit heute primär über Medien organisiert und vermittelt ist, sowie ausgehend von der Annahme, dass Öffent-

---

7   Teilöffentlichkeiten werden hier als über thematisch abgrenzbare Diskurse konstituierte und strukturierte Felder verdichteter Kommunikation verstanden. Ein Diskurs meint einen strukturierten thematischen Zusammenhang, der durch Äußerung und Gegenäußerung konstituiert und in gesellschaftlicher Praxis verankert ist.
8   Zur Verwendung einer Netzwerkmetapher bei der Konzeptualisierung transkultureller Öffentlichkeiten vgl. auch Volkmer (2002: 825, 2008: 240).

lichkeit erst dann entsteht, wenn sich ein Publikum formiert, das nicht nur Medieninhalte konsumiert, sondern diese in seinen kommunikativen Anschlusshandlungen tradiert und selbst politisches Gespräch produziert, scheint es sinnvoll, unter Einnahme einer Prozessperspektive zwischen Medienpublika (audiences) und Bürgerpublika (publics) zu unterscheiden. Während sich Medienpublika aus den Rezipienten einzelner Medienangebote zusammensetzen, konstituieren sich öffentlichkeitsrelevante Bürgerpublika durch Individuen oder Gruppen, die sich auf der Grundlage von Mediennutzung als durch geteilte Problem- und Ereigniszusammenhänge Betroffene wahrnehmen und Meinungen, Einstellungen sowie Anschlusshandlungen dazu entwickeln. Die Einnahme einer Prozessperspektive auf den Zusammenhang von Medien- und Bürgerpublika ermöglicht es dabei, den Medienkonsum als potentielles Moment von Öffentlichkeit und Bürgerschaft zu fassen. Sofern der Übertritt vom Medien- zum Bürgerpublikum primär als Wahrnehmung, Interpretation und Bewertung von Handlungsfolgen sowie ihr In-Beziehung-Setzen mit der eigenen Lebenswelt, den eigenen Vorstellungen, Erfahrungen und Überzeugungen firmiert, kann dieser Vorgang des Sich-zu-Eigen-Machens politischer Inhalte auch als diskursive Aneignung bezeichnet werden. Diskursive Aneignung verweist dabei in Anlehnung an Cultural Studies-orientierte Ansätze der Medienaneignung, die als umfassender Vermittlungsprozess von Medieninhalten und alltäglichen Lebenszusammenhängen bzw. deren „Verortung in den Diskursen und Sinnhorizonten der jeweiligen Lebenswelt" (Hepp 2006: 255) verstanden werden kann, sowohl auf den Prozess argumentativ gestützter Auseinandersetzung mit politischen Inhalten als auch auf deren Lokalisierung in den jeweiligen kulturellen, politischen und sozialen Kontexten.[9] Diskursiv ist diese Aneignung, weil das Rezipierte ebenso wie die wahrgenommene Betroffenheit und Interdependenz interpretiert, bewertet, debattiert und auch begründet werden (vgl. Lingenberg 2010: 161ff., 172ff.).

Zusammenfassend lässt sich sagen, dass Deweys Öffentlichkeitsbegriff, wenngleich in einem völlig anderen historischen Kontext entwickelt, insofern als theoretische Matrize für die Greifbarmachung transkultureller Öffentlichkeiten geeignet erscheint, als er nicht nur die lebensweltliche Basis öffentlicher Kommunikation einzubeziehen vermag, sondern auch den Strukturwandel von Öffentlichkeit, der sich jenseits des Nationalstaats in Form einer Pluralisierung, Sektoralisierung und zeitweiligen themen- und ereignisbezogenen Verschränkung von Teilöffentlichkeiten abzeichnet, in den Blick zu nehmen hilft. Öffentlichkeit ist nicht mehr begrifflich an eine nationale Gesellschaft gebunden, son-

---

9 Diskursive Aneignung bezieht sich also weder auf bestimmte Mediengenres oder -produkte noch auf bestimmte Rezeptionssituationen, wie es beim Konzept (kommunikativer) Medienaneignung der Fall ist.

dern sie kann unabhängig von territorialstaatlichen Paradigmen gedacht werden. Nationale, sub- und übernationale Öffentlichkeiten bilden dabei keinen Gegensatz, sondern sie können gleichzeitig bestehen, ineinander übergehen und verschachtelt sein. Die Sichtbarkeit und Sichtbarmachung relevanter Handlungsfolgen ist dabei sowohl über nationale und transnationale Massenmedien als auch digitale Einzelmedien, die die individuellen Kommunikationsumgebungen der Menschen zunehmend bestimmen, denkbar. Indem hier also ein gleichermaßen kommunikatives wie handlungstheoretisches Konzept skizziert ist, das die Aneignungspraktiken der Menschen integriert und als konstitutiv erachtet, werden die traditionellen Massenmedien nicht länger zum Dreh- und Angelpunkt erhoben, sondern stattdessen wird die Realisierung von Öffentlichkeit in vielfältiger Form und über vielfältige Medien und Kanäle möglich und theoretisch greifbar. Welche Bedeutung nun die zunehmende Multi-Lokalität und Mobilität von Lebenswelten für die Aneignung des Politischen in transkulturellen Öffentlichkeiten haben kann, dies wird im Folgenden sowohl auf empirischer Ebene im Sinne einer Forschungsperspektive und auf theoretischer Ebene im Sinne der Möglichkeit kosmopolitischer Bürgerschaft reflektiert.

4. Zur Aneignung des Politischen im Kontext multi-lokaler und mobiler Lebenswelten: Forschungsperspektiven

Die im Zuge von Globalisierungs- und Mediatisierungsprozessen zunehmende Multi-Lokalität und Mobilität persönlicher Lebenswelten stellt nicht nur ein Wesensmerkmal, sondern auch ein Freiheitsrecht ebenso wie eine Ideologie moderner Gesellschaften dar. Nie zuvor waren die Menschen so mobil wie heute, nie gab es so viele Touristen, Pendler, Austauschstudenten und Migranten, aber auch Flüchtlinge (vgl. Tully/Baier 2006: 15ff.; Urry 2007: 17f.)[10], die kürzer- oder längerfristig an verschiedenen Orten der Welt leben und deren soziale Beziehungen und politische Verbundenheiten sich in der Folge über verschiedene nationale und kulturelle Kontexte hinweg erstrecken. Multi-Lokalität kann dementsprechend als „lebensweltliche Kulturtechnik" oder „Strategie der mobilen Akteure, um die Umkehrbarkeit von Alltagsmobilitäten zu gewährleisten" (Rolshoven/Winkler 2009: 99), verstanden werden. Wenn man nun davon ausgeht, dass das Lokale den relevanten Kontext darstellt, von dem aus die Menschen an öffentlichen politischen Diskursen teilnehmen bzw. diese aneignen und repro-

---

10 So werden für das Jahr 2010 rund 1 Mrd. internationale Grenzübergänge erwartet (1950 waren es 25 Mio.), und 2007 gab es etwa 4,8 Mio. Flugpassagiere weltweit. 2008 lebten etwa 190 Mio. Menschen als Migranten in einem anderen Land als ihrem Geburtsland, und weltweit gab es etwa 38 Mio. Flüchtlinge (vgl. Tully/Baier 2006: 15ff.; www.dw-world.de).

duzieren, so stellt sich die Frage, welche Konsequenzen für die Aneignungspraktiken der Menschen eigentlich aus der Tatsache erwachsen, dass das Lokale, verstanden als der die Lebenswelt konstituierende Raum vernetzter und im Alltag relevanter Lokalitäten, zunehmend multi-lokal ist und sich über verschiedene nationale und kulturelle Kontexte hinweg erstrecken kann. Zunächst einmal ist offensichtlich, dass die Menschen immer öfter zwischen den verschiedenen Lokalitäten und Kontexten sowie den verschiedenen Bezugspunkten öffentlicher Diskurse vermitteln müssen. Wie diese Vermittlungs- und Aneignungspraktiken bei der Teilnahme an transkulturellen Öffentlichkeiten genau aussehen, welche Herausforderungen sich dabei ergeben, wie sich Identitäten, soziale Beziehungen, Zugehörigkeitsgefühle, politische Partizipation und kommunikative Praktiken in der Folge verändern, dies sind empirische Fragen, die ein ganzes Forschungsprogramm umreißen. Zu ihrer Beantwortung können sowohl ein inzwischen sehr umfangreiches Feld an Arbeiten zum Thema Diaspora und Medien bzw. zur kommunikativen Vernetzung ihrer Mitglieder beitragen (vgl. überblicksartig Bailey et al. 2007; Cottle 2000) als auch Arbeiten, die sich mit dem Prozess des *Place-Making* bzw. des Sich-Niederlassens von Migranten oder zeitweilig im Ausland Berufstätigen, verbunden mit der Entwicklung von Heimatgefühlen sowie der entsprechenden Mediennutzung mit Blick auf ihr soziales Beziehungsnetz, beschäftigen (vgl. z.B. Jansson 2009; Morley 2000; Nowicka 2007; Seamon 1979).

Während also die kommunikative Vernetzung von multi-lokalen Diaspora-Gemeinschaften ebenso wie die medienvermittelte Gestaltung sozialer *Fern-Beziehungen* mittlerweile auf breiter Basis beforscht werden, so ist doch die Teilhabe an bzw. die Aneignung von politischen Diskursen im Kontext transkultureller Öffentlichkeiten in Bezug auf die zunehmende Multi-Lokalität und Mobilität persönlicher Lebenswelten bislang recht unterbelichtet. Zum Gegenstand weiterführender Forschung müsste also werden, was Keane folgendermaßen ausdrückt: „Within global public spheres, people rooted in local physical settings increasingly travel to distant places, without ever leaving home, to ‚second homes' within which their senses are stretched. They live locally, and think globally" (Keane 2003: 170). Wie genau dieses *lokale Leben* und *globale Denken* aussehen kann, wie es sich im Rahmen von Sinngebungsprozessen und Aneignungspraktiken mit Blick auf das Politische und damit auf die Teilhabe an transkulturellen Öffentlichkeiten sowie die darauf bezogene Mediennutzung niederschlägt, dies muss auf mikroanalytischer Ebene untersucht werden. Denkbar wären z.B. Fallstudien zu Menschen, die, aus unterschiedlichen kulturellen Kontexten stammend, als Auswanderer in einem bestimmten Land leben und deren politische Aufmerksamkeiten und Beziehungsnetze sich nun sowohl auf das Ursprungs-

als auch auf das Einwanderungsland beziehen. Dabei wäre der Frage nachzugehen, wie genau diese Menschen in entsprechende Sphären transkultureller Öffentlichkeit eingebunden sind, wie sie die zugehörigen Diskurse lokalisieren, aneignen und mit ihren persönlichen, multi-lokalen Kontexten in Beziehung setzen. Sinnvoll wäre es dabei, Anleihen bei der phänomenologisch orientierten Humangeographie zu machen (vgl. z.B. Moores 2006), denn damit ließe sich, so argumentiert auch Volkmer, sowohl die handlungstheoretische bzw. lebensweltliche Basis der Realisierung transkultureller Öffentlichkeiten fokussieren als auch an den globalisierungs- und öffentlichkeitstheoretischen Netzwerk-Ansatz anknüpfen:

> „It seems that there must be a framework for further microframe analysis [...] of the mind-set of individuals living in their own lifeworld of ‚meaning of the world'. In this framework, global as well as local, universal and particular things are integrated in a subjective order, and lay the ground for a perception of the world that is not only crucial for today's globalization process, but also for participation in the global public sphere within a global civil society." (Volkmer 2006: 258)

In diesem Sinne betont auch Krotz, dass die Beschreibung moderner Gesellschaften mit Hilfe der Netzwerk-Metapher zwar funktional, aber noch lange nicht ausreichend ist, „um empirisch und theoretisch zu begreifen, wie die Menschen von ihren sozialen Positionen aus ihr Leben in globalisierten Gesellschaften" (Krotz 2006: 22) und in entsprechenden Kommunikationszusammenhängen leben. Genau dies aber ist gerade aus der Perspektive einer Theorie der Mediatisierung bedeutsam, versteht sie die kommunikativen Praktiken der Menschen doch als konstitutiv für den fortschreitenden Wandel von Gesellschaft, Kultur und Alltag.

Nachdem nun einige empirische Forschungsperspektiven aufgezeigt wurden, soll zum Abschluss und auf einer theoretischen Ebene noch der Frage nachgegangen werden, inwiefern die Teilhabe an transkulturellen Öffentlichkeiten durch Menschen, deren Lebenswelten zunehmend multi-lokal und mobil sind, möglicherweise zur Entstehung einer kosmopolitischen Bürgerschaft beitragen kann. Kosmopolitismus[11] lässt sich zunächst einmal als eine Einstellung im Sinne von Offenheit, Neugier und Verantwortungsbewusstsein gegenüber der Welt, fremden Kulturen und Andersartigem, aber auch als Fähigkeit, gleichzeitig im Globalen und im Lokalen zu leben, beschreiben (vgl. Hannerz 1990; Tomlinson 1999: 181ff.; Urry 2003: 132ff.). Nach Hannerz stellen Mobilität und Reisen die Voraussetzungen für die Entstehung von Kosmopolitismus dar, weil dabei die nötigen Erfahrungen und Eindrücke aus verschiedenen Kulturen gesammelt werden können, und laut Cunningham und Sinclair ist es vor allem das ständige

---

11 Zusammengesetzt aus den griechischen Wörtern *Kosmos* (Welt) und *Polites* (Bürger), verweist der Begriff Kosmopolitismus auf eine Art Weltbürgertum.

Aushandeln zwischen Heimat und Gastort, das einen kosmopolitischen Weltblick produziert (vgl. Hannerz 1990: 240f.; Cunningham/Sinclair 2000: 33). Tomlinson fasst dagegen die Möglichkeit von Kosmopolitismus insofern weiter, als er auch die zunehmende Durchdringung des Alltags durch globale Wirtschaftseinflüsse, die zunehmende Medienvernetzung und Verfügbarkeit von Bildern und Nachrichten aus aller Welt ebenso wie den zunehmenden Multikulturalismus vor der eigenen Haustür als Anknüpfungspunkte versteht. „All these transformations hold the promise of vital aspects of the cosmopolitan disposition: the awareness of the wider world as significant for us in our locality, the sense of connection with other cultures and even, perhaps, an increasing openness to cultural difference" (Tomlinson 1999: 200).[12] Kosmopolitische Bürgerschaft verweist schließlich einerseits auf die beschriebene offene und verantwortungsbewusste Haltung gegenüber der Welt sowie andererseits auf politisches Engagement – bspw. im Sinne einer Beteiligung an öffentlichen Diskursen über die Klimaerwärmung sowie einem entsprechend umweltbewussten Verhalten im konkreten Kontext des Lokalen (vgl. Linklater 1999: 42). Wohlgemerkt stellt die Entstehung einer kosmopolitischen Bürgerschaft aber nur eine Möglichkeit dar, die von den Menschen erst realisiert werden muss. Die im Zuge von Globalisierungs- und Mediatisierungsprozessen zunehmende Multi-Lokalität und Mobilität von Lebenswelten bilden somit zwar eine gute Voraussetzung, aber garantieren können sie die Entstehung von Kosmopolitismus nicht. Dazu bedarf es eines entsprechenden Bewusstseins und Handelns der Menschen.

Insgesamt, so lässt sich resümierend festhalten, hilft ein pragmatischer Ansatz transkultureller Öffentlichkeiten nicht nur dabei, öffentliche Kommunikationszusammenhänge greifbar zu machen, die kreuz und quer zu nationalstaatlichen, kulturellen und sprachlichen Territorien verlaufen und deren Trägergruppen sich themen- und ereignisorientiert jeweils neu formieren. Sondern darüber hinaus kann er dem Wandel alltäglicher Lebenswelten als Resultat von Mediatisierungs- und Globalisierungsprozessen, sprich der Vervielfältigung und Ausdifferenzierung individueller Medienumgebungen sowie der zunehmenden Multi-Lokalität und Mobilität Rechnung tragen. Transkulturelle Öffentlichkeiten entstehen genau dort, wo Individuen Handlungsfolgen und wechselseitige Interdependenz erfahren, diese als relevant wahrnehmen und Betroffenheit in kommunikativen Anschlusshandlungen diskutieren. Die Realisierung von Öffentlichkeit kann dabei sowohl über traditionelle Massenmedien als auch über digitale Einzelmedien oder das Internet geschehen. Zunehmend multi-lokale und mobile Lebenswelten

---

12 Daran anknüpfend schlägt Tomlinson das Konzept eines *glokalen* Kosmopolitismus vor, das auf das Moment der Vermittlung und Aushandlung zwischen Lokal und Global abstellt (vgl. Tomlinson 1999: 198).

verweisen dabei einerseits auf ein Forschungsprogramm, in dessen Rahmen die Aneignungs- und Lokalisierungspraktiken der Menschen bzw. ihr Aushandeln und Vermitteln zwischen den verschiedenen Bezugspunkten transkultureller Öffentlichkeiten sowie ihren multi-lokalen Kontexten empirisch zu untersuchen wären, und andererseits auf die Möglichkeit der Emergenz einer kosmopolitischen Bürgerschaft. Im globalen Zeitalter, in dem die Regelungskompetenzen der Nationalstaaten nämlich mit Blick auf globale Problemlagen oftmals zu kurz greifen, wäre eine solche kosmopolitische Haltung gegenüber der Welt ebenso wie ein entsprechendes Bewusstsein über die eigene Einbindung in globale Zusammenhänge, das sich auch in entsprechenden Handlungen niederschlägt, nicht nur wünschenswert, sondern auch notwendig.

Literatur

Appadurai, Arjun (1998): Modernity at large. Cultural Dimensions of Globalization. Minneapolis, London: University of Minnesota Press.
Bailey, Olga G./Georgiou, Myrie/Harinndranath, Ramaswami (Hrsg.) (2007): Transnational Lives and the Media. Re-Imagining Diasporas. New York: Palgrave.
Beck, Ulrich (1997): Was ist Globalisierung? Irrtümer des Globalismus – Antworten auf Globalisierung. Frankfurt a.M.: Suhrkamp.
Berger, Peter L./Luckmann, Thomas (1980): Die gesellschaftliche Konstruktion der Wirklichkeit. Eine Theorie der Wissenssoziologie. Frankfurt a.M.: Fischer.
Carey, James W. (1992): Communication as Culture. Essays on Media and Society. New York, London: Routledge.
Castells, Manuel (1996): The Rise of the Network Society. Oxford: Blackwell.
Cottle, Simon (Hrsg.) (2000): Ethnic Minorities and the Media. Buckingham: Open University Press.
Cunningham, Stuart/Sinclair, John (Hrsg.) (2000): Floating Lives: The Media and Asian Diasporas. St. Lucia: University of Queensland Press.
Dahlgren, Peter (2009): Media and Political Engagement. Citizens, Communication and Democracy. Cambridge: Cambridge University Press.
Dewey, John (1927): The Public and its Problems. New York: Holt.
Giddens, Anthony (1995): Konsequenzen der Moderne. Frankfurt a.M.: Suhrkamp.
Hannerz, Ulf (1990): Cosmopolitans and Locals in World Culture. In: Theory, Culture & Society 7, S. 237–251.
Hepp, Andreas (2004): Netzwerke der Medien. Medienkulturen und Globalisierung. Wiesbaden: VS.
Hepp, Andreas (2006): Transkulturelle Kommunikation. Konstanz: UVK.
Hepp, Andreas/Krotz, Friedrich/Winter, Carsten (Hrsg.) (2005): Globalisierung der Medienkommunikation. Eine Einführung. Wiesbaden: VS.
Jansson, André (2009): Mobile Belongings: Texturation and Stratification in Mediatization Processes. In: Lundby, K. (Hrsg.): Mediatization: Concept, Changes, Consequences. New York u.a.: Peter Lang, S. 243–261.
Keane, John (2003): Global Civil Society? Cambridge: Cambridge University Press.
Krotz, Friedrich (1998): Öffentlichkeit aus Sicht des Publikums. In: Jarren, O./Krotz, F. (Hrsg.): Öffentlichkeit unter Viel-Kanal-Bedingungen. Baden-Baden, Hamburg: Nomos, S. 95–117.
Krotz, Friedrich (2001): Die Mediatisierung kommunikativen Handelns. Der Wandel von Alltag und sozialen Beziehungen, Kultur und Gesellschaft durch die Medien. Opladen: Westdeutscher Verlag.

Krotz, Friedrich (2005): Von Modernisierungs- über Dependenz- zu Globalisierungstheorien. In: Hepp, A./Krotz, F./Winter, C. (Hrsg.): Globalisierung der Medienkommunikation. Eine Einführung. Wiesbaden: VS, S. 21–43.

Krotz, Friedrich (2006): Konnektivität der Medien: Konzepte, Bedingungen und Konsequenzen. In: Hepp, A./Krotz, F./Moores, S./Winter, C. (Hrsg.): Konnektivität, Netzwerk, Fluss. Konzept gegenwärtiger Medien- und Kommunikations- und Kulturtheorie. Wiesbaden: VS, S. 21–41.

Krotz, Friedrich (2007): Mediatisierung: Fallstudien zum Wandel von Kommunikation. Wiesbaden: VS.

Krotz, Friedrich (2009): Mediatization: A Concept With Which to Grasp Media and Societal Change. In: Lundby, K. (Hrsg.): Mediatization: Concept, Changes and Consequences. New York u.a.: Peter Lang, S. 21–40.

Lingenberg, Swantje (2006): The audience's role in constituting the European public sphere. A theoretical approach based on the pragmatic concept of John Dewey. In: Carpentier, N. et al. (Hrsg.): Researching media, democracy and participation. Tartu: Tartu University Press, S. 121–132.

Lingenberg, Swantje (2010): Europäische Publikumsöffentlichkeiten. Ein pragmatischer Ansatz. Wiesbaden: VS.

Linklater, Andrew (1999): Cosmopolitan Citizenship. In: Hutchings, K./Dannenreuther, R. (Hrsg.): Cosmopolitan Citizenship. Basingstoke: Macmillan, S. 35–59.

Lippmann, Walter (1925): The phantom public. New York: Harcourt, Brace and Company.

Massey, Doreen (1992): A Place called Home? In: Formations 17, S. 3–15.

Mazzoleni, Gianpietro (2008): Mediatization of Politics. In: Donsbach, W. (Hrsg.): The International Encyclopedia of Communication. Malden: Blackwell.

McLuhan, Marshall (1967): Understanding Media: the Extension of Man. London: Spheres Books.

Moores, Shaun (2006): Media Uses & Everyday Environmental Experiences: A positive Critique of Phenomenological Geography. In: Participations 3, 2 (http://www.participations.org/volume%203/issue%202%20-%20special/3_02_moores.htm).

Morley, David (2000): Home Territories. Media, Mobility and Identity. London: Routledge.

Nowicka, Magdalena (2007): Mobile locations: constrcution of home in a group of mobile transnational professionals. In: Global Networks 7, 1, S. 69–86.

Robertson, Roland (1992): Globalization: Social Theory and Global Culture. London: Sage.

Rolshoven, Johanna/Winkler, Justin (2009): Multilokalität und Mobilität. In: Informationen zur Raumentwicklung 2009, 1/2, S. 99–106.

Schütz, Alfred/Luckmann, Thomas (1979): Strukturen der Lebenswelt. Band 1. Frankfurt a.M.: Suhrkamp.

Schulz, Winfried (2004): Reconstructing Mediatization as an Analytical Concept. In: European Journal of Communication 19, 1, S. 87–101.

Seamon, David (1979): A Geography of the Lifeworld: Movement, Rest and Encounter. London: Croom Helm.

Shotter, John (1993): Conversational Realities. London u.a.: Sage.

Sorokin, Pitririm A. (1927): Social Mobility. New York: Harper.

Tomlinson, John (1999): Globalization and Culture. Cambridge: Polity Press.

Tully, Claus J./Baier, Dirk (2006): Mobiler Alltag. Mobilität zwischen Option und Zwang – Vom Zusammenspiel biographischer Motive und sozialer Vorgaben. Wiesbaden: VS.

Urry, John (2003): Global Complexity. Oxford: Blackwell.

Urry, John (2007): Mobilities. Cambridge: Polity Press.

Volkmer, Ingrid (2002): Sphären transkultureller Öffentlichkeit. In: Hepp, A./Löffelholz, M. (Hrsg.): Grundlagentexte zur transkulturellen Kommunikation. Konstanz: UVK, S. 819–834.

Volkmer, Ingrid (2003): Jenseits des ‚Globalen' und ‚Lokalen': Strukturen politischer Öffentlichkeit im Zeitalter der globalen Netzwerk-Gesellschaft. In: Wiedemann, D./Lauffer, J. (Hrsg.): Die medialisierte Gesellschaft. Beiträge zur Rolle der Medien in der Demokratie. Bielefeld: AJZ Druck & Verlag, S. 41–56.

Volkmer, Ingrid (2006): Globalization, Generational Entelechies, and the Global Public Space. In: Volkmer, I. (Hrsg.): News in Public Memory. An International Study of Media Memories across Generations. New York: Peter Lang, S. 251–275.

Volkmer, Ingrid (2008): Satellite Cultures in Europe: Between national spheres and globalized space. In: Global Media and Communication 4, 3, S. 231–244.

Williams, Raymond (1989): Ressources of Hope. London: Verso.

Fremde Freunde im Netz?
Selbstpräsentation und Beziehungswahl auf Social Network Sites – ein Vergleich von Facebook.com und Festzeit.ch

Klaus Neumann-Braun unter Mitarbeit von Dominic Wirz

1. Einleitung

In der gegenwärtigen, sich radikal mediatisierenden Gesellschaft (Krotz 2001, 2007) kommt den neuen Medien der computervermittelten Kommunikation eine immer wichtigere Bedeutung zu. In den letzten Jahren zeigt die Entwicklung von Internet-Gemeinschaften einen ungebrochenen Trend zur Etablierung so genannter Social Network Sites (SNS). Internationale Seiten wie *Friendster*, *MySpace*, *Facebook* oder *Twitter* ebenso wie die deutschsprachigen Seiten *StudiVZ*, *SchülerVZ*, *Lokalisten* oder *Wer-kennt-wen* zählen zu den populärsten Angeboten des Internets, die innerhalb kürzester Zeit ihren festen Sitz im Alltag der Internet-User erlangt haben. Selbstdarstellungen sind durch die Software-Architektur von Social Network Sites im Medium der Sprache und im Medium des Bildes möglich. Die Seite *Facebook* verzeichnet täglich 67 Millionen Foto-Uploads bei weltweit 300 Millionen aktiven Usern (Online-Statistik, Facebook 2009). Tendenz steigend. Profilseiten ohne bildhafte Selbstdarstellung sind dabei ungewöhnlich. Neben einem solchen globalen ‚Goliath' wie *Facebook* gibt es auch lokale ‚Zwerge' wie beispielsweise das Schweizer Portal *Festzeit* – ein Portal, das gut 120.000 aktive User zählt (Festzeit 2009a).

Im Mittelpunkt der Aktivitäten der UserInnen auf den SNS steht bekanntlich die Selbstpräsentation (*impression management,* Goffman 1959): User erstellen ein eigenes Profil (Profilbild, Personencharakteristik, eigene Fotoalben usf.) und sie bestimmen eine Liste von Freunden. Im Anschluss findet eine intensive Kommunikation unter (engen) Freunden und (entfernteren) Bekannten statt: Bilder und entsprechende Kommentare werden (oft gemeinsam in der Peergroup) rezipiert und evaluiert („Bildgespräche"). In der Folge kommt es zu spezifischen „Bilderwanderungen": Bilder werden weitergeleitet bzw. wandern über Verlinkungen und Kommentierungen durch einzelne Profile und Portale, um schließlich spezifische Folgen für adoleszente Gemeinschaftsbildungs- und -erhaltungsprozesse zu entwickeln (Hinterlassen von „Medienspuren") (vgl. Netzbilder 2009).

Das *impression management* auf Social Network Sites ist – und das ist der zweite zentrale Punkt – immer ein *kollektiver Prozess*. Partizipation an einer SNS erfolgt durch Erstellen eines Profils und durch Herstellen von Verbindungen zu anderen Mitgliedern. Neumitglieder beobachten in der Regel die Profile von Freunden, um die Art und Weise ihrer Selbstdarstellung auszuwählen – ein Prozess, der als teilnehmende Darstellung (*participatory performance*) zu begreifen ist. Die Nutzer vertrauen bei ihrer Teilnahme im Netzwerk auf die Normen, die durch die benachbarten Mitglieder (Peergroup) etabliert wurden (vgl. boyd 2008). *Freundeslisten* machen öffentlich sichtbar, wer mit wem in Beziehung steht. Da in nicht wenigen Portalen automatisch-systemgeneriert potenzielle „Freunde" dem jeweiligen User angetragen werden, ist eine Debatte entstanden, wie bekannt/fremd die Freunde/Bekannten eigentlich sind. Im Feuilleton wird dieser Punkt immer wieder kritisch gegen die SNS ins Feld geführt: Vor dem Hintergrund der Befürchtung, das Verhältnis von Öffentlichkeit und Privatheit habe sich in radikaler Weise entgrenzt, wird darauf hingewiesen, dass (nicht selten unwissende) User mit vermeintlichen Freunden, die eigentlich Fremde sind, so kommunizieren, als seien diese Freunde, und in der Folge dann Informationen preisgeben, die ihnen zum Nachteil gereichen. Ein reißerisches Beispiel gibt das Nachrichtenmagazin *Der Spiegel* unter dem Titel „Nackt unter Freunden" und vergleicht Facebook mit den „Jagdgründen" der „Finsterlinge der Online-Welt" (Spiegel 2009: *Fremde Freunde*).

Im Folgenden wird dieses Problem einer systematischen Untersuchung zugeführt: Es wird zum einen gefragt, nach welchen inhaltlichen Kriterien bzw. im Gang welcher technischen Prozeduren Freundeslisten überhaupt zustandekommen (können); zum zweiten wird gefragt, welcher Grad an Freundschaft resp. Bekanntschaft in den Freundeslisten letztlich realisiert wird, womit im Übrigen auch eine unmittelbare Verknüpfung zur aktuellen Debatte innerhalb der Netzwerkforschung über die in den SNS gepflegten *strong* bzw. *weak ties* hergestellt ist. In methodischer Hinsicht ist es instruktiv, einen Vergleich zwischen den beiden Portalen Facebook.com und Festzeit.ch vorzunehmen, da beide mit unterschiedlichen Verfahren der Aggregatbildung im Sinne von Freundeslisten arbeiten.

2. Facebook.com: (Bilder-)Kommunikation unter der Regie der Technik

Facebook hat sich in den letzten Jahren nicht nur hervorgetan als die meistgenutzte SNS mit der größten, auch internationalen Reichweite, sondern gleichermaßen als die innovationsfreudigste: sei es, weil viele Web-2.0-Features rasch auf einer einzigen Plattform vereint wurden, sei es, weil die Opensource-Schnittstelle findige Köpfe anspornte, neue, eigene Web-2.0-Applikationen zu entwickeln. Die Palette von Kommunikationsmöglichkeiten umfasst Angebote für intensiv-involvierende Dialoge (und Multiloge) genauso wie solche zur niederschwelligen Ein-Klick-Kommunikation. Dazu gehören etwa das so genannte „Anstupsen" (eine einfache Form, schnell „hallo" zu sagen) oder die Wohlwollensbekundung „gefällt mir", die ein User zu Inhalten oder den Facebook-Aktivitäten seiner Freunde abgeben kann. Wie der Kommunikationsmix von SNS-Usern konkret fruchtbar gemacht wird – und welche der Angebote eher auf *weak* bzw. *strong ties* gemünzt sind –, sei an dieser Stelle dahingestellt. Was vielmehr interessiert, sind die Möglichkeiten, sich in das Geschehen auf Facebook öffentlich sichtbar einzubringen und dergestalt gemeinsame Berührungspunkte, also „technologische Interaktionsmöglichkeiten" zu erzeugen (vgl. Reichert 2008: 82). Die Fragestellung folgt der Beobachtung, dass Aggregatbildungen auf SNS auch jenseits der institutionalisierten Freundeslisten vonstatten gehen – allein dadurch, dass die kommunikativen Aktivitäten unterschiedlicher User sich zufällig kreuzen und aus den „voraussetzungslose[n] Gemeinschaften" (Reichert 2008: 51) weitere Kommunikationen hervorgehen. Eine Vielzahl solcher Kreuzungen steht im Kontext von Kommunikationsangeboten, die auf (Ein-)Klick-Optionen reduziert sind. Für Facebook gilt, dass jeder Klick-Kommunikation eine technische Aufbereitung vorausgeht und nachfolgt. Vier Punkte sind hier maßgebend:

1. Die Kommunikation ist davon abhängig, dass das System Klick-Optionen anbietet. Nur bestimmte Objekte – z.B. Bilder – werden mit Optionen zur Klick-Kommunikation versehen.
2. Im Unterschied zu den eher dialogischen Funktionen, die der User weitgehend selbst ausgestalten kann, prozessiert die Ein-Klick-Kommunikation ein Inventar vorgefertigter Aussagen. Nur bestimmte Inhalte können klickenderweise geäußert werden.
3. Die Menge an Bildern, Statusmeldungen und Pinnwand-Einträgen, zu denen ein einzelner User sich klickend äußern kann, ist unüberschaubar groß. Es kommt hinzu, dass sie unüberschaubar zerstreut sind: über unzählige Alben und Unteralben, Profilseiten und Pinnwände von Freunden und Freundesfreunden. Indem Facebook Hilfsmittel bereitstellt, die die Inhalte strukturieren und vorselektieren, beeinflusst die SNS die Art und Weise, wie der User durch die Flut der Klick-Optionen navigiert.
4. Ähnliches gilt für die anschließende Verarbeitung der Klicks. Damit so etwas wie Kommunikation initiiert werden kann, müssen die Klicks gespeichert und den Freunden wiederum zugetragen werden. Auch hier sind technische Prozeduren zugange, die den Wahrnehmungsraum der User prägen.

In diesem Zusammenspiel greift die Technik nach zwei Richtungen aus: Erstens gibt sie (mehr oder weniger) Kommunikationsalternativen vor, zweitens schafft sie Orientierungspunkte, um sich innerhalb der Alternativen zurechtzufinden. Während Punkt 1 und 2 als Eigenheiten des jeweiligen Portals wahrnehmbar sind – dessen spezifisches Kommunikationsprofil ausmachen –, sind die Strukturierungs- und Selektionsprozesse unter Punkt 3 und 4 für den User nur ausschnittweise nachvollziehbar. Um diese Einschränkung soll es nachfolgend gehen: erstens bezüglich der Kommunikation im Allgemeinen (woran weiter unten der Vergleich mit Festzeit anknüpfen wird), zweitens bezüglich der Freundes- und Gruppenlisten im Speziellen.

2.1 Technische Selektionsmechanismen

Das Zentrum von Facebook ist die Startseite, genauer: der Bereich „Neuigkeiten" (siehe Abbildung 1). Hier beginnt standardmäßig jede Facebook-Session mit einer Übersicht über die neuesten Aktivitäten der Freunde. Der User sieht beispielsweise, wer Bilder hochgeladen hat, seinen Beziehungsstatus geändert oder einen Pinnwand-Eintrag verfasst hat; Links bereiten den Weg, um tiefer in diese aktuellen Ereignisse einzutauchen. Darüber hinaus kann der User die Neuigkeiten der Freunde mit der eigenen Person in Zusammenhang bringen: etwa indem er sich auf den Bildern verlinkt oder einfach ‚sagt' „gefällt mir". Was sich ihm an Klick-Optionen auftut, ist einerseits davon abhängig, wer sich in seinem Freundeskreis befindet, wie viele Neuigkeiten die Freunde aktuell generieren und wie öffentlich oder privat deren Profile konfiguriert sind; es handelt sich um einen Rahmen an Kommunikationsoptionen, der durch vorangegangene User-Aktivitäten gesetzt wurde. Andererseits wurden die Aktivitäten erst durch ihre technische Vermittlung sichtbar gemacht. Ein Beispiel: Von den 47 Bildern, die ein User nach dem Urlaub auf Facebook stellt, übermittelt das System lediglich eine Auswahl von drei Teasern auf die Startseite der Freunde. Sie bilden zusammen den News-Eintrag „Ferienalbum". Während weitere Neuigkeiten anderer Freunde hinzukommen, wird das Ferienalbum allmählich an das untere Ende der Startseite, dort über den Seitenrand hinaus und systembedingt ins Sammelbecken für „ältere Beiträge" gespült. Aus den Augen – aus dem Sinn. Ergänzt aber besagter User das Album ein paar Stunden später um weitere Bilder, wird dadurch ein neuer News-Eintrag generiert. Sofort ist das Ferienalbum in der Reihenfolge der Neuigkeiten wieder vorne präsent – diesmal mit anderen, neuen Teasern.

Ob also schließlich einer der Freunde ausgehend vom News-Eintrag „Ferienalbum" dem Link zum Album folgt – oder eben nicht –, ob er auf „gefällt mir" klickt oder einen eigenen Kommentar verfasst: Diese Folgeaktionen sind in besonderem Maße damit verquickt, von welchem Freund wie weit oben in den Neuigkeiten welche Bilder erscheinen (können). Den Kommunikationsoptionen, im engeren Sinne Relikte von Selbstdarstellungsaktivitäten der Freunde, haftet von *vornherein* eine „Episodenhaftigkeit" an (Reichert 2008: 84).

Abbildung 1: http://www.facebook.com/home.php

Weitere Begrenzungen können hervorgehen aus einer speziellen Art von ‚Privacy-Restriktionen', die vom System bei der Zusammenstellung der News-Einträge berücksichtigt werden. Jeder User kann mittels dieser Restriktionen bestimmte Kategorien seiner (kommunikativen) Handlungen, z.B. Änderungen des Beziehungsstatus, davon ausschließen, in den Neuigkeiten seiner Freunde platziert zu werden. Blockiert ist damit nur die technische Weiterverarbeitung und -verbreitung; der User-Zugriff auf die Informationen an sich wird aber nicht beeinträchtigt. (Wer die Profilseite des besagten Users direkt besucht, kann den Beziehungsstatus sehr wohl einsehen. Automatische Benachrichtigungen über Änderungen erhält man indes keine.) Die Zusammenstellung von Neuigkeiten ist somit eine zweifach technisch geformte, die nichts mit den tatsächlichen

Neuigkeiten der Freunde zu tun haben muss. Ihr Zustandekommen bleibt für den User intransparent.

Nochmals gesteigert ist der technische Einfluss im Seitenbereich „Höhepunkte", der ebenfalls auf der Startseite geführt wird (siehe Abbildung 2). Hier erscheinen ausgewählte Hinweise auf Bilder, Videos, Gruppen und Fan-Clubs, zu denen sich Freunde in irgendeiner Art in Beziehung gesetzt haben: sei es, indem sie Kommentare abgegeben haben, indem sie sagten „gefällt mir", oder sei es, weil sie „Fan" sind. Anhand welcher Parameter die Höhepunkte generiert werden, lässt sich wohl nur mit einem Blick in den Programmcode abschließend beurteilen. Wahrscheinlich ist, dass die Klick-Kommunikation gespeichert und ausgewertet wird, um die ‚interessantesten' Freunde zu errechnen. Allein feststellen lässt sich, dass die zugetragenen Inhalte mehrheitlich aktuell sind und typischerweise im Freundeskreis schon einige Aufmerksamkeit erfahren haben.

Abbildung 2: http://www.facebook.com/home.php

Dazu ein weiteres Beispiel: Sogar Bilder von Nicht-Freunden werden als Höhepunkte gelistet, vorausgesetzt, jemand aus dem Freundeskreis hat das ‚fremde' Bild mit „gefällt mir" markiert oder sich darauf verlinkt. Das erhärtet die These, dass für die Öffentlichkeit unsichtbare User-Aktivitäten eine technische Weiterverbreitung von Inhalten in Gang setzen. Der Bereich „Höhepunkte" wäre demnach als Echo der User-Aktivitäten zu klassifizieren.

Den skizzierten (Kommunikations-)Praktiken ist gemeinsam, dass sie sich nicht – wie Diskussionen in Foren – an einem Ort abspielen, sondern multiple Anknüpfungspunkte schaffen. Ob direkt im Fotoalbum oder weitergereicht durch die Listen von Neuigkeiten oder Höhepunkten: Die technisch generierten Aufmerksamkeitsoptionen sind breit gestreut und vielgestaltig zugleich. Und indem User anschließend gemeinsam Kommentare verfassen, Verlinkungen platzieren oder Wohlwollensbekundungen austauschen, kommen sie miteinander in Kontakt. Im Zusammenspiel von Vermittlungstechniken und User-Aktivitäten formieren sich punktuell flüchtige „Interaktionssysteme" (vgl. Thiedeke 2000). Diese Art des Sich-zusammen-Findens unterscheidet sich zwar von Gruppen, Fan- und Freundeslisten dadurch, dass die Zusammengehörigkeit nicht explizit markiert und gefestigt ist, sondern auf den Moment der Kommunikation beschränkt ist – der Unterschied ist indes bisweilen ein gradueller. Auf die Beschaffenheit solcher kommunikativ prozessierter Aggregate wird im Kapitel über Festzeit.ch (3.) noch näher einzugehen sein. Im Folgenden wird die Verschränkung von User-Initiative und Technik anhand dreier explizit markierter Vergemeinschaftungsplätze durchdekliniert: den Gruppen, Fan- und Freundeslisten.

2.2 Freundeslisten

Die Art, wie Freundschaften und Gruppenmitgliedschaften eingegangen werden können, liegt auf einer Linie mit den oben beschriebenen Klick-Techniken. Dank praktischer Links ist ein User mit zwei Klicks der eigenen Freundesliste hinzugefügt. Einer von drei Plätzen, sich dergestalt zu vergemeinschaften, ist die Startseite. Dort finden sich neben dem bisher Erwähnten auch Hinweise auf Gruppen. Ein zweiter Ort mit Listen von Gruppen und Fan-Gemeinschaften sind die Profilseiten der Freunde. Hier erfährt der User alles über das Beziehungsnetz und den Freundeskreis seiner Freunde. Und wiederum spielt die Technik mit hinein: Das System hebt eine Auswahl von sechs Freundesfreunden automatisch hervor. Sie erscheinen in einer gesonderten Liste mit Foto und Namen – gleichsam als Aushängeschilder –, wobei die Auswahl nicht beeinflusst werden kann und bei wiederholtem Besuch wechselt. So wird der User ohne eigenes Zutun nach und nach auf bekannte Gesichter aufmerksam gemacht: Freundesfreunde auf Facebook, die vielleicht im Offline-Leben eigene, direkte Freunde oder Bekannte sind und um die er seinen Online-Freundeskreis erweitern könnte. Der dritte, institutionalisierte Ort der Beziehungspflege ist die „Freunde-Seite", die Facebook unlängst in einer technischen Überarbeitung präsentierte. Sie fasst die Funktionen zusammen, die beim Finden von Freunden helfen können. Nebst der Möglichkeit, E-Mail-Adressen aus dem eigenen Adressbuch mit der Datenbank von Facebook abzugleichen, verspricht Facebook „Personen, die du kennst" zu finden. Das geschieht mittels einer Liste von Vorschlägen, die Fan-Clubs und Personen zeigt, deren Nähe zum User vom System approximativ ermittelt wurde. Wiederum kann man sich fragen – wie schon bei den Neuigkeiten und Höhepunkten –, welchen technischen Prozeduren diese Vorschläge entspringen. Es ist davon auszugehen, dass komplexe Algorithmen Egos Freundeskreis nach möglichen Gemeinsamkeiten durchkämmen. Sofern mehrere von Egos Freunden mit einem bestimmten User befreundet sind, stehen die Chancen gut, dass auch Ego diese Person kennt. Dasselbe gilt für die Fan-Listen. Dass die Fehlerquelle bei derartigen Berechnungen hoch sein kann, demnach die Vorschläge auch gänzlich unbekannte Personen zeigen, stellt letztlich den Begriff ‚Freund' in Frage: Sind es noch „dieselben Freunde, Bekannten und Familienmitglieder, mit denen du in der realen Welt kommunizierst", wie Facebook es verspricht? Können die Personen also wirklich Freunde sein, die in den so genannten Freundeslisten geführt werden?

Es ist selbstverständlich, dass die unterschiedlichsten Charakteristiken und Qualitäten von Alltagsbeziehungen nur dann unter einem einzigen Begriff zu subsumieren sind, wenn man ein vergleichsweise weites Begriffsverständnis zugrunde legt. Ein solches ist auf SNS für die Bezeichnung ‚Freund' zu unterstellen. Die binäre Unterscheidung Freund/Nicht-Freund hat in Verbindung mit einer technisch vergrößerten Reichweite dazu geführt, dass die Freunde der Online-Welt kaum mehr mit dem (an sich schon heterogenen) Offline-Verständnis von ‚Freundschaft' in Beziehung zu setzen sind. In diesem Spannungsfeld konkurrierender Verständnisse orientieren sich die User überwiegend an dem ihnen bekannten Begriffsrahmen der Offline-Freundschaft und -Bekanntschaft. Mit Blick auf die Online-Welt wird eine tendenziell wachsende Distanz erkennbar. Insofern ist es nachvollziehbar, wenn User Online-‚Freunde' durchaus als fremd bzw. Fremde betrachten.

Folglich kommt der Möglichkeit, die angetragenen Freunde aktiv selektieren zu können – bzw. zu müssen –, eine entscheidende Bedeutung zu. Welche Kriterien diese Wahlentscheidungen beeinflussen können, soll anhand des Portals Festzeit.ch herausgearbeitet werden. Auf Festzeit fällt der Großteil der technischen Vorarbeit im Stil von Facebook weg, wie die nachfolgenden Erläuterungen zeigen. Die User-Intentionen stehen demnach unter einem anderen Vorzeichen.

3. Festzeit.ch: (Bilder-)Kommunikation unter der Regie der User

Festzeit unterscheidet sich von Facebook am augenfälligsten durch seine vergleichsweise kleine Nutzerzahl und eine bloß lokale Verbreitung. Die User stammen, wie repräsentative Umfragen[1] gezeigt haben, großteils aus dem Raum Basel. Ursprünglich als Party-Portal positioniert, stößt Festzeit heute insbesondere im Kreis Jugendlicher zwischen 12 und 20 Jahren auf reges Interesse.[2] Das könnte auf den ersten Blick erstaunen, zumal die meisten Partys den unter 18-Jährigen verschlossen bleiben. Wozu also Festzeit frequentieren? Beobachtet man die Art und Weise, wie das Portal genutzt wird, stellt man fest, dass nicht die Party-Community und ihre Party-Themen im Zentrum stehen, sondern eine Kommunikation über Jugendthemen und den Schulalltag. So stehen den knapp 250.000 offiziellen Partybildern 5,5 Millionen Privatbilder gegenüber, anhand derer die User sich und ihr Umfeld auf Festzeit thematisieren; in den Foren machen Diskussionen über vergangene oder zukünftige Partys einen verschwindend kleinen Teil aus, während Beiträge zu Liebe, Sex und Sport dominieren. Trotz dieser Umnutzung, die offensichtlich stattgefunden hat – weg vom reinen Party-Portal hin zur SNS –, ist Festzeit seinem ursprünglichen Konzept treu geblieben: Der Partybereich wird fortgeführt, während man nach wie vor auf viele der SNS-typischen Funktionen verzichtet.[3] So können keine Massennachrichten versandt werden, man kann weder andere User anstupsen noch Gruppen eröffnen oder gemeinsam Events organisieren – allesamt Funktionen, die als Katalysatoren von Aggregationsprozessen einzustufen sind und die auf anderen Portalen den Austausch unter den Usern in Schwung halten. Festzeit beschränkt sich auf Videos[4], Bilder, Video-/Bildkommentare, Bildverlinkungen sowie Eins-zu-eins-Nachrichten und ein Forum. Nichtsdestotrotz

---

1 Die Umfragen fanden statt im Rahmen des vom Schweizerischen Nationalfonds geförderten Forschungsprojekts *Jugendbilder im Netz,* das am Institut für Medienwissenschaft der Universität Basel unter der Leitung von Prof. Dr. K. Neumann-Braun durchgeführt wird (Laufzeit 2008 bis 2010; www.netzbilder.net).

2 Eine systematische Auseinandersetzung mit den Besonderheiten von Party(bilder)-Portalen findet sich bei Neumann-Braun/Astheimer (2009).

3 Die Qualität der Umnutzung wird auch daraus ersichtlich, dass auf Festzeit Bilder erscheinen, die von fremden Party-Portalen stammen: Sie wurden beispielsweise von einem tilllate-Fotografen geschossen, durch den abgebildeten User von tilllate.com heruntergeladen und auf das eigene Profil auf Festzeit eingestellt. Solche Fälle erhärten die Vermutung, dass das Profil auf Festzeit für die Jugendlichen das Zentrum der Selbstdarstellung ist – diesem Profil also eine Bedeutung jenseits des reinen Partytreibens zukommt.

4 Die Tatsache, dass auf Festzeit auch Video-Uploads möglich sind, sei an dieser Stelle nur erwähnt. Abgesehen davon, dass auf Videos keine Verlinkungen platziert werden können, liegen die Video-Aktivitäten vom technischen Prinzip her auf einer Linie mit den Bilder-Aktivitäten. Auf nähere Ausführungen zum Thema ‚Video' kann in der hiesigen Diskussion also verzichtet werden.

sagen die Jugendlichen ‚ihrem' Festzeit-Portal eine Gruppendynamik nach, die ein Entrinnen unmöglich mache: Einfach jeder habe einen Festzeit-Account, so der Konsens unter den Jugendlichen, die im Rahmen des Forschungsprojekts *Jugendbilder im Netz*[5] an Gruppendiskussionen teilgenommen haben. Oder, überspitzt formuliert: Wer auf dem Schulhof etwas zählt, ist auch auf Festzeit präsent.

Um die Dynamik auf Festzeit etwas verständlich zu machen, ist ein Blick auf die technischen Eigenheiten der Plattform unabdingbar. Die folgende Charakterisierung wird wiederholt auf Facebook Bezug nehmen und den Branchenleader durch diese kontrastive Folie in ein etwas anderes Licht stellen.

Im Gegensatz zu Facebook kennt Festzeit keine User-Accounts mit amtlichen Namen. Die Member[6] (auch diese Bezeichnung erinnert an den Party-Community-Gedanken) wählen für sich einen Nickname und bleiben prinzipiell anonym. Technisch gesehen geht die Anonymisierung so weit, dass Nicknames fortlaufend geändert werden können. Diese weitgehende Anonymität wird aber konterkariert durch die bildzentrierten Praktiken der User. So sind Profilbilder üblich, die das Gesicht deutlich zeigen. Gleichzeitig sind Profile selten, die ausschließlich Bilder von Blumen, Landschaften und dergleichen enthalten; sie seien eher „peinlich" – so die Jugendlichen – und bringen den User in Verdacht, sein Äußeres hinter belanglosen Fotos verstecken zu wollen.

Abgesehen von solchen impliziten Regeln gilt für den Bildergebrauch *anything goes*. Entscheidend hierfür dürfte das vergleichsweise rudimentäre Angebot an SNS-typischen Funktionen sein. Aus diesem ursprünglichen Manko haben sich Verhaltensmuster im Umgang mit Bildern entwickelt, die fehlende Funktionen über weite Strecken zu kompensieren vermögen. Statt etwa Fan-Listen einzurichten, lässt der affine Festzeit-User Bilder von Top-Marken und Stars zirkulieren, auf denen sich Gleichgesinnte verlinken und die Bilder ihrerseits ins eigene Album übertragen. Ein weiteres Beispiel: Weil keine Nachrichten mit Attachments verschickt werden können, tauschen die Schüler ihre Hausaufgaben und Referatsvorbereitungen in Form von Bildern aus. Was zuhause an Skizzen verfertigt wurde, wird abfotografiert, auf Festzeit gestellt und dort von den Klassenkameraden rezipiert und kommentiert.

Zu der eingeschränkten Partizipationsvielfalt hinzu gesellen sich technische Defizite bei der Verarbeitung der Inhalte und User-Aktionen. Selektionsmecha-

---

5 Vgl. Anmerkung 1. Die Gruppendiskussionen erfolgten mit Jugendlichen, die angegeben hatten, auf SNS aktiv zu sein. Sie hatten ihren Lebensmittelpunkt in der Schweiz, mehrheitlich im Großraum Basel. Eines der am meisten und am kontroversesten besprochenen Portale war die SNS Festzeit.

6 Der Einheitlichkeit halber wird im Folgenden konsequent von ‚Usern' gesprochen, selbst wenn in der Festzeit-eigenen Namensgebung bisweilen von ‚Membern' die Rede ist.

nismen und Algorithmen, wie sie bei Facebook vorausgesetzt werden müssen, kennt Festzeit nicht. Alles, was an Informationen gespeichert wird – dazu zählen Bilder-Uploads, Kommentare, Bildverlinkungen[7] und sogar Userpage-Visits[8] –, wird in endlosen Bilder-, Verlinkungs- und Kommentarlisten gegenchronologisch aneinandergereiht. Auf technisch aufbereitete Listen im Sinne von automatisch zusammengestellten Neuigkeiten, Höhepunkten oder Freundschaftsvorschlägen kann sich der Festzeit-User nicht stützen. Was auf ihn einprasselt, muss er selber (zu)ordnen: entweder fortlaufend, während er sich neugierig durch die Bilder- oder Kommentarlisten klickt, oder vorweg, indem er das Angebot mittels Filtern auf die Aktivitäten seiner Freunde eingrenzt. In diesem Zusammenhang gewinnen die Freundeslisten, die jeder User führt, eine neue, nämlich pragmatisch-technische Bedeutung.[9] Erst die Freundeslisten ermöglichen Eingrenzungen wie „Fotos deiner Freunde" oder „Kommentare deiner Freunde" oder das schnelle Auffinden einzelner Userprofile. Weitere Eingrenzungen, z.B. auf einen bestimmten Zeitraum oder nach Gruppen, sind nicht möglich. Ebenso wenig gibt es eine Funktion, um gezielt nach Bildern zu suchen.

Die Position, die die Technik im Zusammenspiel dieses ‚totalen' Bilderangebots mit den User-Interessen einnimmt, ist eine ambivalente. Einerseits ist die Technik unterentwickelt und überfordert den User mit einer Flut von Bildern[10], andererseits ist sie für den User in einem Grad durchschaubar (und damit verständlich), wie es die im Hintergrund amalgamierten Listen auf Facebook nicht sind. Auf Facebook steht die Technik am Anfang, präsentiert Listen und stimuliert gegebenenfalls, ausgehend von den Listen, eine User-Aktion. Auf Festzeit bildet die User-Aktion den Ausgangspunkt, während die Technik, einer Naviga-

---

7 Die Praxis des Bilderverlinkens geht auf Festzeit unter dem Terminus ‚Namensschilder' vonstatten. Die Namensschilder zeigen einen Pfeil und den Nickname (hinterlegt mit einem Direktlink zur Profilseite des Users). Sie sind immer sichtbar, wenn ein Bild aufgerufen wird, und sie können nur vom User selbst platziert werden. Da diese Platzierung pixelgenau erfolgt, ist es beispielsweise möglich, ein Bild hinter einer Anhäufung von einigen hundert Namensschildern ‚zum Verschwinden' zu bringen: Die Namensschilder müssen dann von den anderen Usern ausgeblendet werden, bevor sie das Bild darunter sehen können.

8 Anders als Facebook protokolliert Festzeit die Pagevisits der User und bindet diese Logs auf den Profilseiten ein. So bekommt jeder User angezeigt, wer zuletzt wessen Profilseite besucht hat. Lurker fliegen so meist schnell auf.

9 Dass Freundeslisten nicht unreflektiert als Netzwerkindikatoren verstanden werden dürfen, zeigt danah boyd. Sie weist auf die unterschiedlichen Implikationen von konstruierten „sociological ‚personal' networks", „behavioral social networks" und „publicly articulated social networks" hin (boyd 2009). Insbesondere Letztere können stark verzerrt sein, wenn deren Größe als Statussymbol verstanden wird (*impression management*, Goffman 1959). Boyd insistiert: „You cannot assume network transitivity. You cannot assume that properies that hold for one network apply to other networks."

10 Selbst dann, wenn die Bilder nach Freunden gefiltert werden, kommen schnell 10.000 Einträge zusammen (vorsichtige Annahme: 100 Freunde mit je 100 Bildern).

tionshilfe gleich, die intendierten Filter umsetzt. So gesehen erschöpft sich im Zustandekommen der Listen deren Zweck; das Verhältnis User-Technik verschiebt sich zugunsten des Users.

Von dieser Feststellung ausgehend, lohnt sich ein erneuter Blick auf das Bildergeschehen. Bildbetrachtungen, -verlinkungen und Kommentare zu Bildern finden auf Festzeit ohne Privacy-Restriktionen statt. Einzige Voraussetzung zur Partizipation ist es, als Member registriert zu sein.[11] Die Grenzen der Freundesliste werden in diesem Zusammenhang obsolet.[12] Das mündet in einer radikalisierten Verfügbarkeit von Bildern. In Kombination mit den ungefilterten Listen kann es vorkommen, dass an Wochenenden 40.000 Bilder im Bereich „Neueste User-Fotos" erscheinen – und einsehbar sind. Multipliziert wird diese Zahl durch die Tatsache, dass etliche der Bilder dreifach gelistet werden: ein erstes Mal nach dem Upload unter „Neueste User-Fotos"; ein zweites Mal unter „Neueste Kommentare", nachdem ein anderer User das Bild kommentiert hat; möglicherweise ein drittes Mal unter „Neueste Namensschilder", nachdem ein User eine Verlinkung platziert hat. Jedes Mal, wenn eine der beiden letztgenannten Aktionen durchgeführt wird, rutscht das Bild in der gegenchronologischen Listung der Ereignisse wieder nach ganz oben. Besonders viel beachtete Bilder schaffen es zusätzlich in die Festzeit-Charts.[13]

Insgesamt tun sich den Usern schier unbegrenzte Bilderwelten auf, die entweder eine zeitintensive Entdeckungsreise erforderlich machen oder aber gezielt durchforstet werden müssen. Hier bekommt die nachträgliche Selektion durch den User ein ganz neues Gewicht. Und rückblickend wird deutlich, welch effiziente Hilfestellung die Facebook-Technik bieten kann. Bei täglichen Bilderuploads in der Dimension von mehreren Millionen (Facebook 2009) wären gegenchronologische Listen im Stil von Festzeit nur im (von vornherein) eingegrenzten Rahmen der Freundeslisten praktikabel.

Auf Festzeit gibt es keine Orientierungspunkte in Form von Gruppen und Fan-Listen, an denen sich die User entlanghangeln könnten, um in der Bilderflut

---

11 Diese Beobachtung bezieht sich nur auf die User-Bilder. Festzeit unterscheidet sie von professionellen Partybildern, die durch Festzeit-Fotografen geschossen wurden. Diese sind öffentlich einsehbar. Sie können nicht ohne weiteres ins persönliche Fotoalbum übertragen werden, sondern erscheinen in einem gesonderten Bereich mit dem Namen „Fotos von festzeit.ch". Für die vorliegende Arbeit interessiert hingegen der teilöffentliche Bereich mit den User-eigenen Bildern.
12 Lediglich die Nachrichtenfunktion unterstützt eine Art ‚Spam-Filter', um einzelne, allzu aufdringliche User dauerhaft zu blockieren. Diese Restriktion ist indes ausschließlich auf das Nachrichtenschreiben und -lesen beschränkt; der Zugriff auf Alben und Bilder kann dadurch nicht unterbunden werden.
13 Die Charts nehmen auf Festzeit einen eigenen Bereich ein, der – getrennt nach „Userfotos" und „Partyfotos" – die am meisten angeklickten Bilder zeigt. Die Bildaufrufe werden nach Zeitspannen differenziert gruppiert. So gibt es Rankings für die letzten 24 Stunden, die letzte Woche, den letzten Monat, quartalsweise, für das vergangene Jahr und „Alltime".

Selbstpräsentation und Beziehungswahl auf Social Network Sites 175

auf Inhalte von Gleichgesinnten zu stoßen. Dennoch finden sich im Zusammenhang mit den Bildern interessanterweise Muster wieder, die auf klar umrissene und konstante Aggregate im Hintergrund schließen lassen – Konstanten, die die auf Offenheit getrimmte Charakteristik von Festzeit anscheinend relativieren. Ausschweifende Bilder-Entdeckungsreisen sind theoretisch möglich, entgrenzte Kommentierungs- und Verlinkungspraktiken haben sich indes nur hinsichtlich bestimmter Bilder, etwa Mode-, Marken- und (Sport-)Starbilder entwickelt, nicht aber generell. Für die persönlichen Bilder sind vielmehr so etwas wie ‚Bildergemeinschaften' vorauszusetzen. Dass sich ins Kommentar- und Verlinkungs-Treiben dieser Gemeinschaften fremde User einmischen, ist kaum wahrscheinlich. Das würde die Annahme nahelegen, dass User sich das Bilderleben aktiv zurecht,schauen' und dabei einer Reihe *impliziter* Regeln und Orientierungspunkte folgen. Mit dieser Vermutung befassen sich die folgenden Punkte.

3.1 Bildertausch nach einer Klassenfahrt

Im Anschluss an die erwähnten Gruppendiskussionen wurden Beispiele herausgegriffen, die das Bilderleben auf Festzeit gut illustrieren. Das erste Fallbeispiel stammt aus dem Album einer der Teilnehmerinnen, die zusätzliche, weitreichende Informationen über den Hintergrund ihrer Bilder zur Verfügung gestellt hat. Das Bild wurde anlässlich einer Klassenfahrt nach Alpirsbach aufgenommen (siehe Abbildung 3). Dieses und weitere Bilder stellte die Userin auf Festzeit, wo sie von den Klassenkameraden betrachtet und kommentiert werden konnten. Sechs User haben darüber hinaus ihr Namensschild auf dem Bild hinterlassen. Auf den ersten Blick widersprechen die hier versammelten Verlinkungen dem

Abbildung 3: http://www.festzeit.ch/viewpic.php?id=11521095

seitens des Portals intendierten Zweck, werden sie doch gewöhnlich an jenen Stellen auf dem Bild angebracht, auf denen die besagte Person zu sehen ist. Nun ist es aber auf Festzeit[14] durchaus üblich, Verlinkungen auch ohne einen direkten Bezug zur Person zu platzieren. Das kann, wie im vorliegenden Fall, an einer beliebigen Stelle auf dem Bild geschehen. Zurückzuführen ist diese Praxis auf zweierlei Beweggründe: Einerseits wird durch die Verlinkung eine technische Funktion aktiviert, die das Bild in ein Album auf der Profilseite des Users weiterleitet. Im Vordergrund steht hier das Bildersammeln; wer künftig die Profilseite des Users besucht und sich durch die Bilder klickt, bekommt aufgrund der Verlinkung auch das Bild aus Alpirsbach zu sehen. Andererseits wird auf dem Bild eine persönliche Markierung hinterlassen. Künftigen Betrachtern – wie auch immer sie auf das Bild gestoßen sind – werden die verlinkten Nicknames angezeigt. Dadurch wird deutlich, wer am Bildgeschehen beteiligt ist, sich angesprochen fühlt oder ganz einfach: wem das Bild gefällt. Und weil die Nicknames mit Mouseover-Hyperlinks direkt auf die Profilseiten und Profilbilder verweisen, ist der User immer auch *in persona* am Bildergeschehen beteiligt. Die prinzipielle, doppelte Anonymität – begründet durch das unpersönliche Ortsschild und die nichtssagenden Nicknames – entpuppt sich als Farce, hinter der ein Paradigma der Nähe verborgen ist. Das Fallbeispiel zeigt: Obwohl prinzipiell jeder (Bier-)Fan sich auf dem Bild verlinken könnte – was auf vielen Markenbildern geschieht –, sind die beteiligten neun User[15] unter sich geblieben. Es sind alles Schülerinnen und Schüler ein und derselben Klasse.

3.2 Den Cliquen-Klatsch aufleben lassen

Zwei Jahre später hat eine Klassenfahrt nach Kopenhagen geführt, und wieder hat besagte Userin Bilder auf Festzeit hochgeladen. Traditionsgemäß findet sich unter den Bildern eines, das den Ortsnamen zeigt; interessant ist aber vor allem eine Aufnahme, die vom Schloss Fredensborg gemacht wurde (siehe Abbildung 4). Diesmal haben sich insgesamt nur drei Userinnen auf dem Bild verlinkt. Sie tauschen Kommentare aus, die davon handeln, dass man gerne im Schloss wohnen würde, aber dazu erst mit einem der hiesigen Prinzen anbändeln müsse. Diese Idee lehnt sich an ein Gespräch an, das die drei während der Schlossbesichtigung geführt haben. Gemäß eigenen Angaben sind die drei eine eingeschworene Clique. Sie verbringen viel Zeit miteinander, kommentieren Bilder auf Festzeit regelmäßig gemeinsam und zollen sich mit Namensschildern gegen-

---

14 Ähnliche Praktiken kann man auch auf dem Portal *SchülerVZ* beobachten.
15 Sechs User haben Verlinkungen platziert, fünf User Kommentare verfasst. Nur zwei haben sich sowohl mit Kommentaren als auch mit Verlinkungen am Bild beteiligt.

seitig Anerkennung. Das Bild wurde Mitte Mai 2009 hochgeladen, kommentiert und verlinkt – seither ist nur eine neue Verlinkung hinzugekommen. Sie stammt von einer Freundin, die ebenfalls zur Clique der dreien zu zählen ist.

Abbildung 4: http://www.festzeit.ch/viewpic.php?id=13221803

Wiederum ist ein Rahmen vorgegeben – vorher die Schulklasse, diesmal die Freundesclique –, innerhalb dessen Bilderhandlungen vonstatten gehen. Er scheint in diesem Fall stärker ausgrenzend zu wirken, während im Fall der Ortsnamensbilder sich eine breitere Gruppe angesprochen fühlte.

3.3 Extremsituation: Todesfall eines Schülers

Auch das dritte Bildbeispiel entstammt dem Kontext Schule. Es zeigt eine Gedenkstätte, die Schüler für einen verunglückten Mitschüler errichtet haben (siehe Abbildungen 5 und 6 auf Seite 174). Er war Mitte November 2008 abends nach einer Party unter die Straßenbahn geraten und verstorben. Über den Unfallhergang kursierten in den Medien eine Zeit lang Spekulationen, die den Schüler eines fahrlässigen Verhaltens beschuldigten (20Minuten vom 16.11.2008). Die Berichte widersprachen dem Empfinden seiner rund 30 Freunde, die den Unfall beobachtet hatten.

Parallel zu der an der Schule von offizieller Seite organisierten psychologischen Betreuung fand eine Verarbeitung der Ereignisse auf Festzeit statt. Im Zentrum stand dabei ein Bild, das Blumen, Kerzen, Erinnerungsfotos und andere Gegenstände zeigt. In unzähligen Kommentaren tauschten sich die Jugendlichen über ihre Emotionen aus und stellten die Schuldfrage hintenan: „Und sowieso uns isch egal, wer schuld isch ..." (Festzeit 2009b).

Abbildungen 5 und 6: http://www.festzeit.ch/viewpic.php?id=11521095

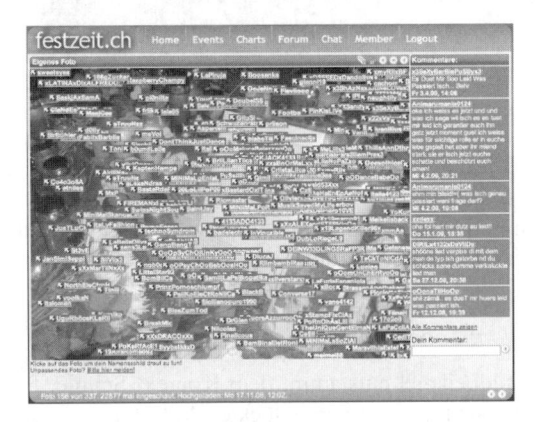

Das Bild ist knapp ein Jahr nach dem Unfall mit rund 25.000 Aufrufen das am meisten betrachtete Bild in den Ein-Jahres-Userfoto-Charts (Festzeit 2009c). Auch in den Alltime-Charts wird es unter den ersten 20 gelistet. Aber nur 246 Namensschilder sind darauf platziert worden.[16] Verglichen mit den Beispielen unter 3.1 und 3.2 mag diese Zahl hoch erscheinen. Zieht man aber Mode-, Marken- und (Sport-)Starbilder hinzu, sind Verlinkungen jenseits der 500er-Grenze keine Seltenheit. Bedenkt man den Lokalkolorit der Plattform, dann wären – ge-

---

16 Zeitweise waren es gegen 300. Der Rückgang könnte daher rühren, dass einige der Betroffenen das Bild nicht länger in ihrem eigenen Fotoalbum gelistet haben wollten (siehe Abschnitt 3.1: Durch die Verlinkung wird eine technische Funktion aktiviert, die das Bild in einem Album auf der Profilseite des Users erscheinen lässt).

rade angesichts der lokalen Medienpräsenz des Ereignisses[17] – mehr Verlinkungen zu erwarten. Die Divergenz zwischen der Anzahl Bildbetrachtungen und der Anzahl Verlinkungen ist ein deutlicher Hinweis darauf, dass sich nicht jedermann ohne Weiteres an den Aktivitäten rund um dieses Bild beteiligen konnte. Im Anschluss an die unter 3.1 und 3.2 entwickelten Gedanken ist folgende These naheliegend: Genauso, wie ein außergewöhnliches Ereignis die Freunde, Sportkameraden und Mitschüler zu einer außergewöhnlichen Reaktion auffordert, wäre es für einen Nicht-Freund, Nicht-Bekannten oder Nicht-Mitschüler außergewöhnlich, sich auf diesem Bild zu verlinken oder am Nachruf mitzuwirken. Bilder mit persönlichem Bezug – oder solche, auf denen ein persönlicher Bezug geltend gemacht wird (z.b. bezüglich der Schlossbesichtigung) –, üben eine besondere Anziehungskraft auf das involvierte Nah-Umfeld aus, die fremden Freunde bleiben außen vor.

Die Ausführungen zeigen, wie durch die Bilder als soziale Ordnungsstrukturen die Wirkungsweisen von Peergroup und Schulklasse sichtbar gemacht werden können. Diese lassen gleichermaßen im Offline- wie im Online-Raum Interessengruppen und Kommunikationsgemeinschaften entstehen. Sie sind es auch, die in maßgeblicher Weise vorstrukturieren, wer sich am Bilderleben wie beteiligen kann, soll oder will. Wie für den Fall von Facebook anhand der Klick-Kommunikation aufgezeigt, werden auch auf Festzeit die sozialen Strukturen nicht explizit markiert und durch die Portaltechnik festgeschrieben; vielmehr werden diese in Abhängigkeit von den in der Lebenswelt der User bestimmenden Faktoren kommunikativ prozessiert. Dieses Ergebnis wird schließlich auch durch eine explorative Netzwerkstudie gestützt, in der gezeigt wird, dass es im Fall von jungen Erwachsenen im Regelfall nicht Fremde sind, die in Freundeslisten aufgenommen werden, sondern aktuelle und ehemalige Schul-, Studien- und Berufskollegen (Frenkel 2008).

4. Schluss

Ausgangspunkt der Untersuchung war die Frage, wie fremd oder bekannt die in den so genannten Freundeslisten aufgeführten Personen den Usern sind. Zur Beantwortung dieser Frage war es notwendig, mehr über das Zustandekommen der Freundeslisten bzw. entsprechender Zuweisungsprozeduren zu erfahren. In einem ersten Schritt wurde geklärt, welche Rolle die technisch gestützten Selektionen im Zuweisen von Freunden spielen. Am Fall Facebook hat sich gezeigt, dass die Portaltechnik in z.T. für den User undurchschaubarer Weise (intranspa-

---

17 Die drei auflagenstärksten Zeitungen, die *Basler Zeitung*, die Gratiszeitung *20Minuten* und der *Baslerstab*, haben ausführlich über den Unfall berichtet.

rente Algorithmen) Vorselektionen vornimmt, die vom jeweiligen User jedoch aktiv ratifiziert werden müssen: Ohne die Macht der ratifizierenden Klicks tritt kein Fremder ohne Erlaubnis in die Lebenswelt der User ein. Am vergleichenden Beispiel des Portals Festzeit wurde analysiert, was geschieht, wenn solche technischen Vorselektionen nicht vorhanden sind, die User vielmehr selbst durch ein offenes Meer an Bildern navigieren müssen. Hier zeigen die Ergebnisse, dass sich trotz technisch gesehen grenzenloser Offenheit ein stabiles Ordnungsgefüge etabliert, das regelhaft den Zutritt von Fremden zu verhindern scheint. Die Ordnung wird erstens gewährleistet durch einen auf einen lokalen Kommunikationsraum begrenzten Rahmen (Lokalität statt Globalität), zweitens durch die Interessenstrukturen und Kommunikationsdynamiken bestehender Gemeinschaften/Communitys, nämlich der Peergroups und Schulklassen der User. Trotz offener Grenzen gerät der Grenzschutz so nicht unter Druck, man bleibt unter seinesgleichen. Die Offline-Welt kontrolliert die Online-Welt. Die hier im Rahmen von exemplarischen Portalanalysen und Einzelinterviews gewonnenen Ergebnisse relativieren ohne Zweifel die Debatte über so genannte ‚fremde Freunde' im Netz, stellen aber weitere Fragen, denen in systematischen Netzwerkanalysen[18] nachzugehen wäre.

Greift man den eingangs erwähnten zentralen Begriff der Mediatisierung der Welt (Krotz 2001: 33) erneut auf, können vor dem Hintergrund der Ergebnisse dieser Studie einige interessante Differenzierungen vorgenommen werden. Unterstellt wird, dass sich Alltagswelt und Alltagspraktiken durch den forcierten Gebrauch von Individual- und Massenmedien verändern (ebd.: 17). Die Forschungen zu den Social Network Sites können dies eindrücklich bestätigen: Die Gestaltung von Beziehungen im privaten wie im öffentlichen Bereich ist heute ohne die computervermittelte Kommunikation nicht mehr denkbar. Man redet nicht nur im persönlichen Gespräch miteinander, sondern kombiniert und erweitert diese natürliche Kommunikation um die (audio-visuellen) Beiträge des Social Networking auf den SNS. Und diese crossmediale Kombination unterschiedlicher Kommunikationskanäle und -modi (ebd.: 19) spiegelt eine strukturelle Verschränkung der Input-/Handlungsbeiträge von Technik und Akteur: Der User bewegt sich bei Facebook in dem Framing, das von der Software bzw. dem Anbieter vorgegeben wird, die Handlungsoptionen müssen jedoch von dem User ausgewählt und ratifiziert werden – die alte Frage: König Kunde oder Kunde König wird neu gestellt. Die von Krotz beschriebene mediale „Vermischungssituation" (ebd.: 19) erfährt so eine wichtige Erhellung. Gleiches kann

---

18 Die Fragestellung verweist an dieser Stelle auf eine von der Netzwerkforschung aktuell geführte Debatte – grundlegend und breit gefächert aufgearbeitet für die deutschsprachige Netzwerkforschung im Sammelband *Netzwerkanalyse und Netzwerktheorie* (Stegbauer 2008).

auch für den Aspekt der „Entgrenzungsprozesse" (ebd.: 21) behauptet werden: Das Beispiel Festzeit zeigt, wie entgrenzte Netzkommunikation durch das Handeln der User an lokale, partikularistische Kontexte rückgebunden wird. Die begrenzende Lokalität gruppenspezifischer Kommunikation domestiziert gleichsam die entgrenzende Globalität der Netzkommunikation in SNS und WWW. Prozesse der sozialen Entgrenzung sind somit als äußerst facettenreich einzuschätzen und müssen in den oben angesprochenen, zukünftigen Forschungen weiter analysiert werden.

Literatur

Forschungsliteratur

boyd, danah (2008): Taken Out of Context. American Teen Sociality in Networked Publics. PhD Diss., University of California-Berkeley, School of Information. http://www.danah.org/papers/TakenOutOfContext.pdf.
Frenkel, Alexandra (2008): Freundschaftsnetzwerke und ihre Bedeutung. Eine qualitative Untersuchung der Beziehungsqualität der online dokumentierten Kontakte in Freundschaftsnetzwerken am Beispiel des Social-Networking-Dienstes *StudiVZ*. Magister-Arbeit (unveröff.). Frankfurt a.M.: Johann Wolfgang Goethe-Universität/Fachbereich Gesellschaftswissenschaften.
Goffman, Erving (1959): The Presentation of Self in Everyday Life. Garden City (N.Y.): Doubleday.
Krotz, Friedrich (2001): Die Mediatisierung kommunikativen Handelns. Der Wandel von Alltag und sozialen Beziehungen, Kultur und Gesellschaft durch die Medien. Opladen: Westdeutscher Verlag.
Krotz, Friedrich (2007): Mediatisierung: Fallstudien zum Wandel von Kommunikation. Wiesbaden: VS.
Neumann-Braun, Klaus/Astheimer, Jörg (Hrsg.) (2009): Doku-Glamour im Web 2.0. Party-Portale und ihre Bilderwelten. Baden-Baden: Nomos (im Druck).
Reichert, Ramón (2008): Amateure im Netz. Selbstmanagement und Wissenstechnik im Web 2.0. Bielefeld: Transcript.
Stegbauer, Christian (Hrsg.) (2008): Netzwerkanalyse und Netzwerktheorie. Ein neues Paradigma in den Sozialwissenschaften. Wiesbaden: VS.
Tiedeke, Udo (2000): Virtuelle Gruppen. Begriff und Charakteristik. In: Ders. (Hrsg.): Virtuelle Gruppen. Charakteristika und Problemdimensionen. Wiesbaden: Westdeutscher Verlag, S. 23–73.

Zeitungen/Zeitschriften

20Minuten (2008): Ausgabe Region Basel vom 17.11.2008, S. 7.
Der Spiegel (2009): Fremde Freunde. Heft 10/2009, daraus der Artikel „Nackt unter Freunden", S. 118–131.

Online-Belege

boyd, danah (2009): http://www.zephoria.org/thoughts/archives/2009/07/28/would_the_real.html [Stand: August 2009].
Facebook (2009): http://www.facebook.com/press/info.php?statistics [Stand: Oktober 2009].
Festzeit (2009a): http://www.festzeit.ch/infos.php?show=stats [Stand: September 2009].

Festzeit (2009b): http://www.festzeit.ch/viewpic.php?id=11521095 [Stand: August 2009].
Festzeit (2009c): http://www.festzeit.ch/charts.php?show=userpix&show2=year [Stand: August 2009].
Netzbilder (2009): http://www.netzbilder.net/projektbeschreibung/ [Stand: September 2009].

Medien als soziale Zeitgeber im Alltag:
Ein Beitrag zur kultursoziologischen Wirkungsforschung

Irene Neverla

Warum schreiben wir E-Mails mitten in der Nacht, statt wie unsere Vorfahren einfach zu schlafen? Warum brauchen wir heute drei Anrufe über das Mobiltelefon, um eine Verabredung zu treffen, die man auch schon beim ersten Telefonat vereinbaren könnte? Warum sind wir irritiert, wenn die wöchentliche Zeitschrift im Postkasten unerwartet fehlt? Warum wissen wir in Deutschland, dass wir ältere Herrschaften (aber nicht nur sie) ziemlich gut kurz vor 20 Uhr zu Hause erreichen können, dass aber unser Anruf ab 20 Uhr stören würde? Eine verbindende Antwort auf diese Fragen lautet: Weil Medien als soziale Zeitgeber wirken. Oder, anders gesagt, weil Zeitgestaltung im Alltag in unserer Gesellschaft medialisiert erfolgt. Dieser Umgang mit Medien und Zeit scheint auf den ersten Blick in einem individuellen Freiraum stattzufinden. Bei näherer Betrachtung zeigt sich jedoch, dass dieses auf Medien bezogene Zeit-Handeln gesellschaftlichen Bedingungen unterliegt, die geradezu unausweichlich erscheinen und jedenfalls nachhaltige Alltagspraktiken zur Folge haben. Insoweit liegt hier ein Fall von gesellschaftlicher Wirkung vor. Die Mediatisierung der gesellschaftlichen Zeitkultur ist als Symptom, aber auch als treibender Motor der modernen Gesellschaft zu verstehen, und sie hat nachhaltige Wirkung. Dies sind meine Grundüberlegungen, die ich im Folgenden näher ausführe.

1. Kommunikationswissenschaft und Zeittheorie

Wir bewegen uns hier auf einem Feld, das klein und überschaubar, aber nicht unspannend ist – das Feld der kommunikationswissenschaftlichen Zeitforschung, das man mit Fug und Recht auch als zeittheoretische Kommunikationsforschung bezeichnen könnte. Als Ausgangsprämisse dieses Feldes kann der Satz gelten: Kommunikation findet in Zeit und Raum statt. Beide Kategorien sind, sozialwissenschaftlich betrachtet, soziale Konstrukte, die historisch und kulturspezifisch ausgebildet werden. Während raumtheoretisch fokussierte Kommunikationstheorien eher Verbreitung und Aufmerksamkeit gefunden haben – denken wir an Harold Innis (1982) oder Joshua Meyrowitz (1986) oder die Arbeiten von Hans J. Kleinsteuber (1990) –, lässt sich von zeittheoretisch durchgearbeiteten Kommunikationstheorien nicht sprechen. Die Zahl von Veröffentlichungen im deutschsprachigen Raum, die sich der Zeit als Grunddimension von Kommunikation widmen, scheint jedenfalls begrenzter (Hömberg 1992; Hömberg/Schmolke 1992; Neverla 1992, zuletzt 2002 und 2007; Beck 1994; Faulstich/Steininger 2002).

Es ist auch nicht die Kommunikationswissenschaft selbst, welche die Grunderkenntnisse zur Kategorie Zeit generiert. Vielmehr lässt sich hier auf ein breites disziplinäres Spektrum zugreifen, von der theoretischen Physik über die Philosophie bis zur Soziologie, von der Medizin über Psychologie und Pädagogik bis zu den Wirtschaftswissenschaften. Besonders fruchtbar erscheinen mir jedoch die Konzepte der Wissenssoziologie und der Kultursoziologie. Ein wegweisendes Werk auf diesem Gebiet ist das Buch „Über die Zeit" von Norbert Elias, 1984 erschienen. Seine Grundidee ist es, Zeit als ein soziales Konstrukt zu sehen, als ein Symbol- und Referenzsystem, das in der menschlichen Interaktion entsteht und zugleich der Koordination der zwischenmenschlichen Interaktionen dient.

Die Vorstellungen von Zeit haben sich historisch und kulturspezifisch ausdifferenziert, so dass für jede Gesellschaft – bei Fortdauer auch der historisch älteren Zeitkulturen – eine spezifische Zeitkultur charakteristisch ist (Elias 1984; Wendorff 1980). In den Urzeiten menschlicher Gesellschaft dienten die immer wiederkehrenden kosmischen Läufe der Gestirne und die jahreszeitlichen Veränderungen als erste Referenzpunkte zur Konstruktion von Zeit. Sie wurden mit den Abläufen in Beziehung gesetzt, die in einer Gesellschaft wichtig waren, sodass im kulturellen Vergleich durchaus unterschiedliche Zeitordnungen entstanden. So wird von dem afrikanischen Hirtenvolk der Nuer berichtet, die für die morgendlich und abendlich zu verrichtenden Arbeiten der Viehbetreuung eine kleinteilige Zeitgliederung entwickelten, während die restlichen Abschnitte des Tages und der Nacht in einem diffusen Verlauf gesehen werden (Böschen/ Weis 2007: 35). Neben diesen ‚occasionellen' Aspekten der frühen Zeitkulturen gilt aber ihre Zyklizität in der Bindung an kosmische Abläufe als wichtigeres Merkmal, weshalb hier auch von der „zyklischen Zeitkultur" gesprochen wird. Im Laufe der Menschheitsgeschichte ist das Referenzsystem der Zeit immer naturwissenschaftlicher, mathematischer und abstrakter geworden. Schon in der Antike wurde der Kalender erfunden, im Mittelalter die mechanische Uhr, heute gibt es atomgesteuerte Uhren mit Tausendstel Sekunden Genauigkeit. Ab dem Mittelalter wird Zeit zunehmend mit naturwissenschaftlichen Mitteln gemessen, und im Zusammenspiel mit den Verwertungsbedingungen des Kapitals wird Zeit als wirtschaftliche Ressource gesehen und ökonomisiert. Hier sprechen wir von der ‚abstrakt-linearen Zeitkultur'. Heute, in der Spätmoderne, liegt ein weiterer Entwicklungsschub in der Luft. Unter den Vorzeichen von Globalisierung und Turbokapitalismus und digitalen Technologien kommt es neuerlich zu einer Zuspitzung und Beschleunigung der abstrakt-linearen Zeit, aber zugleich auch zu einer Durchmischung, zur Individualisierung und Pluralisierung der Zeitmuster. Die heutige Zeitkultur ist durch Widersprüche charakterisiert, Homogenität steht Heterogenität gegenüber, der Variabilität die Standardisierung (Böschen/Weis 2007). Ich nenne diese Zeitkultur der Spätmoderne die ‚polychrone Zeitkultur' (Neverla 2002; 2007).

Wir unterscheiden somit hauptsächlich zwischen Zeitkulturen, die occasionell, zyklisch, abstrakt-linear und polychron angelegt sind. Und wir kennen bislang drei Tendenzen in der Entwicklung von Zeit im Ablauf der Zivilisationsgeschichte: erstens die wachsende Abstraktion der Zeitmessung, wie sie in den mathematischen Prinzipien der Uhrzeit erkennbar ist; zweitens die zunehmende Ökonomisierung der Zeit, die in dem gängigen Satz ‚Zeit ist Geld' zum Ausdruck kommt; und als dritte Komponente die Verdinglichung der Zeit, d.h. die Undurchschaubarkeit des ursprünglich von Menschen und ihrem Handeln geschaffenen Referenz- und Symbolsystems, weshalb ihm der Status einer wie von Natur, Gott oder ‚dem Kapitalismus' geschaffenen Kraft beigemessen wird.

Soweit zu Genese und Struktur von Zeit. Im subjektiven Erleben der Menschen und in der Handlungsdimension ist Zeit als lebensweltliches Wissenselement zu verstehen. Die soziale Zeitordnung bietet den Individuen Orientierung und Regulierung im alltäglichen, aber auch im biographischen und historischen Verlauf, sie setzt aber auch die Grenzen individueller Handlungsspielräume. Zeitordnung wirkt auch als Zeitregime, als machtvolle Herrschaft von Strukturen, die zwar über die Zivilisationsgeschichte hinweg in der Interaktion entstanden und tradiert wurden, nun aber unausweichlich und unabänderlich erscheinen. Dies ist der Grund, weshalb sich die mit der Industrialisierung verbreitete abstraktökonomische Zeitordnung mit ihrem Geschwindigkeitsdruck als allgegenwärtige Zeitnot niedergeschlagen und uns alle im Griff hat. Und mit jedem neuen Technisierungsschub und damit auch mit jeder neuen medialen Entwicklung schraubt sich die Spirale der Beschleunigung und des Tempowahns weiter in bis dato nicht gekannte Extreme (Rosa 2005), womit auch eine enorme Vergleichzeitigung, das heißt Parallelführung mehrerer Tätigkeiten in einer Zeiteinheit, auch Multitasking genannt, erfolgt (Geißler 2004). Doch wir kommen noch darauf zu sprechen, dass es zur Beschleunigung auch gegenläufige Tendenzen gibt.

Diese eben geschilderte Sicht von Zeit als strukturellem Gefüge und als subjektiver Handlungs- und Empfindungsdimension wird vor allem von der Soziologie, genauer von der Kultur- und Wissenssoziologie getragen. Der herausragende Soziologe auf diesem Feld ist Norbert Elias, der eine zutiefst konstruktivistische, Struktur- und Handlungstheorie verbindende Analyse verfolgt (Elias 1984), die von anderen Kultursoziologen fortgeschrieben wurde (vgl. z.B. Bergmann 1981,

1983; Adam 2005; Rosa 2005). So hat die Wiener Kulturwissenschaftlerin und Philosophin Helga Nowotny die Begriffe der ‚Eigenzeit', der ‚Laborzeit' und der ‚Nullzeit' geprägt (Nowotny 1989). Eigenzeit meint die spezifischen Zeitmuster, die einzelne Menschen in der Organisation ihres Alltags ausbilden; der Begriff lässt sich aber auch auf Institutionen (also auch Medieninstitutionen) anwenden. Mit Laborzeit meint Nowotny jene Zeitmuster der elektronischen Technologien, die scheinbar Prozesse beschleunigen, verlangsamen oder rückwärts laufen lassen (z.b. in Zeitlupe oder Zeitraffer), bis hin zur scheinbaren Nullzeit. Ähnliches meint der amerikanische Soziologe Manuel Castells mit dem Begriff der „zeitlosen Zeit" (Castells 2001). Beide sehen das Problem darin, dass die biologischen Abläufe des Menschen – und ich füge hinzu, auch unserer Kommunikation – sich nicht umstandslos in die Laborzeit und schon gar nicht in die Nullzeit der Elektronik einfügen lassen. Zwar ist der Mensch im Hinblick auf die zeitliche Ausgestaltung seiner Aktivitäten in hohem Maße individuell und zivilisationsgeschichtlich anpassungsfähig. Dennoch gibt es neurophysiologische Grenzen unserer Wahrnehmung, die wir offenbar nur innerhalb bestimmter Verarbeitungskapazität ausreizen können. Die auf Experimente gestützte neurophysiologische Psychologie hat hierfür zahlreiche Untersuchungen beigesteuert, die zeigen, wie sich Wahrnehmung in der Dimension von Tausendstelsekunden abspielen kann (vgl. Pöppel 1997).[1] Als historisches Beispiel für die Gestaltbarkeit unserer zeitlichen Wahrnehmungen wird gerne auf die im 19. Jahrhundert erfolgte Anpassung an die Geschwindigkeit der Eisenbahn verwiesen (Schivelbusch 1979). Ein passendes Beispiel der Gegenwart und auf Medien bezogen wäre die heutige Anpassung an die Geschwindigkeit der Video- und Musikclips, wie sie vor allem von der jungen nachwachsenden Generation vollzogen wird – sicherlich ein anschauliches Beispiel für die gesellschaftliche Wirkung der Medien, für ihre Treiberfunktion bei der Verbreitung der Zeitkultur in der Gesellschaft.

So viel zur Darstellung der m.E. wichtigsten Erkenntnisse der kultur- und wissenssoziologischen Zeittheorie, soweit sie sich auf Zeit als Referenz- und Symbolsysteme im Alltagsleben bezieht. Daneben eröffnet sich ein weiteres Feld der Zeitforschung in Überschneidung mit Kultursoziologie und Kommunikationswissenschaft, wenn wir über die Alltagsform von Zeit hinaus auch die

---

1 Um einen Reiz überhaupt erkennen zu können, brauchen wir nur Tausendstelsekunden, wobei unsere optische Wahrnehmung schneller und intensiver verläuft als unsere akustische Reizwahrnehmung. Um also ein Bild im Fernsehen als solches vom nächsten unterscheiden zu können, müssen mindestens 30 Tausendstelsekunden Differenz zum nächsten Bild vergehen. Das bewusste Empfinden von erlebter Gegenwart bedarf hingegen mindestens zwei Sekunden (hier variieren die Angaben der Neurophysiologie, manche nennen zwölf Sekunden) (vgl. Beck 1994: 68; Pöppel 1987). Es gibt also eine Differenz zwischen neurophysiologischer Reizwahrnehmung und dem, was wir bewusst verarbeiten können.

Weltform von Zeit betrachten, die sich in den Dimensionen Vergangenheit, Gegenwart und Zukunft vollzieht. Als typisch für die Moderne gilt die „Gegenwartsschrumpfung" und ein „verkürzter Aufenthalt in der Gegenwart" (Lübbe 1995: 53), bei dem Zukunft schon in die Gegenwart integriert wird oder auch andersherum Gegenwart auf Zukunft projiziert wird (vgl. Böschen/Weis 2007). Eine Verbindung solcher Forschungsaspekte mit dem Forschungsfeld der medialen Erinnerung und des kollektiven Gedächtnisses (vgl. Assmann 1999; Assmann/Assmann 1994; Zierold 2006) verspricht meines Erachtens reichlichen Forschungsgewinn.

2. Zeitkultur, Medienkultur und die Rolle der sozialen Zeitgeber

Jeder Gesellschaft ist eine spezifische Zeitkultur eingeschrieben, und umgekehrt ist die Zeitkultur eng gebunden an die Medienkultur einer Gesellschaft. Folglich ist in der heutigen hoch mediatisierten Gesellschaft die Zeitkultur in hohem Maße mediatisiert. Knapp gefasst: Medienkultur ist immer auch Zeitkultur – Zeitkultur immer auch Medienkultur. Von dieser Prämisse her entwickele ich meine These weiter, dass die gegenwärtige mediatisierte Zeitkultur durch Polychronie geprägt ist. Sie ist gekennzeichnet durch widersprüchliche, ja zum Teil gegenläufige Merkmale der Homogenisierung versus Pluralität sowie Standardisierung versus Variabilität (vgl. Böschen/Weis 2007). Homogenisierung und Standardisierung setzen sich im Zuge der globalen Verbreitung der Uhrzeit und der abstrakt-linearen Zeitordnung generell durch; Pluralität und Variabilität aber werden durch die der Digitalisierung eigene Polychronie ermöglicht, die sich völlig abgekoppelt hat von Referenzbezügen, die gleichförmig ohne Anfang und Ende und Unterbrechungen verläuft. Die polychrone Zeit- und Medienkultur unserer Gesellschaft eröffnet einzelnen Menschen im Alltag ein hohes Maß an multioptionalen Gestaltungsmöglichkeiten, aber erlegt ihnen auch Gestaltungszwänge in ihrem auf Medien bezogenen Zeit-Handeln (oder zeitbezogenen Medien-Handeln) auf. Die Verquickung von Mediennutzung und Zeithandeln eröffnet Freiräume gleichermaßen wie Zwänge (Neverla 1994). Hinter dieser Polychronie stehen die Kernmerkmale der abstrakt-linearen Zeit, nämlich Abstraktion, Ökonomisierung und Verdinglichung; aber auch die Individualisierung als entscheidender Metaprozess der Moderne. Somit erkennen wir im auf Medien bezogenen Zeithandeln die Verknüpfung zweier Metaprozesse der Moderne, nämlich die Individualisierung und die Mediatisierung.

Wie aber verläuft dieser Vermittlungsprozess, wie ‚wirken' Zeitkultur und Medienkultur ineinander? Um diesen Prozess zu verstehen, ist das Konzept der sozialen Zeitgeber hilfreich. Die Zeitordnung wird vermittelt über ‚soziale Zeitgeber'. Betrachten wir zunächst diesen Begriff und sein Umfeld näher, ehe wir auf die Medien als soziale Zeitgeber eingehen.[2] Dabei sollen auch Ausführungen zu den in der Literatur affin benutzten Begriffen der sozialen „Taktgeber" (Henckel 2004: 9ff.) und der „Zeitinstitutionen" (Rinderspacher 2004) einbezogen werden. Soziale Zeitgeber haben die Funktion, die Zeitordnung einer Gesellschaft zu repräsentieren und zu vermitteln. Dabei kann es sich um ganz unterschiedliche Formen handeln. In der Literatur werden unter (sozialen) Zeitgebern verstanden:

- Physikalische Phänomene, vor allem die Sonne
- Biologische Vorgänge, vor allem die circadianen Rhythmen in Lebewesen
- Apparativ-kognitive Einrichtungen, etwa die Uhr
- Individuelle Praktiken mit habitualisiertem und ritualisiertem Charakter
- Soziale Institutionen

Diese Zeitgeber wirken allesamt, wenn auch auf unterschiedliche Art, auf die Menschen als Individuen und auf die menschliche Gesellschaft ein; und sie stehen untereinander in komplexen Wechselbeziehungen. Der wichtigste physikalische und im Verhältnis zum Menschen exogene Zeitgeber ist die Sonne und damit die Abläufe von Tag und Nacht, Helligkeit und Dunkelheit und der Wechsel der Jahreszeiten. Diese Abläufe wiederum stehen in enger Verbindung mit den endogenen physiologischen und biologischen Rhythmen des menschlichen Körpers, die auch unter dem Begriff der biologischen circadianen Rhythmen zusammengefasst werden und die insbesondere unser Schlaf- und Wachverhalten steuern.

Von diesen natürlichen Zeitgebern sind die sozialen Zeitgeber zu unterscheiden, und hier wiederum solche, die individuell ausgeprägt sind, und solche, die institutionalisiert sind. Als nicht-institutionelle soziale Zeitgeber werden in der Literatur zum Beispiel Essens- oder Schlafzeiten angeführt, die sich durch Arbeitsvorgaben oder Gewohnheiten in der Gruppe ergeben, aber auch noch individueller gestaltete Rituale wie der allmorgendliche Jogginglauf. Zu den institutionalisierten sozialen Zeitgebern werden vor allem die Kirche und die Medien gezählt. Davon lassen sich wiederum Taktgeber unterscheiden, die nicht per se eine organisatorische Institution darstellen, aber institutionalisierte Züge tragen, wie Wahlperioden oder das Schuljahr und das akademische Jahr, aber auch Arbeits- und Betriebszeiten oder Fahrpläne von öffentlichen Transporteinrichtungen wie Bus und Bahn (Henckel 2004). Wir sehen, der Begriff des Zeit-

---

[2] Übrigens handelt es sich hier um einen jener deutschen Begriffe, die auch in die englische Wissenschaftssprache eingegangen sind, mit nur einer kleinen Anpassung: Der Terminus ‚social zeitgeber' wird in der englischsprachigen Literatur vor allem auf dem Gebiet der Psychologie und Psychotherapie benutzt (vgl. Grandin u.a. 2006).

gebers weist Unschärfen auf, die aber für unsere Zwecke vernachlässigbar sind, geht es im Weiteren doch hauptsächlich um soziale und institutionalisierte Zeitgeber.

Von den natürlichen Zeitgebern Sonne und circadiane Rhythmizität haben sich die sozialen Zeitgeber fortschreitend und sehr weitgehend, aber nicht völlig abgekoppelt. Menschen reagieren offenbar zum Teil stärker auf soziale Zeitgeber als auf physikalische (vgl. Wever 1970) – aber neuere Untersuchungen heben denn doch hervor, dass sich die innere Uhr der Menschen, vor allem wenn sie außerhalb der großen Städte leben, sehr stark an der Sonnenzeit orientiert (Roenneberg u.a. 2007). Mit anderen Worten: Es gibt Grenzwerte für die von endogenen und exogenen Zeitgebern vorgegebenen Rhythmen, innerhalb derer der Mensch aber offenbar sehr anpassungsfähig ist. Dies ist für den medialen Zusammenhang von Bedeutung, weil sich hier die Frage stellt, ob und wie weit in der menschlichen Kommunikation die Zeitdimension der natürlichen, exogenen und endogenen Zeitgeber Sonne und Biologie von den sozialen Zeitgebern, vor allem der (digitalen) Technik, abweichen bzw. ihnen zuwiderlaufen kann. Wie weit machen wir von der Option nächtlicher Internetnutzung Gebrauch und umgehen biologisch gesteuerte Schlafrhythmen, die nun einmal an Dunkelheit gebunden sind?

Im Übrigen finden auch ständig Prozesse der Synchronisation und De-Synchronisation zwischen den verschiedenen Zeitgebern statt, und damit verlaufen Mechanismen der sozialen Integration und Des-Integration. Ein Beispiel hierfür findet sich leicht: Wenn etwa die Essenszeit eines Einzelnen oder einer Familie nach einer Nachrichtensendung im Fernsehen ausgerichtet wird, bedarf es bei einer Änderung der Sendezeit durch den Sender neuer Synchronisationsleistungen seitens des Publikums. Die Rundfunksender ihrerseits prüfen anhand von Marktdaten des Publikums sowie ihrer Konkurrenzsender sehr genau, in welchem Zeitfenster sie eine Sendung positionieren.

Soziale Zeitgeber üben eine nachhaltige soziale Macht aus[3] und um sie herum entstehen Zeitkonflikte und Felder der Zeitpolitiken, wie Arbeitszeitregelungen oder Öffnungszeiten von Kindergärten (Adam 2005; Mückenberger 2007; Rifkin 1988). Durch ihre komplexe Verflechtung miteinander befinden sie sich in dynamisch veränderlichen Konkurrenz-, Dominanz- und Anpassungsverhältnis-

---

3 Der Prozess der Standardisierung von Zeit als Weltzeit erfolgte als langfristiger politischer Machtprozess, eng verwoben mit Zentralisierung, Kolonialisierung und Widerständen dagegen. Wichtige Etappen in dieser Entwicklung waren die Vereinheitlichung der Zeitmessungen und die Vergrößerung der Zeitzonen im Zuge der Verbreitung der Eisenbahn seit Mitte des 19. Jahrhunderts, die in der Internationalen Meridian-Konferenz in Washington im Jahr 1884 ihre Vollendung fand, als man sich weltweit auf 24 Zeitzonen einigte und im englischen Greenwich den Nullmeridian festlegte (Böschen/Weis 2007).

sen. Auch hierzu das Beispiel einer Verkettung: Wenn sich Arbeitszeiten eines großen Unternehmens ändern, kann dies zu geänderten Fahrplänen im öffentlichen Nahverkehr führen – wie umgekehrt das Unternehmen prüfen muss, ob die neuen Arbeitszeiten kompatibel mit öffentlichen Fahrplänen sind. Anzunehmen ist, dass wiederum Rundfunksender ihre Morgenmagazine und Frühstückssendungen nach den regional gängigen Arbeits- und Schulzeiten richten. Reichlich Stoff gleichermaßen für Konflikte wie für Koordinationsbedarfe.

3. Medien als soziale Zeitgeber

So weit zum theoretisch-systematischen Verständnis der sozialen Zeitgeber. Nun zur konkreten Frage nach Form und Funktion der Medien als soziale Zeitgeber (vgl. Neverla 1992: 59ff.). Dazu ein Blick auf die Mediengeschichte. Die Anfänge der Massenmedien am Ende des Mittelalters waren Ad-hoc-Medien, die einer occasionellen Zeitordnung entsprachen. Flugblätter erschienen keineswegs von Beginn an regelmäßig, sondern dann, wenn die Nachrichtenlage es gebot (Hömberg 1992). Charakteristisch für die Medienkultur des 18. und 19. Jahrhunderts waren die Printmedien Zeitschrift und Zeitung. Ihre Produktionsweise war zyklisch bzw. periodisch, sie erschienen monatlich, wöchentlich, täglich, schließlich die Zeitungen an der Wende zum 20. Jahrhundert sogar in mehreren Ausgaben pro Tag. In der Beschleunigung der Printmedienproduktion im Zuge der Industrialisierung spiegelt sich schon die Beschleunigung der gesamten technischen und wirtschaftlichen Produktion wider. Die elektronischen Medien Hörfunk und Fernsehen und mehr noch die digitale Medienplattform Internet weisen zwar auch Elemente zyklischer Produktionsformen auf, zum Beispiel in der Form, dass tags mehr produziert wird als nachts. Aber diese rhythmischen Strukturen haben ihren Grund letztlich in der Biologie der Menschen (z.B. Arbeitszeitregelungen), nicht in der Technologie der elektronischen Medien. Die elektronischen und digitalen Medien entsprechen im Prinzip der abstrakt-linearen Zeitordnung. Funk und Fernsehen und Internet kennen weder Anfang noch Ende, weder Pausen noch Unterbrechungen, keine Transport- und Vertriebszeiten und kaum noch Wartungszeiten, wie sie für die Printmedien noch notwendig waren. Damit soll keinem Technikdeterminismus das Wort geredet werden. In der Programmgeschichte des Hörfunks und des Fernsehens lässt sich zeigen, dass das heute gängige Kästchenschema der Programmstrukturen erst konzeptionell entwickelt werden musste (Schwitzke 1963; Hickethier 1984) und dass dabei auf ältere Kunstformate aus Theater und Varieté zurückgegriffen wurde. Dennoch bietet die technische Produktions- und Vertriebsform der Elektronik mit der ‚Nullzeit' eine gestalterische Basis, die im weit umständlicheren Satz- und Druckverfahren der Printmedien des 19. Jahrhunderts nicht gegeben war. Insgesamt scheint, wie Schatter hervorhebt, das Riepl'sche Gesetz auch für die Zeitgestalten der modernen Massenmedien Gültigkeit zu haben: Die älteren occasionellen und zyklisch-periodischen Elemente gehen in den jüngeren abstrakt-linearen Elementen der neueren Medien keineswegs verloren, sondern ergänzen sie komplementär (Schatter 2007: 7), die polychrone Zeitordnung integriert ohnehin beide Elemente.

Mehr als andere Medien zuvor zeigen die digitalen Medien ausgeprägte Ambivalenzen in ihrer Zeitgestalt. Durch den Charakter ihrer Laborzeit haben sie scheinbar Zeit eliminiert – ‚Nullzeit' –, aber auch Potenziale für Zeitsouveränität geschaffen. Menschliche Kommunikation braucht Zeitdauer und liegt somit quer zur Nullzeit. Sie kann nun raumzeitlich flexibel gestaltet werden – sie muss aber auch gestaltet werden. Wir können zum Beispiel E-Mail-Kommunikation asynchron gestalten; dass wir dies können, zieht aber auch den Zwang und Andrang vielfacher E-Mail-Korrespondenz nach sich, die rasch bearbeitet werden soll, so die gesellschaftliche Norm. Und wer diese Erwartungen nicht erfüllt, der verstößt gegen das Gebot der Reziprozität von Kommunikation.

Die polychrone Medienkultur ist hoch ambivalent und hoch optional, widersprüchlich und dennoch schlüssig. Die klassischen Printmedien und mehr noch die Programmmedien Hörfunk und Fernsehen waren und sind als ‚soziale Zeitgeber' weiter wirksam. Sie bieten feste Strukturen im Tages-, Wochen- und Jahresablauf der Gesellschaft und dienen damit Einzelnen und Gruppen zur Rhythmisierung und Synchronisation des Alltags. Der Reiz des Internet und der Mobilkommunikation liegt hingegen in der Offenheit und Biegsamkeit ihrer Zeitstruktur. Einerseits vollzieht sich eine wachsende Beschleunigung, geradezu ein Temporausch – beobachtbar etwa in den Produktionszeiten, z.B. durch tägliche mehrfache Überarbeitungen von Online-Meldungen rund um die Uhr; aber auch durch Beschleunigung der Bilder im Fernsehen oder in den Onlineangeboten. Andererseits sind zumindest in Nischen auch Phänomene der Entschleunigung erkennbar, eine Kultur der Langsamkeit – etwa erkennbar an Themenabenden in Fernsehsendern wie Arte oder an einer Zuwendung zur Vergangenheit mittels Formen der medialen Erinnerungsarbeit, etwa historischer Doku-Dramen oder des Gedenktagjournalismus.

Halten wir fest: Medien sind Institutionen, die als soziale Zeitgeber wirksam sind. Damit bilden sie „gleichsam die Bausteine jeder gesellschaftlichen Zeitordnung und Zeitkultur" (Rinderspacher 2004: 13). Wie jede Institution im soziologischen Sinn bietet die mediatisierte Zeit Regelmäßigkeit im sozialen Leben und entlastet uns durch das Angebot von Routinen. Sie wirkt aber auch restriktiv und die Freiheit des Individuums einschränkend. Medien als soziale Zeitgeber haben damit „sowohl befreienden, als auch einengenden Charakter" (Rinderspacher 2004: 13).

Folglich ist auch der Prozess der Mediennutzung und Medienrezeption nicht nur als ein inhaltlicher Aneignungsprozess zu verstehen, sondern auch als aktives Zeithandeln. In der theoretischen Modellierung hat sich dies bislang kaum adäquat niedergeschlagen. Doch zahlreiche empirische Befunde der Nutzungs- und Rezeptionsforschung verweisen auf Unterschiede der Zeitkulturen zwischen einzelnen Milieus wie auch auf den Versuch der RezipientInnen, divergierende Zeitmuster verschiedener sozialer Zeitgeber, eben auch der Medien, in ihren individuellen Alltag und ihre Biographie zu integrieren. Doch dies verweist auf ein anderes, weites Feld der Kommunikationsforschung, das durch zeittheoretische Fundierung ertragreicher zu werden verspricht (vgl. Neverla 1994, 2007). An dieser Stelle sei nur die Kernthese skizziert, die sich aus einer zeittheoretischen Fundierung für die Mediennutzungs-, die Medienrezeptions- und die Wirkungsforschung ergibt: In der mediatisierten Zeitkultur unserer Gesellschaft müssen die Menschen mit hoch komplexen und widersprüchlichen Strukturen umgehen, die gleichermaßen Potenziale eröffnen wie Anforderungen stellen. Im Zuge des Mediatisierungsprozesses sind Medien zu sozialen Zeitgebern geworden und damit zu Instanzen des herrschenden Zeitregimes. Der Umgang mit Medien in der polychronen Medienkultur erfordert sowohl Zeitgestaltung mit den Medien wie auch gegen die Medien. Das Zeithandeln mit seiner doppelbödigen Options-Zwangs-Konstellation ist in unserem Medienhandeln allgegenwärtig und damit Teil unseres Alltags und unserer Medienkultur geworden.

Um abschließend noch auf die konkreten Fragen vom Anfang einzugehen: schlafen wollen, aber doch E-Mails bearbeiten; Verabredungen lieber erst nach dem dritten Telefonat fixieren; sich über die dicke „Die Zeit" (sic!) freuen, wenn sie da ist, und erleichtert sein, wenn sie fehlt und daher neue Zeitfenster sich auftun; die Großeltern während der „Tagesschau" nur in dringenden Fällen anrufen – all dies wird weiter unser Leben in der mediatisierten Zeitkultur bestimmen. Mit Medien leben heißt eben, mit und gegen sie die Zeit gestalten.

Literatur

Adam, Barbara (2005): Das Diktat der Uhr. Zeitformen, Zeitkonflikte, Zeitperspektiven. Frankfurt a.M.: Suhrkamp.
Assmann, Aleida (1999): Erinnerungsräume. Formen und Wandlungen des kulturellen Gedächtnisses. München: C.H. Beck.
Assmann, Aleida/Assmann, Jan (1994): Das Gestern im Heute. Medien und soziales Gedächtnis. In: Merten, Klaus/Schmidt, Siegfried J./Weischenberg, Siegfried (Hrsg.): Die Wirklichkeit der Medien. Eine Einführung in die Kommunikationswissenschaft. Opladen: Westdeutscher Verlag, S. 114–140.
Beck, Klaus (1994): Medien und die soziale Konstruktion von Zeit: Über die Vermittlung von gesellschaftlicher Zeitordnung und sozialem Zeitbewußtsein. Opladen: Westdeutscher Verlag.
Bergmann, Werner (1981): Die Zeitstrukturen sozialer Systeme. Eine systemtheoretische Analyse. Berlin: Duncker & Humblot.

Bergmann, Werner (1983): Das Problem der Zeit in der Soziologie. Ein Literaturüberblick zum Stand der „zeitsoziologischen" Theorie und Forschung. In: Kölner Zeitschrift für Soziologie und Sozialpsychologie 35, 3, S. 462–504.
Böschen, Stefan/Weis, Kurt (2007): Die Gegenwart der Zukunft. Perspektiven zeitkritischer Wissenspolitik. Wiesbaden: VS.
Castells, Manuel (2001): Das Informationszeitalter I: Der Aufstieg der Netzwerkgesellschaft. Opladen: Leske + Budrich.
Elias, Norbert (1984): Über die Zeit. Frankfurt a.M.: Suhrkamp.
Faulstich, Werner/Steininger, Christian (Hrsg.) (2002): Zeit in den Medien – Medien in der Zeit. München: Fink.
Geißler, Karlheinz A. (2004): Vergleichzeitigung. In: Heitkötter, Martina/Schneider, Manuel (Hrsg.): Zeitpolitisches Glossar. Grundbegriffe – Felder – Instrumente – Strategien. Manuskript: http://www.bpb.de/files/82ZHOY.pdf, S. 11–12 [abgerufen am 20.09.2009].
Heitkötter, Martina/Schneider, Manuel (Hrsg.) (2004): Zeitpolitisches Glossar. Grundbegriffe – Felder – Instrumente – Strategien. Manuskript: http://www.bpb.de/files/82ZHOY.pdf [abgerufen am 20.09.2009].
Henckel, Dietrich (2004): Taktgeber/Taktnehmer. In: Heitkötter, Martina/Schneider, Manuel (Hrsg.): Zeitpolitisches Glossar. Grundbegriffe – Felder – Instrumente – Strategien. Manuskript: http://www.bpb.de/files/82ZHOY.pdf, S. 9–10 [abgerufen am 20.09.2009].
Hickethier, Knut (1984): Die ersten Programmstrukturen im Fernsehen: Von der wohlkomponierten Mitte zum Viertelstundenraster. In: Rundfunk und Fernsehen 32, 4, S. 441–462.
Hömberg, Walter (1990): Zeit, Zeitung, Zeitbewußtsein. Massenmedien und Temporalstrukturen. In: Publizistik 35, 1, S. 5–17; wieder abgedruckt in: Langenbucher, Wolfgang R. (Hrsg.) (1994): Publizistik- und Kommunikationswissenschaft. Ein Textbuch zur Einführung. Wien: Braumüller, S. 31–44.
Hömberg, Walter (1992): Punkt, Kreis, Linie. Die Temporalstrukturen der Massenmedien und die Entdeckung der Zeit in der frühen Zeitungskunde. In: Hömberg, Walter/Schmolke, Michael (Hrsg.): Zeit, Raum, Kommunikation. München: Ölschläger, S. 89–102.
Hömberg, Walter/Schmolke, Michael (Hrsg.): (1992): Zeit, Raum, Kommunikation. München: Ölschläger.
Innis, Harold A. (1982): The Bias of Communication. Toronto: University of Toronto Press.
Johnson, Shery L./Leahy, Robert L. (2004): Psychological Treatment of bipolar disorder. New York: Guilford Press.
Kleinsteuber, Hans J. (1990): Zeit und Raum in der Kommunikationstechnik: Harold A. Innis' Theorie des ‚technologischen Realismus'. In: Hömberg, Walter/Schmolke, Michael (Hrsg.): Zeit, Raum, Kommunikation. München: Ölschläger, S. 319–338.
Krotz, Friedrich (2007): Mediatisierung. Fallstudien zum Wandel von Kommunikation. Wiesbaden: VS.
Lübbe, Hermann (1995): Schrumpft die Zeit? Zivilisationsdynamik und Zeitumgangsmoral. Verkürzter Aufenthalt in der Gegenwart. In: Weis, Kurt (Hrsg.): Was ist Zeit? Zeit und Verantwortung in Wissenschaft, Technik und Religion. München: dtv, S. 53–80.
Luhmann, Niklas (1975): Weltzeit und Systemgeschichte. In: Soziologische Aufklärung 2, S. 103–133.
Meyrowitz, Joshua (1986): No sense of place. The impact of electronic media on social behavior. New York: Oxford Press.
Mückenberger, Ulrich (2007): Metronomen des Alltags. Betriebliche Zeitpolitiken, lokale Effekte, soziale Regulierung. Berlin: Edition Sigma.
Neverla, Irene (1992): Fernseh-Zeit. Zuschauer zwischen Zeitkalkül und Zeitvertrieb. Eine Untersuchung zur Fernsehnutzung. München: Ölschläger (UVK).
Neverla, Irene (1994): Zeitrationalität der Fernsehnutzung als Zwang und Emanzipation. In: Sandbote, Mike/Zimmerli, Walther Ch. (Hrsg.): Zeit – Medien – Wahrnehmung. Darmstadt: Wissenschaftliche Buchgesellschaft, S. 79–88.

Neverla, Irene (1995): Zeitmaschine Fernsehen. Zwischen Beschleunigung und Entschleunigung des Alltags. In: Franzmann, Bodo et al. (Hrsg.): Auf den Schultern von Gutenberg. Berlin, München: Quintessenz Verlags-GmbH, S. 269–276.

Neverla, Irene (1998): Zur Kontinuität der Medien in einer Kultur des Wandels. In: Saxer, Ulrich (Hrsg.): Medien-Kulturkommunikation (Sonderheft der Publizistik), Opladen, Wiesbaden: VS, S. 274–283.

Neverla, Irene (1999): Chrono-Visionen im Cyberspace. Die Zeitordnung der Medien in Zeiten des Internets. In: Schneider, Manuel/Geißler, Karlheinz A. (Hrsg.): Flimmernde Zeiten. Vom Tempo der Medien. Stuttgart: Hirzel, S. 131–139.

Neverla, Irene (2002): Die polychrone Gesellschaft und ihre Medien. In: medien & zeit 17, 4, S. 46–52.

Neverla, Irene (2007): Medienhandel und Zeithandel. In: Röser, Jutta (Hrsg.): MedienAlltag. Domestizierungsprozesse alter und neuer Medien. Wiesbaden: VS, S. 43–56.

Nowotny, Helga (1989): Eigenzeit. Entstehung und Strukturierung eines Zeitgefühls. Frankfurt a.M.: Suhrkamp.

Pöppel, Ernst (1997): Grenzen des Bewusstseins. Wie kommen wir zur Zeit und wie entsteht Wirklichkeit? Frankfurt a.M.: Insel Verlag.

Rifkin, Jeremy (1988): Uhrwerk Universum. Die Zeit als Grundkonflikt des Menschen. München: Kindler.

Rinderspacher, Jürgen P. (2004): Zeitinstitutionen. In: Heitkötter, Martina/Schneider, Manuel (Hrsg.): Zeitpolitisches Glossar. Grundbegriffe – Felder – Instrumente – Strategien. Manuskript: http://www.bpb.de/files/82ZHOY.pdf, S. 13–15 [abgerufen am 20.09.2009].

Roenneberg, Till/Kumar, Jairaj C./Merrow, Martha (2007): The human circadian clock entrains to sun time. In: Journal of Current Biology 17, 2, S. R44–R45.

Rosa, Hartmut (2005): Beschleunigung. Die Veränderung der Zeitstrukturen in der Moderne. Frankfurt a.M.: Suhrkamp.

Schatter, Günther (2007): Zeitsouveränität und elektronische Medien. Das Programm und seine schrittweise Selbstauflösung. Vortrag bei den 11. Buckower Mediengesprächen, 12.–13.10.2007. Manuskript: http://webuser.uni-weimar.de/schatter/txt/bmg11-zeitsouverenitaet.pdf [abgerufen am 20.09.2009].

Schivelbusch, Wolfgang (1979): Geschichte der Eisenbahnreise. Zur Industrialisierung von Raum und Zeit im 19. Jahrhundert. Frankfurt a.M.: Ullstein.

Schwitzke, Heinz (1963): Das Hörspiel. Dramaturgie und Geschichte. Köln: Kiepenheuer & Witsch.

Wendorff, Rudolf (1980): Zeit und Kultur. Geschichte des Zeitbewusstseins in Europa. Wiesbaden: Westdeutscher Verlag.

Wever, Rütger (1970): Zur Zeitgeber-Stärke eines Licht-Dunkel-Wechsels für die circadiane Periodik des Menschen. In: Pflügers Archiv European Journal of Physiology 321, 2, S. 133–142.

Wilke, Jürgen (1992): Mediennutzung und Zeitgefühl. In: Hömberg, Walter/Schmolke, Michael (Hrsg.): Zeit, Raum, Kommunikation. München: Ölschläger, S. 257–276.

Zierold, Martin (2006): Gesellschaftliche Erinnerung. Eine medienkulturwissenschaftliche Perspektive. Berlin: de Gruyter.

Lebens-Herausforderungen: Medienumgang und Lebensaufgaben. Was muss kommunikationswissenschaftliche Forschung leisten?

Ingrid Paus-Hasebrink

1. Ausgangslage: Neue Herausforderungen an die Kommunikationswissenschaft

Demographische Wandlungsprozesse erleben derzeit eine starke Thematisierung in der Öffentlichkeit. Durch die gestiegene Lebenserwartung und den Geburtenrückgang verschiebt sich die Altersstruktur; die Bevölkerung wird infolge geringerer Geburtenzahlen und trotz der Zuwanderung langfristig abnehmen.

Auch im Kontext der Diskussion um die Entwicklung von Medienangeboten und – damit verbunden – auch der Publikums- und Rezeptionsforschung spielen demographische Wandlungsprozesse eine nicht mehr wegzudenkende Rolle. So konstatieren etwa Rosenstock/Schubert/Beck (2007), dass der demographische Wandel der Gesellschaft die Kommunikationswissenschaft vor neue Herausforderungen stellt. Sie fragen danach, welche Altersgruppen eigentlich bestimmte Medienangebote nutzen und warum und wie sich Mediennutzung, -bewertung und subjektive Medienaneignung im Laufe des individuellen Lebens verändern bzw. wie öffentlich-rechtliche und private Medienanbieter auf sich verändernde Zielgruppen und Milieus reagieren; schließlich ist davon auszugehen, dass die Rezipienten immer älter werden. Zudem werden sie zusehends besser gebildet sein, mehr Freizeit haben, aber oft nicht das Geld, sie aufwendig zu gestalten (vgl. Werres 2006).

Der folgende Beitrag geht der Frage nach der Rolle von Medien im Lebenslauf von Menschen nach – dies allerdings mit dem Blick auf die Lebensaufgaben, die sich Menschen zur Bewältigung ihres Alltags stellen; denn diese prägen die alltägliche Lebensführung von Menschen in entscheidendem Maße mit (vgl. Lange 2003). Auch wenn jede Generation ihre eigenen Medienrepertoires vorweisen kann und jeweils eine eigene Medienkultur ausbildet, so zeigt sich auch diese Kultur keinesfalls als homogen (vgl. Schulze 1992; Fromme 2002). Zwar „verfügt jede Mediengeneration über gemeinsame und spezifische Normalitätserfahrungen und Deutungsmuster in Bezug auf die Medien" (Fromme 2002: 157) und prägt einen generationenspezifischen Blick auf die Welt auch durch ihre jeweiligen Mediennutzungsrepertoires und Medienumgangsweisen aus (vgl.

Sander 2001), doch innerhalb der Generationen steht – jeweils mit einer spezifischen Färbung – die Aufgabe, die Lebensherausforderungen und -aufgaben zu erkennen, anzunehmen und möglichst erfolgreich – auch mit Hilfe von spezifischen Medienangeboten – zu bearbeiten. Ziel des Beitrags ist es also nicht zu zeigen, *welche* Medien Kinder, Jugendliche, Erwachsene oder ältere Menschen nutzen, sondern vielmehr ein Konzept zur Diskussion zu stellen, das dazu beiträgt, den Medienumgang von Menschen – ihre Medienselektion – entsprechend ihren Lebensaufgaben und -phasen mit Blick auf ihre Lebensmuster im Kontext der alltäglichen Lebensführung zu beschreiben und zu verstehen; und dies vor dem Hintergrund sozialer und – darin eingelagert – auch medialer Wandlungsprozesse (vgl. Paus-Hasebrink 2009).

2. Lebenswelt – alltägliche Lebensführung

Medien als mittlerweile zentraler Bestandteil des Alltags „betten sich in die jeweilige thematische Struktur der Lebenswelt ein" (Krotz 1991: 338). Die Selektion von Medienangeboten erfolgt im Kontext der täglichen Lebensbewältigung mit Blick auf ihre Funktionalität. Dabei wirken so zentrale Faktoren wie das Geschlecht, die formale Bildung sowie sozio-ökonomische Hintergründe in der Lebenswelt des Einzelnen und die sich im Kontext der persönlichen Lebensabfolge stellenden Herausforderungen und Lebensaufgaben zusammen; sie bieten das persönliche Grundmuster des Lebens, das von ganz speziellen Vorlieben und Abneigungen (auch in Bezug auf die Auswahl von Medien) als den Einzelnen charakterisierende Fäden durchzogen wird.

Im Rahmen der lebensweltlichen Forschung[1] bietet sich der von Andreas Lange in den Diskurs der Jugendforschung eingebrachte (vgl. Lange 2003) und

---

1 „Die Lebenswelt bildet einen Horizont und bietet zugleich einen Vorrat an kulturellen Selbstverständlichkeiten, dem die Kommunikationsteilnehmer bei ihren Interpretationsanstrengungen konsentierte Deutungsmuster entnehmen" (Habermas 1986: 348). Habermas fasst die Lebenswelt, soweit sie als Interpretationsreservoir in Betracht kommt, als sprachlich organisierten Vorrat von Hintergrundannahmen auf, der sich in sprachlich kulturellen Überlieferungen reproduziert (vgl. ebd.: 344f.). Sozialwissenschaftliche Forschung auf der Basis des Lebenswelt-Konzepts fußt auf der Überzeugung, das Alltagshandeln und -erleben von Menschen als „fraglose Gegebenheiten" (Baacke 1995: 83) zu betrachten, um sich den Bedeutungen, die die Handelnden mit ihrem Tun verbinden, anzunähern. Konkret bedeutet das: Die Wissenschaft muss gleichsam ihre Stuben verlassen und dorthin wandern, wo sie Alltagsphänomene durch Nähe und Anschauung erlebnismäßig nachvollziehen kann (vgl. ebd.: 83). „Unter der Annahme, der Mensch sei zu aktiver Umweltaneignung fähig, wird er unter dieser handlungstheoretischen Prämisse als jemand gesehen, dessen motivationale Grundstrukturen und Handlungsimpulse letztlich nur aus ihm selbst, aber immer in Verbindung mit seiner Umwelt, in der er aus sich heraustritt, erfahr- und realisierbar sind, wobei kulturelle und historische Dimensionen nicht außen vor bleiben können" (Baacke 1988: 225; siehe auch Baacke 1989).

auf Max Weber zurückgehende Ansatz der „alltäglichen Lebensführung" an, die Kontextualität der Lebensaufgaben vor dem Hintergrund sozialer Wandlungsprozesse zu erforschen. Er soll als Hintergrundfolie gespannt werden, auf der heterogene Theoriebestände in einen Zusammenhang gesetzt werden können; anschließend sollen mit Blick auf den Ansatz von Ralph Weiß zum „praktischen Sinn" – und damit dem Ansatz der Lebensführung in Kernbestandteilen verwandt – Folgerungen für die Rezeptionsforschung gezogen werden.

Der Ansatz der Lebensführung weist zwar eine große Nähe zu anderen Ansätzen alltags- und lebensweltlicher Forschung auf; insbesondere zur Lebensstilforschung zeigt er vielfältige Schnittstellen auf. Im Gegensatz zu dieser stehen aber weniger „die expressiven, stilisierungsfähigen Elemente des Umgangs mit kulturellen Vorgaben" (Lange 2003: 105) im Zentrum als mehr die Handlungspragmatik des so genannten „grauen Alltags" (ebd.).

Lange nennt als Kern der Lebensführung ganz allgemein die Struktur der vielfältigen Alltagsaktivitäten und kennzeichnet mit Rekurs auf Kudera (2001: 51) die Lebensführung als „die Summe all dessen [...], was die Menschen Tag für Tag tun oder lassen. Gemeint ist [...] die individuell konstruierte und im Lauf der Zeit institutionalisierte Ordnung des Alltaglebens, die dem täglichen Handeln Richtung, Effizienz und Sinn sowie dem Leben insgesamt Stabilität, Kohärenz und Kontinuität verleiht" (Lange 2003: 106; siehe auch Kudera 2001: 51). Dieser Ansatz stellt dabei das Subjekt in den Mittelpunkt – dies allerdings, ohne strukturelle Dispositionen der alltäglichen Lebensführung zu missachten (vgl. Paus-Hasebrink 2009). Eine solche Betrachtung beugt einer Engführung des Blicks vor, zumal explizit auch die alltägliches Handeln fundierende „Materialität", wie sie Bourdieu in seiner Theorie der Praxis hervorhebt (vgl. Ebrecht/ Hillebrandt 2002: 11, Paus-Hasebrink 2006a: 25f.), mit ins Visier genommen wird, also die Lebenswelt in ihren sozioökonomischen Konstellationen, in der sich die alltägliche Lebensführung konkret vollzieht – und praktisch wird. Dazu ist zum einen eine Auseinandersetzung mit den Entwicklungsaufgaben – oder besser Lebensaufgaben – im Kontext lebenslanger Sozialisationsprozesse von Menschen notwendig, die ihre Wahrnehmungen und Handlungen, ihre Interpretationen und Bedeutungszuschreibungen sukzessive konstituieren und prägen; zum anderen gilt es die Art und Weise nachzuvollziehen, *wie* Menschen – mehr und mehr an eigener Kompetenz gewinnend – in ihre Lebenswelt hineinwachsen und sie weiterhin zu gestalten in der Lage sind.

3. Identität(en) im Kontext von Entwicklungsaufgaben und Life-Span-Theory

Ein zentraler Begriff, der im Zusammenhang mit Entwicklungs- bzw. Lebensaufgaben im Rahmen der Life-Span-Theory quasi als Prisma fungiert, ist der

Begriff der Identität (vgl. Paus-Hasebrink/Bichler 2008: 66ff.).[2] Erik Homburger Eriksons zentrale Aussage in einem seiner Hauptwerke („Identity, Youth, and Crisis", 1970) bringt dies eindrucksvoll auf den Punkt: *„In the social jungle of human existence there is no feeling of being alive without a sense of identity".* Danach meint Identität jene Form von Subjektivität, „die sich als entfaltete und befreite versteht" (Belgrad 1992: 9.).

Im Zentrum dabei steht die „persönliche Identität"[3], die die Frage thematisiert: Wer bin ich, wie bin ich, wie werde, wie bleibe ich „Ich"? Erikson (1970, 1987) hat ein übergreifendes, den ganzen Lebenszyklus einschließendes Modell zur Entwicklung der Ich-Identität vorgelegt. Im Mittelpunkt steht die Frage, wie Selbstwertgefühle und emotionale Einstellungen gegenüber sich selbst und gegenüber der Umwelt die Entwicklung eines Menschen prägen. Nach Krappmann zielt Ich-Identität auf eine gelungene Balance zwischen persönlicher und sozialer Identität (vgl. Krappmann 1969).

Für den Aufbau der Identität gewinnt vor allem die Konstituierung des Selbstbildes eine zentrale Funktion. Das Selbstbild stellt sich dar als „Gesamtheit der Vorstellungen von und Einstellungen zur eigenen Person, in die kognitive, emotionale und motivational-dispositionale Komponenten eingehen" (Hurrelmann 1990: 169). Das Selbstbild entwickelt sich im Laufe der – lebenslangen – Sozialisation, in der Interaktion mit Eltern, Geschwistern, Freunden, Erziehern und Lehrern, mit Lebenspartnern und Arbeitskollegen etc. und im Prozess wachsender Selbstwahrnehmung, Selbstbewertung und Selbstreflexion der individuellen Handlungskompetenzen und der faktischen eigenen Verhaltensweisen. Vor der Überbetonung von Gesetzmäßigkeiten – so wie wir es auch noch in den von Erikson gesetzten stufenförmigen Krisen finden – wird dabei gewarnt und die „Einbettung des leibseelischen Geschehens in eine spezifische soziale Lage" (ebd.: 108) gefordert.

---

2 Von Leibniz über Kant, Schelling, Hobbes, Locke und Hume – um nur einige wichtige Vertreter zu nennen – reichen die philosophischen Traditionen, vor deren Hintergrund James, Mead, Erikson, Strauss, Goffman und Parsons ihre Ansätze erarbeitet haben, bis hin zu den entwickelten Positionen von Krappmann, Oevermann und Habermas (vgl. Belgrad 1992: 13): Sie eröffnen sozialpsychologische bzw. soziologische Theoriehorizonte dieses Begriffs. Siehe auch Keupp/ Bilden (1989) sowie Abels (2006).

3 Jürgen Belgrad (1992) unterscheidet neben der dritten Bedeutungsebene von „Identität", der „persönlichen Identität", 1. die logische Form der Identität, das Identitätsprinzip als logische Übereinstimmung. Auf dieser Ebene geht es um die Fragestellung, inwieweit Dinge, Sachverhalte, Aussagen usw. einander gleichen, übereinstimmen und damit „identisch" sind. Diese Ebene können wir in unserem Zusammenhang vernachlässigen. Sie soll ebenso wie die 2., die epistemische Identität, der Vollständigkeit halber genannt werden. Die epistemische Identität meint das reine Bewusstsein der Identität des erkennenden Subjekts; sie bezieht sich zwar bereits auf das Subjekt, dies jedoch noch in seiner allgemeinen Form der Identität. Danach ist jeder, der in der Lage ist, „ich" zu sagen, als Individuum, als „Identität" im allgemeinen Sinne zu bestimmen.

Das in den 60er und 70er Jahren von der amerikanischen ökologischen Entwicklungspsychologie ausdifferenzierte Konzept der Entwicklungsaufgaben[4] von Robert J. Havighurst (1972 [1953]) ermöglicht im Rahmen der Theorie des *Life-Span-Developments*, die Perspektive auf die situationsgebundene Auseinandersetzung des Individuums mit den Anforderungen in seinem Leben zu richten. Danach ist der Mensch im Prozess der Identitätsentwicklung lebenslang einer Vielzahl von unterschiedlichen situativen Gegebenheiten ausgesetzt, in denen er seine Handlungskompetenz immer wieder neu unter Beweis stellen muss.

Havighursts theoretisches Konzept der *Development Tasks* umreißt für bestimmte Abschnitte des Lebens zentrale Aufgaben, die zur Bewältigung anstehen; sie sind mit den folgenden drei Komponenten verbunden (vgl. Oerter/Montada 1987):

- individuelle Leistungsfähigkeit,
- soziokulturelle Entwicklungsnorm und
- individuelle Zielsetzung in einzelnen Lebensregionen.

Entwicklungsaufgaben verbinden Individuum und Umwelt, setzen kulturelle Anforderungen mit individueller Leistungsfähigkeit in Beziehung und betonen die „agency" von Individuen, indem ihnen eine aktive Rolle bei der Gestaltung der eigenen Entwicklung beigemessen wird. Entwicklung bedeutet Probleme zu überwinden, und dies lebenslänglich.[5] Zur Konkretisierung dient die Tabelle auf Seite 196 zu den Entwicklungsaufgaben in den verschiedenen Lebensphasen (Quelle: Oerter 1995: 124).

Mittlerweile ist längst nicht mehr von *der* Identität, das heißt, von der einen unverwechselbaren, über eine Lebensspanne kohärenten Identität, von einem sich stufenförmig vollziehenden Leben in unverrückbar aufeinander folgenden Phasen die Rede, vielmehr von „Bricolage-Identitäten" und „Bastelpersönlichkeiten".[6]

4　Definition von Havighurst: „A development task is a task which arises at or about a certain period in the life of the individual, successful achievement of which leads to his happiness and to success with later tasks, while fail leads to unhappiness in the individual, disapproval by the society, and difficulty with later tasks" (Havighurst 1972: 2).

5　Darin ähnelt Havighursts Konzept der Entwicklungsaufgaben sowohl dem Konzept von Erikson als auch dem Lebensstilkonzept von Adler.

6　Dieser von Levi-Strauss entwickelte Begriff Bricolage meint wörtlich das ‚Basteln', die „Neuordnung und Rekontextualisierung von Objekten, um neue Bedeutungen zu kommunizieren". Das geschieht innerhalb eines „Gesamtsystems von Bedeutungen, das bereits vorrangige und sedimentierte, den gebrauchten Objekten anhaftende Bedeutungen enthält" (zit. nach Baacke 1992: 20). Der Einzelne verfügt im Laufe seines Lebens somit über unterschiedliche Bricolage-Identitäten; je nach Lebensspanne und den damit verbundenen Lebensaufgaben ist bzw. sie herausgefordert, die eigene Identität möglichst kohärent zu halten bzw. auch mit unterschiedlichen Identitäten, je nach Lebensraum, zu jonglieren.

Entwicklungsperiode	Entwicklungsaufgaben
Frühe Kindheit (0–2 Jahre)	Anhänglichkeit (social attachment) Objektpermanenz Sensumotorische Intelligenz und schlichte Kausalität Motorische Funktionen
Kindheit (2–4 Jahre)	Selbstkontrolle (vor allem motorisch) Sprachentwicklung Phantasie und Spiel Verfeinerung motorischer Funktionen
Schulübergang und frühes Schulalter (5–7 Jahre)	Geschlechtsrollenidentifikation Einfache moralische Unterscheidungen treffen Konkrete Operationen Spiel in Gruppen
Mittleres Schulalter (8–12 Jahre)	Soziale Kooperation Selbstbewusstsein (fleißig, tüchtig) Erwerb der Kulturtechniken (Lesen, Schreiben etc.) Spielen und Arbeiten im Team
Adoleszenz (13–17 Jahre)	Körperliche Reifung Formale Operationen Gemeinschaft mit Gleichaltrigen Sexuelle Beziehungen[7]
Jugend (18–22 Jahre)	Autonomie von den Eltern Identität in der Geschlechtsrolle Internalisiertes moralisches Bewusstsein Berufswahl
Frühes Erwachsenenalter (23–30 Jahre)	Heirat Geburt von Kindern Arbeit/Beruf Lebensstil finden
Mittleres Erwachsenenalter (31–50 Jahre)	Heim/Haushalt führen Kinder aufziehen berufliche Karriere
Spätes Erwachsenenalter (51 und älter)	Energien auf neue Rollen lenken Akzeptieren des eigenen Lebens Eine Haltung zum Sterben entwickeln

So steht der neue Diskurs über Identität, die mehr denn je als brüchig und gefährdet diskutiert wird, nicht zufällig im Zusammenhang mit gesellschaftlichen Wandlungsprozessen der Moderne. Er verweist vielmehr auf die Kernprozesse

---

7   Oerter spricht von heterosexuellen Beziehungen.

Lebens-Herausforderungen: Medienumgang und Lebensaufgaben 201

gesellschaftlicher Veränderung[8], die die Identitätsfindung insbesondere für junge Menschen – aber nicht nur für sie – heute kennzeichnen: eine Ambivalenz von Individualisierung einerseits und Institutionalisierung andererseits, eingebettet in Prozesse der Globalisierung und des Neoliberalismus.

Leben, Alltagsbewältigung, dies lässt sich als Zwischenfazit sagen, ist nicht ohne Identität, das Bewusstsein eines Selbst, möglich. Auch das viel proklamierte Spiel mit Identitäten setzt Identität voraus (im Grunde sogar eine besonders starke!). Leben kann nicht ohne Verankerung, Positionierung und Verortung in der möglichst geglückten Balance von Innen und Außen auskommen; das wissen wir mittlerweile zur Genüge. Das stete Bemühen darum – und dies in Abhängigkeit von den sich stellenden Lebensaufgaben und Lebensphasen – findet auch mit Hilfe von Medien statt.

4. Veränderungen im Lebenslauf – spezielle Wünsche an Medien

Wie gestaltet sich heute der Lebenslauf von Menschen? In welchen Spannungsprozessen steht der Einzelne dabei? Diese Fragen zielen auf den Lebenslauf von Menschen im Kontext gesellschaftlicher Wandlungsprozesse; denn die oben kurz angesprochenen gesellschaftlichen Veränderungen zeitigen auch Veränderungen im Lebenslauf des Einzelnen. Dies zeigt sich deutlich, wenn man einen Blick auf den bis in die 1960er Jahre gängigen „Normal-Lebenslauf" wirft, der sich nach Hurrelmann (2003: 117) in drei Phasen teilt (siehe dazu auch Paus-Hasebrink/Bichler 2008: 29):

- In der ersten Phase, der „Kleinkindphase bis etwa zum sechsten Lebensjahr", hält sich das Kind „im Schonraum der Familie" auf, wo es „die wesentlichen Handlungskompetenzen und persönlichen Fertigkeiten" ausbildet.

---

8 Ist von Moderne die Rede und damit von modernen Gesellschaften, geht es zum einen um eine Zunahme von Freiheitsgraden, die ausgehend von der Aufklärung auf die menschliche Fähigkeit der Vernunft setzt, zum anderen jedoch um die Steigerung von Abhängigkeiten, womit Abhängigkeiten vom Kapital, vom modernen Staat oder von der Technik avisiert werden. Gilt als Charakteristikum der Moderne insbesondere das Vertrauen in die Zukunft und die Technik, weist die von Horkheimer und Adorno in der ‚Dialektik der Aufklärung' (1968: 58ff.) geäußerte Kritik instrumenteller Vernunft auf Gefährdungs- und Risikoprozesse hin, die Aufklärung und damit den Gedanken der Moderne nachhaltig zu erschüttern, wenn nicht gar zu pervertieren drohen. Die unter den Stichworten „Individualisierung" und „Risikogesellschaft" oder auch „Reflexive Modernisierung" – vor einiger Zeit war auch noch das Stichwort „Postmoderne" en vogue – diskutierten gesellschaftlichen Veränderungen weisen auf unterschiedliche Spannungsbereiche hin. Beck thematisiert mit seinem Hinweis auf eine Weltrisikogesellschaft diese Spannungen – mehr oder weniger überzeugend – mittlerweile als weltweite Tendenzen. Gefährdungen, die auch unter Begriffen wie „Cultural Clash" diskutiert werden, sind damit verbunden und schärfen die Situation für die Gesellschaft, aber auch für den Einzelnen zu.

- Nach den ersten sechs Lebensjahren folgt die Schulzeit, in der „intellektuelle und fachliche Fertigkeiten trainiert" werden, „die durch den Schulabschluss symbolisch dokumentiert werden".
- Hiermit ist zugleich die Jugendzeit beendet, der Übergang zum Erwachsenenstatus erfolgt. Dieser Status kennzeichnet sich „durch die Aufnahme einer Berufsausbildung und anschließend einer Erwerbstätigkeit". In dieser Zeit erfolgt auch die „Ablösung von der Herkunftsfamilie", in der auch eine eigene Familie gegründet wird. Dieser Zustand „erstreckt sich über eine lange aktive Lebensspanne bis zur Pensionierung". Tritt das Individuum in die letzte der drei Phasen, die „Seniorenphase", ein, verlässt es damit das Arbeitsleben und genießt den Lebensabend bis zum Tod.

Dieser „Normal-Lebenslauf" ist allerdings gegenwärtig nur noch für wenige Menschen gültig. Grund dafür sind veränderte Bedingungen für Arbeit und Ausbildung (vgl. Mayer 1995: 31). Es kommt zu fließenden Übergängen zwischen Arbeits- und Ausbildungszeit, die sich abwechseln können, und Ausbildungszeiten verlängern sich beispielsweise durch ein Studium. Blieb man früher noch vermehrt in einem Berufsfeld, so wechselt man gegenwärtig öfter die Sparte und orientiert sich beruflich um. Dies wird noch verstärkt durch wirtschaftliche Krisenprozesse, infolge derer wirtschaftlicher Abstieg und Arbeitslosigkeit für breite Schichten eine realistische Option ist oder werden kann. Zudem verlängert sich die Dauer der Jugendphase, was sich unter anderem im langen Verbleib von jungen Erwachsenen in der Herkunftsfamilie zeigt („Pension Mama"). Durch die sich mittlerweile verlängernde Jugendphase sind die „Eigenleistungen des Menschen bei der Gestaltung des eigenen Lebenslaufs höher als in früheren gesellschaftlichen Formationen" (Hurrelmann 2003: 115). Die Grenzen zwischen den einzelnen Phasen verschwimmen zusehends. Die Rollenzuweisung von Mann und Frau weicht zunehmend auf. Für Männer ist es mittlerweile auch vorstellbar, in Karenz zu gehen. Durch die Aufweichung von Traditionen und der genannten Rollenbilder „besteht schon im Jugendalter die Chance, einen eigenen Lebensstil aufzubauen und selbständig zu sein. Zugleich besteht aber auch die Erwartung, einen ganz persönlichen und einmaligen Weg zu finden, der der Zielvorstellung des Individuums nachkommt" (ebd.: 116).

Dennoch stellt der „Normal-Lebenslauf" in der Gesellschaftspolitik nach wie vor einen erstrebenswerten Zustand dar „und wird durch eine Reihe von gesellschaftlichen Institutionen und politisch-rechtlichen Regelungen formal abgestützt" (ebd.: 117). Von einer Frau wird erwartet, die Rolle der Hausfrau und Mutter zu übernehmen. Männer werden dagegen in der Arbeitswelt verortet.

Gesellschafts- und Familienpolitik unterstützen diese traditionelle Rollenteilung nach wie vor – der vehement geführte Streit etwa um den Ausbau von Krippenplätzen zeigt dies eindrucksvoll –, beispielsweise durch Familienbeihilfe,

Kindergeld oder steuerliche Vorteile. Diese in der Politik nach wie vor gängigen Einteilungen, die auf dem „Normal-Lebenslauf" basieren, sind Auslöser für „Spannungen zwischen traditionell gedachten und faktisch gegebenen Mustern des Lebenslaufs, wobei für Frauen noch größere Probleme als für Männer entstehen" (ebd.: 119).

Derartige Entwicklungen können Orientierungsverlust und Überforderung sowie den erhöhten Druck, einem „schwer zu bewältigenden Originalitätsanspruch" (ebd.: 116) zu entsprechen, mit sich bringen.

Die oben genannten Spannungsfelder, in denen sich Menschen im Kontext ihrer Lebensaufgaben bewegen und in denen sich ihre alltägliche Lebensführung abspielt, machen es wenig verwunderlich, dass der Bedarf an Information und Orientierung, an Entlastung (bis hin zu Eskapismus), an Service und Beratung, aber auch der gesteigerte Wunsch nach Erleben sich auch und nicht zuletzt an die Medien richtet: Medien werden als „Experten" nachgefragt. Sie antworten auf den Bedarf und schaffen ihn damit – quasi als Motor – auch mit. Als probates Mittel bietet sich in diesem Kontext etwa die Sendung *Super Nanny* an, die für (junge) Eltern einerseits Ratschläge bereithält, wie man in einer überfordernden Situation, wo vehemente Probleme mit dem Kind oder den Kindern bestehen, zurechtkommt, die sich andererseits aber auch – als sozialer Vergleich (vgl. Festinger 1954) – für diejenigen anbietet, die sich vor dem Hintergrund des im Fernsehen praktizierten „schlimmsten Falls" zurücklehnen können, da offensichtlich die eigenen Probleme in der Erziehung nicht so schlimm sind wie die im Fernsehen vorgestellten (vgl. Grimm 2006; siehe auch Paus-Hasebrink/Bichler 2008: 171ff., 179, 206).

Als weitere Beispiele lassen sich Daily Talks (vgl. Paus-Haase/Hasebrink/ Mattusch/Keuneke/Krotz 1999), Daily Soaps (vgl. Göttlich/Krotz/Paus-Haase 2001) sowie Real Life-Angebote (vgl. Paus-Hasebrink 2004) nennen, die für Jugendliche in einer wichtigen Phase der Identitätsgenese Angebote zur Orientierung bereithalten. Daneben lassen sich zahlreiche Medienangebote finden, die sich heute speziell an die „Jungen Alten", etwa mit neuen Frauenbildern für die agilen Frauen ab 50, richten. Das beliebte Genre Fernsehkrimi nimmt darauf schon seit einigen Jahren ganz explizit Rücksicht. War Nicole Heesters als erste Tatort-Kommissarin Marianne Buchmüller (1978) nur in drei Folgen auf dem Bildschirm präsent (vgl. Hupertz 2008), sind heute Kommissarinnen weder aus dem Tatort, der Deutschen liebstem Krimi-Angebot (vgl. Ortner 2007), noch aus anderen Krimireihen und -serien mehr wegzudenken. Zumeist handelt es sich um Frauen in der Mitte des Lebens, wie – um einige Beispiele anzuführen – Charlotte Lindholm, die neben ihrem Beruf noch ein Kind – und dies quasi als Allein-Erziehende – zu versorgen hat, Clara Blum, die nach dem Tod ihres Mannes, eines Kriminal-Kommissars, allein, wenngleich begleitet durch einen jungen Assistenten, *ihre* Frau steht, Eva Saalfeld (Simone Thomalla), die gemeinsam mit dem ihr unterstellten Ex-Mann in Leipzig ermittelt und dabei die neue Rolle als Chefin und geschiedene Frau gleichzeitig auslotet, bzw. die im ZDF agierende Kriminalrätin Frau Dr. Prohacek (Senta Berger), die als durch den selbstverschuldeten Tod ihres Sohnes psychisch schwer belastete, aber letztlich unbeugsame und unbestechliche Frau mittleren Alters die Internen Ermittlungen leitet. Sie alle (re)präsentieren in unterschiedlichen lebensweltlichen Konstellationen ganz verschiedene Lebensherausforderungen.

Ähnliche Beispiele finden sich in der Kindheits- und Jugendmedienforschung, wie unterschiedliche Studien, etwa eine Untersuchung zum Umgang von Kindern mit multimedialen Markenzeichen à la *Harry Potter*, *Herr der Ringe* oder auch *Pokémon* oder *Dragonball Z* (vgl. Paus-Hasebrink/Neumann-Braun/Hasebrink/ Aufenanger 2004) belegen. So wenden sich in der Kindheit z.B. Jungen mit zunehmendem Alter, gemäß ihrer Lebensphase und den damit verbundenen Entwicklungsaufgaben, zunächst *Pokémon* und später dann *Dragonball Z* (den mitwachsenden, sich entwickelnden Helden) sowie den dazu passenden Computerspielen zu, weil sie sich damit, zunächst noch ihrem „Thema", ‚Sich Behaupten' treu bleibend, dennoch klar von der nächstjüngeren Altersgruppe abheben und gemeinsam mit anderen das Gefühl genießen können, älter und den „Kleineren" überlegen zu sein – was sich in der Rezeption entsprechender, dies meint „gefährlicherer", Inhalte ausdrücken lässt. In der Pubertät favorisieren sie dann das Online-Computerspiel *World of Warcraft*, bei dem es ebenfalls um Kämpfen, Gewinnen und vor allem den Wettkampf geht, dies jedoch mit Helden, die bereits erwachsen sind und – in Gilden- und Horden-Gemeinschaften organisiert (vgl. Forster 2008) – den um Leistungsdruck gesteigerten Wettkampf erproben, um anschließend, z.B. in der späteren Familienphase, mit der Lebensgefährtin oder der eigenen Frau in der jungen Familie etwa die *Sims* (vgl. Karl 2006) zu spielen. Zwar handelt es sich bei diesen Studien um Einzelergebnisse, die nicht ohne Weiteres aufeinander bezogen werden können, sie geben jedoch klare Indizien für eine themenbezogene Rezeption[9], die sich auf die jeweilige Lebensphase und damit verbundene Lebensherausforderung bezieht.

5. Medienumgang im Kontext veränderter Lebensumstände: Was muss kommunikationswissenschaftliche Forschung leisten?

Für eine empirisch ausgerichtete kommunikationswissenschaftliche Forschung liegen Chancen darin, interdisziplinär die Perspektive der Entwicklungs- und

---

9 Von Charlton/Neumann wurde dieser Zusammenhang bei Kindern in ihrer Entwicklung unter dem Stichwort „Thematische Voreingenommenheit" gut erforscht (1986).

Lebensaufgaben zu berücksichtigen; denn so lassen sich Bedeutungskonstruktionen von Rezipienten besser beschreiben und verstehen. Voraussetzung dafür ist allerdings eine integrative Perspektive kommunikationswissenschaftlicher Empirie. Hilfreich erscheint ein integratives Modell, das Kommunikation auf der Basis von zumindest drei Ebenen umreißt bzw. betrachtet und damit auch zu beforschen in der Lage ist: der Ebene der Produktion, des Angebots und der Rezeption. Als eine vierte Ebene ist die Frage nach den gesellschaftlichen Konsequenzen, u.a. technischer Innovation und Diffusion neuer Entwicklungen im Medienbereich, zu reflektieren und sind ihre Auswirkungen auf die Lebensführung von Menschen unterschiedlichen Alters, Geschlechts, formaler Bildung und unterschiedlicher Milieus zu integrieren (vgl. Paus-Hasebrink 2006b: 7f.).

Damit kann einer langjährigen Forderung von Friedrich Krotz entsprochen werden, der die hohe Relevanz alltags- und lebensweltlicher Perspektiven auf den Umgang mit Medien einklagt (vgl. Krotz 1991) und nachhaltig auf die Relevanz von sozialen und kulturellen Wandlungsprozessen für die Kommunikations- und Medienforschung hinweist (Krotz 2001, 2003a, 2003b, 2007). Beispielgebend hat Friedrich Krotz in seinem Band zur Mediatisierung in Form von Fallstudien dem Wandel von Kommunikation in unterschiedlichen Facetten nachgespürt und diese augenfällig aufgezeigt (vgl. Krotz 2007).

Für den hier zur Diskussion stehenden Kontext wurde zusätzlich der Ansatz von Ralph Weiß zum „praktischen Sinn", speziell des Fernsehens, herangezogen, in dem er den individuellen Alltag und den sozialen Kontext bei der Mediennutzung gleichermaßen in den Blick nimmt. Weiß entwickelt auf der Grundlage von Bourdieus Theorie der Praxis unter dem Stichwort „Muster der Praxeologie" eine theoretisch gut abgeleitete Systematik von Orientierungen, die als generative Prinzipien das Alltagshandeln von Menschen organisieren. Weiß entwickelt zudem eine Charakteristik unterschiedlicher visueller Wahrnehmungsformen, mit der „die Art und Weise, in der sich der Fern-Sehende den Sinngehalt des Angeschauten innerlich und gegenwärtig macht" (Weiß 2001: 249), beschrieben wird. Diese sind: Anschauen, Einstimmenlassen, Vorstellen, Fühlen, Entziffern, ästhetisches Genießen und Begreifen (vgl. ebd.). Indem sich die Form der visuellen Wahrnehmung durch den Rezipienten auf kommunikative Gattungen etwa des Fernsehprogramms einstellt, etablieren sich bestimmte „Ordnungsformen" für den Zugriff auf das Dargestellte. „Programmgattungen oder Genres sind durch je typische Muster bestimmt, nach dem sie die lebensweltlich relevante Materie behandeln." (ebd.: 250) Er folgert daher, dass Genres bestimmte „Diskurstraditionen" repräsentieren, sodass die spezifische Erfahrung mit dem Fernsehen den Rezipienten ein bestimmtes Genrewissen verschafft. Dieses hilft ihnen bei der Orientierung darüber, worauf sie sich beim Fern-Sehen einlassen wollen, wie die „Leseanweisungen" der Produzenten beschaffen sind, wie also das Angebot "zu nehmen ist" (ebd.). Fernsehen wird damit in der Kombination aus alltagspraktischem Sinn und den oben genannten Wahrnehmungsformen zur Tätigkeit Fern-Sehen. Im Medienhandeln kann es Rezipienten gelingen, frei von den Zwängen des Alltags und seinen Herausforderungen Orientierungsangebote kennenzulernen, sie im Erleben zu genießen – also ganz ohne Handlungsdruck. Um die genannten Zusammenhänge zu erforschen, bedarf es eines Methodenrepertoires, das in der Lage ist, dieser Anforderung Stand zu halten, am besten als Triangulation angelegt.

Mit Blick speziell auf die Rezipientenseite erscheint eine theoretische Modellierung, ausgehend vom Uses-and-Gratifications-Approach (vgl. Schenk 2002) und damit „klassischer Nutzungsforschung", in Verbindung mit Methoden (medien)biographischer Forschung[10] (vgl. Thomae 1956, Schneider 1993) erfolgversprechend. Damit ließe sich mit Blick auf die Prozesse der Selektion erheben, welche Medien und welche Medienangebote zu welchen Zeiten, d.h. in welchen Lebensphasen, eine zentrale Rolle in der Alltagsgestaltung gespielt haben und spielen bzw. wie sie sich in die alltägliche Lebensführung integrieren – diese sogar maßgeblich mitprägen können. Im Erfassen von Lebensläufen – verbunden etwa mit den Sinusmilieus – böte sich eine Chance, wirklich näher an die Rolle unterschiedlicher Medienangebote im Leben von Menschen heranzukommen und die Bedeutungszuschreibungen besser nachzeichnen und verstehen zu können. Sie sollte in Verbindung mit einer Analyse der für die Menschen relevanten Medienangebote im Kontext ihrer spezifischen Medienrepertoires (vgl. Hasebrink/Popp 2006) stehen. Dazu sind erstens Panelforschungen erforderlich, die es nach wie vor viel zu selten gibt. Zweitens bedarf es speziell auch qualitativer Langzeitforschung, die nach dem „subjektiven Sinn" von Medienumgangsweisen im Kontext sozialer und biographischer Wandlungsprozesse fragt und ihm adäquat durch als Triangulation angelegte Theorie- und Methodenkombinationen nachspürt (vgl. Paus-Hasebrink/Bichler 2008). Der von Friedrich Krotz initiierte DFG-Schwerpunkt zum Themenbereich „Mediatisierte Welten. Kommunikation im medialen und gesellschaftlichen Wandel" bietet dazu ein ausgezeichnetes wissenschaftliches Forum; es gibt Forschungsprojekten den nötigen Raum, dem Zusammenhang von aktuellen (aber auch historischen) gesellschaftlichen Wandlungsprozessen und medial mitbestimmten Sozialisations-

---

10 Schon 1956 plädierte der Entwicklungspsychologe Hans Thomae im Rahmen psychologischer Forschungen zum Lebenslauf dafür, die biographische Methode einzusetzen, um sich Prozessen der „Erlebnisverarbeitung, der Konfliktentstehung und -lösung, der Prägung von Haltungen, Gesinnungen, Bereitschaften, Daseinstechniken, der Bildung von Motivationssystemen, der Veränderung der personalen Struktur, der Dominantenbildung und des Dominantenwechsels unter den Strebungen, der Entscheidung und der Integration von Erkenntnissen und Handeln" wissenschaftlich zu nähern (Thomae 1956: 108f.).

prozessen – und dies explizit mit Blick auf die Entwicklungs- bzw. Lebensthemen von Heranwachsenden und Erwachsenen – nachzugehen.

Literatur

Abels, Heinz (2006): Identität. Über die Entstehung des Gedankens, dass der Mensch ein Individuum ist, den nicht leicht zu verwirklichenden Anspruch auf Individualität und die Tatsache, dass Identität in Zeiten der Individualisierung von der Hand in den Mund lebt. Wiesbaden: VS.

Baacke, Dieter (1988): Sozialökologische Ansätze in der Jugendforschung. In: Krüger, Heinz-Hermann (Hrsg.): Handbuch der Jugendforschung. Opladen: Leske + Budrich, S. 71–94.

Baacke, Dieter (1989): Sozialökologie und Kommunikationsforschung. In: Baacke, Dieter/Kübler, Hans-Dieter (Hrsg.): Qualitative Medienforschung. Konzepte und Erprobungen. Tübingen: Niemeyer Verlag, S. 87–134.

Baacke, Dieter (1992): Zur Ambivalenz der neuen Unterhaltungsmedien oder vom Umgang mit schnellen Bildern und Oberflächen. In: Otto, Hans-Uwe/Hirschauer, Paul/Thiersch, Hans (Hrsg.): Zeit-Zeichen sozialer Arbeit. Entwürfe einer neuen Praxis. Neuwied, Berlin: Luchterhand Verlag, S. 17–24.

Baacke, Dieter (1995): Die 6- bis 12jährigen. Einführung in Probleme des Kindesalters. 6. Auflage. Weinheim, Basel: Beltz.

Belgrad, Jürgen (1992): Identität als Spiel. Eine Kritik des Identitätskonzepts von Jürgen Habermas. Opladen: Westdeutscher Verlag.

Charlton, Michael/Neumann, Klaus (1986): Medienkonsum und Lebensbewältigung in der Familie. Methode und Ergebnisse der strukturanalytischen Rezeptionsforschung – mit fünf Fallbeispielen. München, Weinheim: Beltz-PVU.

Ebrecht, Jörg/Hillebrandt, Frank (2002): Einleitung: Konturen einer soziologischen Theorie der Praxis. In: Ebrecht, Jörg/Hillebrandt, Frank (Hrsg.): Bourdieus Theorie der Praxis. Erklärungskraft – Anwendung – Perspektiven. Opladen: Westdeutscher Verlag, S. 7–16.

Erikson, Erik Homburger (1970): Jugend und Krise. Die Psychodynamik im sozialen Wandel. Stuttgart: Klett-Cotta.

Erikson, Erik Homburger (1987): Kindheit und Gesellschaft. Stuttgart: Klett-Cotta (Erstausgabe 1957).

Festinger, Leon (1954): A Theory of Social Comparison Processes. In: Human Relations 7, S. 117–140.

Forster, Steve (2008): Das inoffizielle Buch zu World of Warcraft (WoW) – Wrath of the Lich King: Der ultimative Quest- und Levelguide. Poing: Franzis Verlag.

Fromme, Johannes (2002): Mediensozialisation und Medienpädagogik: zum Verhältnis von informellem und organisiertem Lernen mit Computer und Internet. In: Paus-Haase, Ingrid/Lampert, Claudia/Süss, Daniel (Hrsg.): Medienpädagogik in der Kommunikationswissenschaft. Positionen, Perspektiven, Potenziale. Wiesbaden: Westdeutscher Verlag, S. 155–168.

Göttlich, Udo/Krotz, Friedrich/Paus-Haase, Ingrid (Hrsg.) (2001): Daily Soaps und Daily Talks im Alltag von Jugendlichen. Eine Studie im Auftrag der Landesanstalt für Rundfunk Nordrhein-Westfalen und der Landeszentrale für private Rundfunkveranstalter Rheinland-Pfalz. Schriftenreihe Medienforschung der LfR 38. Opladen: Leske + Budrich.

Grimm, Jürgen (2006): Super Nannys. Ein TV-Format und sein Publikum. Konstanz: UVK Verlags GMbH.

Habermas, Jürgen (1986): Der philosophische Diskurs der Moderne. Zwölf Vorlesungen. 3. Auflage. Frankfurt a.M.: Suhrkamp.

Hasebrink, Uwe/Popp, Jutta (2006): Media Repertoires as a result of selective media use. A conceptual approach to the analysis of patterns of exposure. In: Communications 31, 2, S. 369–387.

Havighurst, Robert J. (1972): Developmental tasks and education. 3. Auflage. New York: McKay (Erstausgabe 1953).

Horkheimer, Max/Adorno, Theodor W. (1968): Dialektik der Aufklärung. Philosophische Fragmente. Amsterdam N.V.: Verlag de Munter (Erstausgabe 1947).
Hupertz, Heike (2008): Und die Erkenntnis kam beim Bügeln. Tatort Kommissarinnen (online verfügbar unter: http://www.faz.net/s/Rub475F682E3FC24868A8A5276D4FB916D7/Doc~E4C C4B53965E84CB794686C50543174D0~ATpl~Ecommon~Scontent.html).
Hurrelmann, Klaus (1990): Die Einführung in die Sozialisationstheorie. Über den Zusammenhang von Sozialstruktur und Persönlichkeit. 3. Auflage. Weinheim, Basel: Beltz Verlag.
Hurrelmann, Klaus (2003): Der entstrukturierte Lebenslauf. Die Auswirkungen der Expansion der Jugendphase. In: Zeitschrift für Soziologie der Erziehung und Sozialisation 23, 2, S. 115–126.
Karl, Vera (2006): Geschlechtsspezifische Unterschiede in der Computerspielnutzung: „Die Sims2" – Eine Rezeptionsanalyse. Unveröffentl. Diplomarbeit am Fachbereich Kommunikationswissenschaft der Universität Salzburg.
Keupp, Heiner/Bilden, Helga (Hrsg.) (1989): Verunsicherungen. Das Subjekt im gesellschaftlichen Wandel. Göttingen, Toronto, Zürich: Hogrefe, S. 47–69.
Krappmann, Lothar (1969): Soziologische Dimensionen der Identität. Strukturelle Bedingungen für die Teilnehme an Interaktionsprozessen. Stuttgart: Klett.
Krotz, Friedrich (1991): Lebensstile, Lebenswelten und Medien: Zur Theorie und Empirie individuenbezogener Forschungsansätze des Mediengebrauchs. In: Rundfunk und Fernsehen 39, 3, S. 317–342.
Krotz, Friedrich (2001): Die Mediatisierung kommunikativen Handelns. Der Wandel von Alltag und sozialen Beziehungen, Kultur und Gesellschaft durch die Medien. Opladen: Westdeutscher Verlag.
Krotz, Friedrich (2003a): Metaprozesse sozialen und kulturellen Wandels und die Medien. In: Medien Journal, 27, 1, S. 7–19.
Krotz, Friedrich (2003b): Zivilisationsprozess und Mediatisierung: Zum Zusammenhang von Medien- und Gesellschaftswandel. In: Behmer, Markus/Krotz, Friedrich/Stöber, Rudolf/Winter, Carsten (Hrsg.): Medienentwicklung und gesellschaftlicher Wandel. Wiesbaden: Westdeutscher Verlag, S. 15–38.
Krotz, Friedrich (2007): Mediatisierung: Fallstudien zum Wandel von Kommunikation. Wiesbaden: VS.
Kudera, Werner (2001): Anpassung, Rückzug oder Restrukturierung – zur Dynamik alltäglicher Lebensführung in Ostdeutschland. In: Lutz, Burkart (Hrsg.): Entwicklungsperspektiven von Arbeit. Ergebnisse aus dem Sonderforschungsbereich 333 der Universität München. Berlin: Akademie Verlag, S. 46–82.
Lange, Andreas (2003): Theorieentwicklung in der Jugendforschung durch Konzeptimport. Heuristische Perspektiven des Ansatzes „Alltägliche Lebensführung". In: Mansel, Jürgen/Griese, Hartmut/Scherr, Albert (Hrsg.): Theoriedefizite der Jugendforschung. Standortbestimmung und Perspektiven. Weinheim, München: Juventa, S. 102–118.
Mayer, Hans Eberhard (1995): Geschichte der Kreuzzüge. Stuttgart, Berlin, Köln: Kohlhammer.
Oerter, Rolf (1995): Kultur, Ökologie und Entwicklung. In: Oerter, Rolf/Montada, Leo (Hrsg.): Entwicklungspsychologie. Ein Lehrbuch. 3. Auflage. Weinheim: Beltz, Psychologie Verlags Union, S. 84–127.
Oerter, Rolf/Montada, Leo (Hrsg.) (1987): Entwicklungspsychologie. Ein Lehrbuch. 2. Auflage. Weinheim: Beltz, Psychologie Verlags Union.
Ortner, Christina (2007): Migration. Das Thema Einwanderung in der Krimireihe Tatort. In: Medien und Kommunikationswissenschaft 55, 1, S. 3–23.
Paus-Haase, Ingrid/Hasebrink, Uwe/Mattusch, Uwe/Keuneke, Susanne/Krotz, Friedrich (1999): Talkshows im Alltag von Jugendlichen. Der tägliche Balanceakt zwischen Orientierung, Amüsement und Ablehnung. Schriftenreihe Medienforschung der Landesanstalt für Rundfunk Nordrhein-Westfalen (LfR) 32. Opladen: Leske + Budrich.
Paus-Hasebrink, Ingrid (2004): Inszenierter Alltag. Das Phänomen Taxi Orange. Produkt- und Rezeptionsanalysen. Wien: Österreichischer Kunst- und Kulturverlag (unter Mitarbeit von Eva

Hammerer und Tanja Jadin sowie Sebastian Bollig, Marco Pointecker, Claudio Ruggieri, Anja Sindermann).

Paus-Hasebrink, Ingrid (2006a): Zum Begriff „Kultur" als Basis eines breiten Verständnisses von (AV-)Kommunikation. In: Paus-Hasebrink, Ingrid/Woelke, Jens/Bichler, Michelle/Pluschkowitz, Alois (Hrsg.): Einführung in die audiovisuelle Kommunikation. München, Wien: Oldenbourg Verlag, S. 13–52.

Paus-Hasebrink, Ingrid (2006b): Zu einem integrativen Modell der AV-Kommunikation. In: Paus-Hasebrink, Ingrid/Woelke, Jens/Bichler, Michelle/Pluschkowitz, Alois (Hrsg.): Einführung in die audiovisuelle Kommunikation. München, Wien: Oldenbourg Verlag, S. 1–12.

Paus-Hasebrink, Ingrid (2009): Zur Relevanz von sozialer Ungleichheit im Kontext der Mediensozialisationsforschung. In: MedienPädagogik, Themenheft Nr. 17: Medien und soziokulturelle Unterschiede. 20.05.2009 (online verfügbar unter http://www.medienpaed.com/17/paus-hasebrink 0905.pdf).

Paus-Hasebrink, Ingrid/Bichler, Michelle (2008): Mediensozialisationsforschung – theoretische Fundierung und Fallbeispiel sozial benachteiligte Kinder. Wien: Österreichischer Studienverlag (unter Mitarbeit von Christine Wijnen).

Rosenstock, Roland/Schubert, Christiane/Beck, Klaus (Hrsg.) (2007): Medien im Lebenslauf. Demographischer Wandel und Mediennutzung. München: Kopaed.

Sander, Ekkehard (2001): Common Culture und neues Generationsverhältnis. Die Medienerfahrungen jüngerer Jugendlicher und ihrer Eltern im empirischen Vergleich. München: DJI Verlag Deutsches Jugendinstitut.

Schenk, Michael (2002): Publikums- und Gratifikationsforschung. In: Schenk, Michael: Medienwirkungsforschung. 3. Auflage. Tübingen: Mohr Siebeck, S. 369–419.

Schneider, Silvia (1993): Medienerfahrungen in der Lebensgeschichte. Methodische Wege der Erinnerungsaktivierung in biographischen Interviews. In: Rundfunk und Fernsehen 41, 3, S. 378–392.

Schulze, Gerhard (1992): Die Erlebnisgesellschaft. Kultursoziologie der Gegenwart. Frankfurt a.M., New York: Campus-Verlag.

Thomae, Hans (1956): Psychologische Probleme des Erwachsenenalters. In: Haseloff, Otto Walter/ Stachowiak, Herbert (Hrsg.): Moderne Entwicklungspsychologie. Berlin: Dr. Georg Lüttke Verlag, S. 104–113.

Weiß, Ralph (2000): „Praktischer Sinn", soziale Identität und Fern-Sehen. Ein Konzept für die Analyse der Einbettung kulturellen Handelns in die Alltagswelt. In: Medien und Kommunikationswissenschaft 48, 1, S. 42–62.

Weiß, Ralph (2001): Fern-Sehen im Alltag. Zur Sozialpsychologie der Medienrezeption. Opladen: Westdeutscher Verlag.

Werres, Wolfgang (2006): Der demographische Wandel: Bevölkerungsprognose bis 2015. In: DVB Multimedia Bayern (Hrsg.): Der Mehrwert der Medien. Dokumentation der Medientage München 2005. Berlin: Vistas, S. 91–96.

Mediatisierung von Alltag im NS-Deutschland: Herbert Bayers Bildsprache für die Propagandaausstellungen des Reiches

Patrick Rössler

In einem seiner Hauptwerke zum Thema beschreibt Friedrich Krotz Mediatisierung als Metaprozess sozialen Wandels und damit als Ausdifferenzierungsvorgang, in dem „sich immer mehr immer komplexere mediale Kommunikationsformen [entwickelten], und Kommunikation findet immer häufiger, länger, in immer mehr Lebensbereichen und bezogen auf immer mehr Themen in Bezug auf Medien statt" (Krotz 2007: 38). Gleichzeitig weist er darauf hin, dass Mediatisierung qua Definition immer auch zeit- und kulturgebunden sei und historisch nicht entkontextualisiert werden dürfe (ibid.: 39).

In jüngerer Zeit prägte zunehmend das Konzept von einer ‚Mediatisierung des Alltags' seine wissenschaftlichen Arbeiten, weshalb es plausibel erscheint, diesen Aspekt in den Mittelpunkt einer Würdigung seines Schaffens zu stellen. Der vorliegende Essay nimmt allerdings eine dazu leicht verschobene Perspektive ein, die sich in einer kleinen, aber folgenreichen sprachlichen Nuancierung niederschlägt: Im Folgenden will ich mich eingehender mit der ‚Mediatisierung *von* Alltag' beschäftigen; d.h. mit der Art und Weise, in der der gesellschaftliche Alltag selbst Gegenstand einer Mediatisierung wird. Dabei löse ich mich von der klassischen Nachrichtenlogik (vgl. z.B. Dovifat/Wilke 1976), die eine Art Top-Down-Prozess impliziert – nämlich von der Berichterstattung über ‚wichtiges' Geschehen, das sich dann auch auf einer wie auch immer gearteten ‚Publikumsagenda' niederschlägt (Rössler 1997). Stattdessen geht es umgekehrt um jenen Bottom-Up-Prozess, der die soziale Wirklichkeit im Sinne einer tatsächlichen oder vermeintlichen ‚Normalität' in den Fokus der medialen Aufmerksamkeit rückt. Unbestritten ergibt sich in der Folge natürlich eine interessante Doppelbödigkeit, wenn diese Medieninhalte aufgrund ihrer Publikumsresonanz selbst wieder zum Gegenstand einer Mediatisierung des Alltags werden (vgl. Krotz 2007: 110).

Aktuelle Beispiele für entsprechende journalistische oder redaktionelle Orientierungen lassen sich insbesondere in den global populären Reality-Genres des Fernsehens finden. „Letzteres nimmt inhaltlich immer häufiger alltägliche Probleme, Verrichtungen, Sinnzusammenhänge und Anlässe als Grundlage für neue Sendungen oder auch Genres, setzt also an alltäglichen Inhalten an" (Krotz 2007: 111). Waren es zunächst die nachmittäglichen Talkshows („Daily Talks') gewesen, in denen scheinbare ‚Normalbürger' ihre individuellen Schicksale auf nicht immer angemessene Art und Weise präsentierten (vgl. z.B. Paus-Haase et al. 1999), so hat sich auch dieser Trend in den vergangenen Jahren verstärkt, womit heute vor allem im Fernsehprogramm ein breites Spektrum von Alltagsbewältigung mediatisiert wird (zum Genre vgl. Prokop/Jansen 2006).

Jenseits dieser naheliegenden Phänomene geht es in diesem Beitrag allerdings einerseits (1) um eine transdisziplinäre Verortung der Mediatisierung von Alltag (Krotz 2007: 32) an der Schnittstelle zwischen kommunikationswissenschaftlicher, historischer und kunstgeschichtlicher Forschung: Das gewählte Fallbeispiel thematisiert ein Phänomen aus der Medienentwicklung der 1930er Jahre vor dem Hintergrund einer ‚domestizierten Moderne' (vgl. Rössler 2007, 2009). Damit soll ein Schlaglicht auf den historischen Verlauf des Mediatisierungsprozesses geworfen werden, in dem „immer neue publizistische und andere Kommunikationsmedien in Kultur und Gesellschaft, in Handeln und Kommunizieren der Menschen eingebettet" werden (Krotz 2007: 40).

Es rückt andererseits (2) einen Medientyp in den Vordergrund, dem die kommunikationswissenschaftliche Forschung kaum Beachtung schenkt[1], nämlich die Ausstellung als eine Präsenzveranstaltung in einem gemeinsamen raum-zeitlichen Kontext von Kommunikator und Betrachter (Krotz 2007: 72), die sowohl Kommunikationsangebote an ihren unmittelbaren Besucherkreis richtet, darüber hinaus aber durch begleitende Dokumentationen und die Medienbeachtung auch weitere Rezipientenkreise erreicht. Die Studie kann damit als Komponente in der Konzeptionalisierung eines weiter gefassten Mediatisierungsbegriffs verstanden werden, in dem Ausstellungen ein spezifisches technisches Potenzial für die Herstellung von Öffentlichkeit darstellen (Krotz 2007: 31).

Als konkretes Fallbeispiel werden drei große Propagandaausstellungen des Deutschen Reichs untersucht – die Trilogie aus ‚Deutsches Volk, deutsche Arbeit' (1934), ‚Das Wunder des Lebens' (1935) und ‚Deutschland' (1936). Alle drei Ausstellungen waren sinn- und gemeinschaftsstiftende, integrative Medienereignisse ersten Ranges (vgl. Krotz 2007: 32, 37), und ihnen ist gemeinsam, dass sie sowohl

(a) an eine alltagsweltliche Thematik anknüpfen und damit die beschriebene Mediatisierung von Alltag leisten; als auch

---

1 In diversen Zusammenhängen gibt Krotz (2007) einen Überblick über verschiedene Medien im historischen Prozess der Mediatisierung; z.B. Papyrus, Steintafeln, Druckmaschinen und Fernsehen (S. 42); Buchdruck, Rotationsmaschinen, Tageszeitung, Radio, Fernbedienung, PC und Internet (S. 44); oder Brief, Mail, Weblog, Telefon, Handy, GPS und ihre Anwendungen (S. 47). An keiner Stelle erwähnt er freilich die Ausstellung als Kommunikationsmedium.

(b) dass ihre mediale Aufbereitung zu wesentlichen Teilen in den Händen derselben Person lag – nämlich von Herbert Bayer, einem früheren Bauhausmeister und bedeutendsten deutschen Gebrauchsgrafiker der 1930er Jahre.

Die Argumentation schließt dabei an die Arbeiten von Weißler (1993) und Keppler (2000) zur Moderne der Propagandaausstellungen im Dritten Reich und von Droste (1982) und Schug (2009) zu Leben und Werk Herbert Bayers an. Ausstellungen werden dabei als Medien betrachtet, die in der Lage sind, Öffentlichkeit herzustellen, und eine Bedeutung für die Politik – und in diesem Falle genauer für die propagandistische Lenkung der Bevölkerung durch ein totalitäres Regime – haben (vgl. Krotz 2007: 31). Der Ausarbeitung liegen zwei Thesen zugrunde:

1. Die Mediatisierung von Alltag ist potenziell folgenreich, und aufgrund ihrer antizipierten Auswirkungen kann sie bewusst instrumentalisiert werden.
2. Im konkreten Fall erwies sich eine Mediatisierung nach der Logik einer ‚domestizierten Moderne' als funktional für die Interessen der Kommunikatoren.

Diese beiden Thesen werden in einer zweistufigen Vorgehensweise diskutiert: In einem ersten Analyseschritt werden die Präsenzereignisse selbst vorgestellt und ihre Charakteristika hinsichtlich der Mediatisierung von Alltagsphänomenen herausgearbeitet. Ein zentraler Anknüpfungspunkt ist dabei das Konzept der ‚Medienereignisse' (vgl. z.B. Couldry et al. 2009; Dayan/Katz 1992). Der zweite Analyseschritt widmet sich den zentralen Kommunikationsmaßnahmen zu diesen Ereignissen und beleuchtet, unter Rekurs auch auf die Biographie von deren Gestalter, das Zusammenspiel von Ästhetik und Aussage bei deren Mediatisierung. Das Ziel dieses Essays ist dabei nicht nur relational angelegt, um das Zusammenwirken von Medien in einer spezifischen Kultur und Gesellschaft zu veranschaulichen (Krotz 2007: 43). Anhand eines historischen Fallbeispiels mit kunstgeschichtlichen Bezügen wird darüber hinaus aufgezeigt, dass das Konzept der Mediatisierung auch in einem transdisziplinären Diskurs sinnvoll eingesetzt werden und in Fachdisziplinen jenseits der Medien- und Kommunikationswissenschaft zu einem Erkenntnisfortschritt beitragen kann.

1. Die Trilogie der Propagandaschauen als Medienereignisse

Anknüpfend an die sozialen Leistungsschauen in der Weimarer Republik verkörperten Ausstellungen – und nicht nur solche auf dem Gebiet der Bildenden Kunst – für die Machthaber im Dritten Reich ein probates Mittel der Propaganda (Thamer 1998). Gerade die ab 1937 installierte, jährliche ‚Große Deutsche Kunstausstellung' im Münchner Haus der Kunst wurde zum Anlass für eine extensive Öffentlichkeitsarbeit (Thomae 1978: 37–68). Das schon im April 1933 gegründete Institut für Deutsche Kultur- und Wirtschaftspropaganda (IfDKW) e.V., später dem Werberat der deutschen Wirtschaft unterstellt, und das Amt für Ausstellungs- und Messewesen als Abteilung der Reichspropagandaleitung, beide von dem Berliner Architekten Waldemar Steinecker geleitet, kontrollierten den im zeitgenössischen Duktus „Kultur- und Lehrschauen mit wirtschaftlichem Einschlag" (o.Verf. 1938: 1356) genannten Sektor. Dieser führte „politische, wirtschaftspolitische und kulturelle Aufgaben aus", über deren Gehalt „das gesamte deutsche Volk aufzuklären und zu unterrichten war" (IfDKW 1938: 21). Im Vorfeld der Olympischen Spiele 1936 trat das Deutsche Propaganda-Atelier (DPA) hinzu, ein privatwirtschaftlicher Zusammenschluss unter Leitung des Regierungsrats im Propagandaministerium Pay Christian Carstensen, der speziell die Veranstaltungen in den Berliner Funkturmhallen organisierte (vgl. zsf. Weißler 1993: 48ff.; Keppler 2000: 12).

Die zunehmend auf eine breite Öffentlichkeitswirkung angelegte Konzeption und Vermarktung der Schauen belegt, dass sie vom Regime als kulturelle und soziale Inszenierungsapparate (Krotz 2007: 90) gedacht und als Medium der Massenkommunikation eingesetzt wurden: Die Besucherzahl stieg zwischen 1935 und 1938 von 2,1 Millionen auf 5,3 Millionen Besucher, während sich gleichzeitig die Zahl der Ausstellungen von 67 auf 37 nahezu halbierte (Zuschlag 1995: 226f.). Der wirtschaftswerbende Charakter trat schnell in den Hintergrund, derweil die immer aufwändigeren Inszenierungen stärker der ideologischen Lenkung unterworfen wurden; wesentliches Ziel war neben der Dokumentation der (selbstredend stets erfolgreichen) Aufbauarbeit im neuen Reich die „kulturelle Aufklärung" als „weltanschauliche Erziehungsaufgabe" (IfDKW 1938: 30ff.). Zu deren Konzept gehörte stets eine mehrstufige Kommunikationsstrategie, um die Perspektive des Regimes im Sinne eines Zusammenwachsens von Medien (bzw. deren Entdifferenzierung) auch jenseits der jeweiligen Präsenzöffentlichkeit durch Kataloge und Broschüren zu vermarkten (Krotz 2007: 44, 74, 97). Es handelte sich dabei um mediatisierte Großereignisse ähnlich früherer kultureller Events der Weimarer Jahre, deren Gestaltung auf die mediale Weiterverarbeitung hin ausgerichtet war und die von gezielten Maßnahmen der Presse- und Öffentlichkeitsarbeit flankiert wurden (vgl. z.B. Hintze/Lauerer 2009).

Eine herausragende Rolle in den NS-Ausstellungsplänen spielten die Propagandaschauen ‚Deutsches Volk, deutsche Arbeit' (1934), ‚Das Wunder des Lebens' (1935) und ‚Deutschland' (1936), die von Regime, Organisatoren und der zeitgenössischen Presse auch als Trilogie wahrgenommen wurden (Wischek 1936: 27). Während die erste ‚Kultur- und Lehrschau' eine eher makroskopische Sicht auf Deutschland und die Gesellschaft im NS-Staat entwickelte, vermittelte die (Ausstellungsleiter Dr. Gebhard vom Propagandaministerium zufolge) „organische Fortsetzung" (zit. nach Thamer 1998: 366) eine eher makroskopische Sicht auf das Individuum und seine Natur. Als Synthese sollte 1936, parallel zu den Olympischen Spielen, dem internationalen Publikum eine Gesamtdarstellung der Nation nahegebracht werden (Wischek 1936: 27).[2] Für die visuelle Klammer dieser Trilogie als alltagsorientiertes ‚Fenster zur Welt' (Krotz 2007: 59, 110) sorgte die aufeinander abgestimmte Gestaltung der gedruckten Kommunikationsmittel (Plakat, Katalog, Broschüre) durch Herbert Bayer, was die inhaltliche Verknüpfung der Einzelereignisse verdeutlichte (vgl. unten Kap. 2).

1.1 Ausstellung ‚Deutsches Volk, deutsche Arbeit'

Unter Federführung der Deutschen Arbeitsfront war die Schau ‚Deutsches Volk, deutsche Arbeit' vom 21. April bis 3. Juni 1934 auf dem Ausstellungsgelände am Kaiserdamm zu sehen und wurde von über 750.000 Gästen besucht (Wischek 1939: 143ff.). Unter der Schirmherrschaft von Reichspräsident von Hindenburg ging diese Ausstellung auch schon in der Vorplanung auf die Nationalsozialisten zurück. In den Medien wurde sie u.a. als „Mischung aus industrieller und handwerklicher Leistungsschau und Medium rassistischer Verbrämung" (Schug 2009: 178) beschrieben. Ausgehend von einer so genannten ‚Ehrenhalle' zur Deutschen Geschichte und zur Rassenfrage beschäftigten sich acht Hallen auf insgesamt 57.584 m^2 Ausstellungsfläche mit allen Facetten des deutschen Alltagslebens: Verkehrsmitteln, Industrieerzeugnissen, „Volk und Wirtschaft", Handwerk, Lebensmittelindustrie, Chemischer Industrie, Textilien, Spielwaren usw.; hinzu kamen Präsentationen der Bauernverbände, der Bauwirtschaft und der Reichsbahn („Das schöne Deutschland") auf dem Freigelände.

Bemerkenswert an diesem Projekt ist sicherlich, dass – neben Herbert Bayer – etwa ein Dutzend Ex-Bauhäusler in das Ausstellungsdesign einbezogen waren, die im Katalog nur zum Teil namentlich genannt wurden: zuvorderst die ehemaligen Direktoren Gropius und Mies van der Rohe; außerdem maßgeblich deren Mitarbeiter Joost Schmidt, Eduard Ludwig, Siegfried Giesenschlag sowie Sergius Ruegenberg und Ernst Walther als Verantwortliche für die Ehrenhalle und weitere Schauräume (vgl. ausf. Nerdinger 1993: 161f.). Dieser Sachverhalt belegt die eingangs genannte These von einer domestizierten Moderne im NS-Design (Rössler 2007, 2009), die die Tendenzen der Moderne zwar adaptiert, sie aber – massentauglich – in einer abgeschwächten Form mit „geschmackvoll domestizierten Effekten der künstlerischen Avantgarde" (Wessely 2007) weiterverbreitet. Dabei verstört, dass diese Effekte in den Dienst einer unverhohlenen Rassenideologie von der arischen Überlegenheit gestellt werden (Thamer 1998: 364).

---

2   Einen expliziten ‚Rechenschaftsbericht' über die Jahre der NS-Herrschaft inszenierte anschließend die Großschau ‚Gebt mir vier Jahre Zeit' (1937), die gleichzeitig als Vorschau auf den neuen Vierjahresplan dienen sollte (Keppler 2000: 15f.; Faber 1994; Pohlmann 1988).

Im Amtlichen Führer kommt dies nicht nur durch die eingerichteten Fachausschüsse für „Deutsches Blut- und Kulturerbe" und „Rassenpflege", sondern auch im Text zur Ehrenhalle zum Ausdruck: „Nur wenn das Volk als lebendiger Organismus zu seinen Wurzeln zurückgeführt wird – zu Blut und Boden –, ist die Genesung, ein Wiederaufstieg der Nation möglich. Die Ausstellung bringt daher unter dem Titel ‚Deutsches Volk' die erste Ausstellung über Rassenkunde und Rassenpflege" (Gebhard/Maiwald 1934: 183).

1.2 Ausstellung ‚Das Wunder des Lebens'

Vom 23. März bis 5. Mai 1935 wurde, erneut in den Berliner Messehallen am Kaiserdamm, die Folgeschau ‚Das Wunder des Lebens' gezeigt. In Kooperation von Staatsorganen, Parteiverbänden und wissenschaftlichen Institutionen, allen voran das Deutsche Hygiene-Museum Dresden, wurde die Funktionsweise des menschlichen Körpers mit modernster Didaktik und neuartigen Demonstrationsobjekten verdeutlicht. Konzeption und Exponate schlossen dabei an die Tradition der Internationalen Hygiene-Ausstellung 1930 in Dresden an, und auch das zentrale Schlüsselbild der Ausstellung, der Doryphoros (Speerträger) des Polyklet als Idealtyp (Beier/Roth 1990) und ‚gläserner Mensch', war bereits fünf Jahre zuvor ein populäres Ausstellungsstück gewesen. Erneut wurde mit sieben Hallen fast die gesamte Ausstellungsfläche genutzt; den Einstieg bildete ein Monumentalrelief mit Darstellung des ‚Führerprinzips' (von Ludwig Gies, später als ‚entarteter Künstler' diffamiert), gefolgt von der ‚Lehre vom Leben' mit dem ‚durchsichtigen Menschen' als wichtigstem Exponat. Die Abteilung ‚Erhaltung des Lebens' propagierte wieder die Rassen- und Erblehre der Nationalsozialisten und stellte deren Volksorganisationen vor. Besonderer Wert wurde auf die ‚Familie als Keimzelle des Volkslebens' gelegt, der eine eigene Halle (‚Träger des Lebens: die Familie') gewidmet war. Der bürgerliche Alltag wurde durch ein ausgestelltes NS-Siedlungshaus, eine ‚Ladenstrasse des täglichen Bedarfs' und eine Lebensmittelschau betont.

Auch Herbert Bayers Adaption des ‚idealen Menschen' (Farbtafel 7 auf Seite 223), wiederum ein gelungenes Beispiel einer Gestaltung im Stile der ‚domestizierten Moderne', stand im Dienste der Erb- und Rassegedanken nationalsozialistisch-völkischer Ideologie (Thamer 1998: 366ff.; Faber 1994). Der gesamte Duktus der Ausstellung bereitete die Nürnberger Rassengesetze vom September 1935, insbesondere das ‚Gesetz zum Schutze des deutschen Blutes und der deutschen Ehre', kommunikativ vor. Im Spannungsfeld von scheinbar naturwissenschaftlicher Argumentation und gleichzeitigem Respekt vor dem Mysterium der menschlichen Natur scheinen immer wieder die sozialdarwinistischen Thesen in der Ausstellung durch (Brüning 1993: 29). Im amtlichen Führer werden ‚Erb-

Mediatisierung von Alltag im NS-Deutschland 217

kranke' und ‚Asoziale' ebenso wie die ‚Vermischung mit fremden Rassen und dadurch bedingte Entartung' für den Verfall des deutschen Kulturvolkes verantwortlich gemacht, und dem wollte der NS-Staat durch Volkserziehung entgegenwirken.

1.3 Ausstellung ‚Deutschland'

Joseph Goebbels, Schirmherr des Schlussteils der Ausstellungstrilogie, gab die Stoßrichtung der großen ‚Deutschland'-Schau vom 18. Juli bis 18. August 1936 vor: Sie „soll ein Gesamtbild des Lebens und Schaffens unseres Volkes geben, zur Erweckung und Vertiefung des Verständnisses beim Ausländer, zur Besinnung auf die eigene Kraft bei den deutschen Besuchern beitragen" (Goebbels 1936: 9). Die Ausstellungshallen am Funkturm wurden wieder mit modernsten Präsentationstechniken gestaltet, entworfen von dem modernen Architekten Emil Fahrenkamp. Wandfüllende Fotomontagen beeindruckten sogar den Propagandaminister, während im Foyer Marcel Breuers Stahlrohrstühle zum Verweilen einluden und Hans Haffenrichter, ebenfalls Bauhaus-Absolvent, eine Abteilung ‚Wissenschaft und Technik' gestalten konnte, die seinerzeit als unmittelbare Umsetzung der nationalsozialistischen Programmatik galt (Weißler 1993: 62).

Interessanterweise zeugte das Konzept der Organisatoren nicht nur von Weitsicht in Sachen Public Relations, sondern genauso von dem Selbstbewusstsein der Machthaber: Man wollte von einer unmittelbaren propagandistischen Manipulation der Gäste absehen, so Wilhelm Haegert, Abteilungsleiter im Goebbels-Ministerium; stattdessen sollte es ausreichen, „den Gästen unser Vaterland zu zeigen, um sie von allen Vorurteilen zu befreien. Jede Beeinflussung darüber hinaus ist unnötig" (1936: 11). Trotz dieser vordergründigen Absage an allzu offensichtliche Persuasionsstrategien illustriert die Ausstellung explizit die vermeintliche ‚Raumbedrängnis der deutschen Nation'. Sucht man nach der kommunikativen Funktion dieser Ausstellung, so kann dies nur als ein erster Hinweis auf die Expansionsabsichten des Regimes (mit den ‚Anschlüssen' von Österreich und des Sudetenlandes) und seine Kriegsvorbereitungen verstanden werden (vgl. Keppler 2000: 24). Diese Botschaft erreichte laut zeitgenössischen Zeitungsberichten ein gewaltiges Publikum von rd. 1,3 Millionen Besuchern (Weissler 1993: 56, 62).

1.4 Zwischenergebnis: Mediatisierter Alltag in der Ausstellungs-Trilogie

Die Dynamik der Kommunikationsstrategie, die hinter den drei Propagandaschauen stand, fasste Keppler folgendermaßen zusammen:

,,'Deutsches Volk – deutsche Arbeit' sollte zunächst die historischen Entwicklungszusammenhänge im Kontext von Arbeit und Gesellschaft sichtbar machen, ‚Wunder des Lebens' den Menschen in seinen sozialen Lebensbedingungen – unter besonderer Betonung des Rassegedankens – darstellen. Die Olympiaausstellung ‚Deutschland' sollte dann 1936 schließlich die ‚totale Sichtbarmachung des ganzen Volkes in seiner unlösbaren Verbundenheit mit der Heimaterde' sein" (Keppler 2000: 25).

Den Organisatoren ist es dabei gelungen, Aspekte des tatsächlichen oder vermeintlichen Alltags im Reich geschickt in die monumentalen Präsentationen einzubauen. Dies stützt die eingangs formulierte These, wonach die Mediatisierung von Alltag ganz bewusst instrumentalisiert werden kann, in diesem Fall unterschwellig zur Schaffung von Akzeptanz für das Hegemoniestreben, die Militarisierung und die Rassenideologie des Nazi-Regimes.

Gleichzeitig können die Ausstellungen als Beispiel für den modernen ästhetischen Schein des deutschen Faschismus (vgl. Benjamin 1963) gelten. Obgleich beabsichtigt war, eine ‚deutsche Ausstellungsarchitektur' zu schaffen, griff man bedenkenlos auf die medialen Strategien des verfemten Bauhauses zurück. Hitler wurde dabei in den Displays bevorzugt als Teil der ‚Volksgemeinschaft' gezeigt, der Betrachter wurde in die Allgegenwart faschistischer Massenrituale integriert, deren Inszenierungscharakter schon an anderer Stelle analysiert wurde (NGBK 1987). Die Mediatisierung dieser Ereignisse unter anderem im Kontext der Propagandaschauen (aber auch darüber hinaus) war zwingend, denn selbst für das beteiligte Individuum war die Gesamtinszenierung nicht erlebbar, sondern das Ereignis von vornherein auf die Darstellung im Bild und in den Medien angelegt (Keppler 2000: 33). Diese Strategie ging Hand in Hand mit einer Mediatisierung von Alltag (speziell der Familie und der Arbeitswelt), die besonders gut in den gedruckten Medien erkennbar ist, die die Ausstellungen überdauerten und auch für Personen jenseits der Präsenzöffentlichkeiten erlebbar machten. Diese Druckwerke stehen im Mittelpunkt des nächsten Abschnitts.

2. Zur Mediatisierung von Alltag in Herbert Bayers Publikationen

Bauhaus-Direktor Walter Gropius hatte Herbert Bayer 1925 zum Leiter der neu gegründeten Werkstatt für Druck nebst angeschlossener Reklame-Abteilung berufen, wo er die Gestaltung der Bauhaus-Drucksachen verantwortete. Berühmt wurde sein international ausgezeichnetes Cover des Januarhefts 1928 der Zeitschrift ‚bauhaus': Auf der Ausstellung „Foreign Advertising Photography" im Art Center, New York, erhielt Bayer hierfür den ersten Preis (Raupp 1995). Ende 1928 verließ Bayer das Bauhaus – eigenen Angaben zufolge, um aus der Lehre in die Praxis zu wechseln. Der Pariser Designer Mehmed F. Agha holte Bayer in seine Berliner Filiale der global agierenden Werbeagentur Dorland.

"Der Eintritt Bayers als Kreativ-Direktor machte sich Ende 1928 schnell bemerkbar. Bayer entwickelte eine in der Branche einzigartige und im Laufe der Jahre stilprägende Gestaltungssprache. Er kombinierte die Anforderungen der Wirtschaftswerbung mit der Avantgarde-Kunst des Bauhauses und trieb gerade damit die öffentliche Umsetzung der Bauhausideen voran." (Hansen 2004: 43)

Nach dem ‚Schwarzen Freitag' an der New Yorker Börse übernahm Walter Matthess die Dorland GmbH Deutschland und führte sie kaufmännisch, während Bayer die künstlerische Leitung des finanziell selbständigen und von ihm eigenverantwortlich geleiteten ‚dorland-studios' erhielt. Mit dem ehemaligen Bauhaus-Meister László Moholy-Nagy, der ebenfalls ein Atelier in Berlin unterhielt, traf er sich nicht nur mehrmals wöchentlich (Wessing 1997: 53), sondern beide bauten in ihren jeweiligen Ateliers auch auf die Mithilfe von ehemaligen Bauhäuslern, denen die moderne Werbe- und Gebrauchsgrafik ein einträgliches Berufsfeld eröffnete (zur Biografie von Bayer vgl. auch Cohen 1984; Chanzit 1987, 2005; Bauhaus-Archiv 1982; Nowak-Thaller/Widder 2009).

In den dreißiger Jahren avancierte Bayer zum prominentesten Gebrauchsgrafiker im Deutschen Reich; seine unverwechselbare Handschrift galt „bald als Inbegriff für moderne Werbung" (Keppler 2000: 50) und seine avantgardistischen Entwürfe, beispielsweise für die Umschläge der Modezeitschrift ‚die neue linie', erregten regelmäßig Aufsehen (Rössler 2007, 2009). An anderer Stelle sind Herbert Bayers Strategien ausführlich beschrieben, einerseits von der prosperierenden deutschen Wirtschaft Mitte der 1930er Jahre zu profitieren, andererseits politisch brisante Arbeiten seines Studios meist nicht selbst zu signieren und diese Tätigkeit nach seiner Emigration schließlich erfolgreich zu verschleiern (Brüning 1993; Rössler 2007, 2009; Schug 2009). Exemplarisch seien an dieser Stelle nur zwei eindeutig regimenahe Arbeiten unter seiner Urheberschaft herausgegriffen: Sein Kleinplakat ‚Arbeitsfreude durch grüne Werkhöfe' für die Nationalsozialistische Gemeinschaft ‚Kraft durch Freude' (um 1937; Farbtafel 1 auf Seite 222) verwendet Bayer-typisch eine Kombination aus Fotomontage und Illustration (Krause 2000: 50). Schon 1934 hatte er die Gestaltungsrichtlinien für die Kunstwanderausstellungen der Deutschen Arbeitsfront entwickelt (Droste 1982: 12). Für den Umschlag einer NS-Propagandabroschüre über die Hitler-Jugend, die zur Olympiade 1936 verteilt wurde, setzte er die Ansicht eines blonden Fahnenträgers in heroischer Untersicht ein, freigestellt vor einem blauen Himmel mit Wolken (Farbtafel 2 auf Seite 222).[3]

Ausstellungsdesign sah Herbert Bayer immer als ein zentrales Arbeitsfeld und geeignetes Mittel, um seine Kommunikationsziele zu verwirklichen. „Ich entdeckte in der Ausstellungsgestaltung ein neues Kommunikationsmittel, das

---

3 Ich danke Magdalena Droste herzlich für diesen Hinweis. Im Impressum der Broschüre wird Bayers Name falsch geschrieben („Covers [...] arranged by Herbert Beyer [sic!], Berlin").

weit über die Gestaltungsmöglichkeiten zweidimensionaler Graphik hinausging" (Bayer 1967: 11). Wesentliche Inspiration war ihm dabei der legendäre, von El Lissitzky gestaltete sowjetische Pavillon auf der Pressa in Köln 1928 (Cohen 1984: 283ff.); unter seinen eigenen Entwürfen maß er der Gemeinschaftsarbeit für den Werkbund-Stand auf einer Pariser Ausstellung 1930 (u.a. mit Gropius und Breuer), für die erste amerikanische Bauhaus-Retrospektive im MoMA (1938, u.a. mit Ise und Walter Gropius) und seiner US-Propagandaschau „Road to Victory" (MoMA, 1942) die größte Bedeutung bei (Chanzit 1987, 2005: 111–150). Mit Blick auf seine Beteiligung an der deutschen Propaganda-Trilogie, um die es im Folgenden gehen soll, ist zu konzedieren, dass er ‚nur' in der grafischen Gestaltung tätig war, d.h. Plakate, Kataloge und Broschüren entwarf, während die eigentliche Einrichtung der Ausstellung, wie oben erwähnt, in anderen Händen lag (Schmidmair 2009: 17).

Herbert Bayer selbst hat seine Arbeit für die Propagandaausstellungen stets heruntergespielt: In seiner von ihm selbst eingerichteten Werkmonographie druckt Bayer (1967: 44f.) nur vier unverfängliche Farbgrafiken aus dem Prospekt ‚Wunder des Lebens' ab – drei zur Funktionsweise des menschlichen Körpers (als Beispiele für seine Montagetechnik) und eine Visualisierung der Statistik zum täglichen Lebensmittelbedarf. Die übrigen Ausstellungsarbeiten kommen in seinen eigenen Erinnerungen überhaupt nicht vor. In der maßgeblichen Biografie von Gwen Chanzit (1987, wieder aufgelegt in 2005) werden die berühmten Arbeiten vor 1933 und im amerikanischen Exil ab 1938 ausführlich behandelt, die Tätigkeit für die NS-Propagandaausstellungen dagegen in einem lapidaren Satz subsumiert, unter Verweis auf eine Kurzbiografie Bayers aus dem Jahr 1949 (S. 120, 240). Auch Cohens (1984) monumentale Bayer-Monographie – Untertitel: ‚the complete work' – erwähnt lediglich den Umschlag des ‚Wunder des Lebens'-Prospektes wegen seines klassischen Motivs.

Zu allen drei Propagandaschauen existieren jeweils zwei unterschiedliche Publikationen, was in der Forschungsliteratur oft zu Missverständnissen und Unklarheiten (vgl. z.B. Schug 2009: 179) führt: Aufgelegt wurde stets ein dickleibiger Katalog, betitelt als ‚Amtlicher Führer', und daneben eine dünne Broschüre, die die Grundgedanken der betreffenden Ausstellung widerspiegeln sollte. Beide waren in einem quadratischen Format mit der DIN-Kantenlänge von 21 cm angelegt – ein Format, das seit Moholy-Nagys Katalog zur ersten Bauhaus-Ausstellung 1923 gerne verwendet wurde und das Herbert Bayer beispielsweise schon beim (oft übersehenen) Katalog zum deutschen Pavillon auf der Weltausstellung in Chicago 1933 (Bauhaus-Archiv 1982: 192f., mit Abb.) erprobt hatte. Während die Innenseiten der Kataloge in konventioneller Buchtypographie angelegt sind, mit längeren Aufsätzen, Verzeichnissen und eingeschossenen Bildseiten, entstammen die berühmten visuellen Arrangements Herbert Bayers zumeist den separaten Broschüren, in denen er mit Hilfe seiner Montagetechnik die propagandistischen Aussagen in komplexen Grafiken verdichtete. Sie stehen auch im Mittelpunkt der nachfolgenden Überlegungen.

2.1 „Germanisches Blut- und Kulturerbe" (‚Deutsches Volk, deutsche Arbeit')

Nicht nur die Gestaltung der Ausstellung, die sich mit verblüffender Selbstverständlichkeit an die für die ‚Pressa' und den Pariser Werkbund-Stand (s.o.) entwickelten visuellen Konzepte anlehnte – auch die Drucksachen verdeutlichen, wie offen sich der Faschismus der Ästhetik seiner Gegner bediente (Keppler 2000: 43). Als Erkennungsmerkmal entwarf Herbert Bayer eine mehrfarbige Lorbeerkranz-Symbolik, die auf den so genannten ‚Parteitag des Sieges' 1934 anspielte und für unterschiedliche Drucksachen reproduziert wurde (u.a. als Plakatmotiv) und den Umschlag des ‚Amtlichen Führers' zierte. Dieser umfasste 240 Seiten Ausstellungsbeschreibung und 132 Seiten Werbeteil mit ‚Monographien und Ankündigungen' beteiligter Firmen. Die Inhalte streifen die verschiedensten Aspekte des Alltagslebens, die regimekonforme Wissenschaftler facettenreich aufbereiteten (Abbildung 1). Wesentlich ist dabei wieder die NS-Logik von drei Bevölkerungsgruppen als Unterbau des faschistischen Staatsgebildes: der ‚Reichsnährstand' (d.h. die Bauern), die Arbeiterschaft und die Wehrmacht.

Abbildung 1: Allegorie auf die sportliche Jugend
(‚Deutsches Volk – deutsche Arbeit', Amtlicher Führer, 1934)

Als Gestalter dieses Kataloges wird im Impressum Herbert Bayer genannt, wenngleich Satz, Bildauswahl und Anordnung eher konventionell ausfallen und es wahrscheinlich ist, dass Bayer zwar das Umschlagbild entwarf und ein Layoutkonzept vorlegte, aber ansonsten sicherlich nicht bei über 350 Seiten Hand anlegte. Anders liegt der Fall bei der 36-seitigen Broschüre, deren kaum bekannter Umschlag das Leitmotiv vor einem monochrom grünen Hintergrund zeigt (Farbtafel 4 auf Seite 222) und deren Rückseite ein Typofoto ziert, das in Aufbau und den transparent eingearbeiteten Textzeilen stark an Moholy-Nagys berühmten Prospekt für die Reihe der Bauhaus-Bücher erinnert (Abbildung 2). Das Innere

Abbildung 2: Herbert Bayer: Typofoto für die Rückseite der Broschüre ‚Deutsches Volk – deutsche Arbeit' (1934)

besteht im Wesentlichen aus großformatigen Fotos, deren erläuternde Texte auf zwischengeschossene, drittelseitige Papierstreifen gedruckt wurden, die aufgrund der bloß partiellen Abdeckung der Bildseiten für interessante visuelle Eindrücke sorgen (Abbildung 3). Die ideologischen Prinzipien des Regimes wurden hier auf Kurzbotschaften verkürzt – wie etwa das „Germanische Blut- und Kulturerbe", das es zu wahren gelte, oder der Versailler ‚Knebelvertrag'. Die Motive weisen dabei oft einen Alltagsbezug auf, wenn beispielsweise Szenen aus dem bäuerlichen Leben, Freiwillige beim Arbeitsdienst, Handwerker, Arbeiter und Sportler abgebildet werden. Der Prospekt wurde von der Fachpresse mit Begeisterung aufgenommen und an Hotels, Reisebüros im In- und Ausland, Fachverbände, Schiffahrtslinien, die Mitropa oder die Lufthansa verteilt (Schug 2009: 179).

2.2 „Familie: Zelle des Volkes & Erbgutwahrerin" (‚Das Wunder des Lebens')

Ausgehend von der ikonographischen Qualität des gläsernen Doryphoros entwarf Herbert Bayer aus dem Demonstrationsobjekt eine Bildmarke von hohem Wiedererkennungswert, die auch von anderen Publikationen gerne aufgegriffen wurde (Farbtafel 8 auf Seite 223) und so der Schau zusätzliche Aufmerksamkeit verschaffte. Seine Illustration zierte u.a. den Amtlichen Führer (160 S., 8 S. In-

Abbildung 3: Das arische Schönheitsideal, illustriert von Herbert Bayer
(Broschüre ‚Deutsches Volk – deutsche Arbeit', 1934)

serentenverzeichnis und 32 S. Werbung), der in Publikationen häufig abgebildet wird (vgl. z.B. Droste 1982: 66f.). Für die in der Literatur mehrfach kolportierte Behauptung, dieser Amtliche Führer sei von Herbert Bayer gestaltet worden (z.B. Weissler 1993: 56; Schug 2009: 179), gibt es im Katalog selbst keinerlei Beleg. Gegen seine Beteiligung sprechen außerdem die Verwendung der ‚deutschen' Frakturschrift und die uninspirierte Gegenüberstellung von eher gewöhnlichem Bildmaterial und fortlaufenden Textblöcken (Abbildung 4). Einzig die Verwendung des berühmten (und signierten) Plakatmotivs für den Umschlag

Abbildung 4: Rückkehr zum traditionellen Layout
(‚Das Wunder des Lebens', Amtlicher Führer, 1935)

könnte als schwaches Indiz für Bayers Beteiligung gelten; dessen Einsatz geht aber wohl eher auf frühe Corporate-Design-Strategien zurück.

Sehr wohl von Herbert Bayer gestaltet wurde allerdings wiederum ein 24-seitiger, durchgehend farbig gedruckter Prospekt (Farbtafel 7 auf Seite 223), der vollständig mit Montagen in Bayers typischer Airbrush-Technik ausgeführt ist (Abb. bei Beier/Roth 1990: 78–83). Für seine Visualisierungen, mit denen er die oben erwähnten Botschaften mediatisierte, erhielt Bayer allseits großen Beifall – beispielsweise zur „Familie als Zelle des Volkes und Erbgutwahrerin" oder seine Verdichtung der Schöpfungsgeschichte vom ‚Urnebel' bis zum Auftauchen des Menschen als ‚Krone der Schöpfung' (Farbtafel 9/10 auf Seite 223). Eine andere berühmte Montage zeigt eine Argumentationskette, die mit der Arbeitslosenzahl 1933 beginnt und sich dann über ein Foto Hitlers, wie er vor Arbeitern spricht, zu Abbildungen der Bauarbeiten an der Reichsautobahn bis zu deren Endzustand fortsetzt (Farbtafel 11 auf Seite 223). Gemeinsam mit der Hintergrundfärbung in rot, blau und gelb (die schon das Bauhaus gerne für seine Außendarstellung verwendet hatte) ergibt sich eine beziehungsreiche Referenz zu dem Titelmotiv, wenn man die Autobahnen als scheinbare Blutgefäße im Kreislauf der Nation assoziiert. Unter den ‚Stätten des Lebens' wird schließlich das ‚Haus des Kleinsiedlers' als ‚Kraftquelle für Arbeit und Beruf, Volk und Staat' vorgestellt (Farbtafel 12 auf Seite 223), und Bayer greift auch erneut die visuelle Rhetorik des KdF-Prospektes (s.o.) wieder auf (Farbtafel 3 auf Seite 222).

„In einer brisanten Mischung von Modernität und Martialität transportiert [die Broschüre, d. Verf.] die biologistischen Maximen der NSDAP in klassischer Verbrämung" (Krause 2000: 50). Ob man allerdings so weit gehen kann, dass man Bayer unterstellt, er habe bewusst durch „eine ästhetisch ansprechende Verpackung [...] das eigentliche Ziel der Vorbereitung der ‚Rassengesetze' tarnen" (Keppler 2000: 80) wollen, muss ernsthaft bezweifelt werden. Nicht von der Hand zu weisen ist allerdings, dass seine so farbenprächtige wie überzeugende Typographie heute als Paradebeispiel für die zweifach gestufte Mediatisierung der alltäglichen Lebenswelt gelten kann.

2.3 „Das kräftige Aroma des wirklichen Lebens" (‚Deutschland')

Zur ‚Deutschland'-Schau hat Herbert Bayer lediglich wieder eine Broschüre beigetragen (Weissler 1993: 56, 62); weder am ‚Amtlichen Führer' noch an dem repräsentativen Bildband des Deutschen Propaganda-Ateliers (Parr/Badger 2004: 176f.) war er beteiligt, der an alle Olympiateilnehmer abgegeben wurde (Keppler 2000: 64, 68). Genauer gesagt handelt es sich bei Bayers Arbeit um einen Prospekt mit 28 Seiten, von dem acht Doppelseiten bei Schug (2009: 227–231) reproduziert sind, plus einem kartonierten Umschlag mit einer Ausklapptafel.

Titelmotiv ist der Ausschnitt einer Weltkugel, deren Meridiane sich an einem Punkt schneiden, der sich in einer den Konturen des Deutschen Reiches nachempfundenen Fläche genau an der Stelle Berlins befindet (Farbtafel 5 auf Seite 222). Deutschland ist nicht nur das Zentrum des geographischen Koordinatensystems, sondern auch kulturell der Mittelpunkt der Welt – mit diesem unbescheidenen Anspruch konfrontierten die Organisatoren ihr internationales Publikum.

Die Doppelseiten legte Herbert Bayer in bewährter Manier als Kontrastmontagen an, die anhand von Schlüsselbildern die (selbstverständlich positiven) Entwicklungen im Reich illustrieren sollen. Auch hier sind Elemente des Alltagslebens allgegenwärtig – etwa wenn jeweils ein typischer Arbeiter, Bauer und Soldat als Repräsentanten einer gesichtslosen Volksgemeinschaft herausgehoben und im Begleittext als „Stützen des nationalsozialistischen Deutschlands" verklärt werden (Farbtafel 6 auf Seite 222). Auf dem darauffolgenden Doppelblatt erscheinen wieder Reichsautobahn, ‚Kraft durch Freude' und der Arbeitsdienst als „Zeugen des Aufbauwillens und der Einheit des deutschen Volks" (S. 20f.). Die Mediatisierung von Alltag zu propagandistischen Zwecken wird auch im Begleittext der Broschüre deutlich, der „Wohnungskultur und Volkskunst, Arbeit und Feier, Sprache und Stile, [...] das kräftige Aroma des wirklichen Lebens bis zu den Genüssen der Küche und zum Volkshumor" betont (o.P.).

Die kommunikative Funktion des viersprachig angelegten Prospekts lag also eindeutig in der Inszenierung Deutschlands für das internationale Publikum im Sommer 1936: Er „vermittelte anläßlich der Olympischen Spiele ein Bild der Nation, das wie eine paradoxe Synthese aus Vorgestern und Übermorgen, aus Waldeinsamkeit und Hochtechnologie anmutet" (Krause 2000: 50). Vor ihrer Distribution im Kontext der Ausstellung und den Wettkämpfen war die Broschüre allerdings bereits in großer Auflage der Aprilausgabe 1936 der weltweit verbreiteten Fachzeitschrift ‚Gebrauchsgraphik' beigelegt. Dessen Themenschwerpunkt behandelte das Schaffen Herbert Bayers (Hölscher 1936) und enthielt außerdem verschiedene Abbildungen zum ‚Wunder des Lebens' (s.o.).

3. Nur ein „interessantes Buch"? Ein Fazit

Herbert Bayers einziger Kommentar zu seiner Broschüre für die ‚DeutschlandSchau' sollte später sein, „das ist ein interessantes Buch insofern, dass es exklusiv mit Fotografie und Fotomontage gemacht wurde, und in Duotontechnik gedruckt wurde" (zit. nach Keppler 2000: 59). Für diese Dekontextualisierung der eigenen Arbeit von den politisch-historischen Randbedingungen mag es vielfältige Gründe geben, über die zu richten hier nicht der angemessene Platz ist. Festzuhalten bleibt freilich, dass die Art und Weise, in der er die Mediatisierung auch des Alltags im Nazi-Deutschland durch seine wirkungsvollen Gestal-

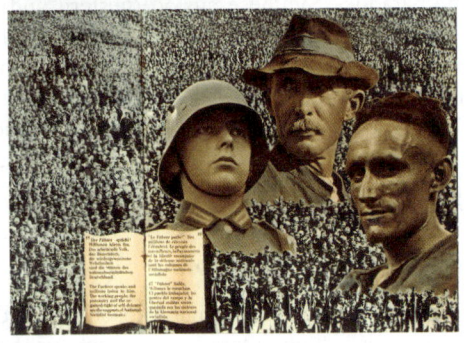

Tafel 1 (o. li.): Herbert Bayer: Kleinplakat ‚Arbeitsfreude durch grüne Werkhöfe' für die NSG ‚Kraft durch Freude' (um 1937). – Tafel 2 (o. Mitte): Herbert Bayer: Umschlag für eine NS-Propagandabroschüre über die Hitler-Jugend (1936). – Tafel 3 (o. re.): Vorbild für das NSG-Kleinplakat (aus: ‚Das Wunder des Lebens', 1935). – Tafel 4 (Mitte li.): Herbert Bayer: Umschlag für die Broschüre zu ‚Deutsches Volk – deutsche Arbeit' (1934). – Tafel 5 (Mitte re.): Herbert Bayer: Umschlag für die Broschüre zu ‚Deutschland'. – Tafel 6 (u.): Herbert Bayer: Innenseiten aus der Broschüre zu ‚Deutschland'.

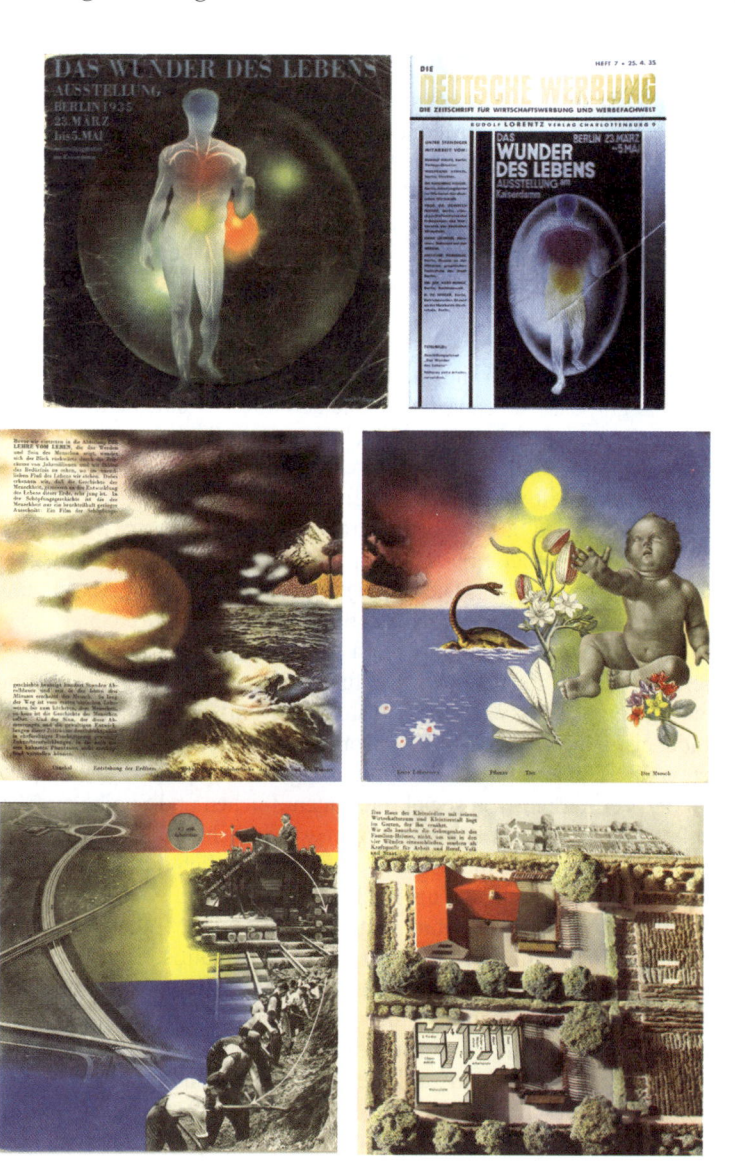

Mediatisierung von Alltag im NS-Deutschland 227

Tafel 7 (o. li.): Herbert Bayer: Umschlag für die Broschüre zu ‚Das Wunder des Lebens' (1935). – Tafel 8 (o. re.): Weiterverwendung des ‚gläsernen Menschen': Umschlag der Zeitschrift ‚Deutsche Werbung' nach Herbert Bayer (1935). – Tafeln 9–12 (Mitte und u.): Herbert Bayer: Innenseiten aus der Broschüre zu ‚Das Wunder des Lebens' (1935)

tungen für die Propagandaausstellungen betrieb, einen Beitrag zur propagandistischen Flankierung von Rassegesetzgebung und Expansionsbestrebungen des Regimes geleistet hat. Diese Mediatisierung durch einen Protagonisten der gestalterischen Moderne wurde, wie der beschriebene Fall klar belegt, als ‚nützliche Moderne' (Krause 2000) von den Machthabern für ihre Zwecke instrumentalisiert – und dies stützt die erste der eingangs formulierten Thesen.

Die Beispiele sollten außerdem auch verdeutlicht haben, dass dabei eine Logik der ‚domestizierten Moderne' zum Tragen kam, bei der die Mediatisierung durch die Bildsprache der Bauhaus-Avantgarde geprägt wurde. Andere Exempel für diese zweite These ließen sich an den Biografien zweier anderer, berühmter Bauhäusler nachweisen: Für die beiden Ex-Direktoren Walter Gropius und Mies van der Rohe gilt, dass sie zunächst versuchten, für sich eine berufliche Perspektive im Arrangement mit den neuen Machthabern zu finden, und dabei sogar auf eine Etablierung der Moderne als ‚deutsche' Kunst hofften, was an dieser Stelle allerdings nicht vertieft werden kann (vgl. ausf. Nerdinger 1993).

Dass es sich bei den beschriebenen Prozessen tatsächlich um Mediatisierungsschübe handelte, wird bei einer Überprüfung anhand der von Krotz (2007: 35) angeführten Indizien deutlich: Die Propagandaschauen und ihre Begleitpublizistik waren durch eine gestiegene Nutzung und Beachtung gekennzeichnet; sie wurden von den staatlichen Institutionen gezielt und mit einem großen Mitarbeiterstab inszeniert; sie dienten auch der Wirtschaftswerbung und waren für die Einbindung der Menschen in das NS-Wirtschaftssystem relevant; und schließlich können sie als Paradebeispiele für gestiegene Ansprüche und Leistungen der Medien hinsichtlich von Orientierungs- und Lenkungsangeboten gelten. Sie waren einflussreich bei der Vermittlung von sozial relevanten Zeichen und Symbolen (ebd.: 70), und Herbert Bayer war als Kommunikator wesentlich für die Aufladung dieser Symbole mit systemkonformer Bedeutung verantwortlich (ebd.: 77).

Soziale Propagandaschauen als mediatisierte Großereignisse mit flankierender Berichterstattung wurden vom Regime aber ab 1938 nicht mehr inszeniert (Pohlmann 1988: 29). In einer sich verschärfenden politischen Lage mit eingeschränkter Mobilität mögen andere Medien wie beispielsweise der Rundfunk oder der Film als effektivere Beeinflussungsmittel gesehen worden sein. Mit Kriegsbeginn erfolgte dann ein sofortiges Ausstellungsverbot – die Ausstellungshallen unterm Funkturm waren zu diesem Zeitpunkt ohnehin schon zur Einlagerung von Getreide beschlagnahmt worden (Weissler 1993: 54).

Literatur

Bauhaus-Archiv (Hrsg.) (1982): Herbert Bayer. Das künstlerische Werk 1918–1938. Berlin: Gebr. Mann.
Bayer, Herbert (1967): Das Werk des Künstlers in Europa und USA. Ravensburg: Otto Maier.
Beier, Rosmarie/Roth, Martin (Hrsg.) (1990): Der gläserne Mensch – eine Sensation. Zur Kulturgeschichte eines Ausstellungsobjekts. Stuttgart: Verlag Gerd Hatje.
Benjamin, Walter (1963): Das Kunstwerk im Zeitalter seiner technischen Reproduzierbarkeit. Drei Studien zur Kunstsoziologie. Frankfurt a.M.: Suhrkamp.
Brüning, Ute (1993): Bauhäusler zwischen Propaganda und Wirtschaftswerbung. In: Nerdinger, Winfried (Hrsg.): Bauhaus-Moderne im Nationalsozialismus. Zwischen Anbiederung und Verfolgung. München: Prestel, S. 24–47.
Chanzit, Gwen (1987, 2005): From Bauhaus to Aspen. Herbert Bayer and Modernist Design in America. Boulder: Johnson Books.
Cohen, Arthur A. (1984): Herbert Bayer. The complete work. Cambridge, London: the mit press.
Couldry, Nick/Hepp, Andreas/Krotz, Friedrich (2009): Media events in a global Age. London: Routledge.
Dayan, Daniel/Katz, Elihu (1992): Media Events. The Live Broadcasting of History. Cambridge: Harvard University Press.
Dovifat, Emil/Wilke, Jürgen (1976): Zeitungslehre, Bd. 1: Theoretische und rechtliche Grundlagen, Nachricht und Meinung, Sprache und Form. 6. Auflage. Berlin u.a.: de Gruyter.
Droste, Magdalena (1982): Herbert Bayers künstlerische Entwicklung 1918–1938. In: Bauhaus-Archiv (Hrsg.): Herbert Bayer. Das künstlerische Werk 1918–1938. Berlin: Gebr. Mann, S. 18–79.
Faber, Monika (1994): Ganz modern und kühn. Die Avantgarde und die Propagandaausstellungen in den dreißiger Jahren. In: Tabor, Jan (Hrsg.): Kunst und Diktatur. Baden: Grasl, S. 72–79.
Gebhard, Bruno/Maiwald, Ernst W. (1934): Ein Rundgang durch die Ausstellung. In: Amtlicher Führer durch die Ausstellung „Deutsches Volk – deutsche Arbeit". Berlin: Gemeinnützige Berliner Ausstellungs-, Messe und Fremdenverkehrsgesellschaft, S. 183–221.
Goebbels, Joseph (1936): Geleitwort. In: Amtlicher Führer durch die Ausstellung „Deutsches Volk – deutsche Arbeit". Berlin: Gemeinnützige Berliner Ausstellungs-, Messe und Fremdenverkehrsgesellschaft, S. 9.
Hansen, Stefan (Hrsg.) (2004): Moments of Consistency. Eine Geschichte der Werbung. Berlin: Dorland Werbeagentur.
Hintze, Josefine/Lauerer, Corinna (2009): Medienereignisse am Bauhaus. In: Rössler, Patrick (Hrsg.): Bauhauskommunikation. Berlin: Gebr. Mann, S. 185–204.
Hölscher, Eberhard (1936): Herbert Bayer. In: Gebrauchsgraphik 13, 4, S. 18–25.
Institut für Deutsche Kultur- und Wirtschaftspropaganda (1938): Wesenswandel der Ausstellung. Ein Überblick über das deutsche Ausstellungswesen und die Ausstellungsarbeit. Berlin: Daenell.
Keppler, Stefanie (2000): Moderne unterm Hakenkreuz. Fotografie und Ausstellungsgestaltung in den Propagandaausstellungen 1933 bis 1937 in Berlin. Unveröffentlichte Magisterarbeit, Universität Tübingen.
Krause, Jürgen (Hrsg.) (2000): Die nützliche Moderne. Graphik- & Produkt-Design in Deutschland 1935–1955. Münster: Westfälisches Museum für Kunst und Kunstgeschichte.
Krotz, Friedrich (2007): Mediatisierung: Fallstudien zum Wandel von Kommunikation. Wiesbaden: VS.
Nerdinger, Winfried (1993): Bauhaus-Architekten im ‚Dritten Reich'. In: Ders. (Hrsg.): Bauhaus-Moderne im Nationalsozialismus. Zwischen Anbiederung und Verfolgung. München: Prestel, S. 153–178.
NGBK (Neue Gesellschaft für Bildende Kunst) (Hrsg.) (1987): Inszenierung der Macht. Ästhetische Faszination im Faschismus. Berlin: Nishen.
Nowak-Thaller, Elisabeth/Widder, Bernhard (Hrsg.) (2009): Ahoi Herbert! Bayer und die Moderne. Weitra: Bibliothek der Provinz.
o.Verf. (1938): Ausstellungsbilanz 1938. In: Die deutsche Volkswirtschaft 36, S. 1356.

Parr, Martin/Badger, Gerry (2004): The Photobook: A History (Vol. I). London: Phaidon.
Paus-Haase, Ingrid/Hasebrink, Uwe/Mattusch, Uwe/Keunecke, Susanne/Krotz, Friedrich (1999): Talkshows im Alltag von Jugendlichen. Der tägliche Balanceakt zwischen Orientierung, Amüsement und Ablehnung. Opladen: Leske + Budrich.
Pohlmann, Ulrich (1988): „Nicht beziehungslose Kunst, sondern politische Waffe". Fotoausstellungen als Mittel der Ästhetisierung von Politik und Ökonomie im Nationalsozialismus. In: Fotogeschichte 28, S. 17–31.
Prokop, Ulrike/Jansen, Mechtild M. (Hrsg.) (2006): Doku-Soap, Reality-TV, Affekt-Talkshow, Fantasy-Rollenspiele. Neue Sozialisationsagenturen im Jugendalter. Marburg: Tectum.
Raupp, Juliana (2009): Architektur und Anekdoten. Die Zeitschrift ‚bauhaus' – vom Fachperiodikum zum Publicityorgan. In: Rössler, Patrick (Hrsg.): Bauhauskommunikation. Berlin: Gebr. Mann, S. 297–307.
Rössler, Patrick (1997): Agenda-Setting. Wiesbaden: Westdeutscher Verlag.
Rössler, Patrick (2007, 2009): Das Bauhaus am Kiosk. die neue linie 1929–1943. Überarbeitete engl./dt. Neuausgabe: The Bauhaus at the Newstand. Bielefeld: Kerber.
Schäffer, Immanuel (1938): Wesenswandel der Ausstellung. Ein Überblick über das deutsche Ausstellungswesen und die Ausstellungsarbeit des Instituts für Deutsche Kultur- und Wirtschaftspropaganda. Berlin: Daenell.
Schmidmair, Friedrich (2009): Ausstellungsgestaltung als intensivierte und neue Sprache. In: Nowak-Thaller, Elisabeth/Widder, Bernhard (Hrsg.): Ahoi Herbert! Bayer und die Moderne. Weitra: Bibliothek der Provinz, S. 15–20.
Schug, Alexander (2009): Herbert Bayer – ein Konzeptkünstler in der Werbung der Zwischenkriegszeit. In: Nowak-Thaller, Elisabeth/Widder, Bernhard (Hrsg.): Ahoi Herbert! Bayer und die Moderne. Weitra: Bibliothek der Provinz, S. 173–185.
Thamer, Hans-Ulrich (1998): Geschichte und Propaganda. Kulturhistorische Ausstellungen in der NS-Zeit. In: Geschichte und Gesellschaft 24, S. 349–381.
Thomae, Otto (1978): Die Propaganda-Maschinerie. Bildende Kunst und Öffentlichkeitsarbeit im Dritten Reich. Berlin: Gebr. Mann.
Weißler, Sabine (1993): Bauhaus-Gestaltung in NS-Propaganda-Ausstellungen. In: Nerdinger, Winfried (Hrsg.): Bauhaus-Moderne im Nationalsozialismus. Zwischen Anbiederung und Verfolgung. München: Prestel, S. 48–63.
Wessely, Anna (2007): László Moholy-Nagy und „die neue linie". In: Acta historiae artium 48, S. 191–202.
Wischek, Albert (1936): Zur Deutschland-Ausstellung. In: Amtlicher Führer durch die Ausstellung „Deutschland". Berlin: Gemeinnützige Berliner Ausstellungs-, Messe und Fremdenverkehrsgesellschaft, S. 25–27.
Wischek, Albert (1939): Berliner Großausstellungen im Dritten Reich. Sechs Jahre Nationalsozialistischen Ausstellungswesens. In: Birk, Georg/Daenell, Gerd (Hrsg.): Jahrbuch der Reichshauptstadt. Berlin: Verlag für Kultur- und Wirtschaftswerbung, S. 143–145.
Zuschlag, Christoph (1995): „Entartete Kunst". Ausstellungsstrategien im Nazi-Deutschland. Worms: Wernersche Verlagsgesellschaft.

Mediatisierung und der Wandel von Sozialisation: Die Bedeutung des Mobiltelefons für Beziehungen, Identität und Alltag im Jugendalter

Iren Schulz

1. Einleitung

Mit Bezeichnungen wie „Generation Mobile" (Schuh 2007) und Charakterisierungen wie „Digital Natives" (Tapscott 2009) wird in der öffentlichen und wissenschaftlichen Debatte immer wieder neu versucht, Jugendliche in ihren zentralen Kennzeichen zu fassen. Dabei werden nicht nur die Heranwachsenden selbst, sondern auch die gesellschaftlichen Bezüge, in denen sie aufwachsen, mit einem „Label" versehen. Die in diesem Zusammenhang getroffenen Verallgemeinerungen beinhalten zweierlei: Erstens zeigen sie, wie junge Menschen aus einer „erwachsenen" Außenperspektive wahrgenommen und bewertet werden, und verweisen damit auf die gesellschaftliche Eingebundenheit von Jugend. Zweitens betonen sie die zunehmende Bedeutung von Medien für das Aufwachsen in der heutigen Zeit. Tatsächlich handelt es sich bei den als „digitale Eingeborene" bezeichneten Jugendlichen um Mädchen und Jungen, die mit einem umfangreichen und hochgradig komplexen Medienensemble groß werden. Laut der Studie „Jugend, Information, (Multi-)Media 2008" haben über 90 % der Jugendlichen im Haushalt ihrer Eltern Zugang zu digitalen Medien wie Computer bzw. Laptop mit Internetzugang, MP3-Player und Mobiltelefon. Abgesehen davon verfügen immer mehr Mädchen und Jungen über eigene Geräte. Nahezu alle Jugendlichen (95 %) besitzen mindestens ein eigenes, zumeist recht neues und multifunktional ausgestattetes Mobiltelefon (MPFS 2008: 9ff.). Mit Blick auf diese Ausstattung und die darüber offerierten Nutzungspotenziale ist davon auszugehen, dass sich Jugendliche mit und in digitalen Medien bewegen, um Themen zu bearbeiten und Fragen zu beantworten, die in ihrer Lebensphase besonders relevant sind. Dazu gehören das Aushandeln von Beziehungen und die damit verbundene Persönlichkeitsentwicklung ebenso wie die Gestaltung von Schulalltag und Freizeit oder das Erarbeiten von gesellschaftlich relevanten Norm- und Wertvorstellungen.

Vor diesem Hintergrund soll es im Folgenden darum gehen, die Mediatisierung von Sozialisationsprozessen im Jugendalter theoretisch herauszuarbeiten und empirisch zu fassen. Der theoretische Teil basiert auf dem Mediatisierungskonzept von Friedrich Krotz und verbindet kommunikationswissenschaftliche, sozialisationstheoretische und netzwerkphänomenologische Ansätze. Die empirische Grundlage des Artikels bildet eine multimethodisch angelegte, ethnographische Langzeituntersuchung, aus der die qualitative Intervention „Zwei Wochen ohne Handy" vorgestellt wird. Abschließend geht es darum, theoretische Argumentationen und empirische Erkenntnisse aufeinander zu beziehen und Konsequenzen für die Sozialisation mit digitalen Medien im Jugendalter abzuleiten.

2. Sozialisation mit digitalen Medien

Sozialisation mit Medien bezieht sich auf das wechselseitige Zusammenspiel von Medien, Gesellschaft und Subjekten und befasst sich mit der Rolle der Medien bei der sozialen Entwicklung von Individuen. Medien werden dabei als ein untrennbarer Bestandteil der sozialen und gesellschaftlichen Wirklichkeit und der Umgang mit ihnen als Element sozialer Alltags- und Handlungspraxis verstanden. Jugendliche nehmen Medien, und heute eben vor allem auch digitale Medien wie das Mobiltelefon, in ihren Gebrauch, um sich vor dem Hintergrund entwicklungsspezifischer Herausforderungen zu orientieren. Auch wenn bis heute nicht *die* Mediensozialisationstheorie existiert, betonen sozialisationstheoretische und kultursoziologische Zugänge vor allem drei Bereiche, über die sich Sozialisation mit Medien fassen lässt und die es im Hinblick auf den Mediatisierungsprozess und die Bedeutung digitaler Medien zu aktualisieren gilt: Sozialisation mit Medien findet erstens im Kontext von Gesellschaft und sozialer Umwelt statt und bezieht sich zweitens auf medienbezogene Praktiken sowie das damit verbundene Aushandeln von Bedeutungen und auf Sinnzuweisungen. Drittens beinhaltet Sozialisation mit Medien wichtige Ressourcen, birgt aber ebenso Risiken für das sich entwickelnde Individuum.

2.1 *Gesellschaftliche und soziale Kontexte*

Um die gesellschaftliche und soziale Position sowie die damit verbundene Rolle im Sozialisationsprozess genauer zu fassen, werden Medien häufig als „Sozialisationsinstanz" bezeichnet. Mit dem Begriff verbunden ist die Zuweisung eines mehr oder weniger beabsichtigten Einflusses auf Sozialisation und Persönlichkeitsentwicklung. Während Familie und Schule als primäre bzw. sekundäre Instanzen gelten, wird den Medien der Status tertiärer Sozialisationsinstanzen oder -agenturen zugeschrieben. Als „heimliche Miterzieher" würden sie keine explizite Sozialisationsaufgabe erfüllen, sondern in dem Maße indirekte Sozialisationseffekte befördern, in dem sich Jugendliche auf sie einlassen (Hurrelmann 2002, Süss 2004, Vollbrecht 2003). Diese Überlegungen sind vor dem Hintergrund des derzeit stattfindenden Mediatisierungsschubes aus mindestens zwei Gründen nicht mehr haltbar.

Erstens wachsen Jugendliche heute in einer globalisierten, individualisierten und kommerzialisierten Welt auf, wobei diese gesellschaftlichen Prozesse auf je spezifische Weise mit Medien verwoben sind. Die weltweite Vernetzung und Integration von Waren-, Dienstleistungs-, Kapital- und Informationsmärkten wird vor allem durch die enorme Verbilligung und Beschleunigung von Transport- und Kommunikationsmitteln sowie durch technologische Innovationen im Bereich der Mikroelektronik und Computernetze vorangetrieben. Gleichzeitig tragen diese Globalisierungsprozesse zum Auflösen traditioneller Einbindungen der Menschen bei, ermöglichen aber auch neue soziale Integrationsformen und Beziehungsnetze, die durch digitale Medien aufrechterhalten werden (Beck 1986, Ferchhoff 2007: 64ff.). Zudem sind Globalisierung und Individualisierung mit Kommerzialisierungsprozessen verbunden, insofern immer mehr Bereiche des menschlichen Lebens ökonomisch eingebunden sind. Das gilt für das Überwinden von Distanzen zwischen Wohn- und Arbeitsort, die Gestaltung von Freizeitaktivitäten und die Teilhabe am kulturellen Leben, bis hin zu zwischenmenschlicher Kommunikation, die zunehmend medial durchdrungen ist und damit auch finanzielle Ressourcen erfordert (Krotz 2006: 35ff.). Jugendliche sind in diesen tiefgreifenden gesellschaftlichen Wandel eingebunden und wachsen im Rahmen sozialstruktureller Bedingungen auf, die sich entlang ausdifferenzierter und mediatisierter Lebenswelten konstituieren.

Zweitens bewegen sich Jugendliche in sozialen Kontexten, bei denen sich Situationen und Konstellationen der Sozialisation mit Medien verändern. Portable, multifunktionale Medien wie das Mobiltelefon sind in ihrem Zugang und ihrer Nutzung weder räumlich noch zeitlich fixiert, sodass sich soziale Interaktionen, in denen Medien eine Rolle spielen, nicht mehr auf einzelne, abgrenzbare Orten und Zeiten beziehen lassen. Vielmehr entsteht über die Kommunikation mit dem Mobiltelefon ein „kommunikativer Raum", der nicht mehr raum-, sondern personenbezogen gestaltet ist. In der Kommunikationswissenschaft werden die damit verbundenen Grenzverschiebungen vor allem bezogen auf den Wandel von Öffentlichkeit und Privatheit sowie hinsichtlich der Verknüpfung von Kommunikation und Mobilität diskutiert (Höflich/Hartmann 2007). Für Jugendliche geht damit die Möglichkeit der Konstitution kommunikativer Räume einher, die ihren Bedürfnissen nach sozialer Eingebundenheit entsprechen, egal ob sie sich gerade in der Schule, im Bus oder im Wohnzimmer der Eltern befinden. Wie öffentlich oder privat diese Räume und Praktiken gestaltet sind, ist hochgradig sozial motiviert und mit den Zuordnungs- und Abgrenzungsbestrebungen der Mädchen und Jungen verbunden. Auf der einen Seite tragen Jugendliche vermeintlich Privates wie Handyfotos in die Öffentlichkeit, indem sie diese Inhalte an Gleichaltrige verschicken oder in Internetcommunitys präsentieren. Auf der anderen Seite schaffen sie sich private Zonen in öffentlichen Räumen wie Straßenbahnen und grenzen sich von Lehrern oder Eltern ab, indem sie ihnen den Zugang zu persönlichen Handyinhalten verwehren oder Anrufe nicht annehmen. Das Mobiltelefon fungiert folglich als jederzeit verfügbares, persönliches Medium und als ein Beziehungsmedium, mit dem kommunikative Räume und soziale Arrangements neu konstituiert und gestaltet werden.

2.2 Kommunikative Praktiken

Mediatisierungsprozesse werden also durch die untrennbare Verbindung von Kommunikation und Medien vorangetrieben, gehen mit sich wandelnden Kommunikationsformen und -bedingungen einher und kommen in medienübergreifenden Kommunikationspraktiken zum Ausdruck (Krotz 2001). Medienkommunikation lässt sich dabei in Anlehnung an das Kommunikationsmodell des symbolischen Interaktionismus als eine Form symbolisch bezogenen Handelns und eine Form von Interaktion beschreiben:

> „Wenn man Medienkommunikation als Modifikation zwischenmenschlicher Face-to-Face-Kommunikation betrachtet, gilt grundsätzlich, dass Medienkommunikation, ebenso wie Kommunikation zwischen Menschen in Situationen und Rollen der Teilnehmer geschieht, dass jedes Verstehen auf imaginativen Rollen- und Perspektivenübernahmen beruht und dass jede Medienkommunikation von einem inneren Dialog begleitet ist, wenn sie hergestellt oder verstanden werden soll." (Krotz 2001: 74)

Entlang dieser Definition unterscheidet Friedrich Krotz drei grundlegende Basistypen von Kommunikation mit Medien, die auf das Mobiltelefon bezogen werden können: Die mediatisierte interpersonale Kommunikation umfasst raum- und zeitunabhängige Gespräche zwischen Personen beispielsweise per Telefonat oder Kurznachricht. Präsentative und rezeptive Medienkommunikation meint die Produktion und Rezeption allgemein adressierter, standardisierter Kommunikate wie Radio oder Fernsehen. Über den Download von Medieninhalten auf das Mobiltelefon findet zudem eine Personalisierung allgemein adressierter Kommunikate statt, ebenso wie individuell mit dem Handy erstellte Inhalte über den Upload ins Internet an die „Öffentlichkeit" gelangen. Interaktive Kommunikation bezieht sich schließlich auf den spezifischen Dialog zwischen Mensch und Computer, wie er in Computerspielen stattfindet (Krotz 2008). Über die Kommunikation mit dem Mobiltelefon werden also verschiedene Einzelmedien und deren typische Kommunikationsformen integriert. Auf welche Weise diese Integration im Alltag der Menschen stattfindet, lässt sich am besten mit dem Begriff der „Medienaneignung" fassen. Im Verständnis der Cultural Studies ist darunter der aktive Prozess des „Sich-zu-Eigen-Machens" von Medieninhalten zu verstehen. Medienbezogene Aneignungspraktiken sind Alltagspraktiken, über die Menschen Medienangebote in ihren Besitz nehmen, ihnen eine Bedeutung zuweisen und sie über die Integration in ihren sozialen Alltag (re)artikulieren (Hepp 2005). Mit Blick auf die zunehmende Mediatisierung des Alltags ist davon auszugehen, dass diese Medienaneignungspraktiken immer stärker mit nicht medienbezogenen Kommunikationspraktiken verschmelzen und kaum noch voneinander abzugrenzen sind.

Vor allem Jugendliche stehen neuen, digitalen Mediengeräten und -inhalten aufgeschlossen gegenüber und entwickeln vielfältige kommunikative Praktiken, mit denen sie insbesondere das Mobiltelefon in ihre Lebenswelt integrieren und entwicklungsspezifische Herausforderungen bearbeiten. Eine der bedeutsamsten „Entwicklungsaufgaben" des Jugendalters bezieht sich auf die Ausdifferenzierung und das Neuverhandeln bestehender sowie das Eingehen neuer Beziehungen (Dreher/Dreher 1985). Während beispielsweise zu den Eltern ein erwachseneres Verhältnis angestrebt wird, was mit Abgrenzungs- und Distanzierungsprozessen verbunden ist, werden sehr enge, aber auch lockere Beziehungen zu Gleichaltrigen beiderlei Geschlechts geknüpft (Fend 2005). Jugendliche bewegen sich also in einem umfangreichen, dynamisch angelegten Beziehungsnetz, das kommunikativ konstituiert ist und ein wichtiges Übungsfeld für gelingende Sozialisationsprozesse darstellt. Phänomenologische Netzwerkkonzepte beschreiben soziale Netze in diesem Zusammenhang als ein Set prozessual angelegter Beziehungen, die von Menschen mit Bedeutung versehen werden und so für soziale Strukturen und soziales Handeln grundlegend sind (Fine/Kleinman 1983, Fuhse 2009). Bei der Konstitution von Beziehungen im Jugendalter ist darüber hinaus die zunehmende Fähigkeit zur sozialen Perspektivenübernahme eine wesentliche Voraussetzung für kommunikative Aushandlungsstrategien (Selman 1984). Heute spielen digitale Medien und vor allem das Mobiltelefon eine bedeutsame Rolle bei der Gestaltung von Beziehungsnetzen im Jugendalter. Zahlreiche empirische Studien verweisen in diesem Zusammenhang auf die Funktion des Mobiltelefons zur Aufrechterhaltung und Koordination von Peerbeziehungen sowie auf den Stellenwert des Handys als Modeaccessoire und Lifestyle-Objekt bei der Selbstpräsentation im Kontext der Peergroup (Haddon 2004, Ito et al. 2008, Ling 2007). Im Hinblick auf die Beziehung zu den Eltern ist zumeist von der „verlängerten Nabelschnur" und dem Kontroll- und Sicherheitsbedürfnis der Mütter und Väter die Rede (Feldhaus 2004). Während für die Kommunikation mit den Eltern überwiegend die Telefonfunktion genutzt wird, umfassen die im Kontext der Gleichaltrigenbeziehungen realisierten kommunikativen Praktiken mit dem Mobiltelefon sämtliche multimediale Funktionen – angefangen beim Versenden von Kurznachrichten über das Erstellen, Verschicken und Speichern von Fotos, Musik- und Videoclips bis hin zur Auswahl von Logos, Bildern und Klingeltönen, über die jeweils persönliche Vorlieben, aber auch Bemühungen um soziale Zuordnung und Abgrenzung artikuliert werden.

2.3 Ressourcen und Risiken

Die vielfältigen Beziehungen, die Jugendliche unter postmodernen Gesellschaftsbedingungen eingehen, und die Erfahrungen, die sie darüber sammeln, sind eng verbunden mit der Identitätsentwicklung als Ziel von Sozialisationsprozessen. Identität konstituiert sich heute entlang heterogener Sinnangebote, die jenseits traditioneller Strukturen und Lebensformen vielfach gebrochen und medial durchdrungen sind. Dementsprechend ist die Identitätssuche Jugendlicher mit teilweise widersprüchlichen Einstellungen und Handlungsmustern verbunden. Über einen experimentellen Umgang mit der eigenen Biografie entwickeln Jugendliche offene und multiple Interpretationspraxen der Sinnsuche, die in flexible, aber auch fragile Identitätsentwürfe münden (Ferchhoff 2007). Heiner Keupp verwendet in diesem Zusammenhang die Metapher der „Patchwork-Identität" und bezeichnet die hohe Eigenleistung der Menschen bei der sinnhaften Verknüpfung von Erfahrungsfragmenten als kontinuierlich zu erbringende „Identitätsarbeit" (Keupp 2005). Während früher die Bereitschaft zur Übernahme vorgefertigter Identitätspakete das zentrale Kriterium für die Lebensbewältigung war, bemisst sich gelingende Identitätsarbeit heute an den Fähigkeiten zur Selbstorganisation, zum Selbsttätigwerden und zur Selbsteinbettung. Digitale Medien und insbesondere das Mobiltelefon stellen in diesem Zusammenhang wichtige Ressourcen dar, bergen aber ebenso Risiken für Heranwachsende.

Das Mobiltelefon als Ressource im Sozialisationsprozess zu betrachten, verweist auf das kreative Potenzial, das mit der Verbreitung, Portabilität und Multifunktionalität dieses Mediums verbunden ist. Fast alle Jugendlichen verfügen über ein eigenes Handy, mit dem sie jederzeit, überall und auf einfachste Weise eigene Medieninhalte produzieren, bearbeiten und weiterverbreiten können. Die darüber entstehenden kommunikativen Frei- und Spielräume schaffen vielfältige Möglichkeiten der Artikulation eigener Themen und unterstützen die Bearbeitung von Entwicklungsaufgaben. Diese Ressourcen stellen gleichzeitig Risiken dar, insofern ihnen immer auch die Gefahr von Ausgrenzung und problematischem Umgang innewohnt. Gerade weil digitale Medien und das Mobiltelefon heute unverzichtbare Ressourcen zur Teilhabe an sozialen und gesellschaftlichen Prozessen darstellen, werden diejenigen ausgegrenzt, denen keine ausreichenden finanziellen Mittel zur Verfügung stehen, um sich immer an den neuesten Medientrends zu beteiligen. Darüber hinaus können sich nicht nur der fehlende Zugang, sondern auch unzureichende Kompetenzen im Umgang mit digitalen Medien nachteilig auf die Sozialisation auswirken. In diesem Zusammenhang verweist der Begriff der „Medienkompetenzförderung" darauf, dass nicht nur das Wissen um die Nutzung von digitalen Medien, sondern auch die kritische Reflexion und Mitgestaltung von digitalen Medien zu einer Schlüsselkompetenz der heutigen Zeit gehören.

3. „Zwei Wochen ohne Handy": Ergebnisse einer qualitativen Intervention

Sozialisation mit digitalen Medien vollzieht sich also in hochgradig mediatisierten, gesellschaftlichen und sozialen Kontexten sowie vor allem in den vielfältigen Beziehungsnetzen von Jugendlichen. Die darin verankerten kommunikativen Praktiken sind eng mit digitalen Medien und insbesondere dem Mobiltelefon verwoben und werden über die Gestaltung von Alltag sowie über Beziehungs- und Identitätsarbeit (re)artikuliert. Vor diesem Hintergrund wurden im Rahmen einer ethnographisch angelegten Langzeituntersuchung drei Jugendgruppen in die Situation gebracht, eine Schul- und eine Ferienwoche ohne Handy zu meistern. In Einzel- und Gruppeninterviews sowie in Tagebuchprotokollen gaben die Jugendlichen und ihre Eltern Auskunft darüber, welche kommunikativen Praktiken beeinflusst oder gestört wurden, ob sich alternative Kommunikationswege fanden und welche Nach- und eventuell auch Vorteile sie aus dieser besonderen Situation ableiten. Im Folgenden werden die Ergebnisse von vier besten Freundinnen (13 und 15 Jahre alt) vorgestellt, die für zwei Wochen ohne Mobiltelefon auskamen.

3.1 Beziehungsrelevante Praktiken

Ein Hauptergebnis der Intervention bezieht sich auf die Störung der kommunikativen Praktiken im Beziehungsnetz der vier Mädchen. Dabei sind die Beziehungen der besten Freundinnen untereinander sowie zu den Peers und den Eltern auf je spezifische Weise vom Fehlen der Handys betroffen.

Bei den *besten Freundinnen* ist die Beziehungspraxis vor allem während der Ferienwoche, als sich die Mädchen nicht regelmäßig in der Schule sehen, grundlegend erschüttert. Dazu gehören die Organisation von gemeinsamen Treffen und Unternehmungen ebenso wie über den Tag verteilte, permanente Ab- und Rücksprachen per Kurznachricht oder Anruf. Sowohl das Vertrauen, dass alle zur verabredeten Zeit an einem Treffpunkt erscheinen, als auch Geduld und Toleranz bei minimalen Verspätungen der Freundinnen sind kaum vorhanden. Gleichzeitig gelingen Spontanbesuche nicht und führen zu Frust und dem Erleben von Ausgrenzung:

> „Gestern haben wir uns getroffen und gesagt, wir machen morgen was! Morgen, also heute, erreich ich [niemanden]. Ich überleg mir so: Pech. Fahr ich mal auf gut Glück hin. Hab ich gemacht. NATÜRLICH keiner da! Ich überleg mir, geh ich noch ein Stündchen zu Hugendubel! So, fahr ich wieder hin, keiner da. Ich geh heim, dort hat mich auch noch niemand versucht, zu erreichen >sich VERARSCHT fühl<" (Liliane: 15, Tagebuchprotokoll)

Andere Möglichkeiten der mediatisierten interpersonalen Kommunikation wie Instant Messenger und Festnetztelefon werden von den Freundinnen als Alternativen hinzugezogen, sind aber aufgrund ihrer räumlichen Bindung kein adäquater

Ersatz für das Mobiltelefon und werden als zu zeitaufwändig und unzuverlässig bewertet. Die Handys der Eltern zu benutzen, stellt eine höchst unangenehme Option dar und kommt für die Mädchen nicht in Frage.

Die Störung der Beziehungspraxis in den *Peer-Beziehungen* bezieht sich weniger auf dichte und routinierte kommunikative Praktiken als vielmehr auf sporadische und spielerische, aber ebenso bedeutsame Anfragen, Grüße, Neckereien oder Partyeinladungen per Handy. Dabei führen die während der Intervention stattfindenden Zwischentreffen, in denen die Mädchen die Möglichkeit haben, ihre Handys auf entgangene Anrufe und Kurznachrichten zu überprüfen, zu einer ernüchternden Erkenntnis. Obwohl die Peers nicht über die Handyabgabe informiert waren, gibt es kaum Kommunikationsversuche. Dementsprechend ist das Integrationserleben der Freundinnen in ihr umfangreiches Peer-Netz empfindlich gestört. Die Mädchen sind frustriert und verunsichert. Ähnlich schwierig gestaltet sich die Suche nach Kommunikationsalternativen. Während das Festnetztelefon für Gespräche mit den Peers grundsätzlich nicht in Frage kommt, sind Instant Messenger-Programme in dieser besonderen Situation durchaus akzeptabel, um unverbindlich zu plaudern und den Kontakt zu halten.

Hinsichtlich der *Beziehung zu den Eltern* wird erstens deutlich, dass die Kommunikation mit dem Mobiltelefon eng mit der Organisation des familiären Alltags verwoben ist. Dabei geht es um die Unterstützung beim Einkauf oder die Betreuung von Geschwistern sowie um die Kommunikation mit getrennt lebenden Elternteilen oder entfernt wohnenden Großeltern. Zweitens gerät das empfindliche Verhältnis zwischen Freiräumen und Kontrolle aus der Balance. Vor der Abgabe ihrer Mobiltelefone spekulieren die vier besten Freundinnen darauf, mehr Freiheiten zu erhalten und weniger kontrollierbar zu sein, wenn sie nicht auf dem Mobiltelefon erreichbar sind. Tatsächlich erkennen die Eltern ihnen bereits zugestandene Freiräume und ausgehandelte Kompromisse wieder ab. Ohne dass eines der vier Mädchen ein Handy dabei hat, dürfen sie vor allem abends nicht mehr so lang wegbleiben. Die Mütter sind erst beruhigt, als sich die Mädchen ausgediente „Ersatzhandys" besorgen und versprechen, Telefonzellen zu benutzen, um sich regelmäßig zu melden. Für die Jugendlichen bedeutet dieser „Zustand" einen Rückschritt im Aushandeln der Beziehung zu den Eltern.

3.2 Identitätsbezogene Praktiken

Neben der gestörten Beziehungs*praxis* in den verschiedenen Beziehungen der vier besten Freundinnen verweisen die Ergebnisse der Intervention auf die Bedeutung von Beziehungs- oder Kommunikations*potenzialen* im Jugendalter. Dabei geht es weniger darum, tatsächlich zu telefonieren oder Kurznachrichten zu schreiben. Vielmehr steht die Möglichkeit im Mittelpunkt, *potenziell* jeden

Mediatisierung und der Wandel von Sozialisation 239

erreichen zu können und für jeden *potenziell* erreichbar zu sein. Nicht immer alle Beziehungen in Form gespeicherter Handynummern bei sich und damit immer abrufbar zu haben, verunsichert das Erleben von sozialer Integration in ein Sicherheit vermittelndes Polster an Peer-Beziehungen maßgeblich:

> „Ohne Handy ist man unerreichbar und abgesehen vom Internet von der Zivilisation abgeschnitten." (Ricarda:13, Tagebuchprotokoll)
>
> „Wir haben keine Freunde und wir sind nicht wichtig. [...] Wir sind allein auf der Welt." (Tabea:13, Gruppeninterview)
>
> „Es hat genervt, dass ich so unwichtig bin. [...] *frustriert sei*" (Katja:13, Tagebuchprotokoll)

Damit verbunden ist die Entwicklung einer sozial gefestigten Identität, die während der Intervention auf eine harte Probe gestellt wird. Immer wieder stellen sich die Mädchen die Frage, wie wichtig sie eigentlich sind, und betonen, dass sie sich verloren und allein fühlen. Die über die Erreichbarkeit mit dem Handy vermittelte Beziehungssicherheit scheint grundlegend erschüttert, und die fehlenden Kommunikationspotenziale kommen einem Verschwinden der Beziehungen, vor allem dem der Peer-Beziehungen, gleich. In der Konsequenz zweifeln die Freundinnen an ihrer eigenen „Sichtbarkeit".

3.3 Alltagsstrukturierende Praktiken

Das Mobiltelefon steht nicht nur in enger Verbindung mit der Beziehungspraxis sowie dem Bereitstellen von Beziehungspotenzialen im Jugendalter. Es ist darüber hinaus für die Gestaltung des sozialen Alltags höchst relevant.

Dies zeigt sich erstens im Hinblick auf die *Alltagsorganisation*, bei der das Handy als Wecker, Uhr und Terminkalender fungiert. Angefangen beim morgendlichen Aufstehen über das pünktliche Erreichen von Verkehrsmitteln und Treffpunkten bis hin zum Erinnern an Termine und Verpflichtungen ist das Mobiltelefon unentbehrlich:

> „Ich frag mich die ganze Zeit, wie ich es schaffen soll, Bus/Bahn zu fahren, wenn ich keine Ahnung hab, wann der Bus kommt, weil ich keine Uhr mehr hab – I-wie fühl ich mich voll hilflos! [...] Omas Uhr ist stehen geblieben, hab keine Uhr, das NERVT! [...] BRAUCH UHR *noch Anfall krieg*!" (Katja:13, Tagebuchprotokoll)

Da die vier Freundinnen, wie heute die meisten Jugendlichen, keine Armbanduhr mehr tragen, um sich zeitlich zu orientieren, und keine Papierkalender oder PC-Software benutzen, um Termine zu koordinieren, wird das Fehlen des Handys in diesem Zusammenhang als sehr schmerzlich erlebt. Mit alten Weckern, der Orientierung an städtischen Uhren sowie mit Hilfe von Notizzetteln versuchen die Mädchen das zeitliche und terminliche Durcheinander während der Intervention zu begrenzen, was ihnen aber nur bedingt gelingt.

Zweitens wird das Mobiltelefon als persönlicher *Alltagsbegleiter* vermisst, und zwar auf mehreren Ebenen. Einmal geht es um das diffuse Gefühl, dass „etwas fehlt", was sonst immer dabei ist. Die Mädchen ertappen sich dabei, wie sie in ihre Hosentasche – und plötzlich ins Leere greifen. Ständig nach dem Handy zu tasten, immer mal draufzuschauen, ohne dass man eine Nachricht oder einen Anruf erwartet, und sporadisch herumzutippen, sind routinierte Praktiken, die ein Gefühl von Sicherheit vermitteln und während der Intervention empfindlich gestört sind:

> „Mich hat genervt, dass immer was beim Einpacken gefehlt hat. Und das tägliche drauf gucken nicht mehr war. [...] Ein leeres Gefühl in meiner linken Hosentasche. [...] Fahr jetzt zu meiner Mutti nach Leipzig. Ich glaub, ich hab i-was vergessen! Ah genau, mein Handy. Ach nein, das ist ja bei Iren. Sich verloren fühl. Mist." (Liliane:15, Tagebuchprotokoll)
>
> „Hab nichts zum Rumtippen, das ist ja auch blöd." (Tabea:13, Gruppeninterview)

Zudem fühlen sich die Freundinnen in „langweiligen" Situationen verloren, in denen sie keine Möglichkeit haben, ihre Beziehungen über im Handy gespeicherte Kurznachrichten, Fotos oder Videos „aufzurufen". „Langweilig" bezieht sich aus der Perspektive der Jugendlichen immer auf Situationen, in denen sie allein, das heißt, ohne beste Freundinnen oder Peers sind – sei es beim Warten an der Haltestelle, während des Besuchs bei entfernt lebenden Elternteilen oder abends im Bett vor dem Einschlafen. Vor diesem Hintergrund wird deutlich, wie schwer es den Jugendlichen fällt, Zeit allein und für sich selbst zu nutzen, ohne ihr Beziehungsnetz „stand by" zu haben.

4. Schlussfolgerungen

Entlang der theoretisch beschriebenen und empirisch begründeten Mediatisierungsprozesse lässt sich für die Sozialisation mit digitalen Medien und insbesondere dem Mobiltelefon im Jugendalter dreierlei schlussfolgern. Erstens wandeln sich die *Sozialisationsbedingungen*, insofern die Gesellschaft und die soziale Umwelt, in der Jugendliche heute aufwachsen, untrennbar mit digitalen Technologien verwoben sind. Voraussetzung und technischer Ausgangspunkt ist die Digitalisierung und Konvergenz der Medien, wobei sich vor allem das Mobiltelefon zu einem multifunktionalen Integrationsmedium entwickelt hat, das die Funktionen unterschiedlicher Medien in sich vereint. Darüber verändern sich die Potenziale und Möglichkeiten von Kommunikation sowie die „Räume", in denen Sozialisation stattfindet. Zweitens finden *Sozialisationsprozesse* auf eine andere Weise statt, weil die kommunikativen Praktiken in den sozialen Beziehungsnetzen von Jugendlichen maßgeblich über digitale Medien mitkonstituiert werden. Die mit dem Mobiltelefon realisierten kommunikativen Praktiken der vier Mädchen beziehen sich auf verschiedenste Formen mediatisierter Kommunikation, mit denen sie ihre Beziehungen verhandeln, sich selbst sozial verorten und ihren Alltag gestalten. Die Jugendlichen benutzen ihr Handy als Beziehungs- und als persönliches Medium, mit dem sie sich auf der einen Seite um soziale Integration und Sicherheit bemühen und auf der anderen Seite um Freiräume und Unabhängigkeit ringen. Dies hat schließlich drittens auch Auswirkungen auf das *Ergebnis von Sozialisation*. Die Identitätsentwürfe von Jugendlichen sind heute hochgradig medial durchdrungen, wobei die digitalen Medien und insbesondere das Mobiltelefon schier unbegrenzte Möglichkeiten kreativer Identitätsarbeit offerieren. Gleichzeitig geraten diese Identitätsentwürfe offensichtlich recht schnell ins Wanken, wenn beispielsweise die über das Mobiltelefon offerierten Kommunikations- und Beziehungspotenziale wegzubrechen drohen. Dies verweist auf eine Form fragiler sozialer Identität, die ihre Stabilität und ihr Selbstbewusstsein maßgeblich aus medial offerierten Facetten sozialer Integration schöpft. In diesem Zusammenhang nicht zu vergessen sind zudem die marktwirtschaftlichen Interessen der Anbieter von Mobilfunkgeräten und -diensten. Sie bedienen die Vorlieben und Interessen der Jugendlichen, die angesichts des unüberschaubaren Angebots unter einen finanziellen Druck geraten und die Kompetenzen im kritischen und reflektierten Umgang mit digitalen Medien immer wieder neu erlernen müssen.

Insgesamt erscheint es vor diesem Hintergrund nicht mehr ausreichend, Medien als eine einzelne Sozialisationsinstanz neben anderen zu betrachten. Digitale Medien und insbesondere das Mobiltelefon durchdringen sowohl die an der Sozialisation beteiligten Institutionen wie Familie und Schule als auch Sozialisationsbedingungen und -prozesse und sind nicht mehr getrennt von ihnen zu untersuchen. Darüber hinaus ist die Unterscheidung zwischen beabsichtigten und unbeabsichtigten Sozialisationseffekten wenig aussagekräftig. Sinnvoller erscheint es stattdessen, sich auf die Verschränkung von medialer und sozialer Kommunikation sowie die damit verbundene Veränderung von Alltags- und Lebenswelten zu konzentrieren. Dabei sollte der Fokus auf die sozialen Beziehungen Jugendlicher gerichtet sein, die nicht nur eine sozial-kognitive Voraussetzung für Sozialisations- und Vergesellschaftungsprozesse sind, sondern auch eine der wichtigsten „Entwicklungsaufgaben" im Jugendalter darstellen.

Literatur

Beck, Ulrich (1986): Risikogesellschaft. Auf dem Weg in eine andere Moderne. Frankfurt a.M.: Suhrkamp.
Dreher, Eva/Dreher, Michael (1985): Wahrnehmung und Bewältigung von Entwicklungsaufgaben im Jugendalter: Fragen, Ergebnisse und Hypothesen zum Konzept einer Entwicklungs- und Pädagogischen Psychologie des Jugendalters. In: Oerter, Rolf (Hrsg.): Lebensbewältigung im Jugendalter. Weinheim: VCH Verlagsgesellschaft, S. 30–61.
Feldhaus, Michael (2004): Mobile Kommunikation im Familiensystem. Zu den Chancen und Risiken mobiler Kommunikation für das familiale Zusammenleben. Würzburg: Ergon Verlag.

Fend, Helmut (2005): Entwicklungspsychologie des Jugendalters. 3. Auflage. Wiesbaden: VS.
Ferchhoff, Wilfried (2007): Jugend und Jugendkulturen im 21. Jahrhundert. Lebensformen und Lebensstile. Wiesbaden: VS.
Fine, Gary Alan/Kleinman, Sherry (1983): Network and Meaning. An Interactionist Approach to Structure. In: Symbolic Interaction 6, 1, S. 97–110.
Fuhse, Jan Arendt (2009): The Meaning Structure of Social Networks. Sociological Theory 27, 1, S. 51–73.
Haddon, Leslie (2004): Information and Communication Technologies in Everyday Life. A Concise Introduction and Research Guide. Oxford: Berg.
Hepp, Andreas (2005): Kommunikative Aneignung. In: Mikos, Lothar/Wegener, Claudia (Hrsg.): Qualitative Medienforschung. Ein Handbuch. Konstanz: UVK, S. 67–79.
Höflich, Joachim R./Hartmann, Maren (2007): Grenzverschiebungen – Mobile Kommunikation im Spannungsfeld von öffentlichen und privaten Sphären. In: Röser, Jutta (Hrsg.): MedienAlltag. Domestizierungsprozesse alter und neuer Medien. Wiesbaden: VS, S. 211–221.
Hurrelmann, Klaus (2002): Einführung in die Sozialisationstheorie. 8. Auflage. Weinheim, Basel: Beltz.
Ito, Mizuko/Horst, Heather/Bittanti, Matteo et al. (2008): Living and Learning with New Media: Summary of Findings from the Digital Youth Project: The John D. and Catherine T. MacArthur Foundation Reports on Digital Media and Learning.
Keupp, Heiner (2005): Die reflexive Modernisierung von Identitätskonstruktionen. Wie heute Identität geschaffen wird. In: Hafeneger, Benno (Hrsg.): Subjektdiagnosen. Subjekt, Modernisierung und Bildung. Schwalbach/Ts.: Wochenschauverlag, S. 60–91.
Krotz, Friedrich (2001): Die Mediatisierung kommunikativen Handelns. Der Wandel von Alltag und sozialen Beziehungen, Kultur und Gesellschaft durch die Medien. Wiesbaden: Westdeutscher Verlag.
Krotz, Friedrich (2006): Konnektivität der Medien: Konzepte, Bedingungen und Konsequenzen. In: Hepp, Andreas/Krotz, Friedrich/Moores, Shaun et.al. (Hrsg.): Konnektivität, Netzwerk und Fluss: Konzepte gegenwärtiger Medien-, Kommunikations- und Kulturtheorie. Wiesbaden: VS, S. 21–42.
Krotz, Friedrich (2008): Computerspiele als neuer Kommunikationstypus. Interaktive Kommunikation als Zugang zu komplexen Welten. In: Quandt, Thorsten/Wimmer, Jeffrey/Wolling, Jens (Hrsg.): Die Computerspieler. Studien zur Nutzung von Computergames. Wiesbaden: VS, S. 25–40.
Ling, Richard (2007): Children, Youth, and Mobile Communication. In: Journal of Children and Media 1, 1, S. 60–67.
Medienpädagogischer Forschungsverbund Südwest (Hrsg.). (2008): JIM-Studie 2008. Jugendinformation, (Multi) Media. Basisuntersuchung zum Medienumgang 12- bis 19-Jähriger. Baden-Baden.
Schuh, Rainer F. (2007): Die mobile Generation. Jugendliche und ihr Handy. Saarbrücken: VDM Verlag.
Selman, Robert L. (1984): Die Entwicklung des sozialen Verstehens. Entwicklungspsychologische und klinische Untersuchungen. Frankfurt a.M.: Suhrkamp.
Süss, Daniel (2004): Mediensozialisation von Heranwachsenden. Dimensionen – Konstanten – Wandel. Wiesbaden: VS.
Tapscott, Don (2009): Grown up Digital: How the Net Generation is changing your World. New York u.a.: McGraw Hill.
Vollbrecht, Ralf (2003): Aufwachsen in Medienwelten. In: Fritz, Karsten/Sting, Stephan/Vollbrecht, Ralf (Hrsg.): Mediensozialisation. Pädagogische Perspektiven des Aufwachsens in Medienwelten. Opladen: Leske + Budrich, S. 13–24.

Sozialisation, Medienaneignung und Medienkompetenz in der mediatisierten Gesellschaft

Helga Theunert & Bernd Schorb

„Sozialisation durch Massenmedien" (1980), „Sozialisation durch (Massen-) Medien" (1991), „Sozialisation mit Medien" (2004) – diese Titel von dreien unserer Artikel, die sich mit dem Verhältnis von Auf- und Heranwachsen und Medienaneignung im gesellschaftlichen Kontext befassen, verweisen auf die Entwicklung der Medienwelt und – jedenfalls wenn die Medien und ihre Angebote ebenso wie das aktive Subjekt und seine Medienaneignung im gesellschaftlichen Kontext verortet werden – auf sich verändernde Perspektiven in Bezug auf deren Bedeutung in Sozialisationsprozessen.

Zu Zeiten der Massenmedien war Medienaneignung vorrangig zu denken als aktiver Prozess der Selektion massenmedialer Kommunikate und deren subjektiv variierter Interpretation im Hinblick auf die eigenen Lebensvollzüge. In diesem Kontext kommt der Orientierungsfunktion medialer Angebote besonderes Gewicht zu. Deren Relevanz für Weltaneignung und Identitätsbildung Heranwachsender ist empirisch besonders gut für das Medium Fernsehen belegt.[1] Diese Orientierungsfunktion ist in der heutigen Medienwelt nicht minder von Bedeutung. Denn die Attraktivität massenmedialer Angebote in Kindheit und Jugend besteht fort bzw. sie hat durch die erhebliche Ausweitung (1980 war z.B. Fernsehen noch beschränkt auf die öffentlich-rechtlichen Sender) dieser Angebote heute sogar erheblich mehr Bezugspunkte. Doch die Orientierungsfunktion wird heute auch bei medialen Angeboten wirksam, die jenseits des massenmedialen Marktes zugänglich sind. Vor allem die heranwachsende Generation greift über das Internet auf eine Fülle von Kommunikaten zu, die unabhängig von Standards massenmedialer Kommunikation aus privater Hand oder von global oder kleinräumig agierenden Interessengruppen eingespeist werden.

---

1   Hierzu ließen sich zahllose Arbeiten anführen. Wir beschränken uns auf eine Auswahl unserer eigenen fernsehbezogenen Forschungen am JFF, z.B. zum Umgang Jugendlicher mit Fernsehgewalt (Theunert 1987, 1996), zu Kindern und Cartoons (Theunert/Schorb 1996), zur Serienrezeption (Theunert/Gebel 2000), zum Umgang von Kindern sowie Jugendlichen mit Fernsehinformation (Theunert/Schorb 1995, Schorb/Theunert 2000) sowie zu den seit über zehn Jahren regelmäßig stattfindenden Kinderbefragungen zum Fernsehumgang 3- bis 13-Jähriger im Projekt FLIMMO (www.jff.de/flimmo_Kinderbefragungen).

Der zweite Titel verweist mit der Klammersetzung bereits darauf, dass die Sozialisationsinstanz Medien mit den Massenmedien allein nicht mehr angemessen abzudecken ist. Zwei Entwicklungen sind dafür als ausschlaggebend zu qualifizieren: auf der einen Seite die Verbreitung der Informations- und Kommunikationstechnologien, in deren Folge z.B. der Computer zu einem Alltagsmedium avanciert ist, das für Kinder und Jugendliche neue und zum Teil höchst attraktive Formen des Medienhandelns eröffnete; allen voran sind hier die Computerspiele zu nennen. Auf der anderen Seite die erweiterte Verfügbarkeit und zunehmend vereinfachte Handhabung von Produktionsmedien, die die Artikulationsfunktion von Medien nachhaltig erweitert und verbunden damit neue Potenziale der Partizipation eröffnet. Nicht zuletzt konnte davon das pädagogische Konzept der aktiven Medienarbeit (vgl. Schell 2003) profitieren und in der Folge umfänglicher und variantenreicher realisiert werden. Das verfügbare mediale Artikulationsspektrum bot Heranwachsenden vielfältige Möglichkeiten, Lebensgefühle, Ansichten, Wünsche, Träume etc. zu äußern, und innerhalb der Öffentlichkeiten, die beispielsweise über Jugendfilmfestivals erreichbar waren, waren auch Selbstreflexion und Diskurs anschlussfähig.

Die Potenziale der Artikulationsfunktion der Medien haben sich durch die Medienentwicklung, vorrangig durch die Digitalisierung und die Vernetzung von Einzelmedien und medialen Funktionen in der konvergenten Medienwelt, enorm und in rasantem Tempo erweitert. Vor allem das Internet und die heute darin implizierten Mitmach-Optionen des Web 2.0 vervielfachen die Möglichkeiten medialer Artikulation und deren Veröffentlichung. Die heranwachsende Generation greift darauf excessiv zu, sie nimmt mediale Kommunikationsräume in Besitz und produziert sich im wahrsten Sinne selbst. Sie macht die eigene Person, höchst Privates, Talente und Meinungen öffentlich, und ein Teil beteiligt sich auch an öffentlichen Diskursen. Die Medien sind nicht länger eine Sozialisationsinstanz, die der heranwachsenden Generation Material für die mentalen Prozesse der Weltaneignung und Identitätsbildung offeriert. Sie bieten eigentätig zu nutzende Artikulationsformen und Räume, in denen diese erprobt und angewendet sowie die Ergebnisse veröffentlicht und Feedback organisiert werden können. Das hält Erfahrungen und Handlungsperspektiven vor, die für die Interaktion mit der Umwelt und damit für Medienaneignung, Identitätsarbeit und Sozialisationsprozesse gleichermaßen bedeutsam sind. Sozialisationsrelevant ist entsprechend nicht mehr allein, was Heranwachsende mit den medialen Kommunikaten machen, die sie realisieren, sondern zunehmend mehr, wie und wozu sie sich die medialen Artikulationsmöglichkeiten zunutze machen. Darauf hebt die dritte Titelvariante „Sozialisation mit Medien" ab.

Medien begleiten das Heranwachsen von Kindern vom ersten Lebenstag an. In vielfältigen Formen fremdbestimmten Kontakts, aktiver Zuwendung und Selbsttätigkeit in medialen Räumen und verbunden mit ebenso vielfältigen Funktionen für persönliche und soziale Entwicklung, für Weltverständnis und Menschenbild und für soziale und gesellschaftliche Teilhabe sind Medien seit langem und angesichts der Medienentwicklung eine zunehmend gewichtiger werdende Größe in individuellen Lebensvollzügen, in sozialen Gefügen und in gesellschaftlichen Strukturen. Ohne die Prozesse der Medienaneignung in die Betrachtung zu integrieren, sind Identitätsbildung und Sozialisation heute nur noch lückenhaft zu fassen.

1. Mediatisierung: Ein theoretischer Zugang zum Zusammenhang von Medien- und Gesellschaftswandel

In drei Schwerpunkten lässt sich die aktuelle Medienwelt in ihrem Kern konturieren. Erstens: Die Digitalisierung der Medien, die sowohl traditionelle Medien wie Radio und Fernsehen verändert als auch in neuartigen Kommunikationsformen wie Chats u.Ä. ihren Niederschlag findet, benennt das technologische Fundament. Die Entgrenzung und Vernetzung von Einzelmedien und medialen Funktionen in der konvergenten Medienwelt fasst zweitens die Strukturebene, als deren Schaltzentrale vorrangig das Internet fungiert, das gebündelte Zugänge und Befriedigung von Präferenzen ermöglicht. Das Spektrum kommunikativer, interaktiver und produktiver Tätigkeiten konkretisiert drittens die Optionen subjektiven Medienhandelns, für deren Realisierung aktuell die Mitmachangebote des Web 2.0 besonders relevant sind, die neue Gesellungsformen und öffentliche Artikulation eröffnen.

Die Veralltäglichung solcher medialer Gegebenheiten, ihr Hineinwirken in individuelle Lebensvollzüge, soziale Gefüge und gesellschaftliche Strukturen, ihre Verschränkung mit sozialen Handlungspraktiken und kultureller Sinnkonstitution fasst Krotz im Konzept der „Mediatisierung" (vgl. z.B. Krotz 2007, 2008). Er sieht Mediatisierung als einen Metaprozess „sozialen und kulturellen Wandels, der dadurch zustande kommt, dass immer mehr Menschen immer häufiger und differenzierter ihr soziales und kommunikatives Handeln auf immer mehr ausdifferenzierte Medien beziehen" (Krotz 2008: 53). Kommunikation wird in diesem Konzept als soziales Handeln und als aufs Engste mit Medien verwoben begriffen. Sie wird durch Medien mitermöglicht und mitgestaltet, erweitert und verändert. Da Medien integrierte Bestandteile individuellen und öffentlichen Lebens von weitreichender Bedeutung sind, bleiben mediale Entwicklungen und Veränderungen in den Zwecksetzungen und der Ingebrauchnahme von Medienangeboten nicht folgenlos. Die Veränderung medialer Kommunikationsstrukturen schlägt auf kulturelle, soziale und gesellschaftliche Strukturen ebenso durch wie auf individuelle Lebensvollzüge und alltägliche Handlungspraktiken. Heute ist eine zunehmende Verschränkung der Medienwelt mit verschiedensten Lebensbereichen und Handlungsformen der Menschen zu konstatieren. Die in der digitalisierten und konvergenten Medienwelt technisch wie inhaltlich aufs Engste verzahnten Medien legen sich wie Netze über die Lebensbereiche und wirken auf deren kommunikative Strukturen ebenso wie auf das Handeln der Menschen in ihnen. Diese Prozesse der Mediatisierung sind auf der Mikro-, Meso- und Makroebene gleichermaßen zu beobachten, sie tragen zu Veränderungen im kommunikativen Handeln der Menschen, in sozialen Gefügen und Institutionen und langfristig in kulturellen und gesellschaftlichen Prozessen bei. In dieser Perspektive ist die jeweils aktuelle Medienwelt mit ihren Strukturen, Angeboten und Handlungsoptionen eine wesentliche Größe, um die Gesellschaft als Ganzes, einzelne Lebensbereiche und das soziale Handeln der Subjekte zu verstehen.

2. Das Konzept der Mediatisierung in der Medienpädagogik

Das Konzept der Mediatisierung erweist sich unter mehreren Aspekten auch für medienpädagogisch ausgerichtete Forschung und medienpädagogisches Handeln als hilfreich, vorausgesetzt, sie gründen theoretisch im Wechselverhältnis Gesellschaft, Medien, Subjekt. Vorrangig sind dabei folgende Aspekte: Die Entwicklung der Medienwelt wird in den historisch-gesellschaftlichen Prozess eingebettet und stellt Beziehungen zu weiteren gesellschaftlichen Prozessen her wie Globalisierung, Individualisierung, Ökonomisierung, die zumindest teilweise mit der Medienentwicklung verzahnt sind. Dadurch wird der Blick auf die Verzahnung von Medien- und Weltaneignung gelenkt, die für die Frage nach der sozialisatorischen Bedeutung von Medien und Medienhandeln höchst relevant ist. Medienentwicklung wird nicht als technisches, sondern explizit als soziales Geschehen verortet. Das fügt sich zu der für medienpädagogisches Handeln zentralen Verbindung von sozialer Handlungsfähigkeit, kommunikativer Kompetenz und Medienkompetenz. Durch die konstitutive Bedeutung, die die Kommunikationspraktiken der Menschen für medialen und gesellschaftlichen Wandel haben, wird schließlich auch die handlungs- und subjektorientierte Perspektive unterstrichen, die für medienpädagogisches Handeln grundlegend ist und die Erforschung von Medienaneignungsprozessen ebenso leitet wie die Entwicklung adressatenadäquater pädagogischer Modelle.

Ein für medienpädagogische Forschungs- und Praxiszusammenhänge leitender und unverzichtbarer Komplex bleibt in der bisherigen Ausarbeitung des Konzeptes der Mediatisierung unkonturiert: das produktive Handeln mit Medien, für das gerade die heranwachsende Generation das heute verfügbare Artikulationsspektrum der Medienwelt ausschöpft, sei es in den zahlreichen Varianten der Selbstdarstellung im Rahmen sozialer Netzwerke, sei es bei der Präsentation eigener

Sozialisation, Medienaneignung und Medienkompetenz 247

Werke auf medienspezifischen Internetplattformen, sei es in interessenzentrierten Netzwerken. Die produktiven Anteile des Medienhandelns sind zwar in der Regel mit kommunikativen Absichten und Anschlusshandeln verbunden, aber sie gehen darin nicht auf. Denn über die eigentätige, auch ästhetisch und dramaturgisch gestaltete Kombination von medialen Ausdrucksmitteln erhalten diese Kommunikate eine eigene Qualität. Das gilt für diejenigen, die sie produzieren; sie können in den Prozessen der Produktion und des Feedbacks auf ihre Produkte eine breite Palette von identitätsrelevanten Erfahrungen machen. Das gilt auch für diejenigen, die sie betrachten; sie können darüber Einblicke in persönliche, kulturelle und soziale Lebenswelten, in Sichtweisen, Werthaltungen und Gefühlslagen erhalten, auch wenn diese nicht in verbalen Formen explizit sind. In der praktischen Medienpädagogik ist das produktive Arbeiten mit Medien seit langem als ein Weg öffentlicher Artikulation und als Mittel der Selbstreflexion verankert. Aktuell animieren die Möglichkeiten des Web 2.0 insbesondere Jugendliche mehr und mehr zu produktivem Medienhandeln in eigener Regie, und einschlägige Internetplattformen stellen auch leicht handhabbare Werkzeuge zur Verfügung (vgl. Wagner u.a. 2009). Die Ergebnisse sind überwiegend öffentlich zugänglich, und das aktiviert nunmehr auch einen Forschungszugang zu den Perspektiven von Jugendlichen auf ihre Lebenswelt, der am JFF bereits Mitte der 80er Jahre am Beispiel von Videoproduktionen Jugendlicher konkretisiert wurde (vgl. Theunert/Schorb 1989; Schorb 2001) und den Niesyto in seinen Arbeiten (z.B. 2001, 2003) weitergeführt und ausdifferenziert hat. Für das Konzept der Mediatisierung ist dieses produktive Medienhandeln u.E. in zweifacher Hinsicht bedeutsam: Das aktive Herstellen von Kommunikaten impliziert erstens nachhaltige persönliche und soziale Erfahrungen. Die so entstandenen Kommunikate repräsentieren zweitens spezifische Rezeptionsangebote, die den massenmedialen Markt erweitern, sei es durch Kopie oder satirische Bearbeitung, sei es durch eigen-sinnige Produktionen. Beides wirkt auf die Kommunikationsstrukturen jugendrelevanter sozialer Netzwerke medialer wie nicht-medialer Art und hat erhebliche Bedeutung für die Identitätsbildung (vgl. Theunert 2009).

3. Die Bedeutung produktiven Medienhandelns für Medienaneignung und Sozialisation

Die vielfältigen Funktionen, die Medien heute im individuellen, sozialen und gesellschaftlichen Leben übernehmen, tangieren das Auf- und Heranwachsen von Kindern und Jugendlichen in umfassender und nachhaltiger Weise. Das Hineinwirken medialer Kommunikation in viele Lebensbereiche und alltägliche Handlungsroutinen erhöht nicht nur die Relevanz der Sozialisationsinstanz Medien. Die medialen Gegebenheiten durchdringen zugleich andere Sozialisationsinstanzen, gestalten sie und die Erfahrungen, die Kinder und Jugendliche in ihnen machen, mit. Allen voran sind hier zu nennen: die Familie als Ort primärer und nachhaltiger Medienerfahrung und die Peergroup als Ort vielfältiger mit Medien verknüpfter Aktivitäten, über die Vorlieben vergewissert, ausgeformt und stabilisiert werden. Auch klassische Sozialisationsinstanzen wie die Schule sind medial mitgestaltet. Medien fungieren hier schon lange als Vermittlungsinstrumente, heute sind sie das zunehmend auch in der Hand der Heranwachsenden und sie strukturieren und gestalten inhaltliche und formale Kommunikation in der Institution Schule. Es sind nicht zuletzt die Heranwachsenden selbst, die ihre medialen Erlebnisse und Erfahrungen, ihre medienbezogenen Wissensbestände und Kompetenzen und ihre medialen Kommunikations- und Handlungspraktiken in die verschiedenen Lebensbereiche einbringen und sie zwischen ihren sozialen Bewegungsräumen hin und her tragen, sie in Auseinandersetzung und im Abgleich mit Gleichaltrigen und durch Beobachtung und Anregung von erwachsenen Bezugspersonen und Autoritäten ausbauen, variieren und verändern. Im Zuge dieser translokalen Medienaneignung sorgen sie für Austausch und Vernetzung ihrer medialen Aktivitäten und schreiben diese auch in ihre sozialen Bewegungsräume ein.

Unter den Bedingungen der digitalisierten und konvergenten Medienwelt erweitern sich die medialen Kommunikations- und Handlungsmöglichkeiten der Menschen funktional und qualitativ, bei gleichzeitiger Individualisierung ihrer Realisierung. Denn sowohl das Spektrum der Medienzugänge als auch die Nutzung von Inhalts- und Aktivitätsofferten hat sich vervielfacht und ist mehr denn je dem individuellen Zeitmanagement und persönlichen Präferenzen anheimgestellt. Zugleich findet eine Entgrenzung von medialen und realen Kommunikations- und Handlungsstrukturen statt, sie werden zunehmend aktiv miteinander vernetzt und gehen ineinander über. So werden die medialen Räume gerade von jungen Menschen dazu genutzt, ihr reales Beziehungsleben in mediale Räume hinein zu verlängern, indem sie dort ihre realen Freundschaften weiter pflegen. Umgekehrt erweitern sie ihr reales Beziehungsleben durch neue Kontakte, die sie in medialen Räumen aufnehmen, und versuchen größtenteils, diese auch in ihr reales Leben einfließen zu lassen (vgl. Wagner 2008; Schmidt u.a. 2009). Auch die Möglichkeit, selbst mediale Kommunikate herzustellen und zu veröffentlichen, stößt bei zunehmend mehr jungen Menschen auf Zuspruch, und auch dieses Medienhandeln bleibt der Realität nicht äußerlich. Einerseits erweitert es das Spektrum rezipierbarer Medienangebote, ein Umstand, den wiederum die junge Generation besonders schätzt, weil sie annimmt, in diesen Kommunikaten Lebensgefühle, Ansichten, Problemlagen der eigenen Generation zu finden. Andererseits und vor allem wirkt das Feedback mehr oder weniger breiter Öffentlichkeiten auf die verbreiteten Kommunikate auf die Produzenten zurück, als

Bestätigung, als Reflexionsanstoß oder als Zurückweisung. Im Verhältnis von Gesellschaft, Medien und Subjekt erhält der einzelne Mensch einen steigenden Stellenwert. Er ist aktiver Part der Aneignung der realen und medialen Welt. Er war und ist Interpret und sinngebende Instanz in Bezug auf Orientierungen und Handlungsofferten, die er hier wie dort wahrnimmt und in sein Lebenskonzept integriert. Er verzahnt die reale und die mediale Welt mental und zunehmend mehr im Handeln, egal, ob er den von Mediensystem und Gesellschaft vorgegebenen Strukturen folgt oder eigenwillige Konstruktionen schafft. Mehr denn je aber ist er heute der Knotenpunkt der Vernetzung zwischen realen und medialen Gegebenheiten und gestaltet deren Strukturen nachhaltig mit. Und mehr denn je eröffnet ihm die Medienwelt partizipative Strukturen in überschaubaren Sozialgefügen seiner Nahwelt ebenso wie in größeren Interessengemeinschaften, gesellschaftlichen Gruppierungen und globalen Netzen.

In der interaktionistischen Perspektive (vgl. z.B. Geulen 2002), die unsere Auffassung von Sozialisation und Medienaneignung leitet, gilt der Mensch in jedem Lebensstadium als Interpret und Gestalter der Umwelt. Sozialisation ist in dieser Perspektive ein lebenslanger Prozess, in dem der Mensch mit der Umwelt interagiert, sich gegenüber deren Gegebenheiten selektiv verhält, das Wahrgenommene vor dem Hintergrund subjektiver Erfahrungen und Lebensvollzüge, die wiederum Resultat vergangener Sozialisationsprozesse sind, interpretiert und die Umwelt für sich und andere durch sein Handeln verändert. Diese Vorstellung ist zunächst zu erweitern auf Sozialisation durch und mit Medien. Diese „findet statt und ist nur erklärbar im historisch-gesellschaftlichen Kontext. Damit ist Sozialisation [...] ein Prozess, in dem eine gesellschaftlich-produzierte Umwelt die Individuen sowohl formt als auch von diesen geformt wird" (Schorb u.a. 1980/1991, zitiert nach Theunert/Schorb 2004: 203). Weiterhin und weiterführend ist Sozialisation durch und mit Medien mit den Prozessen der Medienaneignung zu verschränken, die sich gleichfalls in gesellschaftlicher Einbettung und in konkreten Lebensvollzügen vollziehen. Der Begriff Medienaneignung unterstreicht, dass das Subjekt auch der medialen Umwelt als sinngebende und eigentätige Instanz begegnet, die medialen Offerten prüft, in sein Leben integriert oder sich ihnen verweigert.

Medienaneignung umfasst die selektiven, mentalen, kommunikativen und eigentätigen Akte der Realisierung der Angebote der Medienwelt, deren sinnverstehende Interpretation vor dem Hintergrund von persönlicher Biografie und Lebensbedingungen sowie deren subjektiv variierende und variierte Integration in das eigene Leben. In der digitalisierten und konvergenten Medienwelt beziehen sich diese Akte nicht mehr nur auf Einzelmedien, sondern auf Basisangebote, die medienspezifisch variiert werden, beispielsweise auf den Soundtrack zur Daily Soap, oder weitergeführt werden, beispielsweise über die Internetseite zum Computerspiel. Medienaneignung erstreckt sich somit auch auf die Realisierung der Vernetzungsstrukturen zwischen Einzelmedien, vom Nachvollziehen vorgegebener Wege bis zu kreativen Adaptionen von Angeboten und der Konstruktion eigener Verknüpfungen (vgl. Theunert 2005; Wagner/Theunert 2006). Gerade die Mitmach-Möglichkeiten, die über das Internet, speziell über die Angebote des Web 2.0 realisierbar sind, begünstigen solche kreativen Adaptionen und Eigenkonstruktionen bis hin zur eigenständigen Medienproduktion und deren Distribution. Und schließlich ist die Verschränkung von Sozialisation und Medienaneignung zu konkretisieren. Dazu taugt ein erweiternder Transfer des sozial-räumlichen Konzepts der Umweltaneignung (vgl. Deinet 2006) auf mediale Räume. Dieser Transfer erlaubt es, die medialen Räume nach den Funktionen, die sie im Leben der Menschen erfüllen, zu verorten und zu differenzieren. Medien, und zwar neben den immer noch vorrangigen Massenmedien auch private Kommunikate, fungieren erstens als vorgegebene Kulturräume, mit denen sich Heranwachsende im Kontext ihrer Lebensvollzüge vom ersten Lebenstag an mental und tätig auseinandersetzen und die sie als Orientierungsquellen für Weltaneignung, Persönlichkeits- und Lebenskonzepte heranziehen. Zweitens repräsentieren und bieten Medien Strukturen, die Möglichkeiten und Instrumente für die Ausgestaltung und Schaffung neuer sozialer Räume offerieren. Aktuell ist das vor allem über die Mitmach-Angebote des Web 2.0 gegeben, über die kommunikative Bedürfnisse, Beziehungspflege, Selbstpräsentation und Teilhabe an sozialen Gefügen ausgelebt werden können (vgl. Schorb et al. 2008). Und schließlich markieren Medien Kulturtechniken, deren kommunikative und produktive Potenziale für die Ausgestaltung und Schaffung realer Räume nutzbar gemacht werden können. Zahllose Netzwerke sozialer, politischer, interessenspezifischer Ausrichtung nutzen die Vernetzungsmöglichkeiten des Internet, um ihre realen Aktivitäten zu gestalten und zu verbreiten.

Als Weltvermittler, Orientierungsquellen, Kommunikationsinstrumente und Interaktionsflächen vermitteln und gestalten Medien heute die reale Umwelt mehr denn je und in vielfältigen Formen mit. Im Interaktionsverhältnis von Gesellschaft, Medien und Subjekt sind sie entsprechend als integrierte und konstitutive Größen gesellschaftlichen und individuellen Lebens zu begreifen. Zudem haben sich die Möglichkeiten des Medienhandelns erheblich erweitert. Sie erstrecken sich neben mentalen Prozessen der Selektion und Interpretation medialer Angebote auf die Nutzung der Medien zur öffentlichen Artikulation, auf eigenständige kommunikative und produktive Aktivitäten, deren Ergebnisse über die Medien öffentlich gemacht werden und mediales wie reales Feedback nach sich ziehen können. In medialen Räumen erfahren heute insbesondere Jugendliche soziale Einbettung, machen Kompetenzerfahrungen und erleben Selbstwirksamkeit, sie durchleben und erarbeiten wichtige Dimensionen der Identitätsbildung. Das bleibt dem realen Leben nicht äußerlich. Das gesellschaftlich handlungsfähige Subjekt entwickelt sich in Interaktion mit der Umwelt. Die Medien sind integrierter Bestandteil der Umwelt. Sie vermitteln die Umwelt an die Menschen und sind zugleich ein Instrument des menschlichen Handelns. Die Kompetenz des Medienhandelns der Subjekte ist entsprechend als ein konstitutiver Teil gesellschaftlicher Handlungsfähigkeit zu werten.

4. Medienkompetenz: Auch in der mediatisierten Gesellschaft Zieldimension der Medienpädagogik

Erklärtes Ziel der Medienpädagogik ist es, Menschen für ein souveränes Leben mit Medien stark zu machen. Medienpädagogische Ansätze, deren Selbstverständnis auf dem Wechselverhältnis Gesellschaft, Medien, Subjekt gründet, setzen zur Erreichung dieser Zielsetzung vorrangig auf die Förderung von Medienkompetenz.

Theoretisch ist Medienkompetenz verbunden mit dem Begriff der kommunikativen Kompetenz, den Dieter Baacke 1973 in die medienpädagogische Diskussion eingebracht und um nonverbale Äußerungsformen erweitert hat. Vor allem aber hat er die massenmediale Kommunikation integriert. Die bei Habermas zentrale gesellschaftskritische und emanzipatorische Ausrichtung kommunikativer Kompetenz bezieht Baacke zusätzlich auf pädagogische Prozesse und fordert, diese so zu gestalten, dass „wir unsere unmittelbaren Erfahrungen und die aus ihnen resultierenden Interessen gegen die gemachte Kommunikation zu halten und zu behaupten lernen. Dafür Möglichkeiten bereitzustellen, erfordert [...] auch die Eröffnung von neuen Räumen kommunikativer Teilhabe" (Baacke 1973: 363f.). Kommunikative Kompetenz steht mithin für die Fähigkeit zu selbstbestimmter, reflexiv-kritischer Kommunikation und bildet die Grundlage für die Aneignung von Realität, die aktive Partizipation an und das Verändern von derselben. Mediale Kommunikation ist in diese Perspektive eingeschlossen. Auch wenn Baacke später den Begriff Medienkompetenz in den Vordergrund stellt, um den veränderten gesellschaftlichen Kommunikationsstrukturen Rechnung zu tragen, innerhalb derer die Medien eine zunehmend exponierte Rolle spielen, insistiert er: „Der Zusammenhang zwischen Kommunikations-, Handlungs- und Medienkompetenz ist grundlegend und darf nicht aufgegeben werden. Auch Medienkompetenz beruht auf einer Grundausstattung aller Menschen, die zwar unterschiedlich ausgearbeitet werden kann, aber erst als gemeinsamer Kontext die lebensweltlichen Informations- und Ausdrucksmöglichkeiten ungekürzt und vollständig erschließt" (1999: 11).

Im Anschluss an Baacke lässt sich das Verhältnis von kommunikativer und Medienkompetenz so fassen: Kommunikative Kompetenz bezieht sich auf die interaktiven Daseinsformen des Menschen in personalen und gesellschaftlichen Kontexten. Sie impliziert die umfassende Fähigkeit zur gleichberechtigten Teilhabe an gesellschaftlicher Kommunikation. Medienkompetenz bezieht sich auf die Verbindung der Lebensvollzüge mit medialen Welten und meint die Fähigkeit, die Medien, die gesellschaftliche Kommunikation unterstützen, steuern und tragen, erstens zu begreifen, zweitens verantwortlich mit ihnen umzugehen und drittens sie selbstbestimmt zu nutzen. Kommunikative Kompetenz repräsentiert mithin die übergreifende Zieldimension, die auch in medienpädagogischen Prozessen zur Geltung zu bringen ist. Medienkompetenz ist die spezifisch medienpädagogische Zieldimension und steht für das Fähigkeitsbündel, sich die Medien und die Formen medial basierter Kommunikation anzueignen und sich ihrer selbstbestimmt zu bedienen (vgl. Schorb 1995; Theunert 1999).

Dieser Zusammenhang hat auch für die heutige Medienwelt Geltung. Allerdings werden die Grenzen zwischen realer und medialer Kommunikation fließend. Interaktive Daseinsformen lassen sich heute auch in medialen Räumen realisieren, und mediale Interaktionsräume halten Chancen für gesellschaftliche Partizipation bereit. Gerade Jugendliche wandern zwischen realen und medialen Welten, für sie wird Medienkompetenz zunehmend zu kommunikativer Kompetenz, was zugleich deutlich macht, dass sich die medialen Räume der Realität öffnen und dass die Realität zu einer (auch) medialen wird. Das Konzept der Medienkompetenz ist für diese Entwicklungen offen, denn sein Referenzsystem ist die jeweils verfügbare Medienwelt in ihrer Komplexität, und das heißt heute, in ihren vernetzten und Interaktivität integrierenden Strukturen. Beharrt man auf dem grundlegenden Zusammenhang von kommunikativer Kompetenz und Medienkompetenz und begreift ihn als Teil gesellschaftlicher Handlungsfähigkeit, vermag das Konzept der Medienkompetenz aktuelle mediale Entwicklungen aufzunehmen. Denn immer gilt es, die Menschen darin zu unterstützen, die Medienangebote kritisch zu durchdenken, ethisch und sozial zu beurteilen und selbstbestimmt in die eigenen Lebensvollzüge zu integrieren. Dieser Kern des Fähigkeitsbündels, das Medienkompetenz ausmacht, hat als handlungsleitende Struktur Bestand. Als gewichtiger Bestandteil von kommunikativer Kompetenz und weitergehend von sozialer Handlungsfähigkeit integriert und trianguliert das Konzept der Medienkompetenz erstens Wissen und Reflexion über die Strukturen und Funktionen der jeweils verfügbaren Medienwelt und deren konkrete Handhabung mit zweitens dem eigentätigen und selbstbestimmten Gebrauch von Medien als Mittel der Artikulation und Partizipation und drittens mit der auf Wissen, kritischer Reflexion und Handlungserfahrungen fußenden Orientierung in und Positionierung gegenüber der Medienwelt. In der Verzahnung von kognitiven, kritisch-reflexiven, ethischen und handlungsorientierten Fähigkeiten erweist sich der Wert des Konzeptes der Medienkompetenz. Es hat Relevanz, um mit den Massenmedien und ihren neuartigen Angeboten, aber auch um mit den privaten Kommunikaten umzugehen, die über das Internet zugänglich sind. Es taugt, um sich die vernetzten Strukturen der konvergenten Medienwelt dienstbar zu machen und um die interaktiven und produktiven Formen des Medienhandelns zu realisieren. Als kommunikations- und subjekttheoretisch fundiertes und gesellschaftspolitisch verankertes ganzheitliches Konzept ist Medienkompetenz eine stabile und auch in einer sich beschleunigt verändernden, vernetzten und ausufernden Medienwelt eine verlässliche Zieldimension. In der Gesamtheit leistet das Konzept der Medienkompetenz einen Beitrag zur souveränen Lebensführung in der mediatisierten Gesellschaft.

Literatur

Baacke, Dieter (1973): Kommunikation und Kompetenz. Grundlegung und Didaktik der Kommunikation und ihrer Medien. München: Juventa.
Baacke, Dieter (1999): „Medienkompetenz": theoretisch erschließend und praktisch folgenreich. In: merz | medien + erziehung 1, S. 7–12.
Deinet, Ulrich (2006): „Aneignung" und „Raum" – zentrale Begriffe des sozialräumlichen Konzepts. In: Ders. (Hrsg.): Sozialräumliche Jugendarbeit. Grundlagen, Methoden und Praxiskonzepte. 2. Auflage. Wiesbaden: VS, S. 27–58.
Geulen, Dieter (2002): Subjekt, Sozialisation, „Selbstsozialisation". Einige kritische und einige versöhnliche Bemerkungen: In: ZSE, Zeitschrift für Soziologie der Erziehung und Sozialisation 2, S. 186–196.
Krotz, Friedrich (2007): Mediatisierung. Fallstudien zur Kommunikation. Wiesbaden: VS.
Krotz, Friedrich (2008): Kultureller und gesellschaftlicher Wandel im Kontext des Wandels von Medien und Kommunikation. In: Thomas, Tanja (Hrsg.): Medienkultur und soziales Handeln. Wiesbaden: VS, S. 43–63.
Niesyto, Horst (Hrsg.) (2001): Selbstausdruck mit Medien. Eigenproduktionen mit Medien als Gegenstand der Kindheits- und Jugendforschung. München: kopaed.
Niesyto, Horst (Hrsg.) (2003): VideoCulture. Video und interkulturelle Kommunikation. Grundlagen, Methoden und Ergebnisse eines internationalen Forschungsprojekts. München: kopaed.
Schell, Fred (2003): Aktive Medienarbeit mit Jugendlichen. Theorie und Praxis. 4. Auflage. München: kopaed.
Schmidt, Jan-Hinrik u.a. (Hrsg.) (2009): Heranwachsen mit dem Social Web. Zur Rolle von Web 2.0-Angeboten im Alltag von Jugendlichen und jungen Erwachsenen. Schriftenreihe Medienforschung der LfM, Bd. 62 (in Vorbereitung).
Schorb, Bernd (1995): Medienalltag und Handeln. Opladen: Leske + Budrich.
Schorb, Bernd (2001): Selbstbilder Jugendlicher sind Bilder, Worte und Töne und entstehen im Kontext eines Gruppendiskurses. Schwerpunkte und Prinzipien ihrer Analyse. In: Niesyto, Horst (Hrsg.): Selbstausdruck mit Medien. Eigenproduktionen mit Medien als Gegenstand der Kindheits- und Jugendforschung. München: kopaed, S. 103–113.
Schorb, Bernd u.a. (1980): Sozialisation durch Massenmedien. In: Hurrelmann, Klaus/Ulich, Dieter (Hrsg.): Handbuch der Sozialisationsforschung. Weinheim, Basel: Beltz, S. 603–627.
Schorb, Bernd u.a. (1991): Sozialisation durch (Massen-)Medien. In: Hurrelmann, Klaus/Ulich, Dieter (Hrsg.): Neues Handbuch der Sozialisationsforschung. 4. Auflage. Weinheim, Basel: Beltz, S. 493–508.
Schorb, Bernd/Keilhauer, Jan/Würfel, Maren/Kießling, Matthias (2008): Medienkonvergenz Monitoring Report 2008. Jugendliche in konvergierenden Medienwelten. Online-Dokument: http://www.uni-leipzig.de/~umfmed/Medienkonvergenz_Monitoring_Report08.pdf (Zugriff: 12.08.2009).

Schorb, Bernd/Theunert, Helga (Hrsg.) (2000): „Ein bisschen wählen dürfen ..." Jugend – Politik – Fernsehen. Eine Untersuchung zur Rezeption von Fernsehinformation durch 12- bis 17-Jährige. München: kopaed.

Theunert, Helga (1987): Gewalt in den Medien – Gewalt in der Realität. Gesellschaftliche Zusammenhänge und pädagogisches Handeln. Opladen: Leske + Budrich.

Theunert, Helga (1999): Medienkompetenz: Eine pädagogische und altersspezifisch zu fassende Handlungsdimension. In: Schell, Fred u.a. (Hrsg.): Medienkompetenz. Grundlagen und pädagogisches Handeln. München: kopaed, S. 50–59.

Theunert, Helga (2005): Medienkonvergenz – Eine neue Herausforderung für die medienpädagogische Forschung. In: Kleber, Hubert (Hrsg.): Perspektiven der Medienpädagogik in Wissenschaft und Bildungspraxis. München: kopaed, S. 111–124.

Theunert, Helga (Hrsg.) (2009): Jugend – Medien – Identität. Identitätsarbeit Jugendlicher mit und in Medien. München: kopaed.

Theunert, Helga/Gebel, Christa (Hrsg.) (2000): Lehrstücke fürs Leben in Fortsetzung. Serienrezeption zwischen Kindheit und Jugend. BLM-Schriftenreihe, Bd. 63. München: Reinhard Fischer.

Theunert, Helga/Schorb, Bernd (1989): Videoproduktion mit Jugendlichen als qualitative Forschungsmethode. In: Baacke, Dieter/Kübler, Hans-Dieter (Hrsg.): Qualitative Medienforschung. Konzepte und Erprobungen. Tübingen: Max Niemeyer, S. 279–304.

Theunert, Helga/Schorb, Bernd (1995): „Mordsbilder". Kinder und Fernsehinformation. Schriftenreihe der HAM, Bd. 13. Berlin: Vistas.

Theunert, Helga/Schorb, Bernd (Hrsg.) (1996): Begleiter der Kindheit. Zeichentrick und die Rezeption durch Kinder. BLM-Schriftenreihe, Bd. 37. München: Reinhard Fischer.

Theunert, Helga/Schorb, Bernd (2004): Sozialisation mit Medien: Interaktion von Gesellschaft – Medien – Subjekt. In: Hoffmann, Dagmar/Merkens, Hans (Hrsg.): Jugendsoziologische Sozialisationstheorie. Impulse für die Jugendforschung. Weinheim, München: Juventa, S. 203–219.

Wagner, Ulrike (Hrsg.) (2008): Medienhandeln in Hauptschulmilieus. Mediale Interaktion und Produktion als Bildungsressource. München: kopaed.

Wagner, Ulrike (2009): web 2.0 als Rahmen für Selbstdarstellung und Vernetzung Jugendlicher. Analyse jugendnaher Plattformen von ausgewählten Selbstdarstellungen von 14- bis 20-Jährigen. http://www.jff.de/dateien/Bericht_Web_2.0_Selbstdarstellungen_JFF_2009.pdf.

Wagner, Ulrike/Theunert, Helga (2006): Neue Wege durch die konvergente Medienwelt. BLM-Schriftenreihe, Bd. 85. München: Reinhard Fischer.

Intellektuelle und Kritik in Medienkulturen

Tanja Thomas

Seit den 1950er Jahren hat sich innerhalb der Gesellschaftstheorie eine Vielzahl von Konzepten entwickelt, die beanspruchen, Kritik an den ihnen gegenwärtigen Gesellschaften zu üben. Unterschiedlich und teilweise eher implizit beantworten diese Konzepte auch Fragen nach der Spezifik einer Praxis, die als Kritik bezeichnet wird, nach den Personen, die diese intellektuelle Arbeit der Kritik leisten, und nach spezifischen Orten der Kritik. Erst langsam kommen Auseinandersetzungen darüber in Gang, wie sich intellektuelle Kritik und die Figur des „Intellektuellen" insbesondere in Medienkulturen – unter den Bedingungen von Mediatisierungsprozessen – wandeln.

Dies ist erstaunlich, denn Debatten über eine „Erneuerung der Kritik" (Basaure/Reemtsma/Willig 2009), wie sie beispielsweise entlang der Überlegungen von Axel Honneth zu Themen der Gesellschaftskritik und Traditionen kritischer Gesellschaftstheorie entfaltet werden, werden unterdessen durchaus (wieder) lebendig geführt: Honneth (2006) betont dabei schon seit einigen Jahren, dass wir es mit einer geradezu explosionsartigen Pluralisierung von unterschiedlichsten Modellen der Kritik zu tun haben und es folglich schwierig, ja geradezu abenteuerlich sei, wenn eine bestimmte Perspektive einen Monopolanspruch auf den Kritikbegriff erheben würde. Seinerseits verbunden mit der Frankfurter Tradition der Kritischen Theorie appelliert er dafür, im Plural von „Kritischer Theorie" zu sprechen. Solche Vielfalt veranschaulichen Sammelbände wie „Was ist Kritik" (Jaeggi/Wesche 2009), Schwerpunkthefte zum Thema „Kritik üben – Übungen in Kritik" (Feministische Studien 1/2009) oder (Tagungs-)Projekte und Onlineveröffentlichungen des „Europäischen Instituts für progressive Kulturpolitik" zur „Kunst der Kritik"[1], in denen über den Wandel der Rollen, Typen, Aufgaben und Ausdrucksformen von Intellektualität diskutiert wird. Dies kann als Indiz für ein gesteigertes Bedürfnis nach Kritik, der Reflexion ihrer Funktionen und Praktiken gelesen werden – zumindest im Sinne einer selbstreflexiven Verständigung beteiligter WissenschaftlerInnen. Angesprochen sind damit die in jüngster Zeit wieder vermehrt geführten Auseinandersetzungen über Aktualität, Weiterentwicklung, Schwächen und Entwicklungsmöglichkeiten der Kritischen

---

1 Vgl. http://eipcp.net/transversal/0808 [28.09.2009].

Theorie, teilweise in Konfrontation mit anderen, ihr widersprechenden und sie ergänzenden, sich gesellschaftskritisch positionierenden Ansätzen – zu denken ist beispielsweise an Anschlüsse an und Weiterentwicklungen der Werke von Michel Foucault oder Pierre Bourdieu in Arbeiten von VertreterInnen der Cultural Studies, der Gender Studies oder der Postcolonial Studies.

In diesem Zusammenhang taucht häufig das Argument auf, dass die Kritik ihre Selbstverständlichkeit verloren habe (vgl. Demirovic 2008: 8) – was angesichts erkenntnistheoretischer Problematisierungen von Wahrheit[2] oder Rationalität durchaus einleuchtet: Die Forderung, die Maßstäbe der Kritik, ihre Funktionsweise und Folgen in Frage zu stellen, trägt dazu ebenso bei wie die Einsicht, dass emanzipatorische Praxen auch unfreiwillig bestehende Ordnungen affirmieren können und demokratische Kämpfe nicht einen grundlegenden Antagonismus bekämpfen, sondern damit konfrontiert sind, dass in hegemonialen Prozessen immer neue Antagonismen konstruiert werden (vgl. ebd.: 21).

Eingedenk dieser Skepsis wird in dieses Bemühen um (Re-)Aktualisierungen und Neuformulierungen kritischer Theorien, so Rainer Winter und Peter V. Zima (2007: 13f.), die Frage eingewoben, „ob der nach Wahrheit und Emanzipation strebende Intellektuelle nicht ein wandelnder Anachronismus sei: ein postmoderner Don Quichotte, der vergeblich gegen die sich immer schneller drehenden Mühlen der Technik und Informationsgesellschaft ankämpft". Tatsächlich weisen etliche jüngere Publikationen, die sich einer Soziologie der Intellektuellen (vgl. Jung/Müller-Doohm 2009) und/oder der Kritik widmen, einen Rückgang des Einflusses so genannter klassischer Intellektueller[3] aus. Im historischen Rückblick sind somit vorrangig bereits verstorbene Gewährsmänner[4] und (einige wenige) Gewährsfrauen als Intellektuelle der behandelte Gegenstand, betrachtet werden ihre wissenschaftlichen, literarischen oder auch künstlerischen Werke sowie ihre öffentlich wahrgenommenen Eingriffe und politischen Interventionen.

Die Diagnose hinsichtlich eines Bedeutungsschwunds der Intellektuellen formuliert auch Jürgen Habermas (2006) – dies selbstkritisch als Einstimmung in die „rituelle Klage vom Niedergang ‚des' Intellektuellen" bezeichnend. Ins-

---

2   Für eine erste Auseinandersetzung über den Begriff des „Wahr-Sagens" bzw. „Wahr-Sprechens" durch Horkheimer, aber auch Foucault und Butler, die hier aus Platzgründen nicht entfaltet werden kann, vgl. Demirovic 2008: 35f.
3   Somit wird der Blick meist eingeschränkt auf Intellektuelle, die eine akademische Ausbildung genossen haben und hauptberuflich wissenschaftliche Tätigkeiten ausüben. Fokussierungen sind freilich legitim und werden im positiven Fall durch das Adjektiv „klassisch" angezeigt. Zugleich wirkt dies kategorisierend, potentiell auch hierarchisierend. Argumente für eine Perspektivenerweiterung lassen sich durch Verweis auf die Arbeiten Antonio Gramscis ebenso begründen wie durch eine historische Betrachtung beispielsweise der Arbeiter- oder Frauenbewegungen.
4   Wie Kreisky (2000: 38ff.) ausführlicher darlegt, ist die diskursive Kultur des Intellektuellen maskulin; Simone de Beauvoir und Hannah Arendt kommen hier und da als Ausnahmeerscheinungen vor.

besondere das Fernsehen und seine Talkshows sowie die weit verbreitete Nutzung des Internets zeichnet er dafür verantwortlich. Letzteres habe aus seiner Sicht die Kommunikationszusammenhänge zugleich erweitert und fragmentiert. Zwar übe das Internet eine subversive Wirkung auf autoritäre Öffentlichkeitsregime aus; die horizontale und entformalisierte Vernetzung der Kommunikationen schwäche aber zugleich die Errungenschaften traditioneller Öffentlichkeiten: „Der begrüßenswerte Zuwachs an Egalitarismus, den uns das Internet beschert, wird mit der Dezentrierung der Zugänge zu unredigierten Beiträgen bezahlt. In diesem Medium verlieren die Beiträge von Intellektuellen die Kraft, einen Fokus zu bilden" (Habermas 2006: 4).

Dieser These von dem Niedergang der Intellektuellen widersprechend schließt der Band „Wandel oder Niedergang. Die Rolle der Intellektuellen in der Wissensgesellschaft" (Carrier/Roggenhofer 2007) mit einem Beitrag, der die „Zersplitterung von Öffentlichkeiten" als Grund für das Elend der Intellektuellen unter Hinweis auf unreflektierten Technikdeterminismus nicht gelten lassen will: „Vereinzelung oder Gruppenbildung, Eindimensionalität oder Vielschichtigkeit sind nicht in der DNA des Internets angelegt. Ebenso wenig das Ende des Intellektuellen oder ein neues Zeitalter demokratischer Debatte" (von Randow 2007: 180). Konstruktiv gewendet sind es angesichts der fortschreitenden Mediatisierung Vorstellungen von einer gewandelten Intellektualität, die sich vor dem Hintergrund von „Wissensbasierung und Medialisierung" (Maasen 2007: 99) möglicherweise entfernen muss von einer Vorstellung charismatischer Persönlichkeiten hin zu einer dialogisch-diskursiven Kultur. Das Intellektuelle könnte sich im Bewusstsein der Mediatisierung im Diskurs entfalten, lautet die entsprechende Hoffnung (vgl. Maasen 2007: 101).[5] Einige setzen dezidiert optimistisch angesichts eines Verlusts von „Intellektuellen mit Monopolfunktion" bzw. des Typus des „Medienintellektuellen", dem die Funktion der ebenso spektakelhaften wie entpolitisierten Kommentierung zugeschrieben wird, auf die Möglichkeit transversaler kritischer Theorieproduktion und Praxis, die in der Vielfalt temporärer Allianzen über die Stellung einzelner Intellektueller hinausweist (vgl. Raunig 2002: 4).

Im Folgenden werden zunächst – notwendig knapp – unterschiedliche Verständnisse des Begriffs vom Intellektuellen vorgestellt, die mit verschiedenen Rollenverständnissen verbunden sind. Es wird somit verdeutlicht, dass intellektuelles Handeln Potentiale zwischen Aufrechterhaltung und Erschütterung gesellschaftlicher Verhältnisse birgt. Im zweiten Schritt des Beitrags werden Überlegungen zu Kritik als intellektueller Praxis aufgegriffen: Zum besseren Verständnis

---

5 Maasen verwendet dabei den Begriff der Medialisierung. Wie im Folgenden deutlich wird, wird hier – anknüpfend an die Argumentation von Friedrich Krotz (2001; 2007) – dem Begriff der Mediatisierung der Vorzug eingeräumt.

verschiedener Kritikstrukturen und -modi wird eine Gegenüberstellung von Konzepten im Sinne der klassischen Kritischen Theorie einerseits und im Sinne poststrukturalistischer Ansätze andererseits vorgenommen. Insbesondere Michel Foucaults Arbeiten werden als ein Beispiel für poststrukturalistisches Denken herangezogen, da sie Debatten um Intellektualität und die Praxis von Kritik intensiv befördert haben und sie zudem u.a. von VertreterInnen der Cultural Studies mit dem Ziel einer gesellschaftstheoretisch fundierten, gesellschaftskritisch engagierten Medienforschung aufgenommen und erprobt wurden (vgl. Thomas 2009). Es geht also in dem vorliegenden Beitrag nicht um Formen von Medienkritik; stattdessen werden Überlegungen zu Intellektualität und Kritik aufgegriffen, die angesichts der Herausforderungen von Mediatisierung genutzt werden können – für eine intellektuelle Auseinandersetzung über Teilprozesse und soziale Prägungen von Mediatisierung als auch im Sinne einer Mitwirkung an intellektuellen Diskursen in durch Mediatisierung geprägten Kulturen bzw. Gesellschaften.

1. Zum Verständnis des Intellektuellen

Émile Zolas öffentlicher und wortgewaltiger Angriff „J'accuse" in der Dreyfus-Affäre prägt ganz offenkundig Intellektualität noch immer gleichsam als Urbild.[6] Zunächst soll der Hinweis darauf nicht fehlen, dass die Gestalt des Intellektuellen älter ist.[7] Der Ausdruck findet erstmals bei Claude Henri de Saint-Simon Verwendung (vgl. Demirovic 2004: 1268), der die produktive Funktion der Intellektuellen unterstreicht, indem er sie als „Industrielle der Theorie" bezeichnet und der industriellen Klasse zuordnet.

Dennoch wird die Geburtsstunde des Intellektuellen als Phänomen und Begriff meist auf das Jahr 1898 festgelegt, häufig jedoch verbunden mit dem Hinweis, wie schwierig es sei, einen „Typus" zu bestimmen, zumal sich das Feld nach Disziplinen, Kulturen, Gesellschaftsentwürfen und Epochen vielfältig gliedern lässt (vgl. Bourdieu 1992: 161; Winkler 2001: 7).[8] Systematisierend ver-

---

6 Der Begriff „Intellektuelle" wird teilweise auch als eine Hervorbringung des Antiintellektualismus gelesen, eine Schmähung durch die Anti-Dreyfusards und damit als ein Schimpfwort, der sich die Beschimpften allerdings als positive Selbstbezeichnung aneigneten (vgl. ausführlicher Kreisky 2000: 47). In neueren Arbeiten werden jedoch die Definitionen des Intellektuellen vielfältiger, und damit wird die „Zola-Zäsur" als Geburtsstunde des modernen Intellektuellen nicht durchgängig anerkannt (vgl. Nordmann 2001: 627).

7 Ob der Intellektuelle genuin eine Figur der Moderne ist oder nicht, wird kontrovers diskutiert; vgl. dazu einführend Kreisky 2000: 44ff.

8 Hier wäre aktuell auch produktiv eine Debatte über Räume und Ressourcen zu diskutieren, die für intellektuelle Arbeit zur Verfügung stehen und u.a. transnationale Vernetzung befördern oder verhindern. Vgl. in diesem Zusammenhang instruktiv mit Blick auf die gegenwärtige Situation in Europa Sapiro (2009).

weist Eva Kreisky (2000: 22f.) auf drei Dimensionen, die hinsichtlich eines Begriffsverständnisses zu berücksichtigen sind: *Erstens* könnten die Verständnisweisen von „den Intellektuellen" angemessen nur „temporär aufgefächert werden", sind in ihnen doch immer Elemente der Vergangenheit, gegenwartsrelevante Erwartungen, auch Polemiken miteinander verknüpft. *Zweitens* stehe der Begriff in unterschiedlichen sozialen und politischen Kontexten im Gebrauch, *drittens* sei der Begriff trotz vielfältiger Debatten als sozialwissenschaftliches Konzept unausgereift – eher rückten Singularitäten in den Blick als dass, wie Said (1997: 11) fordert, strukturelle Bedingungen von Intellektualität systematisch ausgemacht worden seien. Auch die folgenden Begriffsversionen verweisen insofern auf spezifische gesellschaftliche Bedingungen und stellen eine Auswahl dar, die durch die leitende Fragestellung des vorliegenden Beitrags motiviert ist.

Mit Zola verbindet Voltaire als Vorbild der moralisch und politisch engagierten Intellektuellen der französischen Aufklärung eine flammende Parteinahme, die man „gemeinhin als eine Art von Gründungsakt intellektuellen Engagements" (Carrier 2007: 17) ansehen kann. Die Unterscheidung zwischen dem traditionellen und dem organischen Intellektuellen[9], die sich bei Marx andeutet und bei Gramsci ausgearbeitet wird, betont einmal mehr die Frage nach der gesellschaftsbildenden Funktion der Intellektuellen, einem „Vergesellschaftungshandeln, das auf die Reproduktion der herrschenden Verhältnisse, aber auch aufs Eingreifen in emanzipatorischer Perspektive zielen kann" (Demirovic 2004: 1279). Dass Intellektuelle auch affirmativ in den Dienst bestehender gesellschaftlicher Verhältnisse treten können und ein Eintreten etwa für Demokratie und soziale Gerechtigkeit nicht a priori in Anspruch genommen werden kann, ist Thema von Julien Bendas erstmals im Jahr 1927 auf Französisch veröffentlichten, berühmt gewordenen Essay „Verrat der Intellektuellen" (dt. 1978). Ebenso wie Antonio Gramsci zeigt Benda, wie Intellektuelle im Staat als Funktionsträger dienen und als wichtige politische Handlungsgruppe angesehen werden müssen.

Der Diskurs um Intellektuelle in Deutschland ist durch Adornos Verteidigung des besonderen Status des nonkonformistischen Intellektuellen geprägt (vgl. Demirovic 1999). Eng damit verbunden ist die Frage nach dem Eingreifen oder Nicht-Eingreifen in gesellschaftlich relevante, öffentlich-politische Diskurse. Konzentriert man sich – wie hier vorgeschlagen – insbesondere auf jüngere, zeitgenössische Arbeiten, so zeigt sich, dass auch diese Frage häufig unter Bezug auf Antonio Gramscis Schriften und seine Vorstellungen von Zivilgesellschaft,

---

9 Aus Gramscis Sicht ist jede Emanzipationsbewegung darauf angewiesen, ihre eigenen organischen Intellektuellen hervorzubringen. Ihre Aufgabe liegt insbesondere darin, Menschen ein Bewusstsein für ihre Klasse und ihre Funktion im ökonomischen, aber insbesondere auch auf dem sozialen und kulturellen Feld zu vermitteln; ihr Handeln umfasst nicht nur die Rede, sondern ist auch in das Alltagsleben erzieherisch-praktisch eingreifend gedacht.

die durchdrungen ist von um Hegemonie in Staat und Gesellschaft kämpfenden Intellektuellen, diskutiert wird.[10] Da sich mit Gramsci der Blick ausdehnen lässt über den einzelnen Intellektuellen hinaus auf Intellektuellengruppen und deren Texte, ihre Handlungs- und Wirkungsweisen, liegt die Verbindung nahe zum Begriff des Diskurses als dem zentralen intellektuellen Mittel, Deutungen in einer Gesellschaft zu etablieren. Zudem kommt durch diese Verknüpfung die Frage auf, wer Zugang zu Diskursen hat, wie diese Personen qualifiziert und disqualifiziert werden – Michel Foucaults und Pierre Bourdieus Arbeiten werden somit wichtige Referenzpunkte der Auseinandersetzung mit Intellektuellen und (der Praxis der) Kritik. Ihre Zugänge werden häufig auch miteinander verbunden, denn es zeigen sich Parallelen in den Auffassungen bzgl. der Aufgaben der Intellektuellen: Bourdieu sieht diese darin, die „dominierenden Wahrnehmungs- und Bewertungskategorien" einer Weltsicht zu problematisieren, also die „Konstruktionsprinzipien von sozialer Welt, die Definition dessen, was wesentlich ist und was unwesentlich, was würdig ist, repräsentiert, dargestellt zu werden, und was nicht" (Bourdieu 1992: 165). Foucault betont, dass die Vorstellung, dass die Intellektuellen die „Agenten des ‚Bewusstseins' und des Diskurses sind" (Foucault 1987: 108), zur Aufrechterhaltung bestehender Machtverhältnisse beiträgt. Die beiden treffen sich zudem in der Auffassung von einem „spezifischen Intellektuellen" und thematisieren das Eingebundensein der Intellektuellen in bestehende Machtverhältnisse. Dass ‚Intellektuelle' selbst in den Funktionszusammenhängen der Wahrheitsdispositive eingebunden seien, ist somit für Foucault wie für Bourdieu ein wesentlicher Punkt, denn in jeder Gesellschaft, die ihre eigenen Ordnungen der Wahrheit hat, gäbe es einen Status für jene, die darüber befinden, was wahr ist und was nicht (vgl. Foucault 1978: 51, zit. nach Farwick 2008: 279).

Foucault allerdings betont, dass er es vorziehe, statt von den Intellektuellen vom Kritiker zu sprechen, der „die Vermachtungsmechanismen im jeweiligen Diskurs aufdeckt, um idealerweise unendlich viele Freiheitsgrade gesellschaftlicher Wahrheitsproduktion aufzuzeigen und nicht etwa vorzuschreiben" (Farwick 2008: 283). Aufgabe des Kritikers sei es, Wahrheitskonstruktionen aufzudecken, mit denen man konfrontiert werde, und zu zeigen, nach welchen Mustern diese produziert werden.

Hinsichtlich der damit adressierten Frage „Was ist Kritik?" fragt Judith Butler, ob ein abstraktes Nachdenken über Kritik dieser nicht schade. Anknüpfend an Michel Foucault, der 1978 genau zu dieser Fragestellung einen Vortrag hielt, weist Butler darauf hin, dass Kritik immer „die Kritik einer institutionalisierten Praxis, eines Diskurses, einer Episteme, einer Institution [ist], und sie verliert

---

10 Für einen ersten Überblick zu Gramscis Auffassung von Intellektuellen vgl. Bochmann (2001), Voigtländer (2009).

ihren Charakter in dem Augenblick, in dem von dieser Tätigkeit abgesehen wird und sie nur noch als eine verallgemeinerbare Praxis dasteht" (Butler 2009: 221).[11]

Dennoch scheint eine im Folgenden freilich in der gegebenen Kürze verallgemeinernde, vergleichende Betrachtung der Kritikstrukturen und des Kritikmodus von Kritischer Theorie in der Tradition der Frankfurter Schule und poststrukturalistischen Ansätzen, die sich als kritisch ausgerichtet sehen, hilfreich. Hier können Kontinuitäten und Brüche erkannt werden, die eine eigene, in Auseinandersetzung mit dem Mediatisierungsbegriff kommunikationswissenschaftlich fundierte Position zu konturieren helfen, aus der heraus Überlegungen zu den Möglichkeiten von intellektueller Kritik in Medienkulturen formuliert werden.

2. Strukturen und Modi von Kritik

Als Grundgerüst der klassischen Kritischen Theorie betrachtet Andreas Reckwitz (2006) eine Doppelstruktur von zwei Basisannahmen. Zwar liefern deren verschiedene Vertreter aus seiner Sicht unterschiedliche Konkretisierungen und Gewichtungen dieser Doppelstruktur; dennoch gehen sie einerseits davon aus, dass „hinter" der scheinbaren Freiheitlichkeit ein subtiler Herrschaftszusammenhang steckt. Andererseits sucht die klassische Kritische Theorie entlang normativer Vorstellungen nach Gegenorten von Autonomie und Rationalität. „Denken ist ein Tun, das den Zement der herrschenden Verhältnisse ebenso auflösen wie festigen kann", so betont Max Horkheimer in seinem bekannt gewordenen Beitrag „Traditionelle und Kritische Theorie" (1937/1988). Er adressiert damit Kritik als Handeln als auch mögliche Ziele, und es wird deutlich, was als Entwicklung der klassischen Kritischen Theorie hin zu einer Auffassung von Theorie als „Statthalterin für die Befreiung" beschrieben werden kann: Die Aufgabe des Theoretikers richtet sich darauf, das Andere zu denken und die Spannung zwischen der Einsicht der Theoretiker und der der unterdrückten Menschen, für die sie denken, zu verringern (vgl. Horkheimer 1937/1988, zusammenfassend Gilcher-Holtey 2007: 167f.). Im Anschluss an diese Position ist trotz der expliziten Beschränkung der Theorie auf theoretische Reflexion die Erwartung einer Veränderung gesellschaftlicher Praxis durch Kritische Theorie bekanntermaßen sehr wohl entstanden und realisiert worden – allerdings vornehmlich innerhalb (studentischer) Gruppen und durch politische Aktion.

Mit Blick auf die Arbeiten von Michel Foucault, Jacques Derrida und Judith Butler wird deutlich, wo im Vergleich Parallelen, aber auch Unterschiede zwi-

---

11 Hier ist darauf zu verweisen, dass Foucault auf die Nachfrage, woher Widerstand komme, betont, dass er nicht glaubt, der Hintergrund sei der Wille, nicht regiert zu werden, sondern der Wille, „nicht dermaßen, nicht von denen da, nicht um diesen Preis regiert zu werden" (Foucault 1992: 12).

schen klassischer Kritischer Theorie und poststrukturalistischem Denken liegen: Es geht zwar nach wie vor um die Analyse von Herrschaftsstrukturen. Allerdings widersprechen die poststrukturalistischen Ansätze einem normativen Maßstab von Rationalität, sie untersuchen Rationalitätsregime und setzen auch nicht auf Autonomie, sondern auf Unkontrollierbarkeit, Verschiebungen von Bedeutungen, kurz Praktiken der Umdeutung.

Um dies exemplarisch anhand des Kritikverständnisses von Foucault zu verdeutlichen: Kritik zielt aus seiner Sicht nicht darauf zu bewerten, welche Bedingungen, Praktiken, Wissensformen, Diskurse gut oder schlecht sind; Kritik zielt in seinen Augen darauf, das System der Bewertung selbst offenzulegen (vgl. Butler 2009: 225) und zu zeigen, wie Wissen und Macht miteinander verwoben sind, sodass Gewissheiten bestehende Ordnungen affirmieren und alternative verwerfen. Kritik als Praxis hinterfragt somit die Grenzen regelhaft unhinterfragter Denkweisen. Judith Butler sieht hier jedoch durchaus auch Kontinuitäten zwischen klassischer Kritischer Theorie, solchen Arbeiten, die in den Traditionslinien der Cultural Studies gelesen werden können (vgl. dazu auch die Argumentation von Gilcher-Holtey 2007: 174ff.), und poststrukturalistischem Denken: Explizit verweist sie auf Parallelen zwischen Michel Foucault und Raymond Williams, der die „unkritischen Gewohnheiten des Geistes" ebenso in Frage gestellt sehen möchte wie Adorno die Ideologie (Butler 2009: 226). „Entnaturalisierung" lässt sich somit laut Demirovic (2008: 22) als eine „klassische Kritikfigur" bezeichnen, die sich in der Tradition von Georg Lukács verbreitet habe; die Kritik erscheint als „negativer Akt des Freilegens". Präzisierend sei hinzugefügt, dass Foucaults Kritik nicht allein auf die Infragestellung von Ideen, Denkweisen, Normen, Regeln des Verhaltens zielt, sondern auf die Frage, wie sich Menschen durch diese in ihrem Sein transformieren. Normen sind so der Selbstgestaltung nicht äußerlich; Foucault weist insbesondere hin auf „die Problematisierungen, in denen das Sein sich gibt als eines, das gedacht werden kann und muß, sowie die Praktiken, von denen aus sie sich bilden" (Foucault 1986: 19). Foucaults Anliegen richtet sich nicht darauf, gegen einzelne Normen oder Forderungen Einspruch zu erheben, sondern darauf, nach der Ordnung zu fragen, die bestimmte Normen oder auch staatliche Forderungen lesbar und möglich machen. Als er später den Begriff von Regierung und Regierungsintensivierung einführt, will er zeigen, dass der durch die Regierung bezeichnete Apparat in die Praktiken der Regierten, in ihre Wissensweisen und zugleich ihre Seinsweisen eindringt (vgl. Butler 2009: 235) – ein Subjekt entsteht in der Beziehung auf eine etablierte Ordnung der Wahrheit, aber es kann durchaus auch einen bestimmten Blickwinkel auf diese Ordnung einnehmen. „Wenn es sich bei der Regierungsintensivierung darum handelt, in einer sozialen Praxis die Individuen zu unterwerfen – und zwar durch die Machtmechanismen, die sich auf die

Intellektuelle und Kritik in Medienkulturen 263

Wahrheit berufen, dann würde ich sagen, ist die Kritik die Bewegung, in welcher das Subjekt sich das Recht herausnimmt, die Wahrheit auf ihre Machteffekte hin zu befragen und die Macht auf diese Wahrheitsdiskurse hin" (Foucault 1992: 15). Somit geht es nicht darum zu fragen, was Wissen ist und was Macht ist und wie das eine das andere missbraucht, sondern es geht darum, einen Nexus von Macht-Wissen zu charakterisieren, mit dem sich die Akzeptabilität des Systems erfassen lässt (vgl. Foucault 1992: 33).

Die dargestellten Auffassungen von Kritik sind korrespondierend mit unterschiedlichen Vorstellungen über die Rolle und Funktion der Intellektuellen verknüpft. Robin Celikates' (2009: 35ff.) notwendig vergröbernde Systematik dient hier als heuristisches Instrument für die Entwicklung der eigenen Überlegungen: Gemäß Celikates herrscht entweder (1) die Vorstellung von einer in objektiver wissenschaftlicher Erkenntnis fundierten kritischen Sozialwissenschaft vor oder man setzt (2) auf der Mikroebene der handelnden Akteure und ihren situativen Praktiken der Kritik an.[12] Zutreffend betont Celikates, wie mit der zweiten Perspektive die Möglichkeit, dass bestimmte soziale Bedingungen die Ausübung oder gar Ausbildung der reflexiven Fähigkeiten der Akteure behindern, ausgeblendet wird. Die Forderung, die sich daraus für die im vorliegenden Beitrag diskutierten Fragen entwickeln lässt, ist die nach (3) einer Konzeption von Kritik, die weder die Sicht der „Intellektuellen" zum Apriori erhebt, ohne auch deren zeitgenössische mediatisierte Subjektivierungsweisen[13] und Bedingungen von Wissensproduktion zu hinterfragen, noch die sozialen Praktiken und Deutungen der Akteure unhinterfragt zum Fixpunkt der Entwicklung theoretischer und praktischer Perspektiven der Kritik durch „Intellektuelle" macht. Strebt man eine Konzeption von Kritik an, die im Sinne Foucaults Vermachtungsmechanismen und die Formierung von Seinsweisen freilegt und die Eingebundenheit der Intellektuellen in Machtverhältnisse reflektiert, so sind Kenntnisse über den Metaprozess Mediatisierung dringend nötig, um den Blick für Erweiterungen und Einschränkungen intellektueller Kritik in Medienkulturen zu schärfen. Denn die zentrale, herausfordernde Frage – so formulieren es Stefan Müller-Doohm und Klaus Neumann-Braun (2006: 115) – lautet, welche „zeitgeschichtlichen

---

12 Celikates verortet hier die Versuche einer an die Ethnomethodologie anknüpfenden Soziologie der Kritik, wie sie in Arbeiten der Gruppe von Luc Boltanski entstanden sind (vgl. Celikates 2009: 99ff.); dieser Perspektive den Vorrang eingeräumt zu haben, wird VertreterInnen der Cultural Studies wie John Fiske immer wieder zum Vorwurf gemacht – durchaus auch von Mitwirkenden an dieser „Formation".
13 Keineswegs soll damit verallgemeinernd ein Subjektivierungsregime unterstellt werden, das aus einer Zentralperspektive rekonstruiert werden kann; wie Ulrich Bröckling ausführt, geht es bei der Analyse von Subjektivierungsweisen um die Konstitution von Möglichkeitsfeldern und die „Art und Weise, wie sie die Handlungsoptionen der Individuen mobilisieren, einschränken oder kanalisieren" (Bröckling 2007: 27).

Veränderungen der intellektuellen Kritikform in und für die demokratische (Medien-)Öffentlichkeit festzustellen ist". So soll im Folgenden exemplarisch die Diskussion darüber angeregt werden, welche Relevanz Mediatisierungsprozessen in diesem Zusammenhang zukommen kann.

3. Medienkultur und Mediatisierung: Kontexte intellektueller Subjekte und Praktiken

Ausgehend von einem Verständnis von Medienkulturen, die sich durch die Realisierung mediatisierter kultureller Praktiken zu spezifischen historischen Zeitpunkten in spezifischen gesellschaftlichen Konstellationen charakterisieren lassen (vgl. Thomas/Krotz 2008: 28), befördert ein Verständnis von Mediatisierung als Metaprozess weitere Einsichten, insofern es insbesondere den Wandel gesamtgesellschaftlicher, zugleich aber auch individueller medialer Potenziale und darauf bezogener Kommunikationspraktiken auf unterschiedlichen Ebenen thematisiert: Es erlaubt, den im Kontext des Wandels der Medien nicht ignorierbaren Prozesscharakter und die damit zusammenhängenden Folgen für Alltag und Lebensbereiche, Wissensbestände, Identitäten und Beziehungen der Menschen sowie für Kultur und Gesellschaft hervorzuheben.

Einer solchen Sicht auf Mediatisierung liegt grundlegend einerseits ein Verständnis von Kultur als prozessualem Geschehen zugrunde, das eine Symbol- als auch Handlungsdimension umfasst und das nur in seiner sozialen Verwobenheit (vgl. Musner 2004) zu verstehen ist, andererseits ein kommunikationswissenschaftlich fundiertes Verständnis von Medien, „das Kommunikation modifiziert, verändert, sie sich ausdifferenzieren lässt und zum Entstehen neuer Interaktions- und Kommunikationsformen führt. Medien sind deshalb – etwas plakativ ausgedrückt – einerseits Inszenierungsmaschinen, insofern sie Kommunikate bereit stellen, andererseits Erlebnisräume, insofern sie genutzt, rezipiert, angeeignet werden" (Krotz 2003: 23). Medien müssen freilich auch, so Friedrich Krotz (2007: 89f.), als sozial und kulturell aktive Institutionen betrachtet werden, die „einerseits Zeichenfolgen inszenieren und verteilen und die dabei kulturellen und gesellschaftlichen Einflüssen unterliegen".

Als prägend hinsichtlich heutiger Mediatisierungsprozesse lassen sich Prozesse der „Entgrenzung" und „Integration" (vgl. ebd.: 94ff.) beschreiben: Zum einen sind einzelne Medien tendenziell immer weniger an Zeitphasen, Orte, soziale Zwecke, Situationen und Kontexte gebunden, für die sie Inhalte produzieren und in denen sie genutzt werden, zum anderen wachsen Medien und damit verbundene Kommunikationspotenziale zu einem computervermittelten Kommunikationsraum zusammen. Dies hat zur Folge, dass sich vorher abgegrenzte Bereiche alltäglichen Handelns ebenso vermischen wie bisher getrennt

Intellektuelle und Kritik in Medienkulturen 265

voneinander genutzte Kommunikationsformen. Sofern die medialen Möglichkeiten genutzt werden, entstehen neue Kommunikationsumgebungen und -situationen, in denen Menschen Kommunikationsgewohnheiten und -regeln entwickeln, um situativ zurechtzukommen. Aus einer solchen Perspektive betrachtet kann man beispielsweise Hartmut Rosas durchaus nachvollziehbare Beschreibung und seine Kritik an einem gesamtgesellschaftlichen Trend zur „Beschleunigung" produktiv reflektieren; seine These, „dass der minimal-restriktive ethische Code der Moderne, ihr ethischer Steuerungsverzicht und Pluralismus, mit einem historisch beispiellosen Koordinierungs-, Regulierungs- und Synchronisierungsbedarf einhergeht" (2009: 45), ist mit empirischen Studien zu konfrontieren, die zeigen, wie Medien gebraucht werden, die in alltäglicher Lebensführung (vgl. Voß/Holly/Boehnke 2000) Handlungsmöglichkeiten begrenzen oder erweitern, be- oder auch entschleunigen.

Technische Entwicklungen von Medien werden aus einer solchen Perspektive als Potenziale verstanden: Medienwandel wird damit als Prozess interpretierbar, der zusammenfällt mit Veränderungen sozialer Lebensbedingungen, Alltagserfahrungen und -praxen. Damit kommen nicht nur die medialen Geräte und Angebote, sondern auch die Subjekte, die sie gebrauchen, in den Blick. Diese verfügen über unterschiedliche soziale Kompetenzen, mittels derer sie Subjekt- und Weltverhältnisse reproduzieren, aber auch in Frage stellen können. Diese Kompetenzen, die auch im Zuge einer Selbstsozialisation wesentlich im Gebrauch der medienbezogenen Kommunikation entstehen und in Alltagspraxen aktualisiert und reproduziert werden können, wirken an der Konstitution des Sozialen mit.[14] Medien transformieren den Alltag der Menschen nicht nur im anfänglichen Prozess der Aneignung, sondern darüber hinaus kontinuierlich weiter über Inhalte und Kommunikationsformen. Über die medialen Potenziale treten Kultur, Gesellschaft, Kapitalismus[15] auf neue Weise in den Alltag ein und bilden die Basis für neue Bedeutungsgenerierungen und neue Zwänge (vgl. Krotz/Thomas 2007: 40).

---

14 Was hier anklingt, ist ein auch durch ein in Arbeiten von Vertreterinnen und Vertretern der Cultural Studies fundiertes Verständnis von Medien(kommunikation), Kultur und Macht, das sich hinsichtlich der Analyse von Medienkommunikation den Prozessen der Produktion und der Einbindung in hegemoniale Kulturen ebenso zuwendet wie der aktiven Auseinandersetzung mit kulturellen Formen, den Prozessen des Machens, Aushandelns, Fabrizierens, Inszenierens in Erlebnisräumen, in denen Kultur in der Gegenwart geschaffen wird.

15 Die damit verbundene Unterstellung ist, dass mediatisierte Kommunikation heute immer auch technisch vermittelte Kommunikation ist, die spezifische Geräte braucht. Der Prozess der Mediatisierung von kommunikativem Handeln ist deshalb faktisch immer auch ein Prozess, der die kommunizierenden Individuen in die Marktwirtschaft hineinzwingt. Das gilt erst recht, wenn es sich um Geräte handelt, für die im weiteren Sinne Nutzungsentgelte anfallen, weil man ein Netz beansprucht, DVDs kaufen oder leihen muss etc.

Will man solche Mediatisierungsprozesse erfassen, besteht eine zentrale Herausforderung darin, Menschen als sozial positionierte Besitzer und im Gebrauch von Medien in ihrem Erleben und ihrer Selbstwahrnehmung zu verstehen. So gilt es beispielsweise, den Gebrauch digitaler Medien in Verbindung mit Subjektivierungsprozessen zu sehen: Kirchhöfer (2000: 25) zeigt etwa, wie gerade die Selbstorganisation des Individuums mit den IuK-Technologien und der damit verbundenen Medienkompetenz eine enorme Aufwertung erfährt. Diese Aufwertung des Selbst in mediatisierten Prozessen korrespondiert vor allem mit Aufforderungen zur Selbststeuerung, -organisation und -sozialisation in aktuellen gesellschaftlichen Diskursen (vgl. dazu z.B. Bröckling u.a. 2000; Thomas 2007). Folgt man Foucault in dem oben beschriebenen Sinne, dann sind diese Subjektivierungsweisen eng verschränkt mit Prozessen der Wissensproduktion, die sich auch einlagern in traditionelle Bildungsinstitutionen: Wie Demirovic argumentiert (2005), führt die Reorganisation des akademischen Wissensfeldes mit einer Orientierung auf Wettbewerbsfähigkeit, Benchmarking, Evaluationen, neuen Rhythmisierungen von Drittmittelprojekt zu Drittmittelprojekt auf Seiten der Lehrenden an Hochschulen sowie durch Studiengebühren, BA-Studiengänge und den Zwang zur effizienten Orientierung an kanonisierten Wissensvorgaben auf Seiten der Studierenden zu veränderten Selbstverständnissen und einer Loslösung der historischen Selbstverständlichkeit von Kritik bzw. Kritischer Theorie und Wissenschaft/Hochschule. Daran sind immer auch Mediatisierungsprozesse beteiligt – vermittelt über Diskurse, in denen dem Gebrauch von Medien zugeschrieben wird, Transparenz zu erhöhen (z.B. durch die Veröffentlichung von „Evaluationsergebnissen" von WissenschaftlerInnen im Intra- oder Internet), Leistung und Vernetzung zu demonstrieren (via Selbstdarstellungen auf unterschiedlichsten Internetplattformen) oder Wissensvermittlung zu effektivieren. Mediatisierung wird zudem erfahrbar auch über (häufig auch institutionalisierte) Praktiken, die einen spezifischen Mediengebrauch (zu) regulieren (suchen).

Dagegen lassen sich Projekte wie „transform"[16] oder das mehrjährige Forschungsprojekt „Creating worlds"[17] als Ausdruck neuer, mediatisierter Praktiken der transnationalen Vernetzung von intellektuellen Debatten verstehen; dies umfasst die Darstellung und Diskussion von theoretischer Arbeit, begrifflicher Reflexion, empirischer Forschung bis hin zu Formen künstlerischer Praxis – und realisiert damit eine maßgeblich von Mediatisierungsprozessen getragene Version intellektueller Kritik. Angesichts eines „Unbehagens in der Wissensproduktion" wird hier beispielsweise auch über lebenslanges Lernen, Hoffnungen auf eine zukünftige „Massenintellektualität", selbstorganisierte Bildung zwischen „neuen

---

16 Vgl. http://transform.eipcp.net/about/de [30.09.2009].
17 Vgl. http://eipcp.net/projects/creatingworlds/files/about-de [30.09.2009].

Formen Freier Klassen an Universitäten und Kunstakademien, neuen Generationen von sozialen Zentren und nomadischen Universitäten" diskutiert.

Das Projekt „Culture Machine Liquid Books", initiiert von Gary Hall, „a series of digital ‚books' which readers are able to remix, reformat, reversion, reuse, reinvent and republish" oder „Liquid Theory TV" als „a series of Internet Protocol Television (IPTV) programmes experimenting with different ways of acting as a ‚public intellectual' in the current media environment by communicating academic research and ideas to a wider community both ‚inside' and ‚outside' the university" stellen weitere Versuche dar, über universitäre Kontexte hinweg mediatisierte Formen der Wissensproduktion produktiv zu nutzen.

Damit wird exemplarisch deutlich, dass sicherlich nicht übersehen werden darf, dass Mediatisierungsprozesse zwar auch veränderte kommunikative und organisatorische Abhängigkeiten, neue Bewertungsmöglichkeiten und Kontrollpotenziale schaffen, weil damit Kommunikation industriell organisiert und von Interessen Dritter begleitet stattfindet. Dies als technisches Apriori der Wissensproduktion und Artikulation von Kritik überzustülpen, führt allerdings zu Missverständnissen.

4. Intellektuelle und Kritik in Medienkulturen

Fragt man nach den Möglichkeiten intellektueller Kritik in durch Mediatisierung geprägten Kulturen bzw. Gesellschaften, so sind die erwähnten Prozesse der Entgrenzung, Integration und Beschleunigung von besonderer Relevanz. Die Bewertung dieser Prozesse kann dabei allerdings zu unterschiedlichen Schlussfolgerungen führen:

Davon ausgehend, dass es eine Interdependenz zwischen Medien, Demokratie und Öffentlichkeit gibt und dass Subjektivität, Sozialität und Kommunikation unter den Bedingungen des Metaprozesses Mediatisierung stehen, appellieren Stefan Müller-Doohm und Klaus Neumann-Braun (2006: 98) nachdrücklich an die „Intellektuellen" – sie seien gerade in der Gegenwart besonders gefordert: Sie seien es schließlich, die die Qualität von Öffentlichkeit durch die Impulse von Kritik und Gegenkritik erhalten und befördern könnten.

Die auch von Habermas vertretene These vom Niedergang der Intellektuellen in Medienkulturen nimmt Johannes Ulrich Schneider (2001: 186) als Anlass – allerdings nicht zur Klage, sondern zur Freude: Schneider betont, die Tatsache, dass Institutionen auch der Entlastung dienen, sei eine alte Einsicht der Anthropologie. So entlaste die Institution des Intellektuellentums von der Pflicht zur eigenen kritischen Analyse, zur genauen Untersuchung der eigenen Lebensverhältnisse – und dies, so betont er, sei keine denunziatorische Beschreibung der Verehrung, sondern eine nüchterne Analyse. Folgt man einer solchen Kritik an einer Intellektuellenverehrung, wäre ein Niedergang als optimistische Prognose zu begrüßen. Doch meldet Schneider Skepsis an der These vom Niedergang an. Er verweist darauf, dass es die Intellektuellen offenbar doch (noch) gibt – aus seiner Sicht aber eher in der Rolle des Schriftstellers (Schneider rekurriert auf Sartre) und eines eingreifenden Denkens, das jedoch nicht so sehr Standhaftigkeit denn Standortbewusstsein verrate.

Gerade angesichts der Telekratie und des Internets, so stellt Wolfgang Fritz Haug (2009: 52) fest, wandelten sich die Intellektuellen hinsichtlich ihrer Funktionen, Physiognomien, Handlungsbedingungen und Einflussmöglichkeiten. Er vermutet die Entstehung eines neuen Typus des Internet-Intellektuellen, der eine Wandlung von dem traditionellen Typ des literarischen, an der Schriftkultur gebundenen Intellektuellen durchlaufen hat und bereits durch die Fernsehintellektuellen marginalisiert wurde. Der Internet-Intellektuelle setze nun, so hofft Haug, nicht auf Selbstdarstellung und Nachhaltigkeit, sondern auf „subversive und freie Bewegungen von spontanen Gruppen im Netz". Ähnlich prognostizierte übrigens Felix Guattari (1978: 88) vor nun über 30 Jahren, „die kommenden Intellektuellen werden keine Individuen, keine Kaste sein, sondern eine kollektive Verkettung, die manuell arbeiten, die intellektuell arbeiten, die künstlerisch arbeiten".

Fest steht, dass sich die Möglichkeiten und Grenzen intellektuellen Handelns als Kritik im Kontext von Mediatisierung ändern; unter Bezug auf Said wären diese mit der Frage nach den strukturellen Bedingungen auszuloten. Damit ist nach materiellen wie immateriellen Ressourcen, die für die Entwicklung von Intellektualität zur Verfügung stehen, ebenso zu fragen wie nach den den verschiedenen Akteuren unterschiedlich zur Verfügung stehenden Möglichkeiten, Wahrheitskonstruktionen in Foucaults Sinne aufzuzeigen bzw. durchzusetzen. Erneut mit Antonio Gramsci argumentierend, genügte es nie, nur individuell originelle Entdeckungen zu machen – Intellektuelle bewähren sich in ihrer organischen Funktion erst dann, wenn sie nicht nur als Spezialisten eines partikularen Wissens auftreten, sondern als „Organisator[en] einer neuen Kultur" (H. 12, § 1, 1497, zit. nach Demirovic 2004: 1274). Insofern spielen hier Mediatisierungsprozesse in mehrfacher Hinsicht eine Rolle und müssen in dieses ‚Organisieren' einbezogen werden: Da diese Prozesse als solche auch diskursiv hervorgebracht werden, in Subjektivierungsweisen eindringen und handlungsleitend wirken können, müssen sie selbst zum Gegenstand intellektueller (Selbst-)Reflexion und intellektuellen Handelns werden. Unterlegt man den Begriff „Mediatisierung" mit einer Charakterisierung von Medien auf den drei Ebenen Institution, Inszenierungsapparat und Erlebnisraum, so kann damit Kulturalisierungen des Sozialen wie materialistischen Verkürzungen entgegengewirkt werden. Dies kann zudem auch produktiv beitragen zu einer Infragestellung der Macht der

Intellektuelle und Kritik in Medienkulturen 269

Medien einerseits und der Reflexion der Macht von „Intellektuellen" als Diskursarrangeuren andererseits: In die umkämpften Prozesse der Produktion von „Wahrheit" – die Foucault zentriert sieht um den wissenschaftlichen Diskurs und seine angehörigen Institutionen, legitimatorisch der Ökonomie und der Politik verpflichtet, über den gesamten sozialen Körper verbreitet und zirkulierend, in Produktion und Distribution nahezu vollständig der Kontrolle politischer und ökonomischer Apparate (Universität, Armee, Medien etc.) unterliegend – könnte somit durch intellektuelles Handeln als Kritik in Medienkulturen irritierend und emanzipatorisch eingegriffen werden. Dies könnte auch den Vorstellungen von Müller-Dohm und Neumann-Braun entgegenkommen und Qualität von Öffentlichkeit durch die Impulse von Kritik und Gegenkritik befördern – nicht nur ausgehend von „klassischen" Intellektuellen.

Literatur

Basaure, Mauro/Reemtsma, Jan Philipp/Willig, Rasmus (Hrsg.) (2009): Erneuerung der Kritik. Axel Honneth im Gespräch. Frankfurt a.M.: Campus.
Benda, Julien (1978): Der Verrat der Intellektuellen. München: Hanser.
Bochmann, Klaus (2001): Große und kleine, organische und vagabundierende, kristallisierte und traditionelle Intellektuelle. Der Begriff des Intellektuellen bei Antonio Gramsci. In: Winkler, M. (Hrsg.): WortEnde. Intellektuelle im 21. Jahrhundert? Leipzig: Leipziger Universitätsverlag, S. 39–50.
Bourdieu, Pierre (1992): Rede und Antwort. Frankfurt a.M.: Suhrkamp.
Bröckling, Ulrich (2007): Das unternehmerische Selbst. Soziologie einer Subjektivierungsform. Frankfurt a.M.: Suhrkamp.
Bröckling, Ulrich/Krasmann, Susanne/Lemke, Thomas (Hrsg.) (2000): Gouvernementalität der Gegenwart. Studien zur Ökonomisierung des Sozialen. Frankfurt a.M.: Suhrkamp.
Butler, Judith (2009): Was ist Kritik? Ein Essay über Foucaults Tugend. In: Jaeggi, R./Wesche, T. (Hrsg.): Was ist Kritik? Frankfurt a.M.: Suhrkamp, S. 221–247.
Carrier, Martin (2007): Engagement und Expertise: Die Intellektuellen im Umbruch. In: Ders./Roggenhofer, Johannes (Hrsg.): Wandel oder Niedergang? Die Rolle der Intellektuellen in der Wissensgesellschaft. Bielefeld: transcript, S. 13–32.
Carrier, Martin/Roggenhofer, Johannes (Hrsg.) (2007): Wandel oder Niedergang? Die Rolle der Intellektuellen in der Wissensgesellschaft. Bielefeld: transcript.
Celikates, Robin (2009): Kritik als soziale Praxis. Gesellschaftliche Selbstverständigung und kritische Theorie. Frankfurt a.M.: Campus.
Demirovic, Alex (1999): Der nonkonformistische Intellektuelle. Frankfurt a.M.: Suhrkamp.
Demirovic, Alex (2004): Intellektuelle. In: Haug, W.F. (Hrsg.): Historisch-Kritisches Wörterbuch des Marxismus, Band 6/II. Hamburg: Argument, S. 1267–1286.
Demirovic, Alex (2005): Die Neuformierung des kritischen Wissens. Online unter http://transform.eipcp.net/transversal/0806/demirovic/de/print [09.10.2008].
Demirovic, Alex (2008): Leidenschaft und Wahrheit. Für einen neuen Modus der Kritik. In: Ders. (Hrsg.): Kritik und Materialität. Münster: Verlag Westfälisches Dampfboot, S. 9–40.
Farwick, Judith (2008): Foucault – oder: Was das subjektlose Denken vom Intellektuellen übrig ließ. In: Jung, T./Müller-Doohm, S. (Hrsg.): Fliegende Fische. Eine Soziologie des Intellektuellen in 20 Portraits. Frankfurt a.M.: Fischer, S. 271–290.
Feministische Studien. Zeitschrift für interdisziplinäre Frauen und Geschlechterforschung 27 (2009), H. 1 (Schwerpunktheft: Kritik üben – Übungen in Kritik).

Foucault, Michel (1986): Der Gebrauch der Lüste. Sexualität und Wahrheit 2. Frankfurt a.M.: Suhrkamp.
Foucault, Michel (1987): Von der Subversion des Wissens. Frankfurt a.M.: Fischer Taschenbuch.
Foucault, Michel (1992): Was ist Kritik? Berlin: Merve.
Gilcher-Holtey, Ingrid (2007): Eingreifendes Denken. Die Wirkungschancen von Intellektuellen. Weilerswist: Velbrück.
Guattari, Félix (1978): Wunsch und Revolution. Heidelberg: Das Wunderhorn.
Habermas, Jürgen (2006): Ein avantgardistischer Spürsinn für Relevanzen. Was den Intellektuellen auszeichnet. Dankesrede bei der Entgegennahme des Bruno-Kreisky-Preises. http://www.rennerinstitut.at/download/texte/habermas2006-03-09.pdf [18.09.2009].
Haug, Wolfgang Fritz (2009): Zur Frage nach der Gestalt des engagierten Intellektuellen. In: 50 Jahre Argument. Kritisch-intellektuelles Engagement heute. Hamburg: Argument, S. 47–53.
Honneth, Axel/Stojanow, Krassimir (2006): Die Anerkennung ist ein Grundmechanismus sozialer Existenz. http://www.eurozine.com/pdf/2006-12-08-honneth-de.pdf [30.09.2009].
Horkheimer, Max (1937/1988): Traditionelle und Kritische Theorie. Fünf Aufsätze. Frankfurt a.M.: Fischer.
Jaeggi, Rahel/Wesche, Thilo (2009): Was ist Kritik? Frankfurt a.M.: Suhrkamp.
Jung, Thomas/Müller-Doohm, Stefan (Hrsg.) (2009): Fliegende Fische. Eine Soziologie des Intellektuellen in 20 Portraits. Frankfurt a.M.: Fischer.
Kirchhöfer, Dieter (2000): Alltagsbegriffe und Alltagstheorien im Wissenschaftsdiskurs. In: Voß, G.G./Holly, W./Boehnke, K. (Hrsg.): Neue Medien im Alltag: Begriffsbestimmungen eines interdisziplinären Forschungsfeldes. Opladen: Leske + Budrich, S. 13–30.
Kreisky, Eva (2000): Intellektuelle als historisches Modell. In: Dies. (Hrsg): Von der Macht der Köpfe. Intellektuelle zwischen Moderne und Spätmoderne. Wien: WUV Universitätsverlag, S. 11–68.
Krotz, Friedrich (2001): Die Mediatisierung kommunikativen Handelns. Wie sich Alltag und soziale Beziehungen, Kultur und Gesellschaft durch die Medien wandeln. Wiesbaden: Westdeutscher Verlag.
Krotz, Friedrich (2003): Zivilisationsprozess und Mediatisierung. Zum Zusammenhang von Medienwandel und Gesellschaftswandel. In: Behmer, M./Krotz, F./Stöber, R./Winter, C. (Hrsg.): Medienentwicklung und gesellschaftlicher Wandel. Beiträge zu einer theoretischen und empirischen Herausforderung. Wiesbaden: Westdeutscher Verlag, S. 15–38.
Krotz, Friedrich (2007): Mediatisierung. Fallstudien zum Wandel von Kommunikation. Wiesbaden: VS.
Krotz, Friedrich/Thomas, Tanja (2007): Domestizierung, Alltag, Mediatisierung: Ein Ansatz zu einer theoriegerichteten Verständigung. In: Röser, J. (Hrsg.): MedienAlltag. Domestizierungsprozesse alter und neuer Medien. Wiesbaden: VS, S. 31–42.
Maasen, Sabine (2007): Die Feuilletondebatte zum freien Willen: Expertisierte Intellektualität im medial inszenierten *Think Tank*. In: Carrier, M./Roggenhofer, J. (Hrsg.): Wandel oder Niedergang? Die Rolle der Intellektuellen in der Wissensgesellschaft. Bielefeld: transcript, S. 99–124.
Müller-Doohm, Stefan/Neumann-Braun, Klaus (2006): Demokratie und moralische Führerschaft. Die Funktion praktischer Kritik für den Prozeß partizipativer Demokratie. In: Imhof, K./Blum, R./Bonfadelli, H./Jarren, O. (Hrsg.): Demokratie in der Mediengesellschaft. Wiesbaden: VS, S. 98–116.
Musner, Lutz (2004): Kultur als Textur des Sozialen. Essays zum Stand der Kulturwissenschaften. Wien: Löcker.
Nordmann, Jürgen (2001): Nonkonformisten der Gegenrevolution? Über den Ort rechtsliberaler Intellektueller. In: Utopie kreativ, H. 129/130, S. 624–633.
Randow, Gero von (2007): Randbemerkungen: Intellektuelle und kein Ende. In: Carrier, M./Roggenhofer, J. (Hrsg.):Wandel oder Niedergang? Die Rolle der Intellektuellen in der Wissensgesellschaft. Bielefeld: transcript, S. 177–180.
Raunig, Gerald (2002): Transversale Multituden. Online unter: http://eipcp.net/transversal/0303/raunig/de [30.09.2009].

Reckwitz, Andreas (2006): Kritische Gesellschaftstheorie heute. Zum Verhältnis von Poststrukturalismus und Kritischer Theorie. http://www.velbrueck-wissenschaft.de/pdfs/2006_reckwitz.pdf [20.09.2009].
Rosa, Hartmut (2009): Kritik der Zeitverhältnisse. Beschleunigung und Entfremdung als Schlüsselbegriffe der Sozialkritik. In: Jaeggi, R./Wesche, T. (Hrsg.): Was ist Kritik? Frankfurt a.M.: Suhrkamp, S. 23–54.
Said, Edward W. (1997): Götter, die keine sind. Der Ort des Intellektuellen. Berlin: Berlin Verlag.
Sapiro, Gisele (2009): The intellectual space in Europe, 19th–21th Centuries. Online unter http://lodel.ehess.fr/cse/docannexe.php?id=1216 [30.09.2009].
Schneider, Ulrich Johannes (2001): Intellektuellenverehrung. In: Winkler, Martina (Hrsg.): WortEnde. Intellektuelle im 21. Jahrhundert? Leipzig: Leipziger Universitätsverlag, S. 183–187.
Thomas, Tanja (2007): Showtime für das „unternehmerische Selbst" – Reflektionen über Reality-TV als Vergesellschaftungsmodus. In: Mikos, L./Hoffmann, D./Winter, R. (Hrsg.): Mediennutzung, Identität und Identifikationen. Die Sozialisationsrelevanz der Medien im Selbstfindungsprozess von Jugendlichen. Weinheim, München: Juventa, S. 51–66.
Thomas, Tanja (2009): Michel Foucault: Diskurs, Macht und Subjekt. In: Hepp, A./Krotz, F./Thomas, T. (Hrsg.): Schlüsselwerke der Cultural Studies. Wiesbaden: VS, S. 58–71.
Thomas, Tanja/Krotz, Friedrich (2008): Medienkultur und soziales Handeln. Begriffsarbeiten zur Theorieentwicklung. In: Thomas, T. (Hrsg.): Medienkultur und soziales Handeln. Wiesbaden: VS, S. 17–42.
Voigtländer, Leiv Eirik (2008): Der Funktionär als Emanzipationsagent – Organische und traditionelle Intellektuelle im politischen Denken Antonio Gramscis. In: Jung, T./Müller-Doohm, S. (Hrsg.): Fliegende Fische. Eine Soziologie des Intellektuellen in 20 Portraits. Frankfurt a.M.: Fischer, S. 85–104.
Voß, Günter G./Holly, Werner/Boehnke, Klaus (Hrsg.) (2000): Neue Medien im Alltag: Begriffsbestimmungen eines interdisziplinären Forschungsfeldes. Opladen: Leske + Budrich.
Winkler, Martina (2001): WortEnde und WortAnfang. Von den Räumen zwischen den Stühlen. In: Dies. (Hrsg.): WortEnde. Intellektuelle im 21. Jahrhundert? Leipzig: Leipziger Universitätsverlag, S. 7–12.
Winter, Rainer/Zima, Peter V. (2007): Die Aktualität der Kritischen Theorie. In: Dies. (Hrsg.): Kritische Theorie heute. Bielefeld: transcript, S. 9–19.

# Überlegungen zu Konsequenzen der Alltagsmediatisierung für die künstlerische Ausbildung an einer Filmhochschule

Dieter Wiedemann

„Heute ist die Medienentwicklung und von daher das, was die Mediatisierungstheorie fassen will, eng an die dynamische Entwicklung der Digitalisierung gebunden, die die alten Medien revolutionierte, insofern diese neu erfunden und zum Teil simuliert werden, und die neue Medien möglich machte. Zum derzeitigen Entwicklungsstand kann man sagen, dass diese Entwicklung auf drei relevanten Ebenen verläuft: Erstens entsteht ein umfassendes und komplexes Netzwerk aus Internet, Handy, Fernsehen, Telefon, Radio sowie aus den sonstigen medialen Netzwerken [...] Zweitens wird die Welt interaktiv belebt durch ‚intelligente Bausteine' in immer mehr Artefakten sowie durch eine parallele Realitätsebene im Netz, über die sich Geräte miteinander verständigen, über die aber auch interaktive Mensch-Maschine-Kommunikation stattfindet. Zum dritten wird die Welt in dieses Netz hinein abgebildet, arrangiert und inszeniert, dieses Netz besteht auch aus inszenierten Abbildern aller möglichen Geschichten und Situationen sowie aus Abbildern aller möglicher Menschen, wobei Abbilder nicht als bewegungs- und handlungsunfähige Bilder verstanden werden können." (Krotz 2007: 13f.)

1. Grundannahmen der Mediatisierung

Die diesem Artikel vorangestellte elfte von zwölf Grundannahmen, die nach Friedrich Krotz den „Rahmen einer Theorie der Mediatisierung" beschreiben, benennt treffend die Komplexität der gegenwärtig ablaufenden technologischen Prozesse und eignet sich meiner Meinung nach in besonderer Weise zur Analyse von Konsequenzen der Mediatisierung für Ausbildungsprozesse an einer Filmhochschule.

Nun wollte Friedrich Krotz mit diesen „Grundannahmen" keine Curricula entwerfen und auch keine Rezepte für Handlungsanleitungen verfassen, sondern er hat, wie es so seine Art ist, ein – durchaus traditionell analoges – Gedankengebäude vorgelegt, an dem wir uns nun abarbeiten können. Will (auch als der Ältere von uns beiden) sagen: Wie gehen wir eigentlich als ältere Wissenschaftlerinnen und Wissenschaftler (Lieber Friedrich, da musst Du jetzt durch!) mit unseren wissenschaftlichen Visionen um? Natürlich schreiben wir weiterhin analoge Bücher – und wir tun das selbstverständlich und ich persönlich sehr gern auch zur Ehrung Deines „runden" Geburtstages –, aber auf Dein Thema bezogen müssen wir wahrscheinlich feststellen: Die Wissenschaft von der Alltagsmediatisierung bleibt vorerst analog!

Vielleicht wird ja diese Festschrift dank Google in kurzer Zeit digital zur Verfügung stehen und insofern Bestandteil des mediatisierten Alltags werden können, d.h. es wird eine „Mensch-Maschine-Kommunikation" ermöglicht, die auf den Ausschnitt bzw. den Suchbegriff und nicht auf das Gesamtwerk zielt. Doch zurück zu den „Mediatisierten Welten: Kommunikation im medialen und gesellschaftlichen Wandel", wie das von Friedrich Krotz bei der DFG beantragte und beschlossene Schwerpunktprogramm lautet. Bemerkenswert ist, dass in diesem Schwerpunktprogramm sowohl die Inhalte der Kommunikation als auch die diese Kommunikation erst möglich machenden technologischen Entwicklungen weitgehend vernachlässigt scheinen. Zumindest lassen die bisher eingereichten Teilprojekte eine solche Vermutung zu. Will sagen, dass ich die Berührungsängste zwischen wissenschaftlicher, technologischer und künstlerischer Forschung an dieser Stelle sehr bedauerlich finde. Ich denke, dass die Alltagsmediatisierung wesentlich durch künstlerische bzw. künstlerisch-technologische Prozesse beeinflusst wird, die durch kommunikationswissenschaftliche oder soziologische Annahmen allein nicht erfasst werden können. So lenken der Begriff der „sozialen Netzwerke" und insbesondere die darüber geführten kommunikationswissenschaftlichen, soziologischen, juristischen, psychologischen etc. Diskurse von deren Relevanz für künstlerische Entwicklungsprozesse ab.

Mit der fortschreitenden Entwicklung digitaler Medien bzw. digitaler Werkzeuge für künstlerische Produktionen lassen sich zum Beispiel nun Ideen der künstlerischen Avantgarde aus den zwanziger und dreißiger Jahren des letzten Jahrhunderts verwirklichen. Bert Brecht hat sich bereits in den dreißiger Jahren in seiner Radio-Theorie mit dieser Problematik beschäftigt und u.a. formuliert:

„Unsere Gesellschaftsordnung, welche eine anarchische ist [...] ermöglicht es, dass Erfindungen gemacht und ausgebaut werden, die sich ihren Markt erst erobern, ihre Daseinsberechtigung erst beweisen müssen, kurz *Erfindungen, die nicht bestellt sind.* So konnte die Technik zu einer Zeit soweit sein, den Rundfunk herauszubringen, wo die Gesellschaft noch nicht soweit war, ihn aufzunehmen. Nicht die Öffentlichkeit hat auf den Rundfunk gewartet, sondern der Rundfunk wartet auf die Öffentlichkeit, und um die Situation des Rundfunks noch genauer zu beschreiben: nicht Rohstoff wartet auf Grund eines öffentlichen Bedürfnisses auf Methoden der Herstellung, sondern Herstellungsmethoden sehen sich angstvoll nach einem Rohstoff um. *Man hatte plötzlich die Möglichkeit allen etwas zu sagen, aber man hatte, wenn man* es *sich überlegt, nichts zu sagen.*" (Brecht 1966: 138ff.)

Brechts berühmte, aber bisher nicht umgesetzte Schlussfolgerung aus diesem Umstand lautete:

„Der Rundfunk ist aus einem Distributionsapparat in einen Kommunikationsapparat zu verwandeln. Der Rundfunk wäre der denkbar großartigste Kommunikationsapparat des öffentlichen Lebens, ein ungeheures Kanalsystem, das heißt, es wäre es, wenn er es verstünde, nicht nur auszusenden, sondern auch zu empfangen, also den Zuhörer nicht zu hören, sondern auch sprechen zu machen und ihn nicht zu isolieren, sondern ihn in Beziehung zu setzen." (Brecht 1966: 138ff.)

Diese unter medienemanzipatorischen Gesichtspunkten bemerkenswerte Entwicklung ist inzwischen durch eine Vielzahl von Plattformen und Netzen möglich geworden: Kinder und Jugendliche und natürlich auch Erwachsene rezipieren nicht nur Medienwelten, sondern tragen auch zu deren Produktion – was auch bedeutet: zur Stabilisierung der Medienwelten – bei. D.h., die jungen Leute agieren in diesen Medienwelten, indem sie sie nutzen und gleichzeitig durch eigene Produkte mitgestalten.

Ein Blick auf Medienproduktionen von Kindern und Jugendlichen zeigt aber immer wieder, dass diese die professionellen „Vorbilder" nicht selten kopieren und kaum kreativ mit den jeweiligen Möglichkeiten des Mediums umgehen. Ich frage mich, ob dies u.a. daran liegt, dass ein Aufwachsen in modernen Medienwelten auch bedeutet, die (Spiel)Regeln der einzelnen Medien frühzeitig zu erlernen bzw. zu akzeptieren und damit nicht frei mit und in ihnen spielen zu können? Natürlich gab und gibt es immer wieder „Ausbrecher" aus diesen Medienklischees und -stereotypen, deren Arbeiten wir auch gelegentlich auf Insider-Festivals sehen können. Diese bestimmten und bestimmen aber bis heute nicht den medialen Mainstream, wenn sich dieser auch immer mehr zu einem Mainstream bestehend aus einer Vielzahl von ähnlichen Einzelströmen zu entwickeln scheint. Vielleicht liegt die hier skizzierte Entwicklung aber auch ganz einfach an medientechnologisch definierten Gestaltungsrahmen (digitale Programme und Features), dass die Brecht'sche Vision einer medialen Vernetzung – heute zur Realität geworden – so wenig originell daherzukommen scheint.

Als zweiten Visionär des vergangenen Jahrhunderts will ich für unser Thema Walter Benjamin bemühen. Er hat bereits 1934 über den „Autor als Produzent" gesprochen, der einen „Apparat" braucht, „der umso besser (ist), je mehr er Konsumenten der Produktion zuführt, kurz aus Lesern oder aus Zuschauern Mitwirkende zu machen imstande ist" (Benjamin 2002: 243): also wiederum die medial vermittelten „sozialen Netzwerke" gefordert. Und es war Walter Benjamin, der in seinem Aufsatz „Das Kunstwerk im Zeitalter seiner technischen Reproduzierbarkeit" (1936/39) die Basis einer modernen Filmtheorie schuf und dabei auch auf den engen Zusammenhang zwischen technologischen Entwicklungen und Veränderungen in der Sinneswahrnehmung hinwies. Das impliziert natürlich eine Frage nach den künstlerischen bzw. kunstwissenschaftlichen Visionen von heute und nach ihrer Berücksichtigung in den klassischen wissenschaftlichen Disziplinen.

Der Arrangierung und Inszenierung von Welten wohnen immer auch künstlerische Prozesse inne, die mit den traditionellen wissenschaftlichen Analyse- und Erkenntnismethoden wahrscheinlich nicht erkannt und erfasst werden können. Um diese Problematik wissend, ist es uns bisher aber weder gelungen, die künstlerische Forschung und insbesondere ihre Ergebnisse in unsere kommunikationswissenschaftlichen Schemata zu integrieren, noch hat es die künstlerische Forschung bisher geschafft, die „traditionellen" Wissenschaftsdisziplinen neugierig zu machen auf das, was nur künstlerische Forschung allein hervorbringen kann!

2. Digitalisierung als künstlerische, technologische und wissenschaftliche Herausforderung

Friedrich Krotz sieht im Prozess der Digitalisierung der Medien eine, wenn nicht die wesentliche Grundlage für seine Theorie einer Mediatisierung des Alltags. Mit dem Verschwinden so verschiedener bisheriger Trägermedien für kommunikative Botschaften wie z.b. Film, verstanden als Zelluloid, Hörfunk, vermittelt durch Wellen, Printmedien als bedrucktes Papier etc. scheint nur ein Trägermedium dominierend – aber keinesfalls ausschließlich – übrig zu bleiben, nämlich das der für uns nicht sichtbaren Datenströme auf wiederum unterschiedlichen digitalen Speichermedien.

Eine immer wieder in diesem Zusammenhang diskutierte Frage ist die nach damit verbundenen quantitativen oder qualitativen Veränderungen in den kommunikativen Prozessen. Es ist relativ unbestritten, dass die Produktions- und auch die Rezeptionsbedingungen der Kommunikate (Filme, Texte, Musik, Bilder etc.) durchaus qualitativen Veränderungen durch die Digitalisierung unterworfen sind. Gilt das aber auch für das Kommunikat selbst? Haben der Farb- oder auch der Tonfilm das Kommunikat „Film" nicht wesentlich stärker beeinflusst als die Digitalität?

Meine Antwort lautet: Ja, und das mit großer Sicherheit – und wegen der Eindeutigkeit der Faktenlage will ich hier auf differenzierte Ausführungen verzichten, aber dennoch auf ein „Aber" verweisen! Das „Aber" betrifft natürlich unsere traditionellen Gattungs- bzw. Genrezuordnungen: Ein narratives Computerspiel, das heute zur Alltagsmediatisierung gehört, wäre in der gegenwärtigen Qualität weder auf Zelluloid noch auf den „traditionellen" Aufzeichnungs- und Wiedergabetechniken des Fernsehens möglich gewesen. Denn: Das Kino und insbesondere das Fernsehen haben sich nach anfänglichen Versuchen um eine Interaktivität (z.B. bei Quizsendungen) ihres Mediums davon relativ schnell verabschiedet. Offenbar spielte und spielt bis heute die Sorge um einen – durchaus denkbaren, weil technologisch möglichen, siehe YouTube! – Verlust der Programmhoheit der nicht zuletzt durch Staatsvertrag legitimierten Macher eine wichtige Rolle, denn: Interaktives Fernsehen verlangt Zuschaueraktivitäten auch in das Programm hinein.

Interessanterweise bieten verschiedene medienkünstlerische Formen ein hohes Maß an Interaktivität, z.B. in interaktiven Installationen (Bild- und/oder Klangerzeugung durch Aktivitäten der TeilnehmerInnen) oder Formen der „Virtuellen Realität" („Second Life" oder dreidimensionale Illusionswelten). Erwartbar ist, dass die hierbei gemachten Erfahrungen in absehbarer Zeit auch im Film bzw. Kino genutzt werden: „begehbare Filme" als Form des körperlichen „Eintauchens" der Rezipienten in die virtuellen Filmrealitäten. Also nicht der Darsteller verlässt wie in Woody Allens „The Purple Rose of Cairo" (1985) die Leinwand, um einer Zuschauerin nah zu sein, sondern die Zuschauer tauchen zukünftig in den Film ein. Das klingt nach Apokalypse und nach dem Verschwinden des Kunstwerkes in virtuellen Räumen, es klingt aber auch nach technologisch möglicher Mediatisierung des Alltags. So stelle ich mir zumindest eine in das „Netz" hinein „arrangierte und inszenierte" Welt vor.

Dass dabei der „virtuelle Sex" ein geschäftstreibendes Modell sein könnte (siehe Diskussionen um Sex in „Second Life"), kann wohl weder kommunikationswissenschaftlich noch juristisch als Teil der Welt im Netz verhindert werden. Die Bestimmungen des Kinder- und Jugendmedienschutzes müssen aber auch in den „Netzwelten" eingehalten und garantiert werden.

Als ein Zwischenschritt auf dem Weg zu den virtuellen Medienrealitäten können aus Sicht der Kommunikationsteilnehmer das 3D-Kino und das 3D-Fernsehen interpretiert werden. Sicher wird der Grad der Illusionierung durch die Möglichkeiten der digitalen Produktion weiter perfektioniert: Die Kommunikationsteilnehmer sind noch stärker an der Illusion des Dabeiseins „dran". Aber sind diese Illusionen wirklich noch das Ergebnis von den Kommunikanten gewünschter „innerer Spiele" (illudere)? Denn ob sie das wollen und wie sie diese Erlebnisse des Ausgeliefertseins an virtuelle Realitäten verarbeiten können, ist gegenwärtig nur unzureichend erforscht, was angesichts der weitgehend fehlenden Beispiele nicht überraschen darf.

Aber unabhängig von den hier unterstellten partiellen Illusionierungswünschen (= Wünsche nach partiellen Realitätsverweigerungen?) stellen sich für mich wichtigere Fragen:

- Warum haben wir keine Probleme mit der Wahrnehmung und Interpretation von zweidimensionalen Bildern der Wirklichkeit, obwohl das räumliche Sehen doch zur menschlichen Grundausstattung gehört?
- Werden in einer simulierten Realität die in der realen Wirklichkeit gelernten Zuwendungs- und Abwehrmechanismen ebenso erfolgreich funktionieren (die im Netz diskutierte juristische Behandlung von virtuellem Sex in „Second Life" verweist auf ein ziemlich manifestes Problem unserer realen Wirklichkeit!) oder müssen neue Strategien erlernt werden?
- Wie lange werden unsere audiovisuell orientierten Sinnesorgane brauchen, die virtuelle Realität als Realität zu akzeptieren und damit zu adaptieren, und wie lange wird es uns gelingen, unsere übrigen Sinnesorgane, z.B. unseren Tast- und Geruchssinn, zu betrügen?

Ebenfalls als einen Zwischenschritt auf dem Weg zur Veralltäglichung virtueller Medien sehe ich die aktuellen Versuche in Richtung social tv, d.h. die technologische Kreation virtueller Gemeinschaftserlebnisse im Netz, z.b. in Form von Kommentierungen/Bewertungen für an verschiedenen Orten gleichzeitig gesehene TV-Angebote (die Amtseinführung Obamas, GZSZ, Sportereignisse etc.).

Die Fragmentierung des TV-Publikums wird so wieder aufgehoben, das Fernsehen kann im Netz zu einer echten Form massenhafter Kommunikation beitragen, wenn denn die Kommunikationsteilnehmer es wollen. Die aus dieser technologischen Kreation virtueller Gemeinschaftserlebnisse resultierenden Chancen und auch Risiken für die Rezeptions- und Wirkungsforschung können hier leider nicht thematisiert werden. Eine wissenschaftliche Analyse der sich in natürlichen Situationen (nicht in Forschungslaboren simulierten) vollziehenden Bewertungs- und Kommunikationsprozesse wäre nicht nur für die Medienproduzenten von Interesse.

Diese sind nämlich weit stärker als die Rezipienten von den neuen digitalen Technologien herausgefordert, ein großes Problem stellen z.B. die weitgehend fehlenden Standards zwischen den verschiedenen Aufnahme-, Bearbeitungs- und Wiedergabegeräten („digitaler workflow") dar, die immer wieder zu Datenverlusten führen können. Manche der derzeit erlebbaren Pannen im Fernsehen, aber gelegentlich auch im Kino erinnern mich an die selbst erlebten Pannen im Fernsehen der fünfziger Jahre und an die im Fach Filmgeschichte (ich habe an einer Filmhochschule studiert) vermittelten Pannen aus der Kindheit des Kinos. Wobei wir die frühen Zelluloidpannen heute noch sehen können, während die Form der Archivierung der digitalen Filme der Gegenwart immer noch ungeklärt ist: Es kann sein, dass das kulturelle Gedächtnis – auf den Beginn des neuen Jahrhunderts bezogen – sich vorrangig auf Berichte über digitale Kulturereignisse (Filme, digitale Installationen, Fotos etc.) und nicht auf die Ereignisse selbst rekurrieren kann.

Aber darum soll es hier nicht gehen, weil unter kommunikationswissenschaftlichen Gesichtspunkten die Frage nach den – möglichen – Auswirkungen der Digitalisierung auf das Kommunikat und nicht auf dessen Archivierung weit wichtiger scheint. Belege für diese Vermutung sind aber gegenwärtig noch schwer verifizierbar: Der Unterschied zwischen einer analogen oder digitalen, einer HD- oder einer anders formatierten Fernsehübertragung fällt uns meist erst und wahrscheinlich nur dann auf, wenn es Übertragungsstörungen gibt (das Wort „Bild- oder Tonstörung" hatte ich in meiner Erinnerung höchstens mit den fünfziger und sechziger Jahren des vergangenen Jahrhunderts verbunden!), was nicht nur bei der Präsentation des neuen „heute-Studios" des ZDF passierte.

Für die Alltagsmediatisierung scheinen allerdings andere Prozesse der Mediendigitalisierung wichtiger, z.B. die Allgegenwärtigkeit bewegter Bilder.

Diese haben sich inzwischen teilweise von ihren ursprünglichen Präsentationsorten/-medien (Kino, Fernsehapparat) gelöst und sind gewissermaßen zu „digitalen Vagabunden" geworden, die großformatig auf Häuserwänden, in Fußballstadien, in Messehallen und Erlebnisparks oder kleinformatig auf Handys oder auf Navigationsbildschirmen in Autos permanent verfügbar sind. Bemerkenswert wie auch irritierend daran ist, dass es nahezu identische Bewegtbildmuster sind, die entweder mehrere Hundert Quadratmeter oder weniger als Hundert Quadratzentimeter Fläche füllen. Wobei wahrscheinlich gar nicht so sehr die so stark divergierenden Bildgrößen das Problem darstellen (die ersten Fernsehgeräte hatten Bildgrößen, mit denen manche Handys und Navigationsbildschirme durchaus mithalten können), sondern vielmehr die stark abweichenden Nutzungsweisen.

Restzeitverwertung durch Bewegtbildnutzung im öffentlichen Raum versus gezielte Zeitplanung für Bewegtbildnutzung im Kino oder vor dem Bildschirm. Das stellt die Frage nach den unterschiedlichen Dramaturgien und Erzählstrategien für Kommunikationsangebote in öffentlichen oder geschlossenen Räumen, für bewusst ausgewählte oder zufällig erhaltene Kommunikationsangebote. Sicher muss das Kommunikat in beiden Kommunikationssituationen Aufmerksamkeit bei den Kommunikanten erreichen, in öffentlichen Räumen muss dabei häufig auf den für die Wahrnehmung so wichtigen Ton verzichtet werden (in der U-Bahn, im Bus oder an der Hauswand in einer Geschäftsstraße etc.). Andererseits dürfte die Erwartungshaltung Kommunikaten im öffentlichen Raum gegenüber in der Regel geringer sein, weil die Verwertung von Restzeit (Warten auf Verkehrsmittel oder Menschen, Sitzen in Verkehrsmitteln oder öffentlichen Gebäuden etc.) einen anderen Stellenwert in der individuellen Zeitbilanz hat als die so genannte Freizeit. An die Freizeit werden weit höhere Erwartungen gestellt, sicher beeinflusst von den Angeboten der Freizeitindustrie, aber nicht nur: Man denke z.B. an das „Sonntagsgebot" der katholischen Kirche und an die vielen Freizeittheorien.

Doch zurück zu den Notwendigkeiten unterschiedlicher Erzählstrategien, die aus den differenzierten Kommunikationssituationen resultieren. Leider liegen hierzu bisher keine verallgemeinerbaren Erfahrungen vor: Die von der Ufa für das Handy produzierte Soap „Kill your darling" ist bisher nicht eingesetzt worden und wurde bisher auch nicht im Fernsehen ausgestrahlt, und die erste Handy-Soap „mittendrin – Berlin rockt" erreichte zwar 35.000 Abonnenten, war aber eine Fotostory. Interessant daran ist der konkrete Bezug zu einem Ort und nicht zu einem bestimmten Lebensgefühl junger Leute, warum?

3. Digitalisierung und Heimat

Als ich vor vielen Jahren das erste Mal Horst Tappert als „Derrick" in einem griechischen TV-Kanal im Griechenland-Urlaub griechisch sprechen hörte, war ich gleichermaßen irritiert wie auch erfreut. Ich hätte auch die russische Fassung von „Die Legende von Paul und Paula" (Regie: Heiner Carow) nennen können, aber die hatte ich – gesehen in einem Moskauer Kino – noch als kinematografisches Ereignis und nicht als Fernsehalltag erlebt. Jahre später scheint die Situation eine andere: Das Netz ermöglicht mir in fast allen Ländern der Erde einen Zugriff auf all die Informationen, die ich auch zu Hause genutzt hätte: Das Netz wird zu einer Art „medialer Heimat", die mir hilft, überall in der Welt das zu sehen, zu lesen und zu hören, was ich zu Hause auch sehen, lesen und hören würde.

Was heißt das eigentlich? Behindert das World Wide Web den Austausch der Kulturen, weil ich nun überall in der Welt meine eigene Kultur nutzen kann, zu der durchaus US-Serien und Hollywood-Filme, schwedische Krimis und französische Chansons gehören können? Wird durch das weltweite Netz mit seinen unübersehbaren und auch von Suchmaschinen kaum noch strukturierbaren Angeboten nicht der Rückzug auf das Bekannte gewissermaßen vorprogrammiert? Natürlich hat dieser massenhafte Prozess der Präsentation von Heimat in der Fremde schon mit der Einführung des Satellitenfernsehens im vergangenen Jahrhundert begonnen: Die Fußballbundesliga und „Wetten, dass?" auf den Kanarischen Inseln! Die mit der Digitalisierung möglich gewordene Unabhängigkeit von Fernsehgeräten (und auch Zeitungen!) und damit auch von monopolistischen Programmanbietern (siehe Brecht!) hat auch zur Möglichkeit von individuellen Definitionen von Heimat geführt: Ich kann in Seoul, Taschkent oder Havanna die Adresse meiner Heimatstadt Potsdam oder die meiner Hochschule ins WWW eingeben und erfahren, was gerade kulturell angesagt ist. Ich könnte auch versuchen, in der jeweiligen Stadt die Kulturen ihrer Bewohner zu erfahren/zu erleben, was ich vor wenigen Jahrzehnten musste; heute kann ich mich auf die Kultur meiner Region, meines Kiezes zurückziehen, wenn ich das möchte!

Die von Friedrich Krotz beschriebene „Abbildung der Welt in das Netz hinein" scheint also gegenwärtig weniger „arrangiert und inszeniert" als von ihm vermutet. Wahrscheinlich wegen der fehlenden Kompetenzen in Sachen „Arrangieren" und „Inszenieren" bei den meisten Usern.

Aber was nicht ist, kann ja noch werden.

Literatur

Benjamin, Walter (2002): Medienästhetische Schriften. Frankfurt a.M.: Suhrkamp Verlag.
Brecht, Bertolt (1966): Der Rundfunk als Kommunikationsapparat. In: Schriften zur Literatur und Kunst. Berlin, Weimar: Aufbau Verlag.
Krotz, Friedrich (2007): Mediatisierung: Fallstudien zum Wandel von Kommunikation. Wiesbaden: VS.

Mediatisierung und Medienentwicklungsforschung: Perspektiven für eine gesellschaftswissenschaftliche Medienkommunikationswissenschaft

Carsten Winter

Dieser Beitrag diskutiert Mediatisierung als Metaprozess sozialen Wandels im Kontext der Gesellschaftstheorien, in denen die Zunahme von Kommunikation zuerst ein zentrales Thema wurde. Dabei interessiert insbesondere eine Vermittlung mit der *Theorie des kommunikativen Handelns* (1981a, b) von Jürgen Habermas als „kritischer" Theorie gesamtgesellschaftlicher Entwicklung und der konzeptionellen Reaktionen darauf. Um es gleich vorwegzunehmen: Ziel ist hier keine umfassende Theorie, sondern die Entwicklung normativer Perspektiven für eine kritische gesellschaftswissenschaftliche Mediatisierungsforschung.

Zuerst werden Grundannahmen der Mediatisierungstheorie[1] von Friedrich Krotz vorgestellt. Zu ihnen werden einige Fragen aufgeworfen (1), die im Kontext der Mediatisierungstheorie von Jürgen Habermas und ihrer Vorannahmen und Entwicklung (2) genutzt werden, um die Erforschung von Mediatisierung durch Forschungen zur Entwicklung von Medien empirisch und historisch normativ zu erweitern, um spezifischer zur Entwicklung der Zivilgesellschaft beitragen zu können (3).

1. Die quantitative und qualitative Zunahme medialer Kommunikation (Mediatisierung) als Metaprozess sozialen Wandels

Bei der Auseinandersetzung mit der grundlegenden Frage der Sozialwissenschaften, wie der Wandel von Gesellschaft verstanden werden kann, haben Kommunikationsmedien die längste Zeit keine Rolle gespielt. Erst die Einsicht in die Komplexität des Wandels in der seit Anfang der 90er Jahre fachübergreifend geführten Globalisierungsdiskussion rückt sie ins Zentrum. Abstrakten Struktur- und Systemtheorien war damals ein „global babble" (vgl. Winter 2000) vorgeworfen worden, weil

---

1   Unter Theorie verstehe ich hier ein aus aufeinander bezogenen Begriffen bestehendes und durch übergreifende Konzepte gekennzeichnetes Aussagesystem, einen Sinnzusammenhang, in dem und mit dem ein Gegenstands- und Problembereich geordnet werden kann (vgl. Krotz/Hepp/Winter 2008: 11). Dabei berücksichtige ich, dass Mediatisierung keine ausgearbeitete Theorie ist, sondern eher etwas, das von vielen als „Ansatz" bezeichnet wird – definitorische Probleme, „Ansatz" zu definieren, waren der Anlass, doch von „Theorie" zu sprechen.

sie weder die Ursachen noch die Folgen von Globalisierung und auch nicht die globale Zunahme komplexer Konnektivität konzeptualisieren können, die als das zentrale Merkmal von Globalisierung identifiziert wird (Tomlinson 1999: 1–10).
Die Theorie der Mediatisierung von Friedrich Krotz, die gesellschaftlichen Wandel verbindet mit der qualitativen und quantitativen Zunahme von medialer Kommunikation, macht diesen Befund verständlich. Die Zunahme globaler komplexer Konnektivität ist eine Folge vor allem von Mediatisierung, die sich nach Krotz dadurch äußert, dass Medienumgebungen komplexer und die Potenziale von Medien und Kommunikation größer werden, während sich Funktionen älterer Medien ändern, digitale Medien mehr Funktionen übernehmen sowie ihre Bedeutung allgemein wächst. Immer verschiedenere Kommunikationsformen verändern unser Leben und Zusammenleben, unsere Beziehungen und die Konstitution von Bedeutung und Sinn (Krotz 2006: 33). Diese Konzeption von Mediatisierung schafft weiter einen neuen Rahmen für eine Diskussion und Integration medienkommunikationswissenschaftlicher Forschung sowie ihrer Berücksichtigung in Diskussionen über Wandel und die Zunahme komplexer Konnektivität.
Ausgehend von der Habilitation „Die Mediatisierung kommunikativen Handelns. Der Wandel von Alltag und sozialen Beziehungen, Kultur und Gesellschaft durch die Medien" (2001) hat Krotz seitdem Forschung zu Mediatisierung als Metaprozess von gesellschaftlichem Wandel vernetzt und verfeinert. Neben der Vermittlung mit aktuellen Medien-, Kommunikations- und Kulturtheorien (Krotz 2006) leistet er Beiträge zur Entwicklung neuer Theorien und Modelle für eine angemessenere empirisch-systematische Erforschung des immer rascheren Wandels (2005), wobei er eine normative politische Orientierung einfordert, was unlängst ein Beitrag über Stuart Hall (2009) unterstreicht.
Die Mediatisierungstheorie ist m.E. vor allem durch fünf Grundannahmen charakterisiert. Sie sind besonders zu beachten, wenn es gelingen soll, diese im Kontext der Grundannahmen und Ziele der normativen Mediatisierungstheorie von Habermas perspektivisch zu diskutieren:

1. Grundlegend für sein Verständnis von Mediatisierung ist die Annahme, dass der Mensch „Kommunikation zu allererst als Handeln in Bezug auf andere Menschen und damit als situative oder übergreifende Beziehung zu ihnen" erfährt (Krotz 2008: 29).
2. Das Gespräch ist die Urform, aus der sich drei Formen von medialer Kommunikation ausdifferenziert haben: Kommunikation mit Inhalten (1), mit Menschen mittels Medien (2) und mit „intelligenten" Computerprogrammen (3) (ebd.: 42).
3. Diese Ausdifferenzierung ist als Entwicklung für Krotz nur handlungstheoretisch zu verstehen (vgl. Pkt. 1). „In diese Richtung hin wäre weiter zu arbeiten." (ebd.: 44)

Mediatisierung und Medienentwicklungsforschung 283

4. Entwicklung wird nicht als „linearer" Prozess verstanden, etwa als Durchsetzung von technologischen Optionen (Diffusion) oder „nachholender" Prozess, wie in älteren Modernisierungstheorien (Krotz 2005), die die komplexe Verwobenheit von Medien mit Kontexten und Lebensweisen übersehen, die Mediatisierung als Zusammenhang verschiedener Prozesse (Metaprozess) ausmacht (Krotz 2005: 31f.).
5. Trotzdem nimmt Krotz an, dass Metaprozesse im Kapitalismus von ökonomischen Entwicklungen abhängen: „Kommerzialisierung ist ein die Entwicklungen voran treibender Metaprozess hinter dem Metaprozess Mediatisierung" (Krotz 2006: 37). Er fordert, die Entwicklung von Mediatisierung nicht den Unternehmen zu überlassen, sondern durch Wissenschaft dazu beizutragen, dass diese gesamtgesellschaftlicher reflektiert, kritisiert und mit verantwortet werden kann (ebd.: 38).

Diese fünf Annahmen konstituieren heute die medien- und kommunikationswissenschaftliche Mediatisierungsforschung. Friedrich Krotz entwickelte sie im Kontext der Theoriediskussion von McQuail und insbesondere der Arbeiten von Marshall McLuhan und Norbert Elias sowie zuletzt der von John Tomlinson und Manuel Castells. Diese Arbeit wird hier im umfassenden Kontext der historischen sowie systematischen Entwicklung der *Theorie des kommunikativen Handelns* (Habermas 1981 a, b) über die Beantwortung der folgenden drei Fragen ergänzt:

1. Wie kann die handlungstheoretische Erforschung des Umgangs mit Medien in Bezug zu anderen Menschen als übergreifende Beziehung verbessert werden?
2. Wie kann die Veränderung des Handelns und von sozialen Beziehungen durch Medien spezifischer konzeptualisiert werden?
3. Wie können theoretische Vorannahmen unseres Verständnisses von Mediatisierung und der Kritik an diesem Metaprozess vertieft und verfeinert werden?

Die Auseinandersetzung mit diesen Fragen erfolgt nicht im Lichte vor allem aktueller Studien und Daten, sondern historisierend und nicht im Rahmen von Kommunikationstheorie, sondern der Entwicklung von Gesellschaftstheorie. Beides ist meiner Meinung nach mehr als bisher in die Entwicklung unseres Nachdenkens über Mediatisierung einzubeziehen.

2. Die Mediatisierung kommunikativen Handelns als Differenzierung und Rationalisierung im Sinne einer Abkopplung von der Lebenswelt

Habermas entwickelt seine Mediatisierungstheorie im Rahmen seiner Theorie zur Kritik der gesamtgesellschaftlichen Entwicklung auf der Basis von soziologischer Differenzierungs- und Rationalitätstheorie. Zurück geht diese auf Emile Durkheims Kritik an Spencers evolutionärer Differenzierungstheorie und auf Max Webers rationalitätstheoretische Kritik an Marx. An sie knüpft Talcott Parsons'

Gesellschaftstheorie an, die so unterschiedliche Theoretiker wie Jürgen Habermas, Niklas Luhmann und Richard Münch als Kommunikationstheorie der Gesellschaft entwickeln und die Analyse vom Wandel medientheoretisch reformulieren, ohne allerdings die Bedeutung und Entwicklung von Kommunikationsmedien für Gesellschaft aufzuklären.

Die Entwicklung der *soziologischen* Konzepte „Differenzierung" und „Rationalisierung" hat die Soziologie als Gesellschaftswissenschaft begründet. „Differenzierung" war zuerst ein sehr einfaches Konzept, mit dem postuliert wurde, dass wirtschaftliche Spezialisierung zu Wandel beiträgt im Sinne der „Evolution" der Gesellschaft. Sie verbessert die Leistungsfähigkeit und Lebensbedingungen und produziert immer verschiedenere, voneinander abhängigere Gruppen, was für Spencer ihre Solidarität begründet. Diese Annahme differenziert Durkheim mit seiner Unterscheidung von „mechanischer" und „organischer" Solidarität. Mit ihr zeigt er in seiner Studie über Arbeitsteilung, dass komplementäre Interessen keinen solidarischen Zusammenhang in einer tiefer differenzierten Gesellschaft begründen können, sondern dieser vielmehr auf komplexeren Voraussetzungen beruht, die er „nicht vertragliche Grundlagen von Verträgen" nennt.

Diese Konzeption des Wandels von Gesellschaft als Differenzierung über Arbeitsteilung *und* korrespondierend neue vorvertragliche Grundlagen von Verträgen ist nicht evolutionär oder utilitaristisch-individualistisch. Sie konstituiert sozialen Wandel als eine Folge komplexerer Vermittlungsmöglichkeiten von Gesellschaft. Indem er zeigt, dass das Soziale nicht aus einer anderen Entwicklung abgeleitet werden kann, begründet er moderne Gesellschaftstheorie mit. Ähnlich zeigt Max Weber gegen Karl Marx, dass der Wandel auch nicht aus der Entwicklung der „Produktivkräfte" abgeleitet werden kann, mit der dieser den Wandel der Gesellschaft als Produktionsverhältnis, als einen abhängigen Zusammenhang der Distribution/Zirkulation und des Konsums von der Produktion erklärt.

Weber nahm an, dass die Ursachen für den Wandel von Gesellschaft weniger unmittelbar und stärker mit ihren kulturellen Grundlagen verbunden sind: Warum entsteht nur im Okzident die Annahme, dass die Gottwohlgefälligkeit des Lebens am irdischen Reichtum ablesbar sei? Wie wird Streben nach Reichtum rational? Was unterscheidet die „westliche" von der „östlichen" Rationalität? Wie entstand der „Geist des Kapitalismus"? Bekanntlich entdeckte er dann, dass die östliche Kultur auf der Annahme eines Gleichgewichts der Welt beruht, das Handeln nicht gefährden dürfe, während die „westliche" Kultur auf der Grundannahme beruht, dass die Welt zu verbessern sei. Handeln ist vor dieser Annahme rational, wenn es diese Welt „verbessert". Je mehr verschiedene Menschen auf ihre Weise aus ihrer Sicht in diese verbesserungswürdige Welt eingreifen, desto offenkundiger wird die Abhängigkeit dieser Eingriffe aber von ihrem Wissen und ihrer Situation. Indem wir die Welt durch soziale, rechtliche, kulturelle, technologische usf. Eingriffe ändern, befreien wir sie nicht aus dem Zustand, verbesserungswürdig zu

Mediatisierung und Medienentwicklungsforschung 285

sein. In diesen Widerspruch zwischen Handeln und Kultur, der für „westliche" Kultur konstitutiv ist, gerät östliche Rationalität nicht. Die Ambivalenz dieser Rationalisierung, die Weber auch als „Entzauberung" beschreibt, konstituiert Rationalisierungstheorien als Theorien eines aktiven Wandels von Gesellschaft.

In dieser Tradition moderner Gesellschaftstheorie steht auch die Theorie der Mediatisierung linearen Konzepten kritisch gegenüber und versteht Wandel nicht evolutionär oder als Effekt der Entwicklung der Produktivkräfte. Ziel dieser Vermittlungstheorie ist eine Klärung der Ursachen und Folgen gesellschaftlichen Wandels. Die „Vermittlungsdisziplin" Soziologie macht Medien in diesem Kontext in einer für die Kommunikations- und Medienwissenschaft überraschenden Weise zum Gegenstand. Ohne Bezüge zu Medien der Kommunikation haben Talcott Parsons und Neil Smelser eine soziologische Medientheorie in *Economy and Society* (1956) um Geld als „symbolisch generalisiertes Medium" entwickelt. Es funktioniert wie eine Spezialsprache, die davon entlastet, immer wieder neu über Voraussetzungen und Umstände von Tausch-Interaktionen verhandeln zu müssen. Als leistungsfähige Vermittlungsbedingung zur Differenzierung und Rationalisierung von Tauschvorgängen erfordert Geld als Medium strukturelle Voraussetzungen (Wirtschaft), die bestehen oder geschaffen werden müssen.

Parsons' Konzeptualisierung der Ausdifferenzierung spezialisierter Handlungssysteme über symbolisch generalisierte Medien hilft, Formen und Folgen komplexer Differenzierungen und Rationalisierungen funktional spezifischer zu verstehen. Wandel ist nicht mehr nur eine Folge abstrakter neuer vorvertraglicher Vertragsgrundlagen und Ethiken, sondern konkreter neuer Vermittlungsvoraussetzungen in der Gestalt symbolisch generalisierter Medien und der für ihre Funktion notwendigen strukturellen Voraussetzungen. Analytisch bleiben diese klar von Medien der Kommunikation getrennt, deren Funktion Parsons aber auch diskutiert. Im Beitrag „Die Massenmedien und die Struktur der amerikanischen Gesellschaft" (1972 [1960]) zeigt er mit Winston White, wie Massenmedien in der amerikanischen Gesellschaft Kommunikation differenzieren und rationalisieren und z.B. durch mehr Möglichkeiten für Bildung „erweitern" und „steigern". Sie betonen neben positiven Effekten aber auch, dass Differenzierungen sowie Rationalisierungen soziale Beziehungen lockern oder gar auflösen können.[2]

---

2 „Besonders im Bereich der Kommunikation liegt diesem Wandlungsprozess die Zerstörung älterer traditioneller Bindungen vor allem in Bezug auf die soziale Schichtung zugrunde. Das elitäre System beschränkte sein Publikum im Großen und Ganzen auf seine Peers. Man erwartete nicht, dass die gesamte Öffentlichkeit in irgendeiner Weise interessiert sein würde oder könnte – außer vielleicht, um die Eleganz des Lebensstils der Oberklasse mit diffuser Bewunderung zu bedenken. Eine wichtige Folge der Auflösung askriptiver Bindungen ist die Erweiterung des Zugangs zu kulturellen Inhalten für immer größere Bevölkerungskreise. In der jüngeren Geschichte der westlichen Länder ist die Ausweitung der Bildung dafür das anschaulichste Beispiel. Weit größere Gruppen als je zuvor, so darf man vermuten, wissen Elemente des großen westlichen Kulturerbes zu schätzen." (Parsons/White 1972 [1960]: 283)

Parsons' Systemtheorie ist der Bezugspunkt der Entwicklung der *Theorie des kommunikativen Handelns* (Habermas 1981 a, b) als kritische Theorie gesamtgesellschaftlicher Entwicklung durch Jürgen Habermas. Ausgehend von Parsons' Annahme, dass die zunehmende Komplexität von Gesellschaft und damit Wandel am besten als Folge der Differenzierung und Rationalisierung von Handlungsbereichen zu verstehen sei, kritisiert er, dass Parsons bei seiner „Entfaltung der Systemtheorie" (Habermas 1981: 352–419) allerdings (zu) viele Möglichkeiten verspielt, die eine handlungstheoretische Analyse von Wandel und Gesellschaft bietet. So könne Systemtheorie niemals alle Differenzierungen und Rationalisierungen in Gesellschaften berücksichtigen und auch Handlungen nicht verstehen, solange sie die Gesellschaft auf Funktionen von Systemen reduziert. Habermas kritisiert, dass Handelnde überflüssig geworden sind, da Handlungen von ihnen gelöst von einem System abhängig sind – nicht mehr im Sinne von Weber von *Sinn* und *Intention*. Die Umstellung der Logik von Sozialtheorie weg von Handelnden zu Systemen hat auch Konsequenzen für die Konzeption von „Kultur". Sie ist auf einmal ein von der Gesellschaft empirisch abgelöstes System, das eigenen Imperativen der Selbsterhaltung folgt. Kultur ist in der Folge – wie Kulturwandel – nur über Austauschbeziehungen mit Systemen konzeptualisierbar. Systeme sind nun die Realität. Parsons gibt den „analytischen Realismus", seine ursprüngliche methodologische Grundauffassung auf, die streng zwischen Realität und ihrer Konzeptualisierung trennt.

Vor diesem Hintergrund interpretiert Habermas in der *Theorie des kommunikativen Handelns* die Umstellung der Handlungskoordination auf symbolisch generalisierte Medien kritisch als *Mediatisierung*. Die Adaption von Differenzierungs- und Rationalisierungstheorien anerkennt deren Beitrag zum Verständnis der Steigerung und zugleich Reduktion von Komplexität in Gesellschaft, die er im Lichte der Verständigungsorientierung der Lebenswelt kritisch als Kolonialisierung interpretiert, weil Verständigungsprozesse unter den Einfluss von Systemimperativen und medialer Steuerung geraten. Seine Dichotomie von System und Lebenswelt veranschaulicht die Reduktion von Komplexität durch Medien in Systemen und zeigt, wie Handlungen in ihnen von der Lebenswelt und verständigungsorientiertem Handeln dadurch abgekoppelt werden. Diese Differenzierungs- und Rationalisierungsprozesse stellen die Koordination von Handlungen auf Medien um, die „entsprachlicht" (Berger 1986) und darüber Prozessen öffentlicher Selbstvergewisserung weitgehend entzogen werden.

Habermas' Kritik setzt also nicht an der Ausdifferenzierung und Rationalisierung an, sondern an der Abkopplung der Handlungskoordination von verständigungsorientiertem Handeln. Erst eine mediatisierte Handlungskoordination, die nicht mehr mit der Lebenswelt vermittelbar ist, produziert negative Folgen der Moderne, die Habermas erwartet. Denn er nimmt an, dass die mediengesteuerten Subsysteme eine „unaufhaltsame" Eigendynamik entfalten (1981 b: 488), solange es nicht gelingt, medial entkoppelte Prozesse wieder in die Lebenswelt zurückzuholen. Möglich sei das, so Habermas, weil neben der als „Entsprachlichung" beschriebenen Differenzierung und Rationalisierung in diesem Prozess auch eine „Versprachlichung" als der andere konstitutive Prozess der Moderne weiter stattgefunden hat: die Differenzierung sowie Rationalisierung von Sprechhandlungen vor allem in Universitäten, deren Folge eine bisher in ihrer gesellschaftlichen Bedeutung unerkannte Versprachlichung des Sakralen war. Ohne sie wäre das für die Moderne konstitutive Fragen nach Sinn bzw. das Hinterfragen von Sinn nicht in Gang gekommen.

Die von ihm so genannten „Massemedien" spricht Habermas bei seiner kritischen Diskussion von verständigungsorientiertem und strategischem Handeln, von Sprache und Medien nur am Rande an. Vermutlich darum, weil Habermas' „Lebenswelt" nichts mit der Alltagswelt zu tun hat. „Lebenswelt" ist für ihn ein Diskursrahmen, in dem mediengesteuerte Handlungen ihren gesellschaftlichen Wert beweisen müssen. Wenn er die lebensweltliche Verankerung der von Parsons genannten Medien „Geld", „Macht", „Einfluss" und „Wertbindung" diskutiert, spürt der Leser die Logik der Systemtheorie. Es wird deutlich, warum Habermas die Eigendynamik der Mediensysteme als „unaufhaltsam" beschreiben muss, solange er nicht über konzeptuelle Möglichkeiten verfügt, den Kontext von Handelnden und Beziehungen zwischen Wirtschaft und Gesellschaft widerspenstiger oder eigensinniger zu konzeptualisieren. Seine normative Theorie baut auf einer analytischen Dichotomie von Lebenswelt und System auf, deren Wert darin besteht, dazu anzuregen, den Wert von Handlungen sowohl instrumentell-funktional in Bezug auf Teilsysteme wie darüber zu bestimmen, ob sie öffentlich diskursiv legitimiert sind bzw. in Diskursen mit der Lebenswelt vermittelt werden können.

Die Leistung von Habermas' Theorie des kommunikativen Handelns als kritischer Theorie der Gesellschaft besteht also in der Bestimmung von Abständen zu kommunikativem Handeln als einem auf Verständigung angelegten Handeln. Sie zeigt, dass der Abstand von Geld und Macht zu lebensweltlicher Vernunft sehr groß sein kann, weil ihre Verwendung ohne Sprache möglich ist. Darum sind für ihn auch nur sie „symbolisch generalisierte Medien" (Habermas 1981 b: 400). Als solche funktionieren sie auf der Basis eines Gleichgewichts. Deshalb gelingt der Gebrauch von Macht nur problem- und sprachlos, wenn Ziele, die mit ihr verfolgt werden, legitimationsfähig sind. Dazu müssen die Beteiligten über Ziele ein „Gleichgewicht" schaffen können, „das in Tauschbeziehungen schon strukturell angelegt ist" (ebd.: 400ff.). Dieses kann im Umgang mit „Einfluss" und „Wertbindung" nicht hergestellt werden. Sie bleiben auf Möglichkeiten sprachlicher Verständigung angewiesen und sind deshalb auch keine „Medien", sondern (nur) „Formen generalisierter Kommunikation" (ebd.: 413), als die Habermas in diesem Zusammenhang auch „Massenmedien" (ebd.: 572) konzeptualisiert.

Die Gleichsetzung von „Einfluss" und „Wertbindung" mit „Massenmedien" als Formen von generalisierter Kommunikation, die im Kontext von Habermas' Mediatisierungstheorie auch plausibel ist, verhindert jedoch ein Verständnis und eine Kritik der Mediatisierung im Sinne der qualitativen und quantitativen Zunahme medialer Kommunikation, die aber kommunikatives Handeln längst ebenfalls umfassend und grundlegend orientiert. Diese Orientierungs- oder, in kritischer Perspektive, auch Desorientierungsleistung hätte eine *Theorie des kommunikativen Handelns* so wie eine Theorie der *Mediatisierung kommunikativen Handelns* (Krotz 2001) zu entfalten und zu kritisieren. Solange das nicht gelingt, fehlt eine Theorie gesamtgesellschaftlicher Kommunikation. Eine solche Theorie hätte mehr zu postulieren als eine „ambivalente" Rolle, die Habermas (1981 b: 572) „Massenmedien" zuschreibt, da sie den Horizont von möglicher Kommunikation gleichermaßen „hierarchisieren" wie „entschränken" (ebd.: 573) – aber eben auch mehr als eine deskriptive Beschreibung ihrer quantitativen und qualitativen Zunahme.

Für die Entwicklung normativer Perspektiven im Rahmen einer Theorie der Mediatisierung kommunikativen Handelns wird es erforderlich, konzeptionelle Vorannahmen zu entwickeln, von denen aus eine Zunahme medialer Kommunikation kritisiert werden kann. Im Folgenden werden diese ausgehend von der Idee von Habermas entwickelt, die Kritik auf den Abstand zu kritischen Fragen zu richten. Dafür werden konzeptuelle Entwicklungen berücksichtigt, die es erlauben, sowohl Medien wie Handelnde in Gesellschaft und für Wandel spezifischer zu fassen.

3. Medienentwicklungsforschung im Metaprozess der Mediatisierung als Beitrag einer gesellschaftswissenschaftlichen Medienkommunikationswissenschaft

In der Differenzierungs- und Rationalisierungstheorie werden die Medien und die Zunahme von medialer Kommunikation die zentrale Konzeptualisierungsherausforderung.[3] Das belegen Arbeiten von Luhmann (1984) und Münch (1991), die Kommunikationsmedien systematisch als konstitutiv für Kommunikation, Gesellschaft und Wandel behandeln. An ihnen lässt sich zeigen, warum es erforderlich wird, Kommunikationsmedien historisch und systematisch zu unter-

---

3 Vor allem deshalb erschien es mir interessant, diese doch älteren Entwicklungen einmal im Zusammenhang mit den Grundannahmen der Mediatisierungstheorie zu diskutieren.

scheiden und ihre Entwicklung handlungstheoretisch zu erforschen. Deutlich wird dann, warum und wie die Entwicklung von Medien gesellschaftlichen Wandel induziert und dabei immer sowohl ethisch wie auch kulturell, ökonomisch und politisch herausfordert.

Luhmanns *Soziale Systeme* (1984) liefert die erste Sozialtheorie, die Kommunikationsmedien, die er „Verbreitungsmedien" nennt, mit Sprache und symbolisch generalisierten Medien, die er „Erfolgsmedien" nennt, gleichstellt. Sein zentrales Argument lautet, dass Medien und nicht Handelnde soziale Systeme konstituieren, da vor allem sie Bedingungen zur Transformation „unwahrscheinlicher" Kommunikation in „wahrscheinliche" schaffen und damit auch eine Entstehung sozialer Systeme.[4] Sie entstehen als Antwort auf das aus Luhmanns Sicht zentrale Problem des Sozialen, die Überwindung der doppelten Kontingenz von Kommunikation. Sie ist mindestens doppelt kontingent, da mindestens zwei Personen erwarten, dass sie scheitern kann. Luhmann erkennt, dass Medien als Systeme von Bedeutungen Kommunikation offenbar wahrscheinlicher machen und neue Medien neue soziale Systeme konstituieren. Seine Theorie macht plausibel, wie Kommunikation, Handeln und soziale Beziehungen im Alltag unbemerkt hinter unserem Rücken jenseits von Handeln und Interaktion bereits durch Medien organisiert sind und wie neue Medien neue Formen von Handeln, Kommunikation und Beziehungen und also notwendig Wandel induzieren. Allerdings interessiert Luhmann nicht, wie, warum, wozu und von wem etwas als Medium entwickelt wird.[5]

Luhmann konzeptualisiert die Zunahme medialer Kommunikation umfassender als Habermas, der die Differenzierung und Rationalisierung letztlich als Abkopplung und Entsprachlichung sowie Moralentwicklung und Versprachlichung kritisiert und reflektiert, weil er Medien zum Gravitationszentrum seiner Theorie macht. Richard Münch integriert beide in seiner *Dialektik der Kommunikationsgesellschaft* (1991). Münch belegt darin, wie die Zunahme von medialer Kommunikation Interdependenzen von Handlungen globaler und ihre Koordination von Zeit und Raum und Personen unabhängiger macht und dass weiter die Leistungsfähigkeit sozialer Organisation davon abhängt, die Komplexität dieser Interdependenzen medial noch weiter so zu steigern und zu reduzieren, dass sie noch wahrscheinlicher werden. Münch formuliert, dass die quantitative

---

4 „Diejenigen evolutionären Errungenschaften, die an jenen Bruchstellen der Kommunikation ansetzen und funktionsgenau dazu dienen, Unwahrscheinliches in Wahrscheinliches zu transformieren, wollen wir Medien nennen." (Luhmann 1984: 220)
5 Die Möglichkeit, dass Medien *entwickelt* werden, um Einfluss auf die Voraussetzungen und Bedingungen von Kommunikation zu nehmen und darüber hinaus auf Kultur und Gesellschaft, sieht Luhmann nicht vor. Er versteht Medien als Konstituenten „sozialer Systeme", die für ihn „Lösungen" der Geschichte sind, auf deren „kompliziert liegende historische Kausalitäten" er sich – anders als Habermas – nicht einlassen will (Luhmann 1981: 316).

und qualitative Zunahme medialer Kommunikation die Voraussetzung für den „Aufbau von Institutionen kommunikativer Vermittlung" ist. Dieser Aufbau schafft „ein neues Niveau" der Kommunikation in Gesellschaft sowie darüber von Gesellschaft (Münch 1991: 24).

Für Münch ist es daher wichtiger als für Habermas, dem es um die Entwicklung einer Theorie gesamtgesellschaftlicher Entwicklung ging, oder für Luhmann, der eine „allgemeine" Theorie des Sozialen entwickeln wollte, Kommunikation konkreter zu fassen. Münch konzeptualisiert die Transformation unwahrscheinlicher in wahrscheinliche Kommunikation aber weder wie Habermas, der auf Öffentlichkeit und Diskurse setzt, noch wie Luhmann, für den Systeme aus der Selbsterhaltung heraus zur Entwicklung neuer Medien als Problemlösungen beitragen. Vielmehr nimmt er an, dass Akteure diese Transformation in Zukunft immer selbstständiger vornehmen, da sich die Handlungsbedingungen in der Gesellschaft in grundlegender Weise verändert haben. Sie sind so komplex und wir medial so erreichbar geworden, dass wir sowohl mehr Leute, Inhalte, Daten usf. medial erreichen können, wie wir gleichzeitig medial immer erreichbarer geworden sind. Kommunikation und Handeln finden darum immer weniger *in* Systemen statt, sondern immer häufiger in „Interpenetrationszonen" an ihren Rändern, die notwendig stärker wachsen als diese.[6]

In der Tradition soziologischer Makrotheorie, die Wandel auf der Mikroebene verstehen und erklären will, war die Berücksichtigung von Medien der Kommunikation zur Konstitution des Sozialen in komplexeren Vermittlungsprozessen eine Innovation. Dichotomien wie von Idealismus und Materialismus, Individualismus und Holismus, von Handlungstheorie und System- oder Strukturtheorie oder von System und Lebenswelt werden immer grundlegender in Frage gestellt. Weiterentwickelt wurde diese „Innovation" bisher vor allem deshalb nicht, weil es der Soziologie erstens an Wissen und Forschung zur Zunahme medialer Kommunikation fehlt, welches vor allem in den Medienkommunikationswissenschaften entwickelt wird, und zweitens, weil ein Rahmen zur Integration dieser Forschung gefehlt hat, den die Mediatisierungstheorie nun anbietet. Nach dieser Rekonstruktion der Entwicklung von Differenzierungs- und Rationalisierungstheorie als Medien- und Vermittlungstheorie ist auf die eingangs gestellten Fragen zurückzukommen, um normative Perspektiven für Medienkommunikationsforschung zu entwickeln.

Die Rekonstruktion der Beiträge von Durkheim, Weber, Parsons, Habermas, Luhmann und Münch erlaubt eine klare Antwort auf die Frage, wie die handlungstheoretische Erforschung des Umgangs mit Medien in Bezug zu anderen

---

6 „Der größte Teil des gesellschaftlichen Handelns findet in den Zonen der Interpenetration dieser Systeme statt. Intersystemische Kommunikation, Vernetzung, Aushandlung und Kompromissbildung werden zu den Grundbausteinen der zukünftigen Gesellschaft." (Münch 1991: 15)

Menschen als *übergreifende* Beziehung besser werden kann: durch mehr konkrete historische und systematische Forschung zu dem, was in der Forschung zu oft als gegeben vorausgesetzt wird, zu den Medien selbst. Die Entwicklung der Theorie der Differenzierung sowie der Rationalisierung zeigt seit Durkheims Verweis auf „vorvertragliche Grundlagen von Verträgen", dass gesellschaftlicher Wandel erst angemessen verstanden wird, wenn der Wandel ihrer Vermittlungsvoraussetzungen verstanden wird. Hier fehlt es bislang empirisch, historisch und konzeptuell. Was sind „vorvertragliche Grundlagen" von Verträgen, wenn nicht Kompetenzen im Umgang mit Sekundär- oder Druckmedien? Fand nicht Weber den Geist des Kapitalismus vor allem in Predigten und Ratgebern seelsorgerischer Praxis? Entdeckt nicht Habermas die Entwicklung der Vernunftrationalität dort, wo Drucke vor allem sowohl produziert, verteilt, wahrgenommen und genutzt wurden? Sind nicht Kino, Radio und Fernsehen neue „Bedeutungssysteme", die unwahrscheinliche Kommunikation wahrscheinlicher gemacht haben? Ist die Ablösung der Koordination von Handlungen von Personen, Zeit und Raum nicht eine intendierte Folge der Entwicklung von Medien, die zu wenig erforscht wird, weil Medien immer schon vorausgesetzt werden? Die Erforschung des Umgangs mit Medien in Bezug zu anderen Menschen würde durch mehr Forschung zur Entwicklung von etwas zu Medien als Voraussetzungen von „übergreifenden" Beziehungen verbessert.

Wenn geklärt wäre, wann, warum, wie und von wem etwas zum Medium, einem Konstituens von Mediatisierung und Bezugspunkt von auf andere gerichtete Handlungen gemacht wurde, wäre empirisch und systematisch leichter zu klären, wie Handeln durch neue Medien konkret verändert wird und darüber soziale Beziehungen. Aber was gibt es überhaupt für ein Handeln im Umgang mit Medien? Die gesellschaftstheoretische Diskussion macht darauf aufmerksam, dass sozialer Wandel als Vermittlungsprozess komplexer zu konzeptualisieren ist, keinesfalls linear, sondern als Prozess mit mehreren aktiv Beteiligten. Das gilt bei Verträgen (Durkheim), der Überwindung der mindestens doppelten Kontingenz von Kommunikation, jedem Handeln an Rändern von Systemen und auch bei der Nutzung symbolisch generalisierter Medien. Hier ist Gleichgewicht zwischen den Beteiligten hilfreich oder gar erforderlich. Es bietet sich daher an, mediale Kommunikation als komplexeren Vermittlungsprozess in Anlehnung an Prozess- oder Kreislaufmodelle zu konzeptualisieren, wie sie insbesondere Stuart Hall entwickelt hat.[7]

Halls an Marx' Modell des Güterkreislaufs orientiertes encoding/decoding-Modell hebt diese Komplexität medialer Kommunikation besonders hervor (1999 [1981]). Es konzeptualisiert sie als einen Prozesszusammenhang, der

---

7   Zur Diskussion und Bedeutung von Kreislaufmodellen vgl. insbesondere Hepp 2004 und 2009.

„durch die Artikulation miteinander verbundener, aber eigenständiger Momente produziert und aufrechterhalten wird" (ebd.: 92f.). Diese Momente sind dabei zu verstehen als Teile eines Ganzen, die für sich bestehen, in ihrer Form, Funktion und Bedeutung aber auf das Ganze verweisen, in Bezug auf das sie allein verstanden werden können (sinngemäß Krotz 2009: 217). Halls Modell, das ich für die Rekonstruktion zuerst der Entwicklung und dann der Geschichte der Rolle „christlicher Prediger" als Medium von den Anfängen bis heute (Winter 2006a) adaptiert habe, erlaubt zu verstehen, wie Medien Handeln und unser Handeln Medien sowie soziale Beziehungen konkret verändern. Demnach besteht mediale Kommunikation aus den Prozessmomenten Produktion, Verteilung, Wahrnehmung und Nutzung – wobei angenommen wird, dass jede Medienhandlung einem dieser Momente zugeordnet werden kann (vgl. ausf. Winter 2003; 2006a; 2008).[8] Jede Entwicklung im Sinne der Veränderung eines Mediums oder einer Medienhandlung verändert Voraussetzungen und Bedingungen der Produktion, Verteilung, Wahrnehmung und Nutzung von Kommunikation in dem Sinne, dass neue Möglichkeiten für eine Steigerung oder Reduktion von kommunikativer Komplexität in jedem Moment von medialer Kommunikation entwickelt werden können und also von jedem Moment aus neue Formen von Differenzierung und Rationalisierung denkbar sind (s. Abbildung 1).[9]

Abbildung 1: Das Medien-Kommunikations-Kontexte/Momente-Modell (vgl. Winter 2003; 2008)

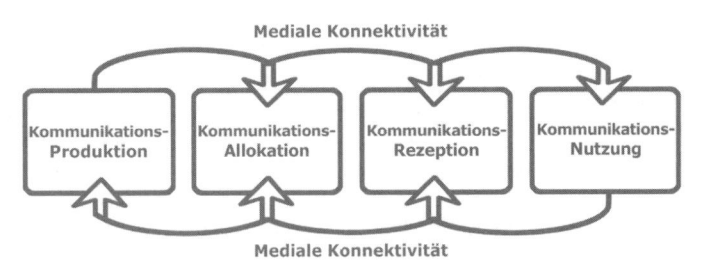

Mediale Konnektivität

| Kommunikations-Produktion | Kommunikations-Allokation | Kommunikations-Rezeption | Kommunikations-Nutzung |

Mediale Konnektivität

Mit diesem Kommunikationsmodell lässt sich die Differenzierung und Rationalisierung von sozialen Beziehungen wie auch der Metaprozess Mediatisierung als komplexer und paradoxer Prozess der Arbeit an der Verringerung medialer

---

8   Hall nennt in seinem Text die Momente Produktion, Zirkulation, Distribution/Konsum, Reproduktion.
9   Das Modell konzeptualisiert den Moment oder Kontext der „Wahrnehmung" medialer Kommunikation als „Rezeption", um an Forschung in diesem Feld, das unter „Rezeption" mehr als den bloßen Moment der „Wahrnehmung" versteht, anschlussfähig zu bleiben.

Abstände zu Leuten und Dingen empirisch und normativ neu verstehen. Dabei wird mit Habermas und Hall davon ausgegangen, dass die Prozesse, die Gesellschaft kommunikativ medial vermitteln und konstituieren, umkämpft und nicht immer einfach zu übersetzen sind – egal, ob es um Nachrichtenberichterstattung oder um den Güterkreislauf geht. In diesen Prozessen gibt es immer unterschiedliche Abstände, die, je mehr sie werden und wahrgenommen werden, ein Problem darstellen. Egal, ob es sich in diesem Zusammenhang um einen Abstand zu relevanten Informationen oder z.B. einen Abstand zu Bildungsinstitutionen handelt. Paradox ist dieser Prozess dabei insofern, als wir seit Parsons wissen, dass jede Abstandsverringerung für die einen eine Abstandsvergrößerung für andere zur Folge haben kann.

Im Hinblick auf mediale Kommunikation als Orientierungszusammenhang lässt sich mit dem adaptierten Hall-Modell verdeutlichen, wie historisch Medien explizit zur Verringerung von Abständen entwickelt wurden. Etwa durch die Entwicklung neuer medialer Rollen, mit denen ihre Träger öffentliche Kommunikation medial konstituieren konnten. Die Rolle „christlicher Prediger" z.B. wurde entwickelt, um Abstände im Rahmen von Kommunikation dadurch zu verringern, dass Leute vor ihrem Träger wie vor Gott versammelt waren, also als Gleiche und deshalb in dieser Situation jeder mit jeder und jedem kommunizieren konnte – was lange Zeit für viele praktisch ein Himmelreich auf Erden bedeutete (vgl. Winter 2006a). Ebenso wurden später mit der Entwicklung der Druck- oder Sekundärmedien Abstände verringert, weil die Teilhabe an öffentlicher Orientierung nun nicht mehr an einen Ort gebunden war, sondern an ein Druckmedium. Sie verringern den Abstand zu Themen, weil sie erstmalig mit nach Hause oder an einen anderen Ort genommen werden konnten. Die Etablierung eines Marktes für Druckerzeugnisse wurde die Voraussetzung dafür, dass sich subversive Gedanken von der Unterdrückung durch die Herrschenden emanzipieren konnten, so wie die elektronischen oder Tertiärmedien später die Voraussetzung dafür wurden, dass wir unseren Horizont sozial sowie geografisch erheblich ausweiten konnten. Das zeigt die Bezeichnung Fern-Sehen ja auch an.

Die Entwicklung von Medien wird so als Arbeit an der Verringerung von Abständen sichtbar, die umso besser funktioniert, je intensiver daran in den Momenten medialer Kommunikation gearbeitet wird. Deutlich wird das bei allen eben angesprochenen Entwicklungen. Die Predigerrolle veränderte Beziehungen, weil ihre Träger zur Orientierung genutzt wurden; die Reformation war erfolgreich, weil 1520 mehr als 500.000 Drucke mit Inhalten von Martin Luther gekauft wurden; ebenso war die Zeitung erfolgreich, weil sie von dem Publikum, für das sie geschrieben wurde, in immer größerem Ausmaß genutzt wurde. Neben der Verringerung der Abstände zu den neuen Leserinnen und Lesern wurde nun die der Abstände zu Produkten durch Werbung wichtig, die im Zuge der

Entwicklung von Radio und Fernsehen immer wieder neu justiert wurden. Heute fordern digitale Netzwerkmedien neu heraus. Gegenüber den Tertiär- oder elektronischen Medien, deren Produktion und Nutzung Technologien erfordert, erlauben ihre Client-Server- und Übertragungstechnologien wieder eine neue Überwindung von Abständen in Raum und Zeit. Mediatisierung ist durch diese Medienentwicklungsarbeit mit geprägt, über die Abstände verändert werden und die Radio, Fernsehen und digitale Netzwerkmedien für den Wandel von Gesellschaft relevant machen.

Wir können nun auch die dritte eingangs gestellte Frage beantworten: Wie können neue theoretische Vorannahmen unser Verständnis von Mediatisierung und unsere Möglichkeiten zur Kritik an diesem Metaprozess vertiefen und verfeinern? Mit dem Modell (s.o.) wird es möglich, den Wunsch nach einer aktiven Überwindung von Abständen mit Medien als Treiber und Konstituens von Mediatisierungsprozessen zu identifizieren. Die Entwicklung von Medien würde dann als Teilprozess von Mediatisierung in einem umfassenden Rahmen verständlich werden, der geeignet ist, den Umgang mit Medien differenzierter zum Wandel seiner konkreten Bedingungen und Möglichkeiten in Momenten medialer Kommunikation in Beziehung zu setzen. Deutlich würde, dass diese Bedingungen (ökonomische, technologische, politische, soziale und kulturelle) in den Momenten unterschiedlich ausgeprägt sind, die dann im Prozess medialer Kommunikation immer auch mit vermittelt werden.

Heute ist diese Vermittlung zunehmend durch eine neue mediale Unmittelbarkeit geprägt. Sie wird sichtbar, wenn karitative Organisationen in Weblogs über Afrika-Projekte informieren oder wenn Unternehmen Stakeholder-Wikis etablieren, in denen sie in einen Dialog mit ihren Anspruchsgruppen treten. Diese Entwicklungen schaffen neue Möglichkeiten für kritische Fragen, Öffentlichkeit und Diskussionen sowie auch für Organisationen und Unternehmen, die diese ebenfalls nutzen, um eine neue Nähe zu ihren Anspruchsgruppen aufzubauen. Es ist an der Zeit, dass die Medienkommunikationswissenschaft sich ihrer Verantwortung für die Erforschung der Arbeit an diesen Abständen bewusst wird. Die Mediatisierungsforschung von Friedrich Krotz ist der Ort, an dem eine auf die Verringerung von Abständen insbesondere zu Öffentlichkeit und kritischen Fragen gerichtete Medienentwicklungsforschung entfaltet werden kann.

Literatur

Berger, Johannes (1986): Die Versprachlichung des Sakralen und die Entsprachlichung der Ökonomie. In: Honneth, A./Joas, H. (Hrsg.): Kommunikatives Handeln. Beiträge zu Jürgen Habermas' Theorie des kommunikativen Handelns. Frankfurt a.M.: Suhrkamp, S. 255–277.
Durkheim, Emile (1992 [1893]): Über soziale Arbeitsteilung. Studie über die Organisation höherer Gesellschaften. Frankfurt a.M.: Suhrkamp.

Habermas, Jürgen (1988/1981a): Theorie des kommunikativen Handelns. Bd. 1. Handlungsrationalität und gesellschaftliche Rationalisierung. Frankfurt a.M.: Suhrkamp.
Habermas, Jürgen (1988/1981b): Theorie des kommunikativen Handelns. Bd. 2. Zur Kritik der funktionalistischen Vernunft. Frankfurt a.M.: Suhrkamp.
Hall, Stuart (1999/1981): Kodieren/Dekodieren. In: Bromley, R./Göttlich, U./Winter, C. (Hrsg.): Cultural Studies: Grundlagentexte zur Einführung. Lüneburg: zu Klampen, S. 92–110.
Hepp, Andreas (2004): Netzwerke der Medien. Medienkulturen und Globalisierung. Wiesbaden: VS.
Hepp, Andreas (2009): Richard Johnson: Kreislauf der Kultur. In: Hepp, A./Krotz, F./Thomas, T. (Hrsg.): Schlüsselwerke der Cultural Studies. Wiesbaden: VS, S. 247–256.
Krotz, Friedrich (2001): Die Mediatisierung kommunikativen Handelns. Der Wandel von Alltag und sozialen Beziehungen, Kultur und Gesellschaft durch die Medien. Wiesbaden: Westdeutscher Verlag.
Krotz, Friedrich (2005): Neue Theorien entwickeln. Eine Einführung in die Grounded Theory, die Heuristische Sozialforschung und die Ethnographie anhand von Beispielen aus der Kommunikationsforschung. Köln: Herbert von Halem Verlag.
Krotz, Friedrich (2006): Konnektivität der Medien: Konzepte, Bedingungen und Konsequenzen. In: Hepp, A. et al. (Hrsg.): Konnektivität, Netzwerk und Fluss. Konzepte gegenwärtiger Medien-, Kommunikations- und Kulturtheorie. Wiesbaden: VS, S. 21–41.
Krotz, Friedrich (2008): Handlungstheorien und Symbolischer Interaktionismus als Grundlage kommunikationswissenschaftlicher Forschung. In: Winter, C./Hepp, A./Krotz, F. (Hrsg.): Theorien der Kommunikations- und Medienwissenschaft. Grundlegende Diskussionen, Forschungsfelder und Theorieentwicklungen. Wiesbaden: VS.
Krotz, Friedrich (2009): Stuart Hall: Encoding/Decoding und Identität. In: Hepp, A./Krotz, F./Thomas, T. (Hrsg.): Schlüsselwerke der Cultural Studies. Wiesbaden: VS, S. 210–223.
Krotz, Friedrich/Hepp, Andreas/Winter, Carsten (2008): Einleitung: Theorie der Kommunikations- und Medienwissenschaft. In: Winter, C./Hepp, A./Krotz, F. (Hrsg.): Theorien der Kommunikations- und Medienwissenschaft. Grundlegende Diskussionen, Forschungsfelder und Theorieentwicklungen. Wiesbaden: VS, S. 9–25.
Luhmann, Niklas (1981): Veränderungen im System gesellschaftlicher Kommunikation und die Massenmedien. In: Luhmann, Niklas: Soziologische Aufklärung 3. Soziales System, Gesellschaft, Organisation. Opladen: Westdeutscher Verlag, S. 309–320.
Luhmann, Niklas (1984): Soziale Systeme. Frankfurt a.M.: Suhrkamp.
Münch, Richard (1991): Dialektik der Kommunikationsgesellschaft. Frankfurt a.M.: Suhrkamp.
Parsons, Talcott/Smelser, Neil J. (1956): Economy and Society. New York: Free Press.
Parsons, Talcott/White, Winston (1972/1960): Die Massenmedien und die Struktur der amerikanischen Gesellschaft. In: Prokop, D. (Hrsg.): Massenkommunikationsforschung 1: Produktion. Frankfurt a.M.: Fischer, S. 277–285.
Tomlinson, John (1999): Globalization and Culture. Cambridge: Polity Press.
Winter, Carsten (2000): Kulturwandel und Globalisierung: Eine Einführung in die Diskussion. In: Robertson, C.Y./Winter, C. (Hrsg.): Kulturwandel und Globalisierung. Baden Baden: Nomos, S. 13–73.
Winter, Carsten (2003): Der Zusammenhang von Medienentwicklung und Wandel als theoretische Herausforderung. Perspektiven für eine artikulationstheoretische Ergänzung systemfunktionaler Analysen. In: Behmer, M. et al. (Hrsg.): Medienentwicklung und Gesellschaftswandel. Beiträge zu einer theoretischen und empirischen Herausforderung. Wiesbaden: Westdeutscher Verlag, S. 65–101.
Winter, Carsten (2006a): Die Medienkulturgeschichte des christlichen Predigers von den Anfängen bis heute. Entstehung und Wandel eines Mediums in kommunikativ-kulturellen Vermittlungsprozessen. Graz: Nausner & Nausner Verlag.
Winter, Carsten (2006b): Medienentwicklung und der Aufstieg einer neuen konvergenten Beziehungskunst. In: Karmasin, M./Winter, C. (Hrsg.): Konvergenzmanagement und Medienwirtschaft. München: Wilhelm Fink-Verlag (UTB), S. 183–216.

Winter, Carsten (2007): Medienentwicklung und der Wandel von öffentlicher Kommunikation und Gesellschaft. Habilitationsschrift für das Fach Medien- und Kommunikationswissenschaft (unveröff.).

Winter, Carsten (2008): Medienentwicklung als Bezugspunkt für die Erforschung von öffentlicher Kommunikation und Gesellschaft im Wandel. In: Winter, C./Hepp, A./Krotz, F. (Hrsg.): Theorien der Kommunikations- und Medienwissenschaften. Wiesbaden: VS, S. 417–445.

III.

Anhang

Friedrich Krotz: Bibliographie

Bücher/Monographien

Krotz, Friedrich (1973): Zum euklidischen Algorithmus. Numerische Untersuchungen des Motzkinschen Algorithmus in quadratischen Zahlkörpern. Diplomarbeit am Fachbereich Mathematik der Universität (TH) Karlsruhe.

Krotz, Friedrich (1983): Über das mathematische Paradigma in Soziologie und Sozialforschung. Eine Untersuchung anhand der Schriften von P.F. Lazarsfeld und seinen Mitarbeitern. Diplomarbeit am Fachbereich Philosophie und Sozialwissenschaften der Universität Hamburg.

Duve, Freimut (Hrsg., in Zusammenarbeit mit Friedrich Krotz) (1986): Aufbrüche. Die Chronik der Republik. Reinbek bei Hamburg: Rowohlt.

Krotz, Friedrich/Frerichs, Werner (1988): Prognose der Versorgungszahlungen der Freien und Hansestadt Hamburg. Hamburg: Ms.

Grottian, Peter/Krotz, Friedrich/Lütke, Günter/Pfarr, Heide (1988): Die Wohlfahrtswende. Der Zauber konservativer Sozialpolitik. München: Beck'sche Reihe.

Krotz, Friedrich (1988): Notizen zu einer Chronologie der außerparlamentarischen Bewegung. In: Mosler, Peter: Was wir wollten, was wir wurden. Zeugnisse der Studentenrevolution. Erweiterte Fassung. Reinbek bei Hamburg: Rowohlt.

Krotz, Friedrich (1988): EDV-gestützte qualitative Analyse von Lebensweltmodellen. Dissertation am Fachbereich Philosophie und Sozialwissenschaften der Universität Hamburg. Hamburg.

Giebel, Torsten/Hubert, Eva/Krotz, Friedrich/Schuler-Harms, Margarete (1990): Mediensysteme in Europa und Nordamerika. Eine Übersicht. Hamburg: Hans-Bredow-Institut.

Krotz, Friedrich (1990): Lebenswelten in der Bundesrepublik Deutschland. Eine EDV-gestützte qualitative Analyse quantitativer Daten. Opladen: Leske + Budrich.

Krotz, Friedrich (1990): Statistik-Einstieg am PC. Eine Einführung in die deskriptive Statistik anhand von Tabellenkalkulationsprogrammen. Stuttgart: UTB/G. Fischer.

Krotz, Friedrich/Wiedemann, Dieter (Hrsg.) (1991): Der 3. Oktober im Fernsehen und im Erleben der Deutschen. Hamburg: Hans-Bredow-Institut.

Krotz, Friedrich (1991): Pilotstudie zur Grundlagenstudie „Individuelle Nutzungsmuster – Sekundäranalyse von Daten aus der kontinuierlichen Zuschauerforschung". Hamburg: Ms.

Hasebrink, Uwe/Krotz, Friedrich (1994): Nutzung und Image von Arte in Frankreich und Deutschland. Hamburg: Ms.

Hasebrink, Uwe/Krotz, Friedrich (Hrsg.) (1996): Die Fernsehzuschauer als Regisseure. Individuelle Muster der Fernsehnutzung. Baden-Baden: Nomos.

Krotz, Friedrich (1997): Marshall McLuhan revisited. Hamburg: Ms.

Jarren, Ottfried/Krotz, Friedrich (Hrsg.) (1998): Öffentlichkeit unter „Vielkanalbedingungen". Baden-Baden: Nomos.

Paus-Haase, Ingrid/Hasebrink, Uwe/Mattusch, Uwe/Keunecke, Susanne/Krotz, Friedrich (1999): Talkshows im Alltag von Jugendlichen. Der tägliche Balanceakt zwischen Orientierung, Amüsement und Ablehnung. Opladen: Leske + Budrich.

Göttlich, Udo/Krotz, Friedrich/Paus-Haase, Ingrid (Hrsg.) (2001): Daily Soaps und Daily Talks im Alltag von Jugendlichen. Opladen: Leske + Budrich.

Krotz, Friedrich/Hasebrink, Uwe/Hambsch, Matthias (2001): Fernsehnutzung in der Schweiz. Hamburg: Ms.

Krotz, Friedrich (2001): Die Mediatisierung kommunikativen Handelns. Wie sich Alltag und soziale Beziehungen, Kultur und Gesellschaft durch die Medien wandeln. Wiesbaden: Westdeutscher Verlag.

Behmer, Markus/Krotz, Friedrich/Stöber, Rudolf/Winter, Carsten (Hrsg.) (2003): Medienentwicklung und gesellschaftlicher Wandel. Beiträge zu einer theoretischen und empirischen Herausforderung. Wiesbaden: Westdeutscher Verlag.
Hagemann, Otmar/Krotz, Friedrich (Hrsg.) (2003): Suchen und Entdecken. Beiträge zu Ehren von Gerhard Kleining. Berlin: Rhombos.
Hepp, Andreas/Krotz, Friedrich/Winter, Carsten (Hrsg.) (2005): Globalisierung der Medienkommunikation. Eine Einführung. Wiesbaden: VS.
Rössler, Patrick/Krotz, Friedrich (Hrsg.) (2005): Mythen der Mediengesellschaft. Konstanz: UVK.
Krotz, Friedrich (2005): Neue Theorien entwickeln. Eine Einführung in die Grounded Theory, die Heuristische Sozialforschung und die Ethnographie anhand der Kommunikationswissenschaft. Köln: Herbert von Halem.
Hepp, Andreas/Krotz, Friedrich/Moores, Shaun/Winter, Carsten (Hrsg.) (2006): Konnektivität, Netzwerk und Fluss. Wiesbaden: VS.
Krotz, Friedrich (2007): Mediatisierung: Fallstudien zum Wandel von Kommunikation. Wiesbaden: VS.
Winter, Carsten/Hepp, Andreas/Krotz, Friedrich (Hrsg.) (2007): Theorien der Kommunikations- und Medienwissenschaft. Grundlegende Diskussionen, Forschungsfelder und Theorieentwicklungen. Wiesbaden: VS.
Hepp, Andreas/Krotz, Friedrich/Moores, Shaun/Winter, Carsten (Hrsg.) (2008): Connectivity, networks, and flows. Conceptualizing contemporary Communications. Cresskill, New Jersey: Hampton Press.
Couldry, Nick/Hepp, Andreas/Krotz, Friedrich (Hrsg.) (2009): Media events in a global Age. London: Routledge (im Druck).
Hepp, Andreas/Krotz, Friedrich/Thomas, Tanja (Hrsg.) (2009): Schlüsselwerke der Cultural Studies. Wiesbaden: VS.

Beiträge in Sammelbänden

Krotz, Friedrich (1986): Rowohlts politische Chronik. In: Duve, Freimut/Krotz, Friedrich (Hrsg.): Aufbrüche. Die Chronik der Republik. Reinbek bei Hamburg: Rowohlt.
Krotz, Friedrich (1986): Nachdruck. In: Kleiber, Dieter/Rommelspacher, Bernd (Hrsg.): Die Zukunft des Helfens. Weinheim, Basel: Psychologie-Verlags-Union.
Krotz, Friedrich (1988): Das vorletzte Krankenhaus. Eine Rede im Jahr 2000. In: Grottian, Peter/Krotz, Friedrich/Lütke, Günter/Pfarr, Heide (Hrsg.): Die Wohlfahrtswende. Der Zauber konservativer Sozialpolitik. München: Beck'sche Reihe.
Krotz, Friedrich (1988): Die Instrumentalisierung der Selbsthilfe. Erfahrungen mit dem Berliner Modell. In: Grottian, Peter/Krotz, Friedrich/Lütke, Günter/Pfarr, Heide (Hrsg.): Die Wohlfahrtswende. Der Zauber konservativer Sozialpolitik. München: Beck'sche Reihe.
Krotz, Friedrich (1988): Zwischen Ahlen und Wahlen. Konzeptionen christdemokratischer Sozialpolitik. In: Grottian, Peter/Krotz, Friedrich/Lütke, Günter/Pfarr, Heide (Hrsg.): Die Wohlfahrtswende. Der Zauber konservativer Sozialpolitik. München: Beck'sche Reihe.
Krotz, Friedrich (1988): Notizen zu einer Chronologie der außerparlamentarischen Bewegung. In: Mosler, Peter: Was wir wollten, was wir wurden. Zeugnisse der Studentenrevolution. Erweiterte Fassung. Reinbek bei Hamburg: Rowohlt.
Krotz, Friedrich (1989): Chronik des Jahrzehnts. In: Leier, Manfred (Hrsg.): Das waren die 80er Jahre. Hamburg: Gruner + Jahr, S. 433–462.
Krotz, Friedrich (1990): Chronik der Bundesrepublik. Ein Kalendarium der Ereignisse. In: Bremer, H./Suhr, H. (Hrsg.): 40 Jahre Bundesrepublik. Hamburg: Stern Verlag, S. 112–119.
Hasebrink, Uwe/Krause, Detlef/Krotz, Friedrich/Nebel, Bettina (1991): Der 3. Oktober im Erleben der Deutschen in Ost und West. In: Krotz, Friedrich/Wiedemann, Dieter (Hrsg.): Der 3. Oktober im Fernsehen und im Erleben der Deutschen. Hamburg: Hans-Bredow-Institut, S. 117–174.

Krotz, Friedrich (1991): Vom Feiern eines nationalen Feiertags. Versuch eines Resümees. In: Krotz, Friedrich/Wiedemann, Dieter (Hrsg.): Der 3. Oktober im Fernsehen und im Erleben der Deutschen. Hamburg: Hans-Bredow-Institut. S. 264–285.

Krotz, Friedrich (1993): Emotionale Aspekte der Fernsehunterhaltung. Konzeptionelle Überlegungen zu einem vernachlässigten Thema. In: Hügel, Hans-Otto/Müller, Eggo (Hrsg.): Fernsehshows. Form- und Rezeptionsanalyse. Hildesheim: Sigma, S. 91–119.

Krotz, Friedrich (1993): Die Rekonstruktion individueller Handlungsstrategien bei der Auswahl von Fernsehprogrammen und Sendungen. Vortrag auf dem Soziologentag der DGS in Düsseldorf im Rahmen der Sektion Medien- und Kommunikationssoziologie. In: Meulemann, Heiner/Elting-Camus, Agnes (Hrsg.): Lebensverhältnisse und soziale Konflikte im neuen Europa. Opladen: Leske + Budrich, S. 205–208.

Hasebrink, Uwe/Krotz, Friedrich (1994): Individuelle Nutzungsmuster von Fernsehzuschauern. Vorüberlegungen zu Sekundärauswertungen telemetrischer Zuschauerdaten und eine erste Pilotstudie. In: Hickethier, Knut (Hrsg.): Aspekte der Fernsehanalyse. Methoden und Modelle, Münster, Hamburg: LIT-Verlag, S. 219–251.

Hasebrink, Uwe/Krotz, Friedrich (1994): Zum Stellenwert von Unterhaltungssendungen im Rahmen individueller Nutzungsmuster. Vortrag bei der DGPuK-Tagung 1992 in Fribourg. In: Bosshart, Louis/Hoffmann-Riem, Wolfgang (Hrsg.): Medienlust und Mediennutz. München: Ölschläger, S. 267–283.

Krotz, Friedrich (1995): Was machen die Menschen mit dem Fernsehen? Individuenbezogene Nutzungsforschung als Ergänzung zur Bestimmung von Quoten. In: Niesel, Manfred (Hrsg.): Tendenzen der Medienforschung. Offenburg: Burda Verlag, S. 39–46 (ausschnittsweiser Nachdruck in „Werben und Verkaufen", H. 49, 1995, S. 148–154).

Krotz, Friedrich (1995): Globalisierung und europäisches Bildungsfernsehen. In: Langer, Josef/Pollauer, Wolfgang (Hrsg.): Kleine Staaten in großer Gesellschaft. Eisenstadt: Verlag für Soziologie und Humanethnologie, S. 315–333.

Hasebrink, Uwe/Krotz, Friedrich (1996): Fernsehnutzung im dualen System: Duales Publikum und duales Nutzungsverhalten. In: Hömberg, Walter/Pürer, Heinz (Hrsg.): Medientransformation. Zehn Jahre dualer Rundfunk in Deutschland. Konstanz: UVK Medien, S. 359–373.

Hasebrink, Uwe/Krotz, Friedrich (1996): Individuelle Nutzungsmuster von Fernsehzuschauern. In: Hasebrink, Uwe/Krotz, Friedrich (Hrsg.): Die Fernsehzuschauer als Regisseure. Individuelle Muster der Fernsehnutzung. Baden-Baden: Nomos, S. 116–137.

Krotz, Friedrich (1996): Der Beitrag des Symbolischen Interaktionismus für die Kommunikationsforschung. In: Hasebrink, Uwe/Krotz, Friedrich (Hrsg.): Die Fernsehzuschauer als Regisseure. Individuelle Muster der Fernsehnutzung. Baden-Baden: Nomos, S. 52–75.

Krotz, Friedrich (1996): Zur Idee einer Stiftung Medientest – was kann und was soll eine solche Stiftung leisten? In: Mast, Claudia (Hrsg.): Markt-Macht-Medien: Publizistik zwischen gesellschaftlicher Verantwortung und ökonomischen Zielen. Konstanz: UVK-Medien, S. 325–336.

Krotz, Friedrich (1996): Psychodrama als konstruktivistische Interaktionstheorie. In: Buer, Ferdinand (Hrsg.): Jahrbuch für Psychodrama, psychosoziale Praxis & Gesellschaftspolitik 95. Opladen: Leske + Budrich, S. 137–148.

Krotz, Friedrich (1996): Parasoziale Interaktion als symbolisch-interaktionistisches Modell von Medienkommunikation. In: Vorderer, Peter (Hrsg.): Fernsehen als „Beziehungskiste". Parasoziale Beziehungen und Interaktionen mit TV-Personen. Opladen: Westdeutscher Verlag, S. 73–90.

Krotz, Friedrich (1997): Kontexte des Verstehens audiovisueller Kommunikate: Das sozial positionierte Subjekt der Cultural Studies und die kommunikativ konstruierte Identität des Symbolischen Interaktionismus. In: Charlton, Michael/Schneider, Silvia (Hrsg.): Rezeptionsforschung. Opladen: Westdeutscher Verlag, S. 73–89.

Krotz, Friedrich (1997): Aspekte einer psychodramatischen Theorie emotionalen Erlebens. In: Buer, Ferdinand (Hrsg.): Jahrbuch für Psychodrama, psychosoziale Praxis & Gesellschaftspolitik 96. Opladen: Leske + Budrich, S. 75–94.

Krotz, Friedrich (1997): Verbraucherkompetenz und Medienkompetenz. Die „Stiftung Medientest" als Antwort auf strukturelle Probleme der Entwicklung der Medien. In: Wessler, Hartmut/Matzen, Ch./Jarren, Ottfried/Hasebrink, Uwe (Hrsg.): Perspektiven der Medienkritik. Die gesellschaftliche Auseinandersetzung mit öffentlicher Kommunikation in der Mediengesellschaft. Dieter Roß zum 60. Geburtstag. Opladen: Westdeutscher Verlag, S. 251–264.

Krotz, Friedrich (1997): Hundert Jahre Verschwinden von Raum und Zeit? Kommunikation in den Datennetzen in der Perspektive der Nutzer. In: Beck, Klaus (Hrsg.): Computernetze – ein Medium öffentlicher Kommunikation? Berlin: Spieß, S. 105–126.

Krotz, Friedrich (1997): Gesellschaftliches Subjekt und kommunikative Identität. Zum Menschenbild der cultural studies. In: Hepp, Andreas/Winter, Rainer (Hrsg.): Kultur – Medien – Macht. Cultural Studies und Medienanalyse. Opladen: Westdeutscher Verlag, S. 117–126.

Krotz, Friedrich (1998): Mediennutzung in der Bundesrepublik. In: Hans-Bredow-Institut (Hrsg.): Internationales Handbuch für Hörfunk und Fernsehen 98/99. Baden-Baden, Hamburg: Nomos, S. 209–221.

Krotz, Friedrich (1998): Surfvergnügen im Haifischbecken? Über die Zweckmäßigkeit einer „Stiftung Medientest". In: Kubicek, Herbert u.a. (Hrsg.): Lernort Multimedia. Jahrbuch Telekommunikation und Gesellschaft 1998. Heidelberg: R. v. Decker's, S. 275–286.

Krotz, Friedrich (1998): Digitalisierte Medienkommunikation. Veränderungen interpersonaler und öffentlicher Kommunikation. In: Neverla, Irene (Hrsg.): Das Netz-Medium. Opladen: Westdeutscher Verlag, S. 113–136.

Krotz, Friedrich (1998): Kompatibel nach vielen Seiten. Zum Konzept Theatralität als Verbindungsstück zwischen literatur- und sozialwissenschaftlicher Medienforschung. In: Göttlich, Udo/Nieland, Jörg-Uwe/Schatz, Heribert (Hrsg.): Kommunikation im Wandel. Zur Theatralität der Medien. Köln: Herbert von Halem, S. 253–256.

Krotz, Friedrich (1998): Öffentlichkeit aus Sicht des Publikums. In: Jarren, Otfried/Krotz, Friedrich (Hrsg.): Öffentlichkeit unter „Viel-Kanal-Bedingungen". Baden-Baden: Nomos, S. 95–117.

Krotz, Friedrich (1998): Computervermittelte Kommunikation im Medienalltag von Kindern und Jugendlichen in Europa. In: Rössler, Patrick (Hrsg.): Online Kommunikation. Opladen: Westdeutscher Verlag, S. 85–102.

Krotz, Friedrich (1999): Computervermittelte Medien im Medienalltag von Kindern und Jugendlichen in Europa. In: Roters, Gunnar/Klingler, Walter/Gerhards, Maria (Hrsg.): Mediensozialisation und Medienverantwortung. Baden-Baden: Nomos, S. 155–172.

Krotz, Friedrich (1999): Thesen zur Kompetenz Jugendlicher im Umgang mit (neuen) Medien. In: Schell, Fred/Stolzenburg, Elke/Theunert, Helga (Hrsg.): Medienkompetenz – Grundlagen und pädagogisches Handeln. München: Kopäd, S. 244–247.

Krotz, Friedrich (1999): Anonymität als Chance und Glaubwürdigkeit als Problem. Überlegungen zu einigen elementaren Eigenschaften von Kommunikation unter den Bedingungen und Möglichkeiten im Internet. In: Rössler, Patrick/Wirth, Werner (Hrsg.): Glaubwürdigkeit im Internet. München: Reinhard Fischer, S. 125–140.

Krotz, Friedrich (1999): Individualisierung und das Internet. In: Latzer, Michael/Siegert, Gabriele/Steinmaurer, Thomas (Hrsg.): Die Zukunft der Kommunikation. Phänomene und Trends in der Informationsgesellschaft. Innsbruck, Wien: Studienverlag, S. 347–365.

Krotz, Friedrich (1999): European TV kids in a transformed media world: Findings from Germany, Flanders and Sweden. In: Löhr, Paul/Meyer, Manfred (Hrsg.): Children, Television and the New Media. Luton, Bedfordshire: University of Luton Press, S. 25–37.

Krotz, Friedrich (2000): Mediennutzung in der Bundesrepublik. In: Hans-Bredow-Institut (Hrsg.): Internationales Handbuch für Hörfunk und Fernsehen 2000/2001. Baden-Baden, Hamburg: Nomos, S. 223–237.

Krotz, Friedrich (2000): Media in the everyday life of children and young people in Germany: German Results of a Comparative Project. In: Brosius, Hans-Bernd (Hrsg.): Kommunikation über Grenzen und Kulturen. Konstanz: UVK Medien, S. 267–282.

Krotz, Friedrich (2000): Cultural Studies – Radio, Kultur und Gesellschaft. In: Neumann-Braun, Klaus/Müller-Doohm, Stefan (Hrsg.): Medien- und Kommunikationssoziologie. Eine Einführung in zentrale Begriffe und Theorien. Weinheim, München: Juventa, S. 159–180.

Krotz, Friedrich (2000): Vergnügen an interaktiven Medien und seine Bedeutung für Individuum und Gesellschaft. In: Göttlich, Udo/Winter, Rainer (Hrsg.): Die Politik des Vergnügens. Zur Diskussion der Populärkultur in den Cultural Studies. Köln: Herbert von Halem, S. 182–194.

Krotz, Friedrich (2000): Öffentlichkeit und medialer Wandel. Sozialwissenschaftliche Überlegungen zu der Verwandlung von Öffentlichkeit durch das Internet. In: Faulstich, Werner/Hickethier, Knut (Hrsg.): Öffentlichkeit im Wandel. Neue Beiträge zur Begriffsklärung. Bardowick: Wissenschaftler, S. 210–223.

Krotz, Friedrich/Hasebrink, Uwe (2001): Who are the new media users? In: Livingstone, Sonia/Bovill, Moira (Hrsg.): Children and their Changing Media Environment. An European Comparative Study. New York: Erlbaum, S. 245–262.

Krotz, Friedrich (2001): Das Internet als Form kommerziell organisierter Kommunikation und die Rolle vermittelnder Institutionen. In: Kops, Manfred/Schulz, Wolfgang/Held, Torsten (Hrsg.): Von der dualen Rundfunkordnung zur dienstespezifisch diversifizierten Informationsordnung. Baden-Baden: Nomos, S. 21–44.

Krotz, Friedrich (2001): Der Symbolische Interaktionismus und die Medien: Zum hoffnungsvollen Stand einer schwierigen Beziehung. In: Rössler, Patrick/Hasebrink, Uwe/Jäckel, Michael (Hrsg.): Theoretische Perspektiven der Rezeptionsforschung. München: Reinhard Fischer, S. 73–95.

Krotz, Friedrich (2001): „fast interessanter und spannender als VL selbst, aber im Moment ja keine allzu große Kunst". Anschlusskommunikation zu Daily Talks und Daily Soaps im Internet. In: Göttlich, Udo/Krotz, Friedrich/Paus-Haase, Ingrid (Hrsg.): Daily Soaps und Daily Talks im Alltag von Jugendlichen. Opladen: Leske + Budrich, S. 265–307.

Krotz, Friedrich (2001): Die Übernahme öffentlicher und individueller Kommunikation durch die Privatwirtschaft. Über den Zusammenhang zwischen Mediatisierung und Ökonomisierung. In: Karmasin, Matthias/Knoche, Manfred/Winter, Carsten (Hrsg.): Medienwirtschaft und Gesellschaft 1. Münster: LIT, S. 197–217.

Krotz, Friedrich (2001): Neue Formen des Fernsehangebots und der Fernsehnutzung außerhalb des privaten Bereichs. In: Hasebrink, Uwe (Hrsg.): Fernsehen in neuen Medienumgebungen. Befunde und Prognosen zur Zukunft der Fernsehnutzung. Berlin: Vistas, S. 79–93.

Krotz, Friedrich (2002): Die Welt im Computerspiel. In: Kemper, Peter/Sonnenschein, Ulrich (Hrsg.): Globalisierung im Alltag. Frankfurt a.M.: Suhrkamp, S. 114–128.

Krotz, Friedrich (2002): Lernen von anderen. Ein Plädoyer für die Öffnung der Kommunikationswissenschaft aus der Perspektive eines deutsch-japanischen Forschungsprojekts. In: Hafez, Kai (Hrsg.): Zur Internationalisierung der Kommunikationswissenschaft. Hamburg: DÜI, S. 113–134.

Krotz, Friedrich (2002): Herbert Blumer. In: Holtz-Bacha, Christina/Kutsch, Arnulf (Hrsg.): Schlüsselwerke für die Kommunikationswissenschaft. Wiesbaden: Westdeutscher Verlag, S. 65–68.

Krotz, Friedrich (2002): Ursula Dehm. In: Holtz-Bacha, Christina/Kutsch, Arnulf (Hrsg.): Schlüsselwerke für die Kommunikationswissenschaft. Wiesbaden: Westdeutscher Verlag, S. 107–109.

Krotz, Friedrich (2002): George Herbert Mead. In: Holtz-Bacha, Christina/Kutsch, Arnulf (Hrsg.): Schlüsselwerke für die Kommunikationswissenschaft. Wiesbaden: Westdeutscher Verlag, S. 305–308.

Krotz, Friedrich (2002): Der Umgang mit Medienangeboten in verschiedenen Kulturen: konzeptionelle Überlegungen am Beispiel einer kulturvergleichenden Studie über Fernsehen auf öffentlichen Plätzen. In: Hepp, Andreas/Löffelholz, Martin (Hrsg.): Grundlagentexte zur transkulturellen Kommunikation. Konstanz: UVK/UTB, S. 696–722.

Krotz, Friedrich (2002): Die Mediatisierung von Alltag und sozialen Beziehungen und die Formen sozialer Integration. In: Imhof, Kurt/Jarren, Otfried/Blum, Roger (Hrsg.): Integration und Medien. Wiesbaden: Westdeutscher Verlag, S. 184–200.

Krotz, Friedrich (2002): Unterhaltung, die der Unterhaltung dient? Talkshows zwischen Trash und Geschäft, Unterhaltung und Information. In: Tenscher, Jens/Schicha, Christian (Hrsg.): Talk auf allen Kanälen. Wiesbaden: Westdeutscher Verlag, S. 39–54.

Krotz, Friedrich/Hasebrink, Uwe (2003): Medienkompetenz von Kindern und Jugendlichen für die Informationsgesellschaft und ihre Bedingungen in Japan und Deutschland. In: Krotz, Friedrich/ Hasebrink, Uwe: Medienkompetenz von Kindern für die Informationsgesellschaft und ihre Bedingungen in Japan und Deutschland. Hamburg: Hans-Bredow-Institut, S. 7–28; S. 122–216 (Anhang).

Hagemann, Otmar/Krotz, Friedrich (2003): Einleitung. In: Hagemann, Otmar/Krotz, Friedrich (Hrsg.): Suchen und Entdecken. Berlin: Rhombos, S. 6–11.

Krotz, Friedrich (2003): Les médias dans la vie quotidienne des enfants et des adolescents en Allemagne et en France. In: Albert, Pierre/Koch, Ursula E./Rieffel, Rémy/Schröter, Detlef/Viallon, Phillipe (Hrsg.): Les Médias et leur public en France et en Allemagne. Paris: Edition Panthéon-Assas, S. 381–393 (in Französisch und Deutsch, in Abstimmung mit einem dazugehörigen Fortsetzungstext von Jouet, Josianne im gleichen Band).

Krotz, Friedrich (2003): Einleitung. In: Behmer, Markus/Krotz, Friedrich/Stöber, Rudolf/Winter, Carsten (Hrsg.): Medienentwicklung und gesellschaftlicher Wandel. Wiesbaden: Westdeutscher Verlag, S. 7–12.

Krotz, Friedrich (2003): Zivilisationsprozess und Mediatisierung: Zum Zusammenhang von Medien- und Gesellschaftswandel. In: Behmer, Markus/Krotz, Friedrich/Stöber, Rudolf/Winter, Carsten (Hrsg.): Medienentwicklung und gesellschaftlicher Wandel. Wiesbaden: Westdeutscher Verlag, S. 15–38.

Krotz, Friedrich (2003): Kommunikation im Zeitalter des Internet. In: Höflich, Joachim/Gebhardt, Julian (Hrsg.): Vermittlungskulturen im Wandel: Brief, E-Mail, SMS. Frankfurt a.M.: Peter Lang, S. 21–38.

Krotz, Friedrich (2003): Interaktives. In: Hügel, Hans-Otto (Hrsg.): Handbuch Populäre Kultur. Stuttgart: Metzler, S. 266–269.

Krotz, Friedrich (2003): Kollektive Produktion. In: Hügel, Hans-Otto (Hrsg.): Populäre Kultur. Ein Handbuch. Stuttgart: Metzler, S. 285–287.

Krotz, Friedrich (2003): Qualitative Methoden der Kommunikationsforschung. In: Bentele, Günter/ Brosius, Hans-Bernd/Jarren, Otfried (Hrsg.): Öffentliche Kommunikation. Handbuch Kommunikations- und Medienwissenschaft. Wiesbaden: Westdeutscher Verlag, S. 245–261.

Krotz, Friedrich (2003): Medien als Ressource der Konstitution von Identität. Eine konzeptionelle Klärung auf der Basis des Symbolischen Interaktionismus. In: Winter, Carsten/Thomas, Tanja/ Hepp, Andreas (Hrsg.): Medienidentitäten. Identität im Kontext von Globalisierung und Medienkultur. Köln: Herbert von Halem, S. 27–48.

Krotz, Friedrich (2003): Mediatisierung der Lebensräume von Jugendlichen. Perspektiven für die Forschung. In: Bug, Judith/Karmasin, Matthias (Hrsg.): Telekommunikation und Jugendkultur. Eine Einführung. Wiesbaden: Westdeutscher Verlag, S. 167–184.

Krotz, Friedrich (2003): Kommunikation mittels und mit digitalen Maschinen. Inhaltliche und methodologische Überlegungen aus Sicht der Kommunikationswissenschaft. In: Kumbruck, Christel/Dick, Michael/Schulze, Hartmut (Hrsg.): Arbeit – Alltag – Psychologie. Über den Bootsrand geschaut. Festschrift für Harald Witt. Heidelberg: Asanger, S. 315–330.

Krotz, Friedrich (2003): Perspektivität und abstrakte Beziehung. Überlegungen zu einer Grundlegung heuristischer Forschung. In: Hagemann, Otmar/Krotz, Friedrich (Hrsg.): Suchen und Entdecken. Berlin: Rhombos, S. 271–294.

Krotz, Friedrich (2003): Krieg als transkultureller Konflikt in der globalisierten Gesellschaft und die Rolle der Medien. In: Beuthner, Michael/Buttler, Joachim/Frühlich, Sandra/Neverla, Irene/Weichert, Stephan A. (Hrsg.): Bilder des Terrors – Terror der Bilder? Krisenberichterstattung am und nach dem 11. September. Köln: Herbert von Halem, S. 300–321.

Krotz, Friedrich (2003): Kommunikationswissenschaft, Kulturwissenschaft: glückliches Paar oder Mesalliance? In: Karmasin, Matthias/Winter, Carsten (Hrsg.): Kulturwissenschaft als Kommu-

nikationswissenschaft. Projekte, Probleme und Perspektiven. Wiesbaden: Westdeutscher Verlag, S. 21–48.
Krotz, Friedrich (2003): Neue Medien und Medienkompetenz in Schulen: Ein explorativer Vergleich zwischen Japan und Deutschland. In: Krotz, Friedrich/Hasebrink, Uwe: Medienkompetenz von Kindern für die Informationsgesellschaft und ihre Bedingungen in Japan und Deutschland. Hamburg: Hans-Bredow-Institut, S. 29–122.
Hepp, Andreas/Krotz, Friedrich/Winter, Carsten (2005): Einführung. In: Hepp, Andreas/Krotz, Friedrich/Winter, Carsten (Hrsg.): Globalisierung der Medienkommunikation. Eine Einführung. Wiesbaden: VS, S. 7–20.
Krotz, Friedrich (2005): Einführung: Mediengesellschaft, Mediatisierung, Mythen – Einige Begriffe und Überlegungen. In: Rössler, Patrick/Krotz, Friedrich (Hrsg.): Mythen der Mediengesellschaft. Konstanz: UVK, S. 9–32.
Krotz, Friedrich (2005): Von Modernisierungs- über Dependenz- zu Globalisierungstheorien: Spaltungen, Konflikte und die Rolle der Medien. In: Hepp, Andreas/Krotz, Friedrich/Winter, Carsten (Hrsg.): Globalisierung der Medienkommunikation. Eine Einführung. Wiesbaden: VS, S. 21–44.
Krotz, Friedrich (2005): Der AIBO als Medium und wie er funktioniert. Ergebnisse eines Forschungsprojekts. In: Fischer, Ludwig (Hrsg.): Programm. Knut Hickethier zu Ehren. München: Fischer, S. 401–411.
Krotz, Friedrich (2005): Medientheorien. In: Weischenberg, Siegfried/Kleinsteuber, Hans J./Pörksen, Bernhard (Hrsg.): Handbuch Journalismus und Medien. Konstanz: UVK, S. 287–292.
Krotz, Friedrich (2005): Mobile Communication, the Internet and the net of social relations. In: Nyíri, Kristóf (Hrsg.): A Sense of Place. The Global and the Local in Mobile Communication. Wien: Passagen Verlag, S. 447–459.
Krotz, Friedrich (2005): Handlungstheorien. In: Mikos, Lothar/Wegener, Claudia (Hrsg.) (2005): Qualitative Medienforschung. Ein Handbuch. Konstanz: UVK, S. 40–49.
Krotz, Friedrich (2006): Konnektivität der Medien: Konzepte, Bedingungen und Konsequenzen. In: Hepp, Andreas/Krotz, Friedrich/Moores, Shaun/Winter, Carsten (Hrsg.): Konnektivität, Netzwerk und Fluss. Wiesbaden: VS, S. 21–42.
Hepp, Andreas/Krotz, Friedrich/Moores, Shaun/Winter, Carsten (2006): Konnektivität, Netzwerk und Fluss. In: Hepp, Andreas/Krotz, Friedrich/Moores, Shaun/Winter, Carsten (Hrsg.): Konnektivität, Netzwerk und Fluss. Wiesbaden: VS, S. 7–20.
Krotz, Friedrich (2006): Mediatisierung und Globalisierung als Wandlungsprozesse und die sogenannte Digitale Spaltung. In: Wiedemann, Dieter/Volkmer, Ingrid (Hrsg.): Schöne, neue Medienwelten? Konzepte und Visionen für eine Medienpädagogik der Zukunft. Bielefeld: GMK, S. 60–71.
Krotz, Friedrich (2006): Zur Kritik des Konzepts „Digitale Spaltung": Welchen Zweck hat das Internet, und welche Nutzungsarten sind zukunftsträchtig? In: Rath, Mathias et al. (Hrsg.): Jugend – Werte – Medien: Der Diskurs. In Zusammenarbeit mit der Stiftung Ravensburger Verlag. Weinheim, Basel: Beltz, S. 31–44.
Krotz, Friedrich (2006): Wandel von Identität und die digitalen Medien. In: Strauss, Bernhard/Geyer, Michael (Hrsg.): Psychotherapie in Zeiten der Globalisierung. Göttingen: Vandenhoeck & Ruprecht, S. 260–278.
Krotz, Friedrich (2006): Ethnography, related Methods and the Digital Media. In: Hartmann, Maren/Höflich, Joachim (Hrsg.): Mobile communication in Everyday life: Ethnographic Views, Observations and Reflections. Berlin: Frank und Thimme, S. 299–320.
Krotz, Friedrich (2006): Rethinking the Digital Divide-Approach: From a technically based understanding to a concept referring to Bourdieu's social Capital. In: Carpentier, Nico et al. (Hrsg.): Researching Media, Democracy and Participation. Tartu University Press, S. 177–189 (abrufbar unter http://www.ecrea.com/summer).

Krotz, Friedrich (2007): Digital Divide. In: Arnett, Peter et al. (Hrsg.): Encyclopedia of Children, Adolescents and the Media. Thousand Oaks: Sage, S. 239–241.
Krotz, Friedrich (2007): Multimedia toys. In: Arnett, Peter (Hrsg.) Encyclopedia of Children, Adolescents and the Media. Thousand Oaks: Sage, S. 560–561.
Krotz, Friedrich/Thomas, Tanja (2007): Domestizierung, Alltag, Mediatisierung. Ein Ansatz zu einer theoriegerichteten Verständigung. In: Röser, Jutta (Hrsg.): Medienalltag. Domestizierungsprozesse alter und neuer Medien. Wiesbaden: VS, S. 31–42.
Krotz, Friedrich (2008): Handlungstheorien und Symbolischer Interaktionismus als Grundlage kommunikationswissenschaftlicher Forschung. In: Winter, Carsten/Hepp, Andreas/Krotz, Friedrich (Hrsg.): Theorien der Kommunikations- und Medienwissenschaft. Grundlegende Diskussionen, Forschungsfelder und Theorieentwicklungen. Wiesbaden: VS, S. 29–47.
Krotz, Friedrich/Hepp, Andreas/Winter, Carsten (2008): Einleitung: Theorien der Kommunikations- und Medienwissenschaft. In: Winter, Carsten/Hepp, Andreas/Krotz, Friedrich (Hrsg.): Theorien der Kommunikations- und Medienwissenschaft. Grundlegende Diskussionen, Forschungsfelder und Theorieentwicklungen. Wiesbaden: VS, S. 9–25.
Krotz, Friedrich (2008): Kultureller und gesellschaftlicher Wandel im Kontext des Wandels von Medien und Kommunikation. In: Thomas, Tanja (Hrsg.): Medienkultur und soziales Handeln, Wiesbaden: VS, S. 43–62.
Thomas, Tanja/Krotz, Friedrich (2008): Medienkultur und soziales Handeln. Begriffsarbeiten zur Theorieentwicklung. In: Thomas, Tanja (Hrsg.): Medienkultur und soziales Handeln, Wiesbaden: VS, S. 17–42.
Krotz, Friedrich (2008): Computerspiele als neuer Kommunikationstypus. Interaktive Kommunikation als Zugang zu komplexen Welten. In: Quandt, Thorsten/Wimmer, Jeffrey/Wolling, Jens (Hrsg.): Die Computerspieler. Studien zur Nutzung von Computergames. Wiesbaden: VS, S. 25–40.
Krotz, Friedrich (2008): Posttraditionale Vergemeinschaftung und mediatisierte Kommunikation: Zum Zusammenhang von sozialem, medialem und kommunikativem Wandel. In: Hitzler, Ronald/Honer, Anne/Pfadenhauer, Michaela (Hrsg.): Posttraditionale Gemeinschaften. Theoretische und ethnographische Erkundungen. Wiesbaden: VS, S. 151–169.
Hepp, Andreas/Krotz, Friedrich/Moores, Shaun/Winter, Carsten (2008): Connectivity, networks, and flows. In: Hepp, Andreas/Krotz, Friedrich/Moores, Shaun/Winter, Carsten (Hrsg.): Connectivity, networks, and flows. Conceptualizing contemporary Communications. Cresskill, New Jersey: Hampton Press, S. 1–12.
Krotz, Friedrich (2008): Media Connectivity: Concepts, Conditions and Consequences. In: Hepp, Andreas/Krotz, Friedrich/Moores, Shaun/Winter, Carsten (Hrsg.): Connectivity, networks, and flows. Conceptualizing contemporary Communications. Cresskill, New Jersey: Hampton Press, S. 13–33.
Krotz, Friedrich (2008): Marshall McLuhan. In: Sander, Uwe/von Gross, Friederike/Hugger, Kai-Uwe (Hrsg.): Handbuch Medienpädagogik. Wiesbaden: VS, S. 257–262.
Krotz, Friedrich (2009): Mediatization: A concept to grasp media and societal change. In: Lundby, Knut (Hrsg.): Mediatization: Concept, Changes, Conflicts. New York: Lang, S. 21–40.
Hepp, Andreas/Krotz, Friedrich/Thomas, Tanja (2009): Einleitung. In: Hepp, Andreas/Krotz, Friedrich/Thomas, Tanja (Hrsg.): Schlüsselwerke der Cultural Studies. Wiesbaden: VS, S. 7–19.
Krotz, Friedrich (2009): Stuart Hall: Identität und Encoding/Decoding. In: Hepp, Andreas/Krotz, Friedrich/Thomas, Tanja (Hrsg.): Schlüsselwerke der Cultural Studies. Wiesbaden: VS, S. 210–223.
Krotz, Friedrich (2009): Zivilgesellschaft, Medien und die Stiftung Medientest. In: Schicha, Christian/Brodsda, Carsten (Hrsg.): Handbuch Medienethik. Wiesbaden: VS (im Druck).
Krotz, Friedrich (2009): Creating a national holiday: media events, symbolic capital and symbolic power. In: Couldry, Nick/Hepp, Andreas/Krotz, Friedrich: Media events in a global Age. London: Routledge (im Druck).

Friedrich Krotz: Bibliographie 307

Beiträge in wissenschaftlichen Fachzeitschriften

Grottian, Peter/Krotz, Friedrich/Lütke, Günter/Wolf, M. (1985): Die Entzauberung der Berliner Sozialpolitik. In: Ästhetik und Kommunikation 59, S. 14–36.
Hasebrink, Uwe/Krause, Detlef/Krotz, Friedrich/Nebel, Bettina (1991): Der 3. Oktober 1990: Ein Medienereignis im Erleben der Deutschen in Ost und West. In: Rundfunk und Fernsehen 39, 2, S. 207–231.
Krotz, Friedrich (1991): Lebensstile, Lebenswelten und Medien: Zur Theorie und Empirie individuenbezogener Forschungsansätze des Mediengebrauchs. In: Rundfunk und Fernsehen 39, 3, S. 317–342.
Krotz, Friedrich (1992): Handlungsrollen und Fernsehnutzung. Umriss eines theoretischen und empirischen Konzepts. In: Rundfunk und Fernsehen 40, 2, S. 222–246.
Krotz, Friedrich (1992): Kommunikation als Teilhabe. Der „Cultural Studies Approach". In: Rundfunk und Fernsehen 40, 3, S. 412–431.
Hasebrink, Uwe/Krotz, Friedrich (1992): Individuelle Fernsehnutzung. Zum Stellenwert von Unterhaltungssendungen. In: Rundfunk und Fernsehen 40, 3, S. 398–411.
Krotz, Friedrich (1993): Fernsehen fühlen. Auf der Suche nach einem handlungstheoretischen Konzept für das emotionale Erleben des Fernsehens. In: Rundfunk und Fernsehen 41, 4, S. 477–496.
Hasebrink, Uwe/Krotz, Friedrich (1993): Wie nutzen Zuschauer das Fernsehen. In: Media Perspektiven 11–12, S. 515–527.
Krotz, Friedrich (1993): Televisión, Educación, Europa: ambito y perspectivas de una televisión educativa paneuropea. In: Revista de Educación a Distancia (RED) 7, S. 37–52.
Krotz, Friedrich (1994): Alleinseher im „Fernsehfluß": Rezeptionsmuster aus dem Blickwinkel individueller Fernsehforschung. In: Media Perspektiven 10, S. 505–516.
Krotz, Friedrich (1994): Eine Schule am Marktplatz des globalen Dorfes? Globalisierung und Europäisches Bildungsfernsehen. In: Publizistik 4, S. 409–427.
Krotz, Friedrich (1995): Fernsehen kultursoziologisch betrachtet. Der Beitrag der Cultural Studies zur Konzeption und Erforschung der Mediennutzung. In: Soziale Welt 46, 3, S. 245–265.
Krotz, Friedrich (1995): Elektronisch mediatisierte Kommunikation – Überlegungen zu einer Konzeption einiger zukünftiger Forschungsfelder der Kommunikationswissenschaft. In: Rundfunk und Fernsehen 43, 4, S. 445–462.
Krotz, Friedrich (1996): Zur Konzeption einer Stiftung Medientest. In: Rundfunk und Fernsehen 44, 2, S. 214–229.
Krotz, Friedrich (1997): Heimat als kommunikative Veranstaltung. In: Forum Medienethik 2, S. 6–15.
Krotz, Friedrich/Hasebrink, Uwe (1998): The Analysis of People Meter Data: Individual Patterns of Viewing Behaviour of People with different Cultural Backgrounds. In: Communications: The European Journal of Communication Research 23, 2, S. 151–174.
Johnsson-Smaragdi, Ulla/d'Haenens, Leen/Krotz, Friedrich/Hasebrink, Uwe (1998): Patterns of old and new Media Use among young People in Flanders, Germany and Sweden. In: European Journal of Communications 4, S. 479–501.
Hasebrink, Uwe/Krotz, Friedrich (1998): Andere Länder – andere Mediennutzung. Nationale Medienmentalitäten im Vergleich. In: Medien Concret 1, S. 7–11.
Krotz, Friedrich (1998): Kultur, Kommunikation und die Medien. In: Saxer, Ulrich (Hrsg.): Publizistik, Sonderheft „Medienkulturkommunikation", 2, S. 67–85.
Krotz, Friedrich/Eastman, Susan (1999): Orientations Toward Television Outside the Home in Hamburg and Indianapolis. Journal of Communication 49, 1, S. 5–27.
Krotz, Friedrich (1999): Forschungs- und Anwendungsfelder der Selbstbeobachtung. In: Journal für Psychologie 7, 2, S. 9–11.
Krotz, Friedrich (1999): Kinder und Medien, Eltern und soziale Beziehungen. In: TV Diskurs 10, S. 60–66.
Krotz, Friedrich (2000): Daily Talks im Alltag von Jugendlichen. In: Medien Praktisch 3, S. 14–24.

Krotz, Friedrich (2001): Marshall McLuhan Revisited. Der Theoretiker des Fernsehens und die Mediengesellschaft. In: Medien & Kommunikationswissenschaft 49, S. 62–81.
Krotz, Friedrich (2001): Dämonisierung des Gegners. Zur Glaubwürdigkeit der Medien im Krieg. In: Grimme. Zeitschrift für Programm, Forschung und Medienproduktion 4, S. 24–25.
Krotz, Friedrich (2002): Strategien gegen die Informationsblockade. In: Message. Internationale Fachzeitschrift für Journalismus 1, S. 18–20.
Krotz, Friedrich (2002): Die Welt im Computer. Überlegungen zu dem unterschätzten Medium „Computerspiele". In: Ästhetik und Kommunikation 115, 32, S. 25–34.
Krotz, Friedrich (2002): Fernsehen nach Kirch. In: Message. Internationale Fachzeitschrift für Journalismus 3, S. 28–30.
Krotz, Friedrich (2002): „And the winner is – BMW". James Bond Filme und die Wirklichkeit der Medien. In: Medien Praktisch 5, S. 26–35.
Krotz, Friedrich (2002): Traditionelle und Computervermittelte Kommunikationsnetze. Veränderungen sozialer und kultureller Lebensbedingungen. In: Medienwissenschaft Schweiz 2, S. 71–76.
Krotz, Friedrich (2004): Mediatisierte soziale Beziehungen und ihr Beitrag zur kommunikativen Konstitution von Identität. In: Medien und Erziehung 48, 6, S. 32–46.
Bildandzic, Helena/Krotz, Friedrich/Rössler, Patrick (Hrsg.) (2006): Communications: The European Journal of Communication Research, 3/31: Special Issue Media use and selectivity, 2: Contributions from an international workshop in Erfurt. Introduction, S. 257–260.
Krotz, Friedrich/Schulz, Iren (2006): Niemals allein und in neu interpretierten Realitäten: Die Bedeutung des Mobiltelefons in Alltag, Kultur und Gesellschaft. In: Ästhetik und Kommunikation 135, S. 59–66.
Krotz, Friedrich (2007): Einleitung: Männliche Identitäten und Medien. In: Medien und Erziehung 2, S. 8–12.
Krotz, Friedrich (Hrsg.) (2007): Medien und Erziehung, Themenheft 2: Männliche Identität(en) und Medien.
Krotz, Friedrich et al. (Hrsg.) (2007): Medien und Erziehung. Wissenschaftsheft 6: Wie sich die Medien in die Beziehungen einklinken.
Krotz, Friedrich (2007): Medien, Kommunikation und die Beziehungen der Menschen. In: Medien und Erziehung 6, S. 5–13.
Krotz, Friedrich (2007): The Metaprocess of ‚mediatization' as a conceptual frame. In: Global Media and Communication 3, S. 256–260.
Krotz, Friedrich/Theunert, Helga/Wagner, Ulrike (2008): Editorial. In: Medien und Erziehung: Staat – Macht – Medien 4, 52, S. 8–12.
Hepp, Andreas/Krotz, Friedrich (2008): Media Events, Globalization and cultural change: An Introduction to the special issue. In: The European Journal of Communication Research 3, 33, S. 265–272.
Hepp, Andreas/Krotz, Friedrich (Gast-Hrsg.) (2008): Special Issue of the European Journal of Communication Research, 3, 33: Media Events.
Krotz, Friedrich (2008): Interaktion als Perspektivverschränkung. Ein Beitrag zum Verständnis von Rolle und Identität in der Theorie des Psychodramas. In: Zeitschrift für Psychodrama und Soziometrie. Erlebnisorientierte Aktionsmethoden in Psychotherapie und Pädagogik, Sonderheft 1. Wiesbaden: VS, S. 27–50 (geringfügig überarbeiteter Nachdruck von: Krotz 1992: Interaktion als Perspektivverschränkung).

Beiträge in Nachschlagewerken

Krotz, Friedrich (1998): Europäische Öffentlichkeit, Gegenöffentlichkeit, Internet, Multimedia, Neue Medien. In: Jarren, Ottfried/Sarcinelli, Ulrich/Saxer, Ulrich (Hrsg.): Politische Kommunikation in der demokratischen Gesellschaft. Ein Handbuch mit Lexikon. Opladen: Westdeutscher Verlag, S. 649, 653f., 665, 689, 691f.

Krotz, Friedrich/Lampert, Claudia/Hasebrink, Uwe (2008): Neue Medien. In: Silbereisen, Rainer/ Hasselhorn, Marcus (Hrsg.): Enzyklopädie der Psychologie, Themenbereich C (Theorie und Forschung), Serie V (Entwicklungspsychologie), Band 5: Entwicklungspsychologie des Jugendalters. Göttingen: Hogrefe, S. 331–359.

Krotz, Friedrich (2009): Kommunikationswissenschaft. In: Reinalter, Helmut et al. (Hrsg.): Lexikon der Geisteswissenschaften. Stuttgart: Böhlau Verlag (im Druck).

Beiträge in anderen Schriften und Periodika

Grottian, Peter/Krotz, Friedrich/Lütke, Günter (1986): Die Entzauberung der Berliner Sozialpolitik. In: Blanke, Bernhard/Evers, Adalbert/Wollmann, Helmut (Hrsg.): Die Zweite Stadt. Neue Formen lokaler Arbeits- und Sozialpolitik. Leviathan Sonderheft 7, S. 201–212.

Krotz, Friedrich (1987): Die Berliner Förderung von Selbsthilfe: Hilfe zur Autonomie oder Instrumentalisierung? Teilbericht des DFG-Projekts „Neue Subsidiaritätspolitik". Hamburg: Ms.

Krotz, Friedrich (1987): Es könnte auch ganz anders sein. Die Instrumentalisierung der Selbsthilfe durch die Berliner Förderung. In: Loccumer Protokolle 53.

Krotz, Friedrich (1988): Sozialpolitik als Organisation von Eigenarbeit. Eine Analyse am Beispiel der Berliner Selbsthilfegruppenförderung. In: Mehrwert 30, S. 64–83.

Hasebrink, Uwe/Krotz, Friedrich (1991): Das Konzept der Publikumsaktivität in der Kommunikationswissenschaft. In: SPIEL (Siegener Periodikum für Internationale Empirische Literaturwissenschaft) 10, 1, S. 115–139.

Krotz, Friedrich (1992): Der Golfkrieg – das unbewältigte „Medienereignis". In: Funkreport, Aktueller Mediendienst, Nr. 2 vom 16.01.1992.

Krotz, Friedrich (1992): Mediennutzung und Kommunikation am 3. Oktober 1990 in Ost und West. In: Meyer, Hansgünter (Hrsg.) (Im Auftrag der Gesellschaft für Soziologie (Ostdeutschland)): Soziologen-Tag Leipzig 1991. Berlin u.a.: Akademie, S. 1374–1383.

Krotz, Friedrich (1992): Krise der Politik, Krise der Medien. Thesen zur Lage der Politikvermittlung. In: Funkreport, Aktueller Mediendienst, Nr. 15 vom 16.04.1992.

Krotz, Friedrich (1992): Interaktion als Perspektivverschränkung. Ein Beitrag zum Verständnis von Rolle und Identität in der Theorie des Psychodrama. In: Psychodrama 2, S. 301–324.

Hasebrink, Uwe/Krotz, Friedrich (1993): Muster individueller Fernsehnutzung: Sekundäranalyse von Daten aus der kontinuierlichen Zuschauerforschung, Projektbericht. Hamburg: Ms.

Krotz, Friedrich (1993): Eine andere Art von Realitätsfernsehen? Reality TV, Infotainment, ‚Motzki' – Realität auf den Punkt gebracht anstatt bloß abgefilmt. In: Funkreport 6 vom 11.02.1993.

Krotz, Friedrich (1993): Kein Markt für Qualität? VOX, N-TV, Euronews und Co: Welche Chance haben Informationskanäle? In: Funkreport 16 vom 22.04.1993.

Krotz, Friedrich (1994): Aus dem Leben eines Programmdirektors. In: DIE ZEIT, Nr. 40 vom 30.09.1994.

Krotz, Friedrich (1994): Individuelle Nutzung des Fernsehens. Tagungsbericht. In: AVISO 10, S. 8.

Krotz, Friedrich/Vesting, Thomas (Hrsg.) (1995): Die Gemeinwohlbindung des Rundfunks im Zeichen der Veränderung der Telekommunikation. Abschlußbericht für die Volkswagenstiftung. Hamburg: Ms.

Krotz, Friedrich (1995): Über die Interaktivität neuer Medien. Tagungsbericht. In: AVISO 13, S. 8–9.

Krotz, Friedrich (1995): Individualisierungsthese und Entwicklung der audiovisuellen Medien. Teilbericht an die VW-Stiftung. Hamburg: Ms.

Krotz, Friedrich (1995): ... oh Mann. Wie eine erotisch gemeinte Gameshow Männerrolle und Geschlechterverhältnis konstituiert. In: montage/av 4, 2, S. 63–84.

Hasebrink, Uwe/Krotz, Friedrich (1996): Muster individueller Fernsehnutzung. Sekundäranalysen telemetrischer Zuschauerdaten aus der Schweiz. Hamburg (erhältlich bei der Schweizer Rundfunkgesellschaft Bern, in deutsch und in französisch).

Hasebrink, Uwe/Krotz, Friedrich (1996): Muster der Werbenutzung. Sekundäranalysen telemetrischer Zuschauerdaten aus der Schweiz. Hamburg (erhältlich bei der Schweizer Rundfunkgesellschaft Bern, in deutsch und in französisch.)

Krotz, Friedrich (1996): Nutzung und Akzeptanz des Comenius-Systems. Bericht über die Auswertung der Nutzungsdaten des Berliner Comenius-Projekts. In: COMENIUS. Abschlußbericht der wissenschaftlichen Begleitung. Berlin: Ms., S. 30–47 (erhältlich beim Institut für Film und Wissenschaft im Unterricht (FWU), München).

Krotz, Friedrich (1997): Das Wohnzimmer als unsicherer Ort. Anmerkungen zu Morley: Wo das Globale auf das Lokale trifft. In: montage/av 6, S. 97–104.

Krotz, Friedrich (1997): Perspektiven der Kommunikationswissenschaft für die Untersuchung der Publika von Museen: Die „neuen" Medien und die neuen Publika in der Sicht der Kommunikationswissenschaft und einige Konsequenzen für Museen. In: Wersig, Gernot (Hrsg.): Internet und Museen. Berlin: Bericht an die VW-Stiftung.

Krotz, Friedrich (1998): The Media System of Germany/Système de radio et télévision en Allemagne. In: Europäische Audiovisuelle Informationsstelle Straßburg (Hrsg.): Media Systems of Europe/ Système de radio et télévision dans les pays membres de l'Union euriopéenne et en Suisse. Straßburg: Verlag der europäischen audiovisuellen Informationsstelle, S. 11–28 (abrufbar unter http://www.obs.coe.int/).

Krotz, Friedrich (1998): Media, Individualization, and the Social Construction of Reality. In: Giessen, H.W. (Hrsg.): Long Term Consequences On Social Structures Through Mass Media Impact. Saarbrücken: Vistas, S. 67–82.

Krotz, Friedrich (1998): Perspektiven der Kommunikationswissenschaft für die Untersuchung der Publika von Museen – Die „neuen" Medien und die neuen Publika in der Sicht der Kommunikationswissenschaft und einige Konsequenzen für Museen. In: Schuck-Wersig, Petra/Wersig, Gernot/Prehn, Andrea (Hrsg.): Multimedia-Anwendungen in Museen, Mitteilungen und Berichte aus dem Institut für Museumskunde 13, S. 42–52.

Krotz, Friedrich (1998): Fernsehen an öffentlichen Plätzen in Hamburg und Indianapolis. Bericht an die DFG mit zahlreichen Anhängen. Hamburg: Ms.

Früh, Werner/Hasebrink, Uwe/Krotz, Friedrich/Kuhlmann, Christoph/Stiehler, Hans-Jörg (1999): Ostdeutschland im Fernsehen. TLM Schriftenreihe Band 5. München: Kopäd.

Krotz, Friedrich/Hasebrink, Uwe/Lindemann, Thomas/Reimann, Fernando/Rischkau, Eva (1999): Kinder und Jugendliche und neue und alte Medien in Deutschland. Tabellen aus einem internationalen Projekt zu Deutschland. Hamburg: Ms.

Krotz, Friedrich (1999): Vergnügen an interaktiven Medien und seine Folgen für Individuum und Gesellschaft. In: Schwengel, Hermann (Hrsg.): Grenzenlose Gesellschaft? Berichtsband II/2 zum 29. Kongreß der Deutschen Gesellschaft für Soziologie 1999: Die Mediatisierung kommunikativen Handelns. Zur empirischen und theoretischen Analyse eines gesellschaftlichen Prozesses vor dem Hintergrund eines Konzepts von Kommunikation als symbolisch vermitteltem Handeln. Schrift zur Erlangung der venia legendi im Fach „Journalistik/Kommunikationswissenschaft". Hamburg: Ms.

Krotz, Friedrich (1999): Ein europäisches Forschungsprojekt und einige Ergebnisse aus Deutschland. In: IJAB e.V. (Internationaler Jugendaustausch- und Besucherdienst der Bundesrepublik Deutschland) (Hrsg.): Youthmedia 99. Düsseldorf (CD-ROM).

Krotz, Friedrich (2000): Neue Medien. Lehrbrief für den Fernstudiengang Public Relations des Potsdam Kolleg für Kultur und Wirtschaft. Potsdam: Verlag des Kollegs.

Hasebrink, Uwe/Krotz, Friedrich (2000): Fernsehen: Nutzung und Wirkung. Lehrbrief für den Fernstudiengang Public Relations des Potsdam Kolleg für Kultur und Wirtschaft. Potsdam: Verlag des Kollegs.

Krotz, Friedrich (2000): The Media System of Germany/Système de radio et télévision en Allemagne. In: Europäische Audiovisuelle Informationsstelle Straßburg (Hrsg.): Media Systems of Europe/ Système de radio et télévision dans les pays membres de l'Union européenne et en Suisse. In:

Friedrich Krotz: Bibliographie

Observatoire Européen de l'audiovisuel. The Hans-Bredow-Institute for Media Research: Radio and Television System in Europa/Sytèmes de radio et télévision en Europe. Straßburg: Verlag der europäischen audiovisuellen Informationsstelle, S. 123–136, 137–142.
Krotz, Friedrich (2000): Kids und neue Medien: Netzwerk- oder Pixelgesellschaft? In: Diskurs „Netkids – Kinder im virtuellen Raum" 1, S. 9–14.
Krotz, Friedrich (2001): Netz- oder Pixelgesellschaft? Der mediale Wandel und seine sozialen und kulturellen Folgen. In: Bertelsmann Briefe 145, S. 9–12.
Krotz, Friedrich (2002): Krieg der Lügen. In: Cover 3, S. 44–46.
Krotz, Friedrich (2003): Die Rolle der Medien in den Kriegen von heute. In: Richter, Horst-Eberhard/ Uhe, Frank (Hrsg.): Aufstehen für die Menschlichkeit. Beiträge zum Kongress Kultur des Friedens 2003. Deutsche Sektion der internationalen Ärzte für die Verhütung des Atomkrieges Ärzte in sozialer Verantwortung (IPPNW). Gießen: Psychosozial, S. 121–138.
Krotz, Friedrich/Hasebrink, Uwe (2003): Medienkompetenz von Kindern und Jugendlichen für die Informationsgesellschaft und ihre Bedingungen in Japan und Deutschland. Kurzbericht über ein international vergleichendes Projekt. Hamburg: Hans-Bredow-Institut.
Krotz, Friedrich (2004) (Hrsg.): Kulturelle und soziale Veränderungen im Kontext des Wandels der Medien. Antrag an die DFG auf Einrichtung eines Transregio. Erfurt.
Krotz, Friedrich (2004): Interpersonale Kommunikation? – Zum Gegenstandsverständnis der Kommunikationswissenschaft. In: Aviso 35, S. 4–5.
Krotz, Friedrich (2005): Globalisierung und kulturelle Identität. In: Institut für Auslandsbeziehungen e.V. (Hrsg.): Dokumentation der Tagung Medien ohne Grenzen? Glokalisierung, Journalismus, kulturelle Identität, im Rahmen des deutsch-arabischen Mediendialogs Maskat/Oman, 25.–26. April 2005. Stuttgart: Selbstverlag, S. 53–64.
Krotz, Friedrich (2006): Das Konzept „Digitale Spaltung" – ein modernisierungstheoretisch begründeter Ansatz, der an der Wirklichkeit vorbeigeht? In: Imhof, Kurt/Bonfadelli, Heinz/Blum, Roger/ Jarren, Otfried (Hrsg.): Demokratie in der Mediengesellschaft. Beiträge zum Mediensymposion Luzern 2004: VS, S. 341–359.
Krotz, Friedrich (2007): Fernsehen für Zweijährige kein Tabu mehr? Tagebuchbeitrag für http://die Gesellschafter.de vom 25.02.2007.
Krotz, Friedrich (2007): Eine andere Form der Realität. In: http://www.polixea-portal.de, 16.05.2007; Themenblock „Virtuelle Welten".
Krotz, Friedrich (2008): M wie Mediatisierung. In: Aviso 47, 2, S. 13.
Krotz, Friedrich (2008): Sind Medien Kanäle? Ist Kommunikation Informationstransport? Das mathematisch/technische Kommunikationsmodell und die sozialwissenschaftliche Kommunikationsforschung. In: Rehberg, Karl-Siegbert (Hrsg.): Die Natur der Gesellschaft, Verhandlungen des 33. Kongresses der Deutschen Gesellschaft für Soziologie in Kassel 2006, Teil 2. Frankfurt a.M., New York: Campus, S. 1044–1059.

Rezensionen

Krotz, Friedrich (1990): Rosenmayr, L./Kolland, F. (Hrsg.): Arbeit – Freizeit – Lebenszeit. Opladen 1988. In: Rundfunk und Fernsehen 38, 1, S. 123–125.
Krotz, Friedrich (1990): Kaase, M./Schulz, W. (Hrsg.): Massenkommunikation. Sonderheft 30 der KZfSS. Köln 1989. In: Rundfunk und Fernsehen 38, 3, S. 469–475.
Krotz, Friedrich (1990): Heinze, T.: Medienanalyse. Aufsätze zur Kultur- und Gesellschaftskritik. Opladen 1990. In: Rundfunk und Fernsehen 38, 4, S. 602–604.
Krotz, Friedrich (1992): Baacke, Dieter/Sander, Uwe/Vollbrecht, Ralf: Lebenswelten sind Medienwelten. Lebenswelten Jugendlicher Bd. 1. Lebensgeschichten sind Mediengeschichten. Lebenswelten Jugendlicher Bd. 2. Opladen 1990. In: Rundfunk und Fernsehen 40, 2, S. 294–298.
Krotz, Friedrich (1992): Charlton, Michael/Neumann, Klaus: Medienrezeption und Identitätsbildung. Kulturpsychologische und kultursoziologische Befunde zum Gebrauch von Massenme-

dien im Vorschulalter. In Zusammenarbeit mit Barbara Brauch, Waltraud Orlik und Ruthild Rapp. Tübingen 1992. In: Rundfunk und Fernsehen 40, 2, S. 300–304.

Krotz, Friedrich (1993): Wilke, Jürgen (Hrsg.): Massenmedien in Lateinamerika. Erster Band: Argentinien, Brasilien, Guatemala, Kolumbien, Mexiko. Frankfurt a.M. 1992. In: Rundfunk und Fernsehen 41, 2, S. 243–245.

Krotz, Friedrich (1993): Saxer, Ulrich/Märki-Koepp, Martina: Medien-Gefühlskultur. München 1992. In: Rundfunk und Fernsehen 41, 3, S. 440–442.

Krotz, Friedrich (1993): Berg, Klaus/Kiefer, Marie-Luise (Hrsg.): Massenkommunikation IV. Eine Langzeitstudie zur Mediennutzung und Medienbewertung 1964–1990. Baden-Baden 1993. In: Rundfunk und Fernsehen 41, 2, S. 245–247.

Krotz, Friedrich (1993): Vorderer, Peter: Fernsehen als Handlung. Fernsehfilmrezeption aus motivationspsychologischer Perspektive. Berlin 1992. In: Rundfunk und Fernsehen 41, 4, S. 606–608.

Krotz, Friedrich (1994): Craig, Steve (Hrsg.): Men, Masculinity, and the Media. Newbury Park u.a. 1992. In: Rundfunk und Fernsehen 42, 4, S. 590–592.

Krotz, Friedrich (1994): Jenks, Chris: Culture. London 1993. In: Rundfunk und Fernsehen 42, 2, S. 271–273.

Krotz, Friedrich (1994): Martín Barbero, Jesús: Communication, Culture and Hegemony. From the Media to Mediations. London u.a. 1993. In: Rundfunk und Fernsehen 42, 4, S. 592–595.

Krotz, Friedrich (1996): Newcomb, Horace (Hrsg.): Television. The critical view. 5. Auflage. New York, Oxford 1994. In: Rundfunk und Fernsehen 44, 1, S. 116–117.

Krotz, Friedrich (1996): McQuail, Denis: Mass Communication Theory. 3. Auflage. London u.a. 1995. In: Rundfunk und Fernsehen 44, 1, S. 115–116.

Krotz, Friedrich (1999): Yardley-Matwiejczuk, Krysia M.: Role Play. Theory and Practice. London 1997. In: Psychodrama 1.

Krotz, Friedrich (1999): Krambrock, Ursula: Computerspiel und jugendliche Nutzer. Hermeneutische Deutungsversuche des Adventure Computerspiels und seiner jugendlichen Nutzer und Nutzerinnen. Frankfurt a.M. 1998. In: Rundfunk und Fernsehen 47, 1, S. 129–131.

Krotz, Friedrich (1999): Turkle, Sherry: Leben im Netz. Identität in Zeiten des Internet. Reinbek 1998. In: Rundfunk und Fernsehen 47, 1, S. 131–134.

Krotz, Friedrich (1999): Hallermann, Kristiane/Hufnagel, Ariane/Schatz, Kurt/Schatz, Roland: Grundversorgung Rechte und Pflichten. Eine Langzeit-Inhaltsanalyse zum Informationsangebot von ARD und ZDF. Reihe Praktische Wissenschaft. Bd. 3. Bonn u.a. 1998. In: Sage & Schreibe 3, S. 47.

Krotz, Friedrich (2004): Schlütz, Daniela: Bildschirmspiele und ihre Faszination. Zuwendungsmotive, Gratifikationen und Erleben interaktiver Medienangebote. München 2002. In: Publizistik 1, S. 104–105.

Krotz, Friedrich (2004): Pürer, Heinz: Publizistik und Kommunikationswissenschaft. Ein Handbuch. Konstanz 2003. In: Message 2, S. 66–68.

Krotz, Friedrich (2004): Ottomeyer, Klaus: Ökonomische Bedingungen und menschliche Beziehungen. Münster 2004. In: Psychodrama 2, S. 86–87.

Krotz, Friedrich (2006): Gehrau, Volker/Bilandzic, Helena/Woelke, Jens (Hrsg.): Rezeptionsstrategien und Rezeptionsmodalitäten. Band 7 der Reihe Rezeptionsforschung. München 2005. In: Publizistik 2, S. 254–256.

Krotz, Friedrich (2007): Gentz, Natascha/Kramer, Stefan (Hrsg.): Globalization, Cultural Identities, and Media Representations. Albany, New York 2006. In: Medien & Kommunikationswissenschaft 2, S. 276–277.

Über die Autorinnen und Autoren

Hanna Domeyer, M.A., ist Doktorandin und Stipendiatin an der Graduate School „Media and Communication" der Universität Hamburg sowie assoziierte wissenschaftliche Mitarbeiterin des Hans-Bredow-Instituts für Medienforschung (Deutschland). Forschungsschwerpunkte: transnationale und transkulturelle Kommunikation, soziale und kulturelle Aspekte von Mediennutzung, Mediennutzung in neuen Medienumgebungen, medienübergreifende Nutzungsforschung und qualitative Methoden. Buchveröffentlichungen: „Medienrepertoires sozialer Milieus im medialen Wandel" (hrsg. mit U. Hasebrink, Baden-Baden 2010) und „Europäische Medien aus Sicht der Bürger. Eine rezipientenorientierte Analyse von Nutzung und Erwartungen" (Saarbrücken 2008).

Udo Göttlich, PD Dr., geb. 1961, Vertretungsprofessor für Allgemeine Soziologie am Institut für Soziologie und Sozialpolitik der Universität der Bundeswehr München sowie Leiter der Forschungsgruppe „Politik und Kommunikation am Rhein-Ruhr-Institut für Sozialforschung und Politikberatung (RISP) der Universität Duisburg-Essen. Forschungsschwerpunkte: Medien-, Kommunikations- und Kultursoziologie, Cultural Studies Approach und soziologische Theorien. Buchveröffentlichungen u.a.: „Die Kreativität des Handelns in der Medienaneignung" (Konstanz 2006), Redaktion eines Themenheftes der Österreichischen Zeitschrift für Soziologie (ÖZS) zum Thema „Die Soziologie der Cultural Studies" (Jg. 32, 2007, H. 4), „Die Zweideutigkeit der Unterhaltung. Zugangsweisen zur populären Kultur" (hrsg. zus. m. Stephan Porombka, Köln 2009).

Maren Hartmann, Dr., ist Juniorprofessorin für Kommunikationssoziologie an der Universität der Künste Berlin (Deutschland). Forschungsschwerpunkte: Medienaneignung, Domestizierung, Cyber- und Medienkultur, Technologiewandel. Buchveröffentlichungen u.a.: „Technologies and Utopias" (München 2004), „Domestication of Media and Technology" (hrsg. mit T. Berker, Y. Punie und K. Ward, Maidenhead 2006) und „After the Mobile Phone" (hrsg. mit P. Rössler und J.R. Höflich, Berlin 2008).

Uwe Hasebrink, Dr. phil., ist Direktor des Hans-Bredow-Instituts für Medienforschung und Professor für Empirische Kommunikationswissenschaft an der Universität Hamburg (Deutschland), seit 2004 Mitglied des Executive Board der European Communication Research and Education Association (ECREA). Forschungsschwerpunkte: Nutzungs- und Rezeptionsforschung, international vergleichende Forschung, Medienpolitik. Buchveröffentlichungen u.a.: „Medienrepertoires sozialer Milieus im medialen Wandel" (hrsg. mit H. Domeyer, Baden-Baden 2010), „Heranwachsen mit dem Social Web" (mit J.-H. Schmidt und I. Paus-Hasebrink, Berlin 2009) und „Comparing Children's Online Opportunities and Risks Across Europe" (mit S. Livingstone und L. Haddon, London 2009).

Andreas Hepp, Dr. phil. habil., ist Professor für Kommunikationswissenschaft am IMKI (Institut für Medien, Kommunikation und Information) der Universität Bremen (Deutschland). Forschungsschwerpunkte: Kommunikations- und Mediensoziologie, inter- bzw. transkulturelle Kommunikation, Medien- und Kommunikationstheorie, Cultural Studies, Medienwandel, Methoden qualitativer Medien- und Kommunikationsforschung sowie Medienrezeption/-aneignung. Buchveröffentlichungen u.a.: „Cultural Studies und Medienanalyse" (Wiesbaden 1999, 2004, 2010), „Netzwerke der Medien. Medienkulturen und Globalisierung" (Wiesbaden 2004) und „Medien – Event – Religion. Die Mediatisierung des Religiösen" (mit V. Krönert, Wiesbaden 2009).

Knut Hickethier, Dr., ist Professor für Medienwissenschaft an der Universität Hamburg (Deutschland). Forschungsschwerpunkte: Theorie und Geschichte des Fernsehens, Geschichte und Theorie des Films, Mediengeschichte, Programmtheorie und -geschichte, Film- und Fernsehanalyse. Buchveröffentlichungen u.a.: „Geschichte des deutschen Fernsehens" (Stuttgart, Weimar 1998), „Einführung in die Medienwissenschaft" (Stuttgart, Weimar 2003) und „Film- und Fernsehanalyse" (4. Auflage, Stuttgart, Weimar 2007).

Joachim R. Höflich, Dr. rer. pol., ist Professor für Kommunikationswissenschaft mit dem Schwerpunkt Medienintegration an der Universität Erfurt (Deutschland). Forschungsschwerpunkte: Kommunikationstheorie, Theorie mediatisierter interpersonaler Kommunikation, Medienwandel und neue Medien, Mobile Kommunikation. Buchveröffentlichungen u.a.: „Mensch, Computer, Kommunikation" (Berlin 2003), „Vermittlungskulturen im Wandel" (hrsg. mit J. Gebhardt, Berlin 2003) und „Mobile Communication and the Change of Everyday Life" (hrsg. zusammen mit Ch. Dietmar u.a., Berlin 2009).

Angela Keppler, Dr. rer. soc., ist Professorin für Medien- und Kommunikationswissenschaft an der Universität Mannheim (Deutschland). Forschungsschwerpunkte: Medien- und Kultursoziologie, Film- und Fernsehtheorie, Film- und Fernsehanalyse, qualitative Methoden der empirischen Sozialforschung, Rezeptionsforschung, Kommunikations- und Wissenssoziologie. Buchveröffentlichungen u.a.: „Wirklicher als die Wirklichkeit? Das neue Realitätsprinzip der Fernsehunterhaltung" (Frankfurt a.M. 1994), „Tischgespräche. Über Formen kommunikativer Vergemeinschaftung am Beispiel der Konversation in Familien" (Frankfurt a.M. 1994) und „Mediale Gegenwart. Eine Theorie des Fernsehens am Beispiel der Darstellung von Gewalt" (Frankfurt a.M. 2006).

Gerhard Kleining, Dr. phil. habil. (em.), war zuletzt Professor für Soziologie an der Universität Hamburg (Deutschland). Forschungsschwerpunkte: sozialwissenschaftliche Theorien und Methodologie, qualitative und quantitative Methoden, soziale Ungleichheit, Vorstellungsbilder. Buchveröffentlichungen u.a.: „Lehrbuch Entdeckende Sozialforschung" (Weinheim 1995) und „Qualitativ-heuristische Sozialforschung" (Hamburg 1995).

Swantje Lingenberg, Dr. phil., ist wissenschaftliche Mitarbeiterin in dem DFG-Projekt „Transnationalisierung von Öffentlichkeit in Europa" an dem von der Universität Bremen und Jacobs University Bremen (Deutschland) getragenen Sonderforschungsbereich „Staatlichkeit im Wandel". Forschungsschwerpunkte: Transkulturelle Kommunikation und qualitative Publikumsforschung. Buchveröffentlichung: „Europäische Publikumsöffentlichkeiten. Ein pragmatischer Ansatz" (Wiesbaden 2010).

Klaus Neumann-Braun, Dr., ist Ordinarius am Institut für Medienwissenschaft der Universität Basel (Schweiz). Forschungsschwerpunkte: Populärkulturanalysen, Publikumsforschung, Bild und Medien. Buchveröffentlichungen u.a.: „VIVA MTV! Reloaded" (zusammen mit A. Schmidt und U. Autenrieth, Baden-Baden 2009), „Die Bedeutung populärer Musik in audiovisuellen Formaten" (hrsg. mit C. Jost, A. Schmidt und D. Klug, Baden-Baden 2009) und „Doku-Glamour im Web 2.0. Partyportale und ihre Bilderwelten" (hrsg. mit A. Astheimer, Baden-Baden 2009).

Irene Neverla, Dr. phil. habil., ist Professorin am Institut für Journalistik und Kommunikationswissenschaft der Universität Hamburg (Deutschland). Forschungsschwerpunkte: Journalismusforschung, Umwelt-, Krisen- und Risikokommunikation, Transkulturalität und Europäische Öffentlichkeit, kommunikationswissenschaftliche Zeitforschung. Buchveröffentlichungen u.a.: „Fernseh-Zeit. Zuschauer zwischen Zeitkalkül und Zeitvertreib. Eine Untersuchung zur Fernsehnutzung" (München 1992), „Bilder des Terrors – Terror der Bilder?" (hrsg. mit M. Beuthner u.a., Köln 2003) und „Global lokal digital. Fotojournalismus heute" (hrsg. mit E. Grittmann und I. Ammann, Köln 2008).

Ingrid Paus-Hasebrink, Dr. phil., ist Professorin für Audiovisuelle Kommunikation und Leiterin der gleichnamigen Abteilung am Fachbereich Kommunikationswissenschaft sowie Vize-Dekanin der Fakultät für Kultur und Gesellschaftswissenschaften der Universität Salzburg (Österreich). Forschungsschwerpunkte: AV-Produktanalyse, u.a. von Reality-TV-Angeboten, Rezeptionsforschung, Digitales Fernsehen in Österreich, Mediensozialisationsforschung. Buchveröffentlichungen u.a.: „Inszenierter Alltag" (Wien 2004), „Mediensozialisationsforschung" (Innsbruck 2008, zus. mit Michelle Bichler) und „Heranwachsen mit dem Social Web" (Berlin 2009, zus. mit J. Schmidt und U. Hasebrink).

Patrick Rössler, Dr. phil., ist Professor für Empirische Kommunikationsforschung/Methoden an der Universität Erfurt (Deutschland). Forschungsschwerpunkte: Politische Kommunikation, Medienwirkungen, Medieninhalte und neue Informations- und Kommunikationstechnologien. Buchveröffentlichungen u.a.: „Inhaltsanalyse" (Konstanz 2005), „Mythen der Mediengesellschaft – The Media Society and its Myths" (herausgegeben mit F. Krotz, Konstanz 2005) und „Das Bauhaus am Kiosk. die neue linie 1929–1943" (Bielefeld 2007).

Bernd Schorb, Dr. phil. habil., ist Professor für Medienpädagogik und Weiterbildung am Institut für Kommunikations- und Medienwissenschaft der Universität Leipzig (Deutschland), Vorsitzender des JFF – Institut für Medienpädagogik in Forschung und Praxis, München und Mitherausgeber der Zeitschrift „merz – medien + erziehung". Forschungsschwerpunkte: medienpädagogische Theoriebildung, Medienaneignungsforschung und die Entwicklung und Evaluation medienpädagogischer Praxismodelle. Buchveröffentlichungen u.a.: „Medienalltag und Handeln" (Opladen 1995), „‚Ein bisschen wählen dürfen …' Jugend – Politik – Fernsehen. Eine Untersuchung zur Rezeption von Fernsehinformation durch 12- bis 17-Jährige" (hrsg. mit H. Theunert, München 1999) und „Medien und höheres Lebensalter. Theorie – Forschung – Praxis" (mit A. Hartung und W. Reißmann, Wiesbaden 2009).

Iren Schulz, M.A., ist wissenschaftliche Mitarbeiterin und Doktorandin am Seminar für Medien- und Kommunikationswissenschaft der Universität Erfurt (Deutschland). Forschungsschwerpunkte: Digitale Medien und Mobilkommunikation, Beziehungen, soziale Netzwerke und Sozialisation, Medienpädagogik und Medienkompetenz.

Helga Theunert, Dr. phil., ist Direktorin des JFF – Institut für Medienpädagogik in Forschung und Praxis in München (Deutschland) und Professorin für Kommunikations- und Medienwissenschaft/Medienpädagogik an der Universität Leipzig und Mitherausgeberin der Zeitschrift „merz – medien + erziehung". Forschungsschwerpunkte: Medienaneignung von Kindern und Jugendlichen, Medienrezeption und Medienhandeln in der konvergenten Medienwelt, Bildungsbenachteiligung und Medienumgang, Jugendmedienschutz, pädagogische Modelle und Materialien. Buchveröffentlichungen u.a.: „Neue Wege durch die konvergente Medienwelt" (hrsg. mit U. Wagner, München 2006), „Jugend – Medien – Identität. Identitätsarbeit Jugendlicher mit und in Medien" (München 2009) und „‚Ein bisschen wählen dürfen …' Jugend – Politik – Fernsehen. Eine Untersuchung zur Rezeption von Fernsehinformation durch 12- bis 17-Jährige" (hrsg. mit B. Schorb, München 2000).

Tanja Thomas, Dr. phil., ist Juniorprofessorin für Kommunikationswissenschaft und Medienkultur an der Universität Lüneburg sowie Vertretungsprofessorin für Mediensoziologie an der Universität Gießen (WS 2009/10) (Deutschland). Forschungsschwerpunkte: Kritische Medientheorien, Cultural Studies, Gender Studies, Mediensoziologie. Buchveröffentlichungen u.a.: „Medien – Diversität – Ungleichheit. Zur medialen Konstruktion sozialer Differenz" (hrsg. mit U. Wischermann, Wiesbaden 2008), „Medienkultur und soziales Handeln" (hrsg., Wiesbaden 2008), „War Isn't Hell, It's Entertainment: War in Modern Culture and Visual Media" (hrsg. mit R. Schubart, F. Virchow und D. White-Stanley, Jefferson 2009).

Dieter Wiedemann, Dr. phil. sc., ist Präsident der Hochschule für Film und Fernsehen „Konrad Wolf" in Potsdam-Babelsberg (Deutschland) und dortiger Professor für Medienwissenschaft. Forschungsschwerpunkte: Kinderfilm und -fernsehen, Medienpädagogik, Kinder- und Jugendmedienschutz. Buchveröffentlichungen u.a.: „Die medialisierte Gesellschaft" (hrsg. mit J. Lauffer, Bielefeld 2003), „Bewegte Bilder – Bewegte Zeit" (hrsg. mit H. Schättle, Berlin 2004) und „Kinder, Kunst und Kino" (hrsg. mit C. Wegener, München 2009).

Carsten Winter, Dr. habil., ist Professor für Medien und Musikmanagement am Institut für Journalistik und Kommunikationsforschung an der Hochschule für Musik und Theater Hannover (Deutschland). Forschungsschwerpunkte: Medienentwicklung und Strategie, Medien- und Konvergenzmanagement, Medienkulturgeschichte, Kommunikations- und Medientheorie. Buchveröffentlichungen u.a.: „Cultural Studies: Grundlagentexte zur Einführung" (hrsg. mit R. Bromley und U. Göttlich, Lüneburg 1999), „Globalisierung der Medienkommunikation" (hrsg. mit A. Hepp und F. Krotz, Wiesbaden 2005), „Konvergenzmanagement und Medienwirtschaft" (hrsg. mit M. Karmasin, München 2006).

Dominic Wirz, B.A., arbeitet als wissenschaftliche Hilfsassistenz im Rahmen des SNF-geförderten Forschungsprojekts „Jugendbilder im Netz" (Leitung: Prof. Dr. Klaus Neumann-Braun) am Institut für Medienwissenschaft an der Universität Basel (Schweiz). Forschungsschwerpunkte: Digitale Medien und Partizipation, Design und Konsumkulturen am Beispiel der Retro-Kultur.

Stichwortverzeichnis

Agency 199
Akteur 29f., 114, 117, 140f., 144, 156, 180, 263, 268, 290
Aktivität 28, 32, 43, 104, 163, 165–167, 169, 171, 173, 179, 186, 197, 233, 248, 250, 276, 309
Algorithmus 94, 170, 173, 180, 299
Alltag 9–11, 13, 19, 23–30, 32, 34–38, 41, 43, 47, 49–51, 53, 57f., 60, 62–65, 71, 77–79, 90f., 97f., 100f., 104f., 109, 127, 142–145, 148f., 151, 156–161, 163, 170f., 180f., 183, 186f., 191–197, 201, 205–209, 211–213, 215–218, 221f., 225, 230–232, 234f., 237–242, 244, 253, 259, 264f., 270f., 273f., 276–278, 280, 282, 287, 289, 295, 299, 302–304, 306–308, 316
Aneignung 27–30, 32f., 37–43, 46, 67, 76f., 83, 89, 92, 100, 111, 147f., 150, 152, 155–157, 160, 192, 195f., 234f., 242–251, 253, 265, 313f., 316
Anschlusskommunikation 148, 303
Antagonismus 256
Apparat 24f., 87, 188, 214, 262, 268f., 274f., 279f.
Arrangiertheit 98, 273, 277, 280
Artefakt 11, 25, 27, 29–31, 86, 89, 93f., 273
Artikulation 42f., 70, 73, 75f., 78–80, 153, 235–237, 244–247, 250, 252, 267, 292, 295
Aura 93, 115
Ausbildung 16, 42, 61, 112, 202, 256, 263, 273
Ausdifferenzierung 10, 49, 59f., 62, 147, 149–151, 153, 159, 184, 199, 211, 233, 235, 245, 247, 264, 282, 285f.
Ausstellung 211–221, 225, 228–230
Autismus 103
Bauhaus 213, 217–220, 222, 224, 228–230, 316
Bedeutung 11, 24f., 27, 29, 31f., 35f., 42, 44, 49–52, 58, 60, 62, 70f., 77, 95, 99f., 105f., 112, 127, 147f., 156, 163, 170f., 173, 181, 189, 196–199, 205f., 213, 220, 228, 231f., 234f., 238, 243, 245–247, 256, 262, 265, 282, 284, 287, 289, 291f., 303, 308, 315
Bedingung 13, 19, 50–52, 58–60, 116, 134, 143, 153f., 160f., 183f., 202, 208, 218, 225, 233f., 236, 240–242, 248f., 255, 259, 262f., 265, 267f., 276, 284f., 289f., 292, 294f., 299, 302, 304f., 308, 311f.
Begehren 42
Beobachtung, teilnehmende 27
Beschleunigung 70, 94, 185f., 190f., 194, 233, 253, 265, 267, 271
Betroffenheit 147f., 150, 153–155, 159
Bewegung 39, 67, 69, 73, 80f., 92, 101f., 119f., 122, 125, 150f., 248, 256, 259, 263, 268, 273, 299f.
Beziehung 10f., 13, 19, 31, 34, 36, 40f., 47, 51, 61, 63, 66f., 70f., 73–76, 79, 81f., 97, 104, 108f., 141–143, 145, 147, 149, 151, 155, 157f., 160, 163f., 166–170, 180f., 184, 188, 199f., 208, 224, 230f., 233–242, 246, 248, 250, 262, 264, 270, 274, 282f., 285–287, 289, 291–295, 299, 301, 303f., 307f., 311f., 316
Bild 49, 62, 78, 86, 89, 91–94, 117, 123, 125f., 141, 159, 163–166, 168f., 171–181, 186, 191, 207, 218, 220–225, 235, 253, 273, 276–279, 304, 315, 317
Bildschirm 33, 39, 114, 121, 203, 279, 312
Bildsprache 211, 228
Biografie 14, 58, 60f., 161, 185, 192, 206, 209, 213, 219f., 228, 236, 249
Branding 77, 79
Bricolage 72, 199
Bürgerschaft 148, 155f., 158–160
Community 47, 55, 57, 171f., 180, 233, 267
Computerspiel 11, 19, 36, 204, 208, 234, 242, 244, 249f., 276, 303, 306, 308, 312
Computervermittelte Kommunikation 64, 150, 163, 180, 264, 302, 308
Crossmedialität 49f., 56, 180
Cultural Studies 10, 16, 18f., 29f., 47, 82, 109, 156, 234, 256, 258, 262f., 265, 271, 295, 300–303, 306f., 313f., 317
Darstellung, teilnehmende 164
Demokratisierung 89
Deterritorialisierung 71–75, 78, 80–83
Deutungsmonopol 89
Development Task 199, 207
Dialektik 43–45, 81f., 144f., 151f., 201, 208, 289, 295
Dialogische Introspektion 127, 142, 146

Diaspora 73, 76, 79–83, 157, 160
Differenzierung 36, 41f., 45, 49, 58f., 81, 85, 107, 142, 174, 180, 214, 245, 250, 276, 279, 283–292, 294
Diffusion 12, 20, 205, 283
Digital Natives 231
Digitalisierung 12, 49, 60, 68, 80, 85, 94, 187, 240, 244–246, 248f., 273, 276, 278–280, 302
Diskurs 10, 35, 39–43, 46, 89, 93, 147f., 150, 152–159, 196, 200, 205, 207, 213, 244, 253, 256–260, 262f., 266, 269–271, 274, 287, 290, 305, 307, 311
Display-Medien 55f.
Distanzverhalten 103
Diversifikation 112, 303
Doing Culture 33f.
Domestizierung 35, 37–43, 45–47, 100, 109, 181, 194, 212f., 215f., 228, 242, 270, 306, 313
Dynamik 31f., 39, 41, 47, 100, 103, 154, 172, 180, 189, 193, 207f., 217, 235, 273, 287
Dystopie 41
Eigenzeit 186, 194
Encoding-Decoding 19, 291, 295, 306
Ensemble 32, 93, 95
Entgrenzung 11, 29, 149, 164, 175, 181, 245, 248, 264, 267
Entschleunigung 94, 191, 194, 265
Entwicklung 10–12, 19, 23f., 32, 36, 40, 45, 49f., 53, 58–60, 62, 83, 90, 95f., 98, 127, 135, 139, 145, 149, 157, 163, 184f., 189, 195, 197–200, 203–209, 218, 225, 229, 231f., 235f., 239, 241–246, 252, 255f., 261, 263, 265, 268, 271, 273–275, 281–286, 288, 291–294, 300, 302, 306, 309, 316
Erlebnisraum 264f., 268
Eruption 98–100, 106
Ethnologie 29, 301
Experiment, qualitatives 101, 106
Experte 38f., 47, 49, 54–56, 115, 132, 142, 203, 269f.
Feld 42, 65, 74–76, 82, 145, 154, 157, 183, 185f., 189, 192–194, 258f., 292
Fernsehen 11, 15–19, 24f., 30, 33, 39f., 42, 47, 52, 59–63, 66–68, 70, 76–78, 80, 87–95, 97–99, 105, 108, 111–116, 124, 127, 136, 186, 189–191, 193f., 203, 205f., 208f., 211f., 234, 243, 245, 254, 257, 268, 273, 276–280, 291, 294, 299–303, 307–312, 314–317

Film 17f., 87f., 91–94, 105, 125, 228, 273, 275–278, 280, 308, 314, 317
Fluidität 40
Form 10f., 13, 15, 17, 23f., 27–34, 41, 43f., 49, 54–59, 64, 70, 72f., 75, 77, 79f., 82, 84, 86–94, 110, 112, 124, 141, 144f., 149f., 155f., 165, 172, 174, 188, 190–192, 198, 205, 215, 229, 234, 239–241, 244, 247, 250, 252f., 258, 263, 265–267, 276–278, 282, 285, 288, 292, 301, 303, 309, 311, 314
Fragmentierung 40, 45, 74, 153, 236, 257, 278
Funktion 23, 30, 36, 38, 42, 49, 52f., 55–57, 64, 68, 106, 111, 113, 115, 123, 143, 145, 147, 154, 158, 165, 170–174, 176, 178, 186, 188, 190, 196, 198, 200, 213, 217, 220, 225, 231, 233, 235f., 240, 243–245, 247f., 250, 252, 255–260, 263, 268, 270f., 282, 285–287, 289, 292f., 295, 305
Ganzheitlichkeit 51, 253
Geld 11, 16, 134, 136, 138, 142, 185, 195, 285, 287
Gemeinschaft 54, 73, 76, 78–81, 111f., 114f., 134, 140, 143f., 153, 157, 163, 165, 169, 175, 179f., 200, 204, 212, 218–220, 225, 249, 278, 306
Geschlecht 13, 103f., 110, 196, 200, 205, 208, 235, 269, 309
Gesellschaftstheorie 255, 258, 271, 281, 283–285, 291
Gesellungsformen 245
Gespräch 24, 66, 99, 102, 114f., 125, 139, 154f., 163, 176, 180, 194, 234, 238, 269, 282, 314
Globalisierung 9, 12f., 58, 66, 124, 147f., 150–152, 156, 158–161, 184, 201, 233, 246, 281f., 295, 300f., 303–305, 307, 311, 314, 317
Gratifikation 53, 73, 209, 312
Grenzverschiebung 98, 109, 233, 242
Gruppendiskussion 101, 172, 175
Gutmensch 132, 136, 141
Habitualisierung 27, 31–33, 75, 188
Handeln 10, 13, 16, 19, 23, 27, 32–34, 47, 63f., 68f., 75, 83, 85, 95, 98, 101f., 106, 108f., 111f., 114f., 131, 136, 141, 149f., 153, 159f., 181, 183, 185, 187, 197, 206, 208f., 212, 234f., 242, 245f., 249, 251, 253f., 257, 259, 261, 264f., 268–271, 281–292, 294f., 299, 302, 306, 310, 313, 316f.
Handlung 11, 13, 19, 23, 25, 27, 29–33, 42, 51, 60, 75, 85f., 90, 93, 101, 106, 111f.,

125, 132, 141, 147, 150, 152–156, 158–160, 167, 177, 180, 185, 196–199, 201, 206, 232, 236, 244–249, 251f., 254, 259f., 263–265, 268, 273, 282f., 285–287, 289–292, 295, 301, 305–307, 312
Haushalt 27, 37–40, 200, 231
Hegemonie 218, 256, 260, 265
Heimat 15–17, 157, 159, 218, 279f., 307
Heuristik 18f., 74, 127–129, 131, 145f., 208, 263, 295, 300, 304, 315
Hierarchisierung 141, 144f., 256, 288
Homogenisierung 187
Hörfunk 59, 88, 92, 190f., 276, 302
Identität 11, 13, 19, 23, 40, 55, 60f., 64, 70, 72f., 80, 93, 107, 111–117, 120, 124, 143, 145, 149, 157, 197–201, 203, 207–209, 231, 236–239, 241–245, 247, 250, 254, 264, 271, 295, 301f., 304–306, 308f., 311f., 316
Ideologie 135, 156, 214–216, 218, 222, 262
Illusion 277
Imagination 26, 31, 39, 41, 46, 92, 106, 234
Impression Management 163f., 173
Individualisierung 9, 12f., 55, 57f., 60, 66, 71f., 74f., 77f., 80, 82, 148, 185, 187, 201, 207, 233, 246, 248, 302, 309
Information 13, 42, 47, 49–64, 68f., 102, 126, 130, 164, 167, 173, 175, 193, 203, 231, 233, 242f., 251, 254, 256, 280, 293, 302–305, 308, 311f., 314, 316f.
Informations- und Kommunikationstechnologie 9, 58, 148, 244, 316
Institution 11, 13, 30, 43, 69, 71, 75f., 79, 82, 86f., 111–113, 132, 136, 139, 141, 165, 170, 186, 188f., 191, 194, 197, 201f., 216, 228, 241, 246, 248, 260, 264, 266–269, 290, 293, 303
Instrumentalisierung 16, 78, 138, 213, 218, 228, 300, 309
Inszenierung 43, 72, 77–79, 89f., 107, 115–117, 124, 208, 214f., 218, 225, 228f., 264f., 268, 270, 273, 275, 277, 280, 316
Integrationsmedium 240
Intellektuelle 15, 153, 202, 255–261, 263f., 266–271
Intention 44, 170, 286
Intentionalität 32
Interaktion 31f., 86, 99, 101, 107, 109, 143–145, 150–152, 154, 165, 169, 184f., 198, 208, 233f., 244, 249–252, 254, 264, 285, 289, 301, 308f.
Interaktivität 11, 19, 28, 36, 55, 57, 234, 242, 245, 252f., 273, 276, 303f., 306, 309f., 312

Intermedialität 88, 96
Internetcafe 97
Interpretation 30, 32, 35–37, 46, 52, 62, 155, 196f., 236, 243, 249f., 277
Jugend 15, 17, 42, 60–64, 73, 77–79, 91, 114, 145, 171f., 177, 196, 200, 202–204, 207–209, 219, 221, 226, 230–244, 247f., 250, 252–254, 271, 275, 277, 299, 302–304, 307, 309–312, 316f.
Klick-Optionen 165f., 168f., 173f., 176, 179f.
Knotenpunkt 249
Kommerzialisierung 9, 12f., 66, 148, 233, 283
Kommunikat 127, 234, 243f., 247f., 250, 253, 264, 276, 278f., 301
Kommunikation 10–13, 18f., 23–28, 33f., 36f., 43, 51, 53–55, 57, 59–61, 63f., 67–73, 77f., 81, 87, 94, 97f., 101, 103, 108f., 124, 127, 148–150, 154f., 163–166, 168f., 171, 179–181, 183f., 186, 189, 191, 194, 205f., 211, 214, 233–235, 237f., 240–243, 245, 247f., 251–253, 264f., 267, 274, 278, 281f., 285, 288–296, 302–304, 306–315
Kommunikationsform 11, 36, 148, 211, 234, 245, 264f., 282
Kommunikationsordnung 98f., 105f.
Kommunikationspotenzial 36, 238f., 264
Kommunikationsraum 70f., 73f., 78, 149f., 154, 180, 244, 264
Kommunikationstheorie 17, 29, 34, 183f., 283f., 314
Kompetenz 130, 135, 141, 160, 197–199, 201, 236, 241, 246, 248, 250–253, 265, 280, 291, 302
Konflikt 35, 38, 45, 114f., 123, 138, 152, 189f., 192, 194, 206, 301, 304f.
Konnektivität 19, 69, 74, 79, 81, 150f., 161, 242, 282, 295, 300, 305
Konstruktion 13, 41, 52, 63, 67, 70f., 75, 82, 144, 149, 160, 184, 192, 205, 242, 249f., 260, 268, 290, 292, 301, 317
Konstruktivismus 75, 144, 152, 185, 301
Konsum 13, 42, 44f., 53, 94, 144, 155, 207, 275, 284, 292, 317
Kontext 11, 17, 32, 37, 39f., 46, 51, 62, 65, 67–69, 71, 75f., 78, 80–82, 98–100, 103f., 107f., 111, 124, 147–152, 154–160, 165, 177, 181, 195–197, 201, 203–206, 209, 212, 218, 225, 232f., 235, 237, 243, 249–253, 259, 264, 267f., 281–283, 285, 287f., 292, 301, 304, 306, 311
Kontextualismus 25, 76, 82, 147, 199, 211, 225

Kontingenz 289, 291
Konvergenz 49f., 56, 62, 151, 240, 244–246, 248f., 253f., 295, 316f.
Konversationsraum 102
Körperlichkeit 26
Kosmopolitismus 148, 156, 158–160
Kreativität 31–33, 219, 236, 241, 250, 275, 313
Kreuzungspunkt 29, 32
Kritik 13, 33, 65, 89, 130f., 201, 207, 255–258, 260–271, 283, 286, 288, 294f., 302, 305, 311
Kultur 10–13, 17, 19, 23f., 26, 28–34, 36, 47, 50, 63–71, 73–77, 80–83, 85–96, 100f., 109, 112, 133, 144, 147–161, 181, 183–187, 190–192, 194f., 196f., 199f., 205, 208f., 211–214, 216f., 221f., 225, 229f., 232f., 242, 245–247, 250, 253, 255–259, 264f., 267f., 270, 278, 280, 282, 284–286, 289, 294f., 299, 302–304, 306–308, 310–315, 317
Laborzeit 186, 191
Lebensaufgabe 64, 195–197, 199, 201, 203, 205
Lebensführung 60, 72, 195–197, 203, 205f., 208, 253, 265
Lebenslauf 14, 60, 113, 195, 201–203, 206, 208f.
Lebensstil 42, 72, 136, 142, 147, 153, 197, 199f., 202, 208, 242, 285, 307
Lebensvollzug 243, 245, 249f., 252
Lebenswelt 15, 37, 44, 142, 147–152, 154–159, 161, 179f., 185, 196f., 204f., 208, 224, 233, 235, 241, 247, 251, 283, 286f., 290, 299, 307, 311
Leitmedium 87
Life-Span-Theory 197, 199
Lokalität 67, 147f., 150–152, 156f., 159, 161, 180f.
Macht 10, 19, 27, 70, 75–77, 79, 82, 131, 135, 138, 145, 180, 189, 213, 217, 228f., 260, 262f., 265, 268–271, 287, 301f., 308
Markensymbol 79
Markierung, persönliche 176
Massenmedium 11, 47, 49, 64, 70, 72, 83, 89, 112, 115, 124, 147f., 150, 152f., 156, 159, 180, 190f., 193, 243f., 247, 250f., 253, 285, 288, 295, 312
Massenunterhaltung 91
Materialität 31, 38, 68, 83, 197, 269
Medialisierung 35, 47, 85f., 89, 93, 95f., 110, 161, 183, 257, 317

Mediapolis 45, 47
Mediation 9f., 18f., 35f., 38, 43–47, 82f., 312
Mediatisierung 9–13, 16–19, 21, 23–30, 32–38, 40–47, 49f., 62–83, 85–98, 100, 105, 107–109, 146–151, 156, 158–161, 163, 180f., 183, 187, 191–193, 205f., 208, 211–214, 217f., 224f., 228f., 231–235, 237, 240, 242f., 245–247, 251, 253, 255, 257f., 261, 263f., 266–268, 270, 273f., 276–278, 280–283, 285f., 288, 290–292, 294f., 299f., 303–308, 310f., 314
Mediazation 69
Medienangebot 50f., 53, 57, 61, 63, 155, 195f., 203, 206, 234, 245, 248, 252, 303, 312
Medienarbeit 244, 253
Medienbegriff 11, 29f., 86
Medienberichte 76, 127
Medienbiografie 206
Mediendeterminismus 36, 98
Medienensemble 97, 231
Medienentwicklung 56, 85, 208, 212, 244–246, 270, 273, 281, 288, 294–296, 300, 304, 317
Medienereignis 212f., 229, 307, 309
Medienevent s. Medienereignis
Mediengattung 50–52, 62
Medienkommunikation 9–11, 16, 69, 74, 77, 111, 160f., 234, 265, 281f., 288, 290, 294, 300–302, 305, 317
Medienkompetenz 236, 243, 246, 251–254, 266, 302, 304f., 311, 316
Medienkultur 31f., 70f., 74, 77, 124, 160, 187, 190–192, 194f., 253, 255, 261, 263f., 267, 269, 271, 295, 304, 306f., 313f., 317
Medienlogik 35, 65, 82, 149
Medienpädagogik 19, 207, 209, 242, 246f., 251f., 254, 305f., 316f.
Medienrahmen 101
Medienselektion 196
Medienspuren 163
Medientechnologie 12, 35–37, 41, 67f., 149, 275
Medienumgebung 49–51, 147, 149f., 152, 159, 282, 303, 313
Medienwandel 13, 17, 24, 29, 36, 63, 66f., 70, 265, 270, 314
Medium 11, 24, 29, 38, 50, 68, 74, 86–92, 97, 99f., 108, 127f., 163, 212, 214f., 234, 236, 240f., 243f., 257, 275f., 285, 289, 291–293, 295, 302, 305, 308
Mediumstheorie 10, 66–68, 83
Mensch-Maschine-Kommunikation 273f.

Metaprozess 9–13, 18, 23, 35f., 49, 66, 68, 82, 148, 151, 187, 208, 211, 245, 263f., 267, 281–283, 288, 292, 294
Metatheorie 12, 35
Methodenrepertoire 206
Methodologie 109, 127–129, 131, 142, 145f., 263, 286, 304, 315
Migrationsgemeinschaft 76, 79–81
Mikroebene 41, 263, 290
Miniaturisierung 68
Mitmach-Möglichkeiten 244f., 250
Mobilität 73, 81, 103, 147f., 150f., 156–159, 161, 228, 233
Mobiltelefon 11, 67, 69, 72, 74, 79, 81, 97f., 100, 102–105, 107–109, 150, 183, 231–241, 308
Moderne 9, 46, 49, 66, 69f., 94, 112, 124, 131, 147, 151, 156, 158, 160, 183–185, 187, 191, 194, 200f., 207, 209, 212f., 215–219, 228–230, 236, 241, 256, 258, 265, 270, 275, 284–287
Modernisierung 151, 161, 201, 242, 283, 305, 311
Montagetechnik 220f.
Multikulturalismus 159
Nachrichtenlogik 211
Nation 70, 74, 82, 143, 155f., 215–217, 224f., 307
Nationalkultur 70, 80, 153, 155, 160
Navigation 102, 173f., 279
Neoliberalismus 201
Netzwerk 19, 25, 30f., 39f., 55, 73, 78, 80, 150, 154, 158, 160f., 164, 173, 181, 193, 232, 235, 242, 246f., 250, 273–275, 294f., 300, 305, 311, 314, 316
Netzwerkforschung 164, 179f.
Normalisierung 98, 100
Normativität 44f.
Nullzeit 186, 190f.
Nutzung 17, 19, 24f., 27, 30–33, 42, 53, 56f., 60–64, 67, 78, 97–100, 102–104, 107f., 131, 149, 155, 157, 171, 187, 189, 192–195, 205f., 208f., 228, 231, 233, 236, 242, 248, 250, 257, 265, 271, 279, 291f., 294, 299, 301–303, 305–307, 309f., 312f., 315
Öffentlichkeit 13, 39, 59, 90, 95, 102, 114, 131, 143f., 147–150, 152–161, 164, 169, 195, 212–214, 218, 230, 233f., 244, 248, 257, 264, 267, 269, 274, 285, 290, 294, 299, 302f., 308, 315
Ökologie 105, 109, 134, 199, 207f.

Ökonomie, moralische 38, 40–42, 46
Ökonomisierung 184f., 187, 246, 269, 303
Ordnung 40, 52, 95, 98–100, 110, 112, 132f., 145, 179f., 197, 205, 256, 260, 262
Orientierungskundgabe 106
Papst 76–79, 132, 136, 141
Partizipation 33, 76, 113, 157, 164, 172, 174, 244, 249, 251f., 270, 317
Performative turn 25, 27
Personalisierung 67, 72, 131, 234
Personensemantiken 115
Persönlichkeitsentwicklung 231f.
Persuasionsstrategie 217
Phänomenologie 158, 232, 235
Place-Making 157
Pluralisierung/Pluralität 71, 74, 112–115, 124, 155, 185, 187, 255, 265
Position, soziale 55, 57f., 60, 158, 232, 266, 301
Poststrukturalismus 258, 261f., 271
Prägkraft 65f., 68–70, 72, 74–76, 78–81
Pragmatismus 28f., 83, 133, 150, 152f., 159, 161, 173, 315
Praktik 11, 24, 27–34, 46, 68, 82, 87, 100f., 112, 147, 149f., 152, 156–158, 160, 169, 172, 175f., 180, 183, 188, 232–235, 237–240, 245f., 248, 255, 262–264, 266
Praxeologie 27f., 205
Praxis 23–34, 45, 69, 86f., 96, 124, 132, 141, 143f., 146, 154, 173, 176, 197, 205, 207, 218, 232, 237–239, 246, 253–255, 257f., 260–262, 266, 269, 291, 315
Privatheit 103, 109, 164, 233
Produktion 30, 68, 87, 92, 94f., 111–113, 124, 127, 190f., 205, 234, 244, 247, 250, 253f., 257, 260, 263, 265–267, 269, 274–277, 284, 292, 294f., 304, 308
Programm 13, 17f., 40, 51, 54, 63, 87–91, 94f., 132, 157, 160, 168, 190f., 193f., 205, 212, 238, 267, 274–276, 280, 282, 301, 305, 308f., 314
Propaganda 211–214, 217–220, 224, 226, 228–230
Proxemik 86, 103
Prozess 10, 12f., 23–25, 30, 32f., 35–38, 41–45, 50f., 56, 58, 60, 64, 66–69, 71–74, 78–82, 85–90, 92, 94f., 98, 100f., 103, 107–109, 111, 128, 141–144, 146–148, 150–153, 155–157, 159, 163f., 166, 171, 181, 186f., 189, 192, 194–202, 205–208, 211f., 228, 231–236, 240–247, 249–252, 255f., 258,

264–271, 273–276, 278, 280, 283, 285–287, 290–295, 304–306, 310
Public Viewing   39, 47, 67, 97
Publikum   45, 55–57, 63, 70, 91, 111, 114f., 121, 123, 155, 160f., 189, 195, 207, 209, 211, 215, 217, 225, 278, 285, 293, 301f., 309, 315
Rationalisierung   283–292, 295
Raum   14, 24, 26, 38f., 44, 97–105, 107–110, 126, 141, 145, 150–154, 157, 161, 171, 179, 183f., 193f., 206, 217, 233, 240, 244f., 248, 250–253, 258, 271, 277, 279, 289, 291, 294, 302, 311
Realität   38, 40f., 43, 52, 62, 75, 84, 90–93, 124, 149, 161, 248, 251f., 254, 273, 275, 277, 286, 308, 310f., 314
Realitätsfernsehen   84, 116f., 230, 271, 309, 315
Reality-Genre   90, 116, 211
Reflexivität   26, 31f., 201, 242, 251f., 255, 263
Repertoire   28, 32, 49–52, 57f., 61–63, 83, 87, 195, 206f., 313f.
Reproduzierbarkeit   93–95, 229, 275
Rezeption   11, 19, 32f., 45, 63f., 66, 82, 87, 126f., 155, 192, 195, 197, 204f., 207–209, 234, 243, 247, 254, 276, 278, 292, 301, 303, 307, 311–317
Risikogesellschaft   113, 124, 201, 241
Rollenselbst   111
Routine   27f., 31–33, 37, 39f., 191, 238, 240, 247
Schizophonie   105
Selbstbild   198, 253
Selektion   64, 115, 128, 132, 144, 165f., 170, 172, 174, 179f., 196, 206, 243, 249f.
Sex   129, 142, 171, 200, 270, 277
Sicherheit, ontologische   38–40, 42, 45f.
Sinn   11, 13, 28, 50, 52, 64, 72f., 87, 91, 102, 107, 111–115, 124, 132f., 136, 142, 148, 155, 157, 166, 197, 205f., 209, 211, 232, 236, 245, 275, 277, 281f., 286f.
Social Network Sites   163f., 180f., 242
Social Software   55, 57, 60
Social TV   278
Soundscape   105, 110
Sozialdarwinismus   216
Sozialisation   30, 60, 149, 197f., 206–209, 230–233, 235–237, 240–250, 253f., 265f., 271, 302, 315f.
Sozialwelt   13

Sprache   86, 110, 126, 128, 141, 153f., 159, 163, 188, 196, 200, 211, 219, 225, 228–230, 285–287, 289, 294
Stabilisierung   32, 112f., 127, 248, 275
Stabilität   30f., 40, 197, 241
Stadtforschung   104
Standardisierung   12, 36, 127, 185, 187, 189, 234
Stereotypisierung   117, 140f., 275
Struktur   12f., 25, 27–32, 36, 38, 40, 52, 58, 60, 66, 68f., 74f., 90, 92, 94, 101f., 109–111, 115f., 127f., 147, 151, 154f., 161, 165f., 179f., 185, 190–197, 206–208, 233, 235f., 239, 245–253, 258f., 261f., 268, 280f., 285, 287, 290, 295, 302
Subjekt   19, 28, 31, 52, 114, 185, 195, 197f., 206, 208, 232, 242f., 245f., 249–251, 253f., 262–265, 267, 269, 271, 301f.
Subjektivierung   263, 266, 268f.
Suchstrategie   55–57
Symbolischer Interaktionismus   10, 19, 23, 124, 234, 295, 301, 303f., 306
Synchronisation   73, 79, 189, 191, 265
System   10, 15, 30, 49, 58, 68, 71, 95, 101, 110, 112, 115, 124–127, 130–132, 135, 144f., 164–167, 169f., 184–186, 192f., 199, 206, 225, 228, 241, 249, 252, 262f., 274, 281, 285–287, 289–291, 295, 299, 301, 310f.
Systemtheorie   192, 281, 286f., 290
Technik   11, 24, 26f., 29f., 47, 52, 55, 57, 59f., 66–70, 72f., 83, 87, 92f., 95, 117, 129, 132, 144, 146, 149, 156, 164–174, 176, 178–181, 185, 189f., 193, 200f., 205f., 212, 217, 220f., 224f., 229, 240, 246, 250, 256f., 265, 267, 274–276, 305, 311
Technologie   9, 12, 30f., 35–39, 41, 46f., 49, 58, 67f., 105, 148f., 165, 185f., 190, 193, 225, 233, 240, 242, 244f., 266, 273–278, 283f., 294, 313, 316
Teilhabe   18, 37, 93, 148, 152, 157f., 233, 236, 245, 250–252, 293, 307
Telefon   11, 23–26, 55, 67, 69, 72, 74, 79, 81, 97f., 100, 102–109, 150, 183, 192, 212, 231–241, 273, 308
Telepräsenz   74
Telemediatization   70f.
Territorium   70f., 73f., 76, 79f., 99, 108, 110, 152f., 156, 159, 161
Theorie   10, 15, 17, 19, 23, 25, 27–34, 46, 51, 65–68, 74f., 82f., 96, 98, 100f., 108, 110, 113, 124, 145f., 149f., 158, 160f., 180f.,

Stichwortverzeichnis 183–186, 193, 197–199, 205–208, 232, 242, 253–258, 261f., 266, 269–271, 273–276, 279, 281–291, 294–296, 300f., 303, 305–309, 313–317
Theorie, kritische 255–258, 261f., 266, 269–271, 281, 286f., 317
Transformation 43f., 66, 69f., 82, 85–91, 94–96, 112f., 159, 262, 265f., 289f., 301f.
Translokalität 73, 80, 248
Triangulation 206, 252
Typologie 64, 66f.
Überformumg 90
Umdeutung 262
Umwelt 29, 38f., 51f., 54, 56, 58, 100, 105f., 134, 136, 147, 159, 196, 198f., 232, 240, 244, 249–251, 315
Unmittelbarkeit 71, 73–75, 78, 81f., 294
Unterhaltung 50, 52, 63, 90f., 116, 124, 207, 301, 304, 307, 313f.
Uses-and-Gratifications 53f., 206
Utopie 41, 45, 270, 313
Vagabunden, digitale 279
Variabilität 185, 187
Verbreitungsmedium 24, 27, 50, 91, 289
Vergemeinschaftung, deterritoriale 70, 73, 78f., 83, 144f.
Vergleichzeitigung 185, 193
Vermittlung 19, 26, 29, 44f., 87, 92, 109, 112f., 115, 147, 152, 155, 157, 159, 166, 169, 187, 192, 228, 248, 266, 281f., 284f., 290f., 294f., 304, 309, 314
Vernetzung 55, 57, 75, 79–81, 83, 151f., 157, 159, 233, 244f., 248–250, 252–254, 257f., 266, 275, 282, 290
Vertrauen 38f., 54, 56, 102, 114, 127–130, 132–139, 141–146, 164, 201, 237

Vision 42, 134, 194, 273, 275, 305
Visualisierung 86, 220, 224
Vormediales 85f., 91
Wahrheit 97, 137, 256, 260, 262f., 268–270
Walkman 97, 105, 109
Wandel, sozialer 9–13, 18, 35, 50, 58f., 66, 71, 85, 100, 110, 149, 151, 195, 206–208, 211, 233, 245f., 253, 270, 274, 281f., 284f., 289, 291, 294, 300, 304, 306
Wandlungsprozess 58, 66, 148, 195–197, 200f., 205f., 285, 305
Web 2.0 63f., 164, 181, 244f., 247, 250, 253f., 315
Wechselverhältnis 9, 11, 71, 77f., 246, 251
Weltauseinandersetzung 86
Weltjugendtag 73, 76–79
Werte 37f., 41, 112–115, 123f., 132–135, 140, 142, 144f., 231, 247, 287f., 305
Wirkungsforschung 183, 192, 209, 278
Wirtschaft 14f., 49, 72, 127, 132–134, 136, 141f., 159, 184, 190, 202, 213–215, 219, 228–230, 241, 265, 284f., 287, 295, 303, 310, 317
Wissen 27f., 31, 52f., 55–57, 79, 83, 86, 95f., 100, 112f., 116, 181, 185, 193, 236, 248, 252, 257, 262–264, 266–270, 284, 290
Wissenschaftskultur 86
Workflow 278
Zeit 12, 15, 24–26, 34, 37, 40, 44, 49, 55, 57, 73f., 89, 98, 102–104, 112, 116, 136, 174, 176, 183–194, 197, 207, 215, 236f., 240, 243, 248, 264, 271, 274, 279, 289, 291, 294, 302, 315, 317
Zeitgeber 183, 187–192, 194
Zeitkultur 183–187, 191f.
Zivilgesellschaft 10, 259, 281, 306
Zuhause 40

Cultural Studies

Andreas Hepp / Friedrich Krotz /
Tanja Thomas (Hrsg.)
**Schlüsselwerke der
Cultural Studies**
2009. 338 S. (Medien - Kultur -
Kommunikation) Geb. EUR 34,90
ISBN 978-3-531-15221-9

Andreas Hepp / Veronika Krönert
Medien – Event – Religion
Die Mediatisierung des Religiösen
2009. 296 S. (Medien - Kultur -
Kommunikation) Br. EUR 29,90
ISBN 978-3-531-15544-9

Uwe Hunger / Kathrin Kissau (Hrsg.)
Internet und Migration
Theoretische Zugänge und empirische
Befunde
2009. 342 S. (Medien - Kultur - Kommu-
nikation) Br. EUR 29,90
ISBN 978-3-531-16857-9

Jutta Röser / Tanja Thomas /
Corinna Peil (Hrsg.)
**Alltag in den Medien –
Medien im Alltag**
2010. ca. 270 S. (Medien - Kultur -
Kommunikation) Br. ca. EUR 24,90
ISBN 978-3-531-15916-4

Paddy Scannell
Medien und Kommunikation
2010. 400 S. (Medien - Kultur -
Kommunikation) Br. ca. EUR 29,90
ISBN 978-3-531-16594-3

Martina Thiele / Tanja Thomas /
Fabian Virchow (Hrsg.)
Medien – Krieg – Geschlecht
Affirmationen und Irritationen
sozialer Ordnungen
2010. ca. 330 S. (Medien - Kultur -
Kommunikation) Br. ca. EUR 29,90
ISBN 978-3-531-16730-5

Erhältlich im Buchhandel oder beim Verlag.
Änderungen vorbehalten. Stand: Juli 2009.

www.vs-verlag.de

VS VERLAG FÜR SOZIALWISSENSCHAFTEN

Abraham-Lincoln-Straße 46
65189 Wiesbaden
Tel. 0611.7878 - 722
Fax 0611.7878 - 400

Medien

Dagmar Hoffmann / Lothar Mikos (Hrsg.)
Mediensozialisationstheorien
Neue Modelle und Ansätze in der Diskussion
2., überarb. Aufl. 2010. ca. 230 S.
Br. ca. EUR 29,90
ISBN 978-3-531-16585-1

Katja Lantzsch / Andreas Will / Klaus-Dieter Altmeppen (Hrsg.)
Handbuch Unterhaltungsproduktion
Beschaffung und Produktion von Fernsehunterhaltung
2010. ca. 400 S. (The Business of Entertainment. Medien, Märkte, Management)
Br. ca. EUR 39,90
ISBN 978-3-531-16001-6

Juliana Raupp / Jens Vogelgesang
Medienresonanzanalyse
Eine Einführung in Theorie und Praxis
2009. 210 S. Br. EUR 19,90
ISBN 978-3-531-16000-9

Gebhard Rusch
Mit Medien Dinge tun
Kognitions- und systemtheoretische Konzepte für den Umgang mit Medien
2010. ca. 210 S. Br. ca. EUR 19,90
ISBN 978-3-531-16577-6

Christian Schicha / Carsten Brosda (Hrsg.)
Handbuch Medienethik
2010. ca. 500 S. Br. ca. EUR 34,90
ISBN 978-3-531-15822-8

Bernd Schorb / Anja Hartung / Wolfgang Reißmann (Hrsg.)
Medien und höheres Lebensalter
Theorie - Forschung - Praxis
2010. ca. 414 S. Br. EUR 39,90
ISBN 978-3-531-16218-8

Daniel Süss / Claudia Lampert / Christine W. Wijnen
Studienbuch Medienpädagogik
Eine Einführung
2010. ca. 250 S. (Studienbücher zur Kommunikations- und Medienwissenschaft)
Br. ca. EUR 19,90
ISBN 978-3-531-13894-7

Ralf Vollbrecht / Claudia Wegener (Hrsg.)
Handbuch Mediensozialisation
2010. ca. 550 S. Geb. ca. EUR 34,90
ISBN 978-3-531-15912-6

Erhältlich im Buchhandel oder beim Verlag.
Änderungen vorbehalten. Stand: Juli 2009.

www.vs-verlag.de

VS VERLAG FÜR SOZIALWISSENSCHAFTEN

Abraham-Lincoln-Straße 46
65189 Wiesbaden
Tel. 0611.7878 - 722
Fax 0611.7878 - 400